高等学校法学系列教材
Gaodeng Xuexiao Faxue Xilie Jiaocai

A New Competition Law Coursebook

(2nd edition)

新编竞争法教程

（第二版）

徐士英／主编

图书在版编目(CIP)数据

新编竞争法教程/徐士英主编.—2版.—北京:北京大学出版社,2020.7
高等学校法学系列教材
ISBN 978-7-301-31019-9

Ⅰ.①新… Ⅱ.①徐… Ⅲ.①反不正当竞争—经济法—中国—高等学校—教材 Ⅳ.①D922.294

中国版本图书馆 CIP 数据核字(2019)第 294853 号

书　　　名	新编竞争法教程(第二版) XINBIAN JINGZHENGFA JIAOCHENG (DI-ER BAN)
著作责任者	徐士英　主编
责 任 编 辑	刘秀芹
标 准 书 号	ISBN 978-7-301-31019-9
出 版 发 行	北京大学出版社
地　　　址	北京市海淀区成府路 205 号　100871
网　　　址	http://www.pup.cn　新浪微博:@北京大学出版社
电 子 信 箱	sdyy_2005@126.com
电　　　话	邮购部 010-62752015　发行部 010-62750672　编辑部 021-62071998
印 刷 者	河北滦县鑫华书刊印刷厂
经 销 者	新华书店
	730 毫米×980 毫米　16 开本　26.25 印张　443 千字 2009 年 1 月第 1 版 2020 年 7 月第 2 版　2020 年 7 月第 1 次印刷
定　　　价	68.00 元

未经许可,不得以任何方式复制或抄袭本书之部分或全部内容。
版权所有,侵权必究
举报电话: 010-62752024　电子信箱: fd@pup.pku.edu.cn
图书如有印装质量问题,请与出版部联系,电话: 010-62756370

再 版 说 明

本书是在 2009 年第一版的基础上重新修订而成。作为一本关于竞争法基础知识的教材，第一版出版之后一直作为本科生和研究生学习的参考。根据我国市场经济体制建设的推进、市场竞争情势的变化、《中华人民共和国反不正当竞争法》的修订以及《中华人民共和国反垄断法》实施面临的各种变化，本书在保持原来基本框架的前提下进行了一定幅度的修改。本书对第一版的部分内容进行了调整，包括竞争与竞争法律理论的发展、竞争法律制度新的规定，对新出现的竞争行为进行了探讨，在此基础上重新安排了全书的章节。为了使对竞争法律相关理论与制度的讨论更加集中，本书在第一编中增加了有关竞争政策及其实施等方面的内容，读者可以从宏观政策层面加深理解竞争法与竞争政策的精髓。同时，本书删除了第四编关于产品质量法律制度、消费者权益保护法律制度等的内容，把相关的知识融入竞争法律制度中加以阐述。虽然本书的修订尽量考虑了竞争理论与制度发展的现实，但是由于作者的认识水平有限和制度实施的持续发展，书中仍然有不少值得继续研究的空间，尤其是对新经济领域中竞争行为的判断与定性。

就在本书付梓之际，中共中央和国务院发布了《中共中央 国务院关于新时代加快完善社会主义市场经济体制的意见》，其中特别提到了强化竞争政策基础地位、强化公平竞争审查的刚性约束、加强和改进反垄断和反不正当竞争执法、培育和弘扬公平竞争文化、进一步营造公平竞争的社会环境等与竞争法直接相关的重大决策。这充分表明竞争政策与竞争法的实施对于我国加快完善社会主义市场经济的重要性，也为作者对本书的再版增添了信心。

本书的修订是在浙江理工大学法政学院的倡议和主导下进行的，特别感谢王健院长的信任和安排。本书的出版得到北京大学出版社的大力支持，尤其是责编刘秀芹，她的耐心沟通与对作者多次修改书稿的宽容，使作者非常感动。另外，本书的修订还得到应品广、白金亚等同学的大力协助，非常感谢他们为此所做的工作。本书最终得以顺利出版，谨对以上各位表示衷心的感谢。

徐士英

2020 年 5 月 18 日

目 录

第一编 竞争法基础理论

第一章 竞争理论概述 ································· 1
  第一节 竞争的性质和功能 ····························· 1
  第二节 竞争机制发挥作用的前提条件 ··················· 6
  第三节 竞争理论及其发展 ····························· 8

第二章 竞争法基本理论 ································· 15
  第一节 竞争法的概念和特征 ··························· 15
  第二节 竞争法的价值 ································· 19
  第二节 竞争法的基本原则 ····························· 22

第三章 竞争法的历史发展 ······························· 27
  第一节 竞争法产生的动因 ····························· 27
  第二节 竞争法的发展 ································· 30
  第三节 主要国家和地区的竞争法 ······················· 38
  第四节 我国竞争法的创建与发展 ······················· 51

第四章 竞争政策及其实施 ······························· 55
  第一节 竞争政策的基本理解 ··························· 55
  第二节 竞争政策的地位 ······························· 61
  第三节 竞争政策的内容 ······························· 66
  第四节 竞争政策的政策工具 ··························· 71
  第五节 竞争推进与竞争文化 ··························· 78

第二编　反　垄　断　法

第五章　反垄断法基础理论 …… 83
- 第一节　反垄断法概述 …… 83
- 第二节　反垄断法的适用范围 …… 95
- 第三节　相关市场界定 …… 109

第六章　垄断协议及其法律规制 …… 118
- 第一节　垄断协议概述 …… 118
- 第二节　垄断协议的表现形式 …… 121
- 第三节　垄断协议的认定 …… 131

第七章　滥用市场支配地位及其法律规制 …… 140
- 第一节　滥用市场支配地位概述 …… 140
- 第二节　滥用市场支配地位的表现形式 …… 143
- 第三节　滥用市场支配地位行为的认定 …… 155

第八章　经营者集中及其法律规制 …… 161
- 第一节　经营者集中概述 …… 161
- 第二节　经营者集中控制的实体制度 …… 165
- 第三节　经营者集中控制的程序制度 …… 173

第九章　行政性垄断及其法律规制 …… 179
- 第一节　行政性垄断概述 …… 179
- 第二节　行政性垄断的成因与危害 …… 182
- 第三节　行政性垄断的法律治理 …… 185

第十章　知识产权滥用及其法律规制 …… 197
- 第一节　知识产权滥用概述 …… 197
- 第二节　知识产权滥用的表现形式 …… 199
- 第三节　传统法律对知识产权滥用的规制 …… 208
- 第四节　反垄断法对知识产权滥用的规制 …… 209

第十一章 垄断行为的法律责任 … 215
第一节 行政责任 … 215
第二节 民事责任 … 219
第三节 刑事责任 … 220
第四节 行政性垄断的特殊法律责任 … 221

第十二章 反垄断法实施机制 … 224
第一节 反垄断法实施机制概述 … 224
第二节 反垄断法的公共实施机制 … 227
第三节 反垄断法的私人实施机制 … 240

第三编 反不正当竞争法律制度

第十三章 反不正当竞争法理论概述 … 247
第一节 不正当竞争行为概述 … 247
第二节 反不正当竞争法概述 … 275
第三节 反不正当竞争法的实施 … 286
第四节 我国反不正当竞争法的发展 … 299

第十四章 混淆行为及其法律规制 … 312
第一节 混淆行为的含义和特征 … 312
第二节 混淆行为的表现形式 … 316
第三节 混淆行为的法律规制 … 325

第十五章 虚假宣传行为及其法律规制 … 333
第一节 虚假宣传行为的含义和特征 … 333
第二节 虚假宣传行为的表现形式 … 336
第三节 虚假宣传行为的法律规制 … 340

第十六章 侵犯商业秘密行为及其法律规制 … 345
第一节 商业秘密的含义和特征 … 345
第二节 侵犯商业秘密行为的表现形式 … 350
第三节 侵犯商业秘密行为的法律规制 … 354

第十七章　不正当有奖销售行为及其法律规制 …… 360
第一节　不正当有奖销售行为的含义和特征 …… 360
第二节　不正当有奖销售行为的表现形式 …… 363
第三节　不正当有奖销售行为的法律规制 …… 369

第十八章　商业贿赂行为及其法律规制 …… 372
第一节　商业贿赂行为的含义和特征 …… 372
第二节　商业贿赂行为的表现形式 …… 376
第三节　商业贿赂行为的法律规制 …… 379

第十九章　商业诋毁行为及其法律规制 …… 387
第一节　商业诋毁行为的含义和特征 …… 387
第二节　商业诋毁行为的表现形式 …… 392
第三节　商业诋毁行为的法律责任 …… 395

第二十章　互联网不正当竞争行为及其法律规制 …… 401
第一节　互联网不正当竞争行为及其特征 …… 401
第二节　互联网不正当竞争行为的表现形式 …… 404
第三节　互联网不正当竞争行为的法律责任 …… 410

第一编　竞争法基础理论

第一章　竞争理论概述

【学习要点】

1. 掌握市场竞争的性质和基本功能
2. 了解竞争理论基本原理及其发展
3. 理解竞争机制发挥作用所需条件

第一节　竞争的性质和功能

一、竞争的概念和性质

（一）竞争的概念

竞争涉及人类社会的各个领域，竞争法学所讨论的竞争是指市场参与者相互博弈的情形，也称为"市场竞争"，故而有着特定的含义和表现形式。一般认为，竞争是指各类市场主体之间为赢得有利的市场地位、实现自身既定的经济目标而进行较量的动态过程。在一个具有充足买方和卖方的市场中，没有一个市场参与者能够对该市场中商品与服务的价格具有决定性的影响，这种客观的事实就是竞争。因此，竞争的存在必须具备三个条件：第一，市场上存在多个竞争参与者，既包括相互竞争的经营者，他们是商品与服务的提供者；也包括用户与消费者,他们是商品与服务的选择者和购买者。选择对于竞争的意义尤为重要,消费者若没有自由选择的权利,就不可能有充分的市场竞争。第二,竞争参与者之间具有内在的利益制约关系,即各方的利益之间具有直接或间接的影响,即一方利益的增加或者减少会影响另一方利益的变化。第三,竞争参与者的竞争利益最终能够通过市场得以实现,即必须具有能够实现竞争者利益盈亏的健全的市场环境。这些条件构成了通常意义上的市场竞争。

竞争是市场经济最基本的因素,没有竞争就没有市场经济。但是,无序的市场竞争行为,如排除、限制竞争和不正当竞争等也会破坏市场的有效运行。经济学注重研究竞争对市场资源配置与利用效率的影响,法学则注重如何通过制度规范竞争主体的行为,以维护整个市场的公平竞争秩序。因此,规范市场竞争行为,维护市场竞争秩序,提高经济运行效率,就成为现代经济法学的重要内容。

市场竞争大多在提供商品或服务的经营者之间进行,随着社会发展,越来越多的主体参与到市场活动中的事实,使得市场竞争的范围不断扩大。尤其是随着互联网经济和数字经济的急速发展,平台竞争使得市场与企业的边界变得模糊,数据竞争带来了对商品竞争制度的挑战;[1]此外,一些国家和地区的政府为实现发展的目标,通过行政权力干预或直接参与市场竞争,[2]尤其是通过行政手段维持的垄断,使得政府受到竞争法的密切关注;[3]以知识产权为核心的专利技术竞争发展为技术标准,尤其是标准必要专利的垄断问题,[4]更是对世界的竞争格局产生越来越重要的影响。当竞争的主体与竞争的客体变得日趋复杂时,市场竞争关系及其法律制度也在发生着变化。

(二) 竞争的性质

竞争既是一个经济运行的动态过程,又是一种资源配置的有效机制。竞争作为经济运行的动态过程,是一个不断创新的过程。在市场经济条件下,经营者的行为总是受到经济规律的支配。一方面,追逐利益是竞争的内在动力,因为资本的属性促使经营者以最小的投入获得最大的经济效益。另一方面,优胜劣汰是竞争的外部压力,"丛林法则"迫使经营者必须努力提升效率,完成从个人生产

---

[1] 马化腾:《用云量将成为数字经济发展的重要指标》,载《中国企业家》2017年第19期。
[2] 〔美〕杰奥夫雷·G.帕克等:《平台革命:改变世界的商业模式》,志鹏译,机械工业出版社2017年版,第6页。
[3] 李娜:《欧盟竞争法实施的新扩张——适用国家援助制度来审查成员国的税收征管行为》,载《欧洲研究》2016年第1期。
[4] 李剑:《论反垄断法对标准必要专利垄断的规制》,载《法商研究》2018年第1期。

的"产品"到可以进行交换的"商品"之间的"惊险一跳",①否则,将承担不能将私人劳动转化为社会劳动的后果。在谋利动力与竞争压力的双重作用下,经营者只有不断进行创新(不仅包括技术创新,还包括商品服务创新、劳动组织创新、商业模式创新等),②才能最终实现自己的生产目的,并达到持续发展的目标。当一轮竞争所带来的创新成果扩散传递到整个行业并被普遍接受时,新一轮的竞争又会重新开始。竞争就是这样一个不断创新的过程,人类社会也在这生生不息、螺旋式循环上升的创新过程中得到发展。

竞争作为资源配置的有效机制,是由资源固有的稀缺性所决定的。人类社会一直为提高资源配置和利用的效率进行着不懈的努力,因此,从本质上讲,市场竞争就是围绕着资源效率所展开的较量。资本的逐利属性总是促使资源流向能够产生更大回报率的经营者,因此通过市场竞争让资源利用效率高的经营者得以持续发展,而资源利用效率低下的经营者则会退出市场。建立市场经济体制的目的,就是要利用竞争机制的作用使资源在不同经营者之间流动,实现社会资源的有效配置。从这一意义上讲,竞争构成了市场经济体制的内在要素,是市场经济最基本的制度原则。③

由此可见,作为"行为"的竞争与作为"体制"的竞争是两个既相互联系又相互区别的概念。④"竞争行为"是市场主体为了追求自身利益最大化,采取各种措施与竞争对手进行的对市场利益的争夺,以及由这种争夺连接而成的整个经济运行过程。这种自发的经济过程可能导致的结果有两种:一种是在增进竞争者自身利益的同时也增进了社会整体利益;另一种则是在增进竞争者利益的同时却损害了社会整体利益,比如不正当竞争行为、价格卡特尔行为等,导致市场失灵,带来严重后果。而"竞争体制"则是通过竞争实现资源有效配置的一种方式,它不仅要增进竞争者个体的利益,更重要的是增进社会整体利益,使经济持续发展。因此,竞争体制是一种通过行为规范将竞争者的行为导向个体利益与社会整体利益同时增进的制度性动力,这就是现代市场经济国家努力倡导并极力维护的发展目标。

---

① 刘夏薇:《关于〈资本论〉中竞争理论的研究》,载《经济师》2015年第2期。
② 〔美〕约瑟夫·熊彼特:《经济发展理论——对于利润、资本、信贷、利息和经济周期的考察》,何畏等译,商务印书馆1990年版。
③ 陈秀山:《现代竞争理论与竞争政策》,商务印书馆1997年版,第6页。
④ 在大部分文献中,使用"竞争"这一词汇时并不区分"竞争行为"与"竞争机制"两个不同含义,但是从文献所表达的意思来看实际上是有所区别的。

二、竞争的功能

竞争的功能体现为竞争对市场经济的影响,其中包括积极影响与消极影响,这取决于市场中促进竞争与限制竞争的力量对比。没有竞争的经济是缺乏效率的经济,但是不加以规范的竞争则是损害市场的竞争。各国发展的实践,尤其是我国实现市场经济体制改革前后的经历充分证实了这一点。全面认识竞争的功能,通过制定竞争规则,极力维护其积极影响而减少其消极影响,是充分发挥竞争在市场经济体制建设中的作用的重要前提。

(一) 创新功能:竞争促进社会技术进步

竞争的优越性就在于生产者的不断创新,竞争迫使每一个参与者都必须按照最经济的原则行事。因为任何企业只要置身于竞争的环境中,都会产生紧迫感和压力感,在争夺消费者的过程中,竞争者为了降低生产成本,只有率先进行技术创新和组织创新,加强资源有效利用,使个别企业的产品价值低于社会平均生产价格,才会获得利润。[①] 在市场存在竞争的条件下,获得超额利润的愿望是促进企业创新的重要原因,当个别生产者能够获得超额利润,就会带动其他竞争者进入市场,他们会同样尝试提高效率以获得更多的利润。这就带动了整个社会的不断创新。正如马克思在《资本论》中阐述的那样,竞争会使同一生产部门的不同生产者的个别价值平均化为统一的社会价值,并"使同一个生产部门内的生产者以相等的价格出售他们的商品"[②],正是激烈的同行内的竞争促进了行业创新和全社会的技术进步。

但是,垄断者是不会认为有必要坚持创新的,因为他们感受不到创新和改革的压力。正如有经济学家尖锐指出的,成为垄断者的最大好处就是可以尽情地享受安逸的生活。虽然潜在的竞争使得垄断者也在通过创新维持垄断地位从而获得垄断利润,但是无论从理论上还是从现实情况看,垄断者利用其市场力量限制竞争的行为十分普遍,人为制造进入壁垒,提高价格,强制交易,实施共谋,封锁技术,以维持垄断地位。这将不可避免地造成市场资源配置低效且不公平,从而影响整个社会经济的增长。

(二) 分配功能:竞争调节社会供求平衡

竞争表现了生产和消费的社会性质。在竞争机制中,价格是最活跃的因素,

---

① 胡汝银:《竞争与垄断——社会主义微观经济分析》,上海三联书店1988年版,第17页。
② 《资本论》第3卷,人民出版社1975年版,第977页。

竞争机制作用下产生的价格是最佳的市场信号。在充分竞争的条件下,任何生产者都只是价格的接受者(price taker),而不是价格的决定者(price maker)。市场价格随着供求关系的变动而变动,这种变动对供求关系会产生反馈的作用,投资者将根据不同产品的价格变动所导致的资本回报率的变动改变投资决策,从而调节着社会资本的不断流动。正是通过资本在不同产业部门之间根据利润高低所进行的流动,社会的产业结构、总供给和总需求的平衡才能实现。因此,在市场充分竞争的条件下,生产者将在投入与产出之间的平衡点上作出决策,这就意味着资源配置的效率得到了实现。

但在存在垄断的市场条件下,价格的决定就与完全竞争条件下迥然不同。垄断者有能力通过降低产出或减少销售来提高或维持价格,①从而成为市场价格的主宰者。如果发现限制产品的产出能使其得到最大限度的利润,垄断者就会使投入低于在完全竞争状态下的投入,消费者也会因此被剥夺按照竞争的市场价格购买产品和服务的权利。这就是低效率的分配结果,即社会资源在存在垄断的情况下没有被按照最高效的方式进行分配。不仅如此,消费者也被剥夺了不购买垄断产品的权利,他们可能要把钱花在并不想要的产品上。而更为严重的是,这样的社会经济水平一定是在其应有的实际水平之下的,从而使整个社会福利也受到损害。因为只有当消费者在付出自己愿意支付的价格后能获得他们需要的产品或服务时,资源才会根据消费者的意愿得到合理的分配。

(三)选择功能:竞争实现主体优胜劣汰

市场竞争带来的结果就是适者生存,优胜劣汰,这是不以人们的意志为转移的客观规律。竞争犹如一台巨型机器,一旦运转起来,任何市场主体就只能任其切割、筛选和剥离。凡是在消费者的选择面前败下阵来的市场主体,就会成为社会"朽弱的力量",从而被竞争这台机器"吞噬"掉。企业的强弱兼并、破产消亡,正是这种"吞噬"的体现。从本质上讲,这是资本在不同部门之间分配的结果。通过企业的优胜劣汰,让资源流向最能够实现它的价值的行业和企业,正是竞争的神奇之处所在。纵观人类社会发展的历史,竞争就如一只强有力的看不见的手,推动着社会经济的不断发展。

上述分析是建立在市场充分竞争理论的假设基础之上的,在现实社会中只是个别和短暂创造的现象。但是,充分的市场竞争作为一种理想状态,对我们理

---

① 通过减少销售来提高价格可能发生在高附加值的高价产品上,如奢侈的香水等。

解竞争的意义和功能,追求尽可能通过竞争获得优化资源配置的效果,是具有积极意义的。

第二节 竞争机制发挥作用的前提条件

竞争作为一种资源配置的机制,要充分发挥作用必须具备一定的前提条件,即确立以市场为主导的经济体制。具体体现在以下四个方面:

一、市场主体的独立性

市场主体是指参与市场经营活动的一切组织和个人,包括生产者、经营者、消费者以及其他社会组织。其中,企业是市场主体最主要的形式。市场经济要实现有效率的运行,取决于市场主体独立的经营行为。市场主体的独立性表现为利益独立、决策独立和责任独立三个方面。首先,市场主体必须具有独立的利益。明确企业具有独立的产权是实现市场主体独立的关键,对于经济转型国家尤其如此。市场主体只有具备独立的财产权和自身的利益,才会为谋取其利益最大化而进行不间断的努力和创新。其次,独立的产权和稳定的预期可以使企业具有完整的经营决策权,保障经营者在生产、营销、劳动人事、组织机构等方面作出有利于企业经营的决定,也能使企业在发展规划、研发创新、培育人才等方面作出可持续发展的决策,更加有利于整个社会的长期稳定发展。最后,经营者的独立利益和独立决策权得到保障的同时,市场主体就必须为自己的决策承担后果与责任,这既是市场竞争的结果,也是竞争机制促进资源效率提升的途径。利益驱动促使市场主体根据市场竞争不断调节自身的生产和经营活动,从而达到资源的有效利用。市场主体的独立性是竞争机制发挥作用的微观基础条件,我国经济体制改革的首要任务就是改变产权不清晰、主体不独立的弊端,让市场主体更加符合市场经济的本质要求。

二、市场体系的完整性

具有一个完整的市场体系是保障市场主体充分竞争的必要条件。市场体系包括市场的统一、开放和市场结构的完整两个方面。

第一,竞争机制只有在统一的、开放的市场中才能实现其功能,如果市场上存在抑制竞争和排除竞争的力量,存在着区域性或行业性的进入障碍,或者存在强势主体欺行霸市、强制他人从事市场行为,市场竞争产生的信号,如价格、质量、供求等信息就会扭曲,就不能准确地、及时地反映资源稀缺的真实情况。一旦市场信息失灵,追随这些信号的市场主体对自身行为的调整就没有依据,这将导致整个社会经济的混乱。因此,市场应该是统一开放的,市场主体没有进入市场的障碍,当然,当市场主体不具备竞争能力时,也不存在退出市场的障碍。如果市场中存在阻止主体退出市场的力量,如政府保护下的市场,同样会使竞争机制失去其应有的作用。

第二,竞争机制的作用还有赖于市场结构的完整性和合理化。根据竞争理论,市场资源的流动是遵循利润导向规律的,只有那些投入产出效率更高的行业或企业,才能吸引更多资源源源不断地流入。因此,无论是商品市场、金融市场还是技术市场、文化市场、劳动力市场,也无论是网络市场还是实体市场,不同的市场之间必须相互开放,并形成可以让资源自由流动的体系,资源才可能在各类市场的广阔空间内流动。市场体系越完整,结构越合理,资源流动的效率就越高。相反,资源流动不畅通,容易受到人为的阻碍,就只能滞留和沉淀在没有效率的市场中,竞争机制对于经济的调节功能就难以实现。所以,市场的统一开放与完整合理是相辅相成、相互影响的。

三、政府干预的适度性

竞争作为资源配置的机制,具有激活市场运行的动力,但它并不能自动地维护和保持这种活力。市场主体之间放任无序的自由竞争则可能产生消极的后果。比如,会因经济力量的过度集中形成超级规模的市场力量,从而实施垄断行为,或者因不正当的商业行为导致恶性竞争,在损害其他经营者和消费者利益的同时,损害市场竞争的公共秩序。所有这些因竞争产生的与社会公共利益相悖的消极后果,以及由此引发的更严重的经济危机和社会矛盾,受到了人们的密切关注和坚决抵制。在市场经济条件下,不加规范的竞争是破坏经济的竞争,这已经成为人们的共识。由此,政府必须对市场过度的竞争自由进行必要的干预,这是竞争机制发挥作用的必不可少的政策条件,是市场经济持续发展必不可少的制度保障。各国政府都通过制定必要的竞争法律和竞争政策制止垄断和不公正竞争行为。

但是,政府的干预应当有度。竞争规则的制定应以有利于竞争的充分展开为标准,而不是削弱竞争的程度,更不是抑制或扼杀竞争机制,由政府管制替代市场机制的作用,否则就与市场竞争的本质相背离了。正如球赛的规则一样,规则对于竞赛十分必要,但规则的制定不能影响比赛质量,降低了比赛的精彩程度。

四、社会保障的完备性

竞争在发挥作用的过程中会产生其自身不能克服的"力量"。一方面,竞争会导致市场力量的不断集中,逐渐减少竞争的压力,导致企业"适应需求变化和技术进步的倾向下降";[①]另一方面,激烈的市场竞争会带来残酷的结果,弱小的、竞争失利的市场主体因不具备竞争力而被淘汰出局。此外,由于竞争机制的作用往往是滞后的,通过竞争实现资源流动和调整也需要一定时间,如果缺乏有效的社会保障制度,竞争产生的不良后果会影响社会的稳定,增加社会治理的成本。正是从这个意义上讲,国家的劳动就业、社会保险、救济救助,以及企业的破产重整等制度,就成为市场竞争机制发挥作用的必不可少的重要保障。社会保障制度是国家解决社会经济发展问题的重要手段,是国家宏观经济政策体系中的重要组成部分。市场竞争可能造成的后顾之忧,必须通过社会保障体系加以缓冲和过渡。只有建立完备的社会保障制度,才能真正实现资源在不同产业之间的合理流动,达到有效配置的目的。

第三节 竞争理论及其发展

经济学研究表明,在市场信息自由流动的地方,竞争对于资源配置效率和市场供求平衡起着重要的调节作用,对竞争的损害常常导致对市场效率的损害,某些竞争行为甚至足以影响市场本身的存在与发展,因而,对竞争的维护逐渐成为科学研究的对象。经济学的研究核心是竞争对社会整体效率的影响;法学则建立在经济学理论基础之上,研究通过竞争法律制度对竞争行为进行规制。当这一做法得到世界各国普遍认同后,竞争法成为现代经济法学的重要内容。经济法学针对竞争问题的研究呈现出各种理论,各国的竞争政策也因此而各具特色。作为对竞争法理论影响深远的产业组织理论,更是伴随着无处不在的竞争与垄

[①] 陈秀山:《现代竞争理论与竞争政策》,商务印书馆1997年版,第19页。

断现象而形成和发展起来的。①

一、古典自由竞争理论

产业组织理论最早可以追溯到古典自由竞争理论,其杰出代表是英国著名经济学家亚当·斯密。该理论是主要针对重商主义限制市场自由进入的国家干预政策而形成的一种经济学理论,其核心是张扬自由竞争下的市场机制,认为自由竞争制度是最佳的经济调节机制,是保持市场活力的最合理的"自然秩序"。在亚当·斯密看来,分工、交换都是人的利己性的必然结果,人们在追求自身利益的同时,也促进了社会福利的增长。在自由竞争过程中,有一只"看不见的手"支配着每一个人,把他们独立分散的经济活动协调为一个整体。因此,不存在个人利益和社会利益的冲突,即"自由、平等与公正、最佳经济效益之间不存在矛盾","主观的自利会自动产生互惠互利的交易与合作"②,通过"看不见的手"的作用,个人利益与社会利益自然得到协调。③ 因此,人们应当考虑的是如何来协调好这些分散独立的私人活动,摆脱国家的束缚,保证自由竞争,从而保证个人利益与社会利益和谐一致,建立起协调的社会秩序。古典自由竞争理论的理想模式是完全的市场竞争,这一理想模式在现实经济社会中很难持续存在。由于该理论静态研究的局限性,使之不能解释竞争与创新发展的动态变化。但是,该理论对于竞争法制度的建立具有重要的影响,美国 1890 年《谢尔曼法》就是建立在古典自由竞争理论基础上的产物。

二、马克思主义竞争理论

在古典经济学盛行的时代,马克思关于竞争理论的分析和结论独树一帜。马克思主义经济学对竞争的研究是与资本主义生产方式紧密联系的。马克思的竞争理论始终把竞争看作一个动态的过程,采用动态的方法对资本主义的竞争作了全面考察。

首先,马克思认为资本主义生产的实质是剩余价值的生产,但是又受到体现价值规律作用的竞争规律的制约。因此,资本主义经济是在剩余价值规律和竞

---

① 〔荷〕亨利·W.狄雍、〔美〕威廉·G.谢波德主编:《产业组织理论先驱》,蒲艳、张志奇译,吴汉洪校定,经济科学出版社 2010 年版。
② 〔英〕亚当·斯密:《国民财富的性质和原因的研究(上卷)》,郭大力、王亚南译,商务印书馆 1972 年版,第 13 页。
③ 转引自王根蓓:《市场秩序论》,上海财经大学出版社 1997 年版,第 161 页。

争规律的综合作用下运行的,而竞争机制是在剩余价值规律基础上发挥作用的。马克思对这一命题进行了具体的讨论:资本家对相对剩余价值的追求,形成了部门内的竞争。这种竞争会促使生产者不断提高劳动生产力,从而使不同生产者的个别价值平均化为统一的社会价值,使同一个生产部门内的生产者以相等的价格出售他们的商品。

其次,马克思认为竞争机制是调节资源流动的分配机制。在资本主义生产中,资本总是从利润低的部门流向利润高的部门,这种流向反映的是市场供求的变化,但实际上是通过资本在不同生产部门之间根据利润率的升降进行分配,使得不同生产部门都有相同的平均利润,实质上就是剩余价值在不同部门的资本之间的再分配(资源配置)。因此,不同生产部门的利润平均化的过程是通过不同部门之间的竞争实现的。"在这里,利润不是表现为产品分配的主要因素,而是表现为产品生产本身的主要因素,即资本和劳动本身在不同生产部门之间分配的因素。"①

马克思运用动态分析方法、历史分析方法,在微观经济的基础上展开对竞争的系统研究。马克思认为,竞争机制是推动社会进步的动力机制,竞争是资本主义发展的"重要推动力",使资产阶级在不到一百年的阶级统治中所创造的生产力,比过去一切时代创造的全部生产力的总和还要多。这就是因为以追逐剩余价值为目标的市场竞争打破了封建所有制的桎梏,取而代之的是与自由竞争相适应的社会制度和政治制度。马克思还在对竞争的动力机制研究的基础上进一步考察了创新机制和积累机制,以及资源在不同部门之间的分配机制等。② 这对后世对市场竞争与垄断的理论发展产生了极为重要的影响。

三、完全竞争理论

完全竞争理论是新古典经济理论的主要理论成果,19 世纪 70 年代后逐渐占据经济学主流地位,主要代表人物为帕累托、马歇尔和奈特等人。新古典经济学理论在论证"看不见的手"作用的同时,提出了充分竞争或完全竞争的模式,论证了完全竞争的市场会形成资源的最佳配置。所谓完全竞争的市场,除了要

---

① "整个资本主义生产过程,都是由产品的价格来调节的,而起调节作用的生产价格,又是通过利润率的平均化和与之相应的资本在不同社会生产部门之间的分配来实现的。"《马克思恩格斯全集》第 25 卷,人民出版社 1972 年版,第 998 页。

② 胡汝银:《竞争与垄断——社会主义微观经济分析》,上海三联书店 1988 年版,第 16 页。

满足市场上存在大量的买者和卖者,所有的资源都可以毫无阻碍地自由流通和进出市场之外,还要满足产品单一、买卖各方具有完全对称的商品知识和市场信息的要求。显然,这样的市场形态在现实生活中基本不可能存在。与古典自由竞争理论不同的是,完全竞争理论并不把竞争作为导致利益和谐、市场均衡的过程,而是把竞争作为市场过程所导致的均衡状态,而且是一种极端的状态,与此相对立的另一极端状态就是垄断。完全竞争理论同样是建立在静态研究的基础上,假设了一系列的不变条件。具备这些条件以后,完全竞争按照市场贡献进行收入分配、最佳资源配置,从而达到总体均衡,实现交换、产出、个人和社会福利的最优。按照完全竞争理论的结论,国家不能对经济的运行进行任何干预,特别是不能干预价格的形成,否则就破坏了经济的运行。国家的任务只能是通过法律创造和保持完全竞争的条件。与古典自由竞争理论相比,完全竞争理论离现实生活更加遥远,但作为对竞争功能的分析具有一定借鉴意义。

四、不完全竞争理论或垄断竞争理论

在20世纪30年代,英国经济学家琼·罗宾逊夫人和张伯伦等人分别提出了"不完全竞争理论"和"垄断竞争理论",这是针对完全竞争理论所作的修正和补充,是新古典经济学的主要代表。完全竞争理论把竞争作为市场过程所导致的理想的均衡状态,而将垄断作为与此相对立的另一种极端状态。不完全竞争或垄断竞争理论认为,现实的市场竞争不是也不可能是完全竞争状态,而是竞争与垄断共存的形态。该理论认为,市场在整体上是由若干个局部小市场组成,在这样一些局部市场中,少数企业会形成一定程度的"垄断"。这种垄断虽然称不上是整体市场的垄断,但由于产品、价格、技术等因素的差异,形成了在一定市场上的独占性。整体市场就是由众多这样的局部垄断市场所构成。支持该理论的学者把介于完全竞争和垄断这两极的中间状态,用不完全竞争和垄断竞争的范畴进行了理论上的概括和分析。他们认为:一方面,市场上存在大量厂商,他们之间就会进行激烈的竞争,这是一个存在着竞争的市场;另一方面,无论是从消费者的偏好差异,还是从生产企业之间的产品差别来看,企业及其产品之间又相互成为垄断者,随着上述消费者偏好或产品差异的增大,这种垄断的程度也在增加。因此,现实的市场只能是既有竞争又有垄断的状态。这种竞争理论对现实市场的分析无疑是具有借鉴意义的。但由于这种理论本质上没有摆脱静态研究的局限,仍然把追求完全竞争作为理想模式,因此还是不能提出有效的政策

目标。

不完全竞争和垄断竞争理论对我们认识市场机制的本质和对竞争功能的分析具有借鉴意义,但由于它与古典自由竞争理论一样,以静态考察的方法,把技术条件、经济组织结构和其他制度因素视为既定的,并不注重竞争中所隐含的创新价值和动力机制,因此,它不能从根本上解释竞争与社会发展的关系。

五、现代竞争理论

现代竞争理论始于注重现实的经济学家们对传统竞争理论过于理想化的质疑。他们开始转而面对现实中的市场状态进行研究。从 20 世纪 20 年代开始,经过一个世纪的发展,形成了流派纷呈、硕果累累的现代竞争理论体系,并在各国经济政策中得到实际运用。

(一)产业组织理论

产业组织理论发展源远流长,各国历代经济学家们通过对厂商在产业和市场中行为的考察,不懈地努力探索竞争和垄断对产业与市场的影响。产业组织理论真正确立则是在 19 世纪 70 年代至 20 世纪初,这个时期理论发展迅速,学派观点丰富,研究风生水起。究其原因,自然离不开这个时期资本主义进入垄断阶段的特征。对由竞争和垄断带来的经济增长、市场效率、科技发展、社会矛盾等问题的关注,使产业组织理论逐渐成为现代经济学研究的显学。19 世纪末产业组织理论最重要的成果是政府规制政策的出台。经济学家莫迪等人对于"合并能够极大提升效率"观点的严厉驳斥,以及社会反对企业合并的浪潮,直接催生了美国反托拉斯法。20 世纪 30 年代被认为是十分"重要的"时期,经济学家克拉克等人提出的"有效竞争理论"分析了竞争的动态过程是由"突进行动"和"追踪反应"两个相互交替的阶段构成,①从而较为科学地解释了竞争和垄断的关系,被认为是现代产业组织竞争理论的真正开端。同时,"结构—行为—绩效范式"(简称"SCP 范式")的研究,对推动反垄断法的实施产生了实质性的意义。

19 世纪末以后的一百多年里,从有效竞争、规模经济、市场结构、公共政策,到自然垄断、社会契约、潜在竞争以及博弈论等一系列研究成果来看,产业组织理论的研究极大地丰富和深化了人们对竞争的认识,从而影响了各国的公共决

---

① "突进行动"和"追踪反应"是指市场上的竞争是由一些具有创新能力的"先锋企业"带头,然后带动其他企业进行追踪。所谓有效竞争,就是这两个阶段构成的一个无止境的动态的竞争。陈秀山:《现代竞争理论与竞争政策》,商务印书馆 1997 年版,第 58 页。

（二）创新与动态竞争理论

20世纪20年代，经济学家熊彼特创立了创新与动态竞争理论，他最先采取动态研究的方法，并在对竞争过程的分析中得出与传统竞争理论完全不同的结论。熊彼特认为，竞争作为一个动态过程，最重要的作用是推动创新与技术进步。关于创新竞争理论的论述主要来自于其经济发展理论。与古典经济学理论认为经济的增长来源于"外生"的储蓄和投资的提高不同，熊彼特强调经济增长是"内生"的，即企业的自我创新才是经济发展的决定性因素。创新与动态竞争理论包含以下含义：第一，创新不同于单纯的科学发明，它包含了创新的商品、创新的企业组织形式、创新的商业运作模式等各个方面。第二，创新应该更多关注的是"创新流程的最后一个阶段"，即技术的商业化应用和产业化开发。第三，企业家在创新中具有极为重要的意义。创新是追求利润最大化的企业家对新知识、新技术进行投资的结果。社会之所以有新的产品、新的生产方法、新的生产组织形式等，正是企业家不断重组各种生产要素的结果。所以，创新是经济发展的源泉，企业家的知识重组是创新的来源，知识增长以及技术进步对经济发展具有根本性的影响。① 第四，竞争与垄断并非完全对立。熊彼特认为，企业之间通过创新争夺垄断地位的过程本身也是一种竞争，形成一种垄断或者打破一种垄断都是创新的表现形式。② 熊彼特的观点对竞争理论的发展产生了重大影响。

（三）现代产业组织理论

从20世纪50年代开始，一批新思想和新方法使得产业组织理论研究更加丰富。经济学家梅森、贝恩和谢勒等人创建的"现代产业组织理论"对竞争与垄断作了更为全面的分析，特别是贝恩通过若干国家产业结构的比较提出的经验分析结论，对产业组织理论具有重大贡献。"进入壁垒""潜在竞争"等问题引起关注，对垄断的形成及其对策的思考有积极意义，并导出消除垄断的公共政策思路。穆勒则在其任职美国联邦贸易委员会期间把经济学分析引入了竞争法律的实施，并深度影响了新的企业合并政策的诞生。现代产业组织理论的价值在于，以不完全竞争模型为基础，全面讨论控制市场垄断的问题。尤其是"市场进入壁

---

① 柳卸林、高雨辰、丁雪辰：《寻找创新驱动发展的新理论思维——基于新熊彼特增长理论的思考》，载《管理世界》2017年第12期。
② 方竹兰、于畅、陈伟：《创新与产业发展：迎接新科技革命的挑战》，载《区域经济评论》2018年第2期。

垒"概念的提出,使人们逐渐认识到进入壁垒在垄断成因中的关键地位。约翰·纳什的博弈论研究成果也对竞争理论研究产生重大影响。

(四) 芝加哥学派竞争理论

20世纪70年代,美国经济学家施蒂格勒、德姆塞茨和波斯纳等人的芝加哥学派竞争理论对现代产业组织理论进行了改进,使这一理论更为精辟。他们证明资本集中未必反竞争,高利润率也未必是反竞争的结果,恰恰相反,它可能是高效率的表现。进入壁垒的关键问题是是否存在人为的壁垒,这种极为注重效率标准的观念也深刻影响了各国的竞争政策和反垄断实践。芝加哥学派由一批杰出的经济学家组成,在该学派极具威望的《法与经济学杂志》(*Journal of Law and Economics*)上发布的名篇中,就汇集了李斯特·泰尔瑟关于转售价格限制的论文和约翰·麦克吉关于掠夺性定价的论文等。而乔治·约瑟夫·斯蒂格勒的寡头垄断理论对竞争政策有着深刻的影响,尤其是其创立的以赫芬达尔-赫希曼指数(Herfindahl-Hirschman Index,HHI)测试市场集中度的方法,更是至今为各国所普遍采用的规制企业合并的有效工具。[①]

现代竞争理论学派众多,特征明显。在追求的目标上,抛弃了把完全竞争作为现实和理想的竞争模式的教条;在研究的方法上,不再把竞争作为一种静止的最终状态,而是作为一个动态变化的过程来研究;在研究的内容上,不再将研究重点放在价格如何决定以及如何实现结构平衡上,而是研究市场竞争过程中如何实现各种竞争要素的合理组合,以及如何促进技术和组织的不断创新。

思考题

1. 如何理解竞争的性质和基本功能。
2. 竞争机制发挥作用的前提条件是什么?
3. 简述几种现代竞争理论。

---

① 〔荷〕亨利·W.狄雍、〔美〕威廉·G.谢泼德主编:《产业组织理论先驱》,蒲艳、张志奇译,吴汉洪校定,经济科学出版社2010年版,第276页。

第二章 竞争法基本理论

【学习要点】
1. 掌握竞争法的概念和特征
2. 深刻理解竞争法的价值
3. 理解并掌握竞争法基本原则

第一节 竞争法的概念和特征

一、竞争法的概念

竞争法是指国家为维护竞争在社会资源配置中发挥基础性作用,对市场主体偏离竞争机制的行为进行纠正的法律规范的总称。这是从法的价值目标出发,以经济法的显著特征为基本模式,对竞争法概念的界定。从这个意义上说,竞争法的目标就是通过国家制定的各项竞争制度与措施,以维护社会整体利益为目标,纠正市场主体偏离竞争机制的行为,以恢复市场应有的秩序。

竞争法由一系列以维护自由公平的竞争秩序为目标的法律规范组成,一般分为三个方面。一是以法典形式存在的竞争法律制度,如规制垄断与限制竞争行为的反垄断法,规制不正当竞争行为的反不正当竞争法。这是竞争法最主要的形式,也是各国竞争执法的直接依据。二是在其他相关的市场法律中存在的涉及竞争行为的具体规范,如广告法、价格法、招标投标法等。这些法律制度与维护市场竞争的竞争法关系紧密、规范交叉,并具有一定程度的竞合性。三是在众多产业法律中设置的涉及行业竞争行为的法律规范,如公用企业(水电、能源)、自然垄断行业(铁路、航空)、特定产业(网络)的法律制度中,都有规范企业维护市场秩序和公平竞争的法律规范。此外,消费者是受市场竞争影响最直接也是最普遍的市场主体,因此,消费者保护的法律中涉及竞争行为的规范(如欺诈、不公平交易等)也成为竞争法体系中的重要组成部分。

从形式上看,竞争法分散存在于各类法律制度中,但这些法律规范都体现了对竞争行为的纠偏功能和维护竞争机制的目标。以竞争法法典为核心，把所有规范竞争行为的相同的法律规范纳入竞争法范围，有利于形成统一的立法价值和稳定的法律体系。

二、竞争法调整的社会关系

一般认为，竞争法调整的对象是"竞争关系"，但事实上对竞争关系需要作广义的理解。市场竞争中涉及的社会关系是多方面的，如果把竞争关系仅仅定义为经营者之间在竞争中所形成的关系则过于狭隘，也有违竞争法立法的本意。

法律是社会关系的调节器，是要把原生的社会关系进行抽象化、模式化和类型化，从而达到调整社会关系、整合利益冲突的目的。因此，需要把市场竞争的原生社会关系抽象化，并使之模式化、类型化，形成特定的法律关系，这是研究竞争法调整对象的前提。当然，对社会关系的抽象过程并不是随意的，必须遵循一定的客观要求。首先，这种抽象要符合人们对法律的主观需要，要有助于人们相互之间利益的平衡，体现公平、正义、自由、效率等一些法律的基本价值；其次，这种抽象要有助于纠纷的解决，要将复杂的社会关系尽量变得简单、明晰，易于判断、评价和处理。

原生的市场竞争关系分为两类：一类是有利于竞争机制发挥功能的，另一类是损害竞争机制作用的。市场主体在追求其利益时所选择的行为不构成对竞争机制的损害，就是为竞争法内在价值所认同的；只有当市场主体追求个体利益时所选择的行为损害了竞争机制，从而有损社会整体利益时，才为竞争法的内在价值所否定，成为竞争法的调整对象。在这种情况下，即使其他部门法律未对之作出明确规定，或者并不否定这些竞争关系，比如经营者之间的合并协议，或者以排挤竞争对手为目的的低价销售等，但是，从竞争法的价值出发也要对之作出否定的判断。这些被竞争法规定为违法的行为，并不是一般意义上的损人牟利的民事行为，而是那些通过违背竞争机制追求个体利益，从而产生违背社会整体利益后果的行为。它们具备两个方面的特征：第一，不正当地追求个体利益。这是指市场主体运用不正当手段使市场利益从其他市场主体处移转到自己那里。这种行为构成对其他市场主体经济利益的直接侵害。第二，损害市场竞争机制。这是指市场主体破坏或扭曲竞争，使市场的竞争机制失去效用，从而不能起到促进社会持续发展的作用。只有同时具备这两个特征，才能认为竞争法应当规制的行为已经出现，从而成为竞争法的规制对象。在这两个特征中，损害竞争机制是竞争法规制这些行为的主要理由。正是因为这一点,我们才可以理解为什么在已有完备的民事法律的情况下,会出现专门的竞争法,为什么同样调整市场经济关系的竞争法具有众多特征。

三、竞争法的特征

部门法的特征是指通过组成该部门法的众多法律规范体现出来的实质上或形式上的特殊之处。任何法律部门都有其独特的价值指向,作为现代经济法典型内容的竞争法,具有以下四个方面的重要特征:

(一) 法律关系的综合性

在传统的民法、行政法调整经济关系的模式中,民事法律被界定为调整平等主体之间人身关系和财产关系的法律部门,行政法则被界定为调整具有隶属关系的主体之间管理与被管理关系的法律部门,两者共同建立起一个调整现实中经济关系的法律框架。而其他类型的经济关系,或由于数量少、出现频率低,或由于对经济运行无关紧要而被排除在法律的调整范围之外。但是,随着经济的发展和市场运行速度的加快,大量新型的经济关系开始出现。这些关系既发生在平等主体之间(因而具有横向性质),又需要行政机关加以管理、调节和控制(因而具有纵向性质)。对于这些经济关系,无论民法还是行政法,都无法单独对之进行快捷、有效的调整。由此产生了新的调整经济关系的法律部门,经济法就是这样一个典型的法律部门。经济法不再将经济关系划分为纵向和横向,而是将之视为一个整合的社会关系进行综合性调整,使这类新型经济关系符合社会持续发展的整体利益。

竞争法调整的社会关系本质上就带有这种综合性的特征,因而成为经济法的重要组成部分。一方面,它表现为竞争者之间开展竞争的横向经济关系;另一方面,它又是一国政府(甚至是国际社会)时刻关注并进行严厉规制的关乎市场秩序和效率的经济管理关系。竞争法正是应调整这种综合经济关系的需要而生的法律制度,其目的在于在瞬息万变的激烈市场竞争中,通过法律的实施使偏离竞争机制的主体行为迅速得以纠正,把损害市场机制的经济关系限制在一定范围内,甚至消灭在萌芽状态,而非通过纵向、横向分割的法律模式进行调整。这不仅可以降低维护社会市场秩序的成本,实现社会整体效率的提高,而且符合现代法律简明、规范、易操作的法治理念。

(二) 法律主体的多样性

竞争法主体是指一切与维护竞争机制有关的法人、非法人经济组织、公民个人、行政机构、社会组织等。从形式上看,它们是不同的,或为经济协作关系的参加人,或为竞争过程的受害人,或为负有管理经济职责的行政权力拥有者,或为承担一定社会职能的民间组织。无论是与民法还是行政法相比较,竞争法主体多样性的特征都十分突出。这些主体具有的共同特点就是与竞争过程或竞争秩序的维护有关。民商事法律调整的是平等主体之间的关系,行政法则要求主体之间具有行政隶属关系,而竞争法不论其主体的形式如何,只要与竞争有关,皆可能成为竞争法的主体。

首先,竞争法主体的多样性是由竞争法的目标决定的。为了维护竞争机制有效发挥作用,必须把一切与竞争秩序相关的主体设定为竞争法上的主体,规定其权利、义务和责任,划定其行动范围。其次,这与竞争法法律关系的综合性有关,在竞争法法律关系中既存在平等主体之间的横向经济关系,也存在国家管理机构与市场主体之间的管理关系,这种交叉统一的经济关系一定涉及广泛、多样的法律主体。

(三) 法律客体的唯一性

与同样调整经济关系的民商事法律关系客体相比,竞争法法律关系的客体具有"唯一性"的特征。无论竞争法律对其主体设定了怎样的义务、权利和责任,目的只有一个,即维护竞争机制的有效运作和竞争秩序的稳定。事实上,正是基于对竞争秩序的维护才派生出了竞争法主体的诸多义务。竞争法客体的唯一性也是由竞争法的价值目标决定的。竞争法并不以协调个体利益冲突为基本目标,而是通过对竞争机制的维护缓解社会资源稀缺所带来的矛盾,这就与以维护财产权利和人身权利为目的的民商事法律有很大区别。民商事法律关系的客体是个别的、具体的、丰富多样的,而竞争法客体却显示了抽象的性质。竞争秩序是人们通过经济运行总结出来的一种理论抽象,但在不同的环境下,它又有许多不同的具体要求。这就要求人们在"竞争秩序"这一单一客体之下区别不同的具体环境,平衡竞争法主体的权利和义务。例如,对于垄断行为,有时需要禁止,有时又需要容忍,甚至在特定情况下还要扶持。不管是禁止、容忍还是扶持,其目的都是为了激活市场竞争,维护竞争机制的作用。

(四) 权利、义务的不对等性

法律通过权利的赋予或义务的承担,使法律关系主体之间建立起各种联系,形成稳定的、平衡的社会关系。按照调整民商事关系的传统,一个主体享有权利,必然承担相应的义务;反之亦然。这种权利、义务的对等性体现了平等主体间利益冲突时的基本调整方法,它是静态的、形式意义上的公平的体现。在相当长的历史时期内,这种权利、义务的对等对应性成了调整竞争关系的占主导地位的准则。但在竞争法中,同类主体的权利和义务往往并不对等。对于某些具备特殊地位和能力的竞争主体,竞争法往往对其规定了较多的义务,而没有赋予相应的权利。例如,独占者被规定负有不得利用独占地位限制其他主体进入市场的义务,而其他市场主体的这种竞争权则是不受限制的;在生产者与消费者之间关于产品质量的纠纷中,举证责任被设定在生产者一方,而非主张权利的一方。这种权利、义务的不对等性并非不公平,而是力图在一种动态的社会环境中实现实质意义上的公平和自由。

第二节 竞争法的价值

一、法的价值概述

理解竞争法的价值是竞争法要解决的首要理论问题。竞争法充分体现了现代经济法的基本价值。法的价值是指法律存在的合理性以及它对人们的有用性。法的价值体现了法之存在、属性、功能及内在机制与人们对法的需要之间的关系。这种关系正是通过人们的法律实践显示出来的。例如,"禁止不正当竞争行为"是现代市场经济普遍遵循的准则,当我们不仅对此作出描述,而且进一步解释这一法律准则的原理时,就含有对法律的价值判断。作出这一判断的理由就是:不正当竞争行为损害了竞争秩序和社会整体利益,为维护社会的整体利益必须禁止不正当竞争行为。这就是我们评判上述法律准则的标准。竞争秩序的优劣是有客观要求的,经济发展规律表明,人们只有在一定的竞争秩序中才能实现自己的利益,经济只有在一定的竞争秩序中才能更快速地增长,这表明竞争秩序的维护能够满足人们增进自身利益并促进社会经济增长的需要,因而是有价值的。[①]

讨论法律价值的意义不仅在于解释社会经济"应该怎样",即"应然"的问题,而且更在于明确"如何做到这样",即"实然"的问题。"应然"是人们努力地实现自己需求的信念和要求,而"实然"则是推动人们投入改变现状、追求更高目标的实践中去的动力。从这一意义看,法律的价值乃是推动法律向更合理、更完善的

[①] 卢云主编:《法学基础理论》,中国政法大学出版社1994年版,第191—197页。

目标变迁与发展的根本动力。

二、竞争法的价值

竞争法的价值即竞争法存在的意义和合理性,也就是竞争法的功能和内在机制满足了人们的哪些需要,竞争法努力要维护的竞争秩序是否有利于社会的发展。只有明确了竞争法的价值,才能确立竞争法在整个法律体系中的地位。

(一)形成竞争法价值的动因

从历史上看,竞争法的产生、发展与变迁是与人们因追求经济效率而产生的维护竞争秩序的要求紧密联系的。人类从事经济活动的最终目的是获得更多的物质财富以满足无限增长的需要,这与有限的资源构成了经济生活中最深刻的矛盾。如何以更少的资源耗费取得更高的经济效率,是经济生活中最受关注的问题。人们通过长期实践发现,在生产力发展的不同阶段,需要不同的经济运行体制,即资源配置的方式与之相适应。一个适应生产力发展的经济体制能够使经济效率快速、持续地提高;而一个不适应生产力发展的经济体制则会阻碍经济效率的提高,甚至使之降得更低。近现代的经济发展能够很好地证明这一观点。

流行于15世纪到18世纪的重商主义学派认为,只有凌驾于市场之上的政府才有权威和实力对各种利益加以调和,避免市场中各种力量在盲目的相互竞争与争夺中无端消耗。所以,他们主张凭借国家政权直接塑造市场秩序,构建对社会整体有利的经济制度体系。但是,随着现代大工业的出现,重商主义的理论和政策并不能继续取得提高经济效率的效果。亚当·斯密以"看不见的手"理论严厉抨击了国家政权对市场的管制,极力主张国家仅需充当"守夜人"的角色,提供最基本的必不可少的管理和服务。"一个(自由的)竞争的经济会自动产生效益而不需要任何政府的干预"逐渐成为共识。自由放任主义经济理论以及在它指导下形成的经济制度给西方经济带来了一个多世纪的全面繁荣和进步。

然而,正是在自由竞争经济体制下,自由放任的市场竞争打破了西方各国的美梦。19世纪末期,自由竞争的异化物——市场垄断使市场经济国家面临了严重、频发的经济危机,甚至引发帝国主义战争。无序竞争带来的社会经济失衡,终于使人们认识到无节制的竞争本身导致的市场失效。由此,主张政府干预经济以纠正市场缺陷的凯恩斯主义经济理论与政策应运而生。但与重商主义不同的是,该理论下政府的作用只是保护市场机制效率的必要补充,而非提高经济效率的初始动力。在政府干预和市场竞争之间寻找平衡点是缓解西方经济体制危机的良方,并带来了二战以后经济的再度繁荣。美、英、日、德等主要西方国家在政府干预、控制市场势力、重塑优良竞争秩序等方面形成了各具特色的经济体制类型。

进入 20 世纪 70 年代之后,经济停滞不前和通货膨胀并存的"滞胀"成为这些国家经济运行的通病,新自由主义重新肯定了"看不见的手"在调节经济平衡中的作用,认为利用政府来干预经济以提高经济效率的做法也有缺陷,强调纠正市场缺陷的正确途径首先是完善市场机制本身。同时,也应当有限制地利用国家干预经济的某些优越性。

对西方经济发展史以及其中衍生出的经济理论的简要回顾表明,无论是重商主义、自由放任主义、凯恩斯主义还是新自由主义,均是把塑造和维护经济体制中的竞争秩序、利用竞争的内在机制视为提高经济绩效和效率的最佳手段。人们对经济绩效和效率的追求是经济体制创新、发展和变迁的根本动力。

(二) 竞争法价值的分析

维护竞争机制是竞争法的核心价值,围绕这一核心价值在不同层次又形成了各种具体的价值。

首先,从终极目标看,竞争法的价值就是在于通过竞争提高效率解决人们物质需要的无限性与资源供给的稀缺性之间的矛盾,由此,提高效率是人们创立竞争法的题中应有之义。

其次,在经济制度层面上,制定竞争法的目的是构建一种与生产力发展水平相适应的经济体制,即竞争法的效果在于通过对既存体制的肯定或否定、维护或变更,提高经济运行的效率。

再次,在市场层面上,制定竞争法是为了形成和维护市场中的竞争秩序。市场的有效运作依赖于一系列明确的市场规则。这套规则从整体上看必须是公平的,能够保证市场交易安全、顺利地完成,并保护处于市场中的主体的正当权益免遭侵害。此时,被遵循的市场规则就会有机地转化为一定的竞争秩序。

最后,在市场主体层面上,竞争法的目的和效果在于保护竞争者和其他市场主体的合法权益。不允许设置人为的进入障碍或排挤现有竞争者,不允许通过特权获得不正当的利益,不允许导致市场信号紊乱的行为造成误导资源流动的后果,不允许通过损害消费者来获得不正当利益。由此可见,竞争法的目的和作用是规范违反竞争机制的行为,使市场主体的行为符合社会整体利益的要求。竞争法在对生产者、销售者、消费者等一系列市场主体的保护中体现了其价值。

总之，竞争法的价值是一个统一的整体，是维护竞争机制这一核心价值在人们生活中的不同层面的具体体现。经济效率价值是在资源配置的宏观背景下考虑的结论，而竞争秩序、市场主体利益、反竞争行为的规制等价值则是从市场运行的微观角度考察的结果。

第三节　竞争法的基本原则

一、法律原则概述

法律原则是对法律价值的反映和提炼。立法者在制定法律之初总带有一定目的，为了这些目的，人们必须为立法确定一个基本的依据、准则，以统领具体的法规范，形成完整的法律体系。在法律执行过程中，人们对法律实施的效果会作出一定的评价。这些评价如果是积极的，原有的法律准则就会得到加强。反之，如果人们对法律实施效果作出的评价是消极的，经过一定时间的积累后，立法的基本依据和准则就会被改变或抛弃，形成新的依据和准则。法的基本依据和准则经过法律实践的提炼和概括，成为人们关于法律的共同理念，这就是法律的基本原则。法律原则对于法律的作用主要体现在以下几个方面：

首先，在制定法律时，法律原则作为对法律价值的反映和提炼，是其他具体法律规范的来源和依据，是法律整体的基础，具有不可动摇的地位。正是法律原则决定了具体法规范的结构、内容和功能。

其次，在法律规范的体系中，法律原则可以起到统领具体法规范，并使之形成一个系统的作用，具有最高的贯穿始终的效力。

最后，由于成文法规范是对原生的社会关系的抽象化和模式化，需要稳定和明确的形式，而原生的社会关系总是处于变化、发展之中，所以具体的成文法规范或多或少地带有某种局限性，难以顾及一切可能的情况。而法律原则作为一种根本性的准则，可以克服这些局限性而作为具体法规范的有益补充。

法律原则是法律价值与具体法规范之间的连接点，但它与法律价值及具体法规范之间又有区别。法律价值具有主观性，而法律原则一经形成，即脱离人们的主观评价成为客观存在的法律，具有稳定性；对法律价值的主观评价既可以是针对法律的整体和基本准则作出的，也可以是针对具体的法规范作出的。而法律原则的评价对象只能是法律整体及其基本准则。因此，人们对法律价值评价的变化，并不必然导致法律的大规模变动。而法律原则的变化必然导致法律的整体变化。法律原则与具体规范的不同之处在于:法律原则决定了其根本准则的地位,而具体法规范是由法律原则衍生出来的,属于从属性的规则;法律原则的生效领域贯穿于法律的一切方面,而具体法规范的生效领域是有针对性的;法律原则是非规范性的规定,并不具有明确的行为模式、评价和确定的后果模式,而具体法规范必有明确的行为模式、法对这种行为的评价以及法所确定的法律后果。

二、竞争法的基本原则

在长期的立法、执法和司法实践中,世界各国逐渐形成了竞争法的一些基本原则。这些原则是对人们维护竞争机制、提高经济绩效和效率的愿望的反映和提炼。尽管我国在具体的经济水平和相应的制度设置方面与其他国家有很大不同,但实践证明,对于作为一种调节、整合经济竞争关系的工具和手段的竞争法,这些原则基本上适用于所有市场经济国家。

(一) 维护经济民主原则

经济民主是指社会经济运行过程应该反映全体市场主体的意愿,而不是由少数人控制和决定该过程的经济制度。其具体的表现就是市场主体在市场经济活动中对资源、信息等享有相同和平等的机会与权利,国家应当通过法律政策在社会经济生活中为市场主体创造一个进入市场机会均等、交易商品决策自主和市场竞争公正公平的经济环境。自由交易和自由竞争是商品经济存续和发展的客观要求,这一要求反映了市场经济民主性的本质。从古代罗马法开始孕育自由民主的萌芽,到近代法国民法典中合同自由制度的全面建立,发展经济民主成为自由资本主义时期市场经济赖以建立和发展的最重要的基石。意思自治、契约自由原则正是对经济民主的高度概括,因为人们相信,通过这些原则的实施,能实现个人利益与社会利益的和谐与一致,也正是这些原则把自由交易和自由竞争推到了绝对神圣的、至高无上的地位。但是,历史发展表明,放任自由并不能自动实现个人利益与社会利益的持续和谐,所谓造物主决定的自然秩序中所包含的经济秩序并不能维持社会达到可能的最大再生产。[①] 在进入垄断资本主义阶段之后,社会经济生活中存在大量具有经济优势地位的市场主体通过自由交易和自由竞争的原则,不正当地夺取他人利益来实现自己利益的行为。这使

---

① 〔法〕魁奈:《魁奈经济著作选集》,吴斐丹、张草纫选译,商务印书馆1979年版,第245页。

人们认识到,建立必要的竞争秩序,以保证社会整体利益为前提倡导自由交易和自由竞争,是对自由经济制度在更高层次上的确认和保护。维护经济民主必须维护市场主体的经济民主权利,防止和制止强势主体通过不正当竞争危害市场竞争秩序,尤其是防止国家权力对经济生活的不正当干涉和影响。对于我国这样一个从高度集中体制转为市场体制的国家来说,维护经济民主是整个经济改革的重要组成部分,我们应当通过转变政府职能、规制经济力量过度集中、制止不正当竞争行为等途径,通过立法对危害经济发展秩序、不正当掠夺他人利益的"自由"进行限制,尤其是对那些在市场中长期享有特殊地位的市场主体进行必要的监管和限制,实现整体经济环境的民主化。

(二) 适度自由原则

适度自由原则,即在竞争法的全部具体规范中共同体现出来的,以经济竞争规律的客观要求为"度",适当限制个体竞争自由的原则。

适度自由原则是针对市场竞争中的"放任自由"而言的。19世纪中前期,亚当·斯密在与重商主义理论的论战中提出了"经济人"的假设,认为在理性的约束下追求自身利益最大化的"经济人"行为是值得被鼓励的,因为它将带来个体利益和社会整体利益的同时增进。因此,政府应退居经济运行的幕后,法律也应在保证基本公平、公正的前提下赋予公民充分、全面的自由权利,让他们在自由行使权利的过程中带来整体经济的进步。

然而,放任自由并不总是带来个体利益与社会利益的和谐。在进入垄断资本主义阶段之后,经济活动中大量存在着通过不正当掠夺他人利益来实现自身利益的行为。例如,1879年美孚石油公司成立之后,短时间内在美国大量涌现的托拉斯成为不受控制的经济势力,通过控制市场上的商品投放量、抬高价格等手段牟取暴利。这不仅使消费者饱尝苦楚,而且使整体经济普遍失去活力,经济增长缓慢、停滞乃至倒退。这是因为,相对于"经济人"假设,资源稀缺性是人们需要面对的更为重要的事实。一旦可能,经济主体总是乐于从别人处掠取更多的利益,脆弱的理性并不足以使他们因考虑社会整体利益而主动放弃这样的机会。这就要求摒弃放任自由的原则,代之以适度自由原则,用法律的形式明确限制"经济人"那些可能或已经危及整体社会的"自由"。1890年美国颁布《谢尔曼法》就是为了对托拉斯的这种自由作出限制。

适度自由原则并不意味着对市场主体的行动自由一概加以限制。对于那些有利于经济发展的自由,不仅应当允许,还应当鼓励;而对真正危及经济发展或不正当掠夺利益的自由,却应当严格限制。由于市场行为错综复杂、变化多端,适度自由的"度"就变得难以把握。各国政府都根据不同历史时期的具体情况和经济发展的阶段性目标,在调整培育市场、赋予经济主体充分自由的同时加以适当约束,确立了可以灵活操作的、适应本国国情的、兼顾发展和顾及社会整体利益的标准。

(三) 实质公平原则

实质公平原则是竞争法众多具体规范所共同体现出来的以维护市场主体之间实质意义上的公平为首要目标的原则。公平含有"公正""平等""合理"等意思,是指人们追求社会生活公正合理,地位平等,不允许有特权凌驾于大众之上的要求、愿望和理想,其实质是人的相互需要、承认、共存和依赖。

从表面上看,法律应当以维护形式意义上的公平为目标,提供一个大致的框架,对每一个市场主体都给予相同的法律地位,让每一个主体参与自由竞争。但在现代市场经济中,这种形式意义上的公平并不必然能够保证实质上的公平。实力强大的企业可以通过压低价格,使竞争对手遭受损失,达到独占市场的目的;同行企业联合起来避免商品价格竞争,使消费者蒙受无法选择的损失;行政权力机构通过指定交易或设立市场壁垒等,保护某些特定产业或企业,使竞争还没有开始就确定了输赢。这些现象的产生,正是因为法律仅规定了形式公平的大致框架,而未对其中某些特殊主体作出限制,导致市场主体处于实质上的不平等地位。一些具有市场权力的主体凭借形式上的公平权利任意妄为,最终使竞争机制失效。因此,竞争法以实质公平为基本原则,从法律上限制市场权力的滥用,对具备某些特殊条件和能力的行为进行限制,对可能遭受经济特权侵害的主体进行倾斜保护。从形式上看,这些规定对于某些主体是不公平的,但这可以使市场主体的竞争恢复到竞争机制的框架之中,突破了传统法律以私权保护为本位,重形式轻实质的倾向,确立了竞争法以保护社会利益为本位,达到实质上的公平、正义、合理的精神。

(四) 整体效率优先原则

整体效率优先原则是指通过众多竞争法规范体现出来的在社会整体效率与其他法律目标发生冲突时,优先考虑整体效率的竞争法原则。

效率是法的价值目标之一。竞争机制的最大效用就在于通过建立市场规则顺利实现经济效率的提高。但是,人们在从事经济活动的过程中,还形成了其他一些要求,诸如安全、正义、公平等。一般情况下,经济效率的提高意味着更多的物质产出,对大多数市场主体而言,同时也带来了公平、安全和正义。但是,由于个体利益与社会利益并不总是一致,因而在某些情况下,为了提高经济效率,不得不牺牲某些市场主体的经济利益,有时甚至是非常合理的、从个体的角度来看绝不应该牺牲的利益,此时效率和公平就处于冲突状态。

产生效率和公平对立状况的根本原因在于,效率是一种客观的指数,它不随人们主观愿望的变化而变化,有一套具体的、公式化的衡量标准;而公平是一种主观的评价,即使是对同样的现象、同样的事物、同样的法律准则,不同的人也可能作出不同的评价,而没有一套具体的、客观的衡量标准。这就使得法律在顾全了社会的整体利益即效率的提高时,很难顾及每一个市场主体对该法规范的主观评价。例如,一个市场主体经过长时间的不懈努力,终于通过优胜劣汰规则,击败了所有竞争对手,取得了市场独占或准独占的地位,并且也没有滥用这种地位,但是,该主体的这种独占地位在事实上影响了竞争的存在,从而影响了社会整体效率的进一步提高。当竞争法以效率为由对它的独占地位进行种种限制乃至取消时,就很难同时保证对它的公平,因为它通过长时间合理合法的努力所取得的独占地位,能够给个体带来许多经济利益,现在却被法律介入,轻而易举地取消了。然而,对于全社会来说,这样的取消往往是必要的。

所以,解决效率与公平的冲突,在竞争法中只能是基于全社会的考虑,应当优先选择整体效率。但这也不是完全否认公平,而是说,当冲突发生时,在效率优先的原则下应当尽可能地兼顾公平。事实上,当一个社会的整体效率能够得到持续发展时,社会的公平也就有了物质基础的保障。

思考题

1. 简述竞争法的概念和特征。
2. 如何理解竞争法的基本原则?

第三章 竞争法的历史发展

【学习要点】

1. 了解竞争法是市场经济发展的必然产物
2. 了解世界主要国家竞争法的发展概况
3. 了解中国竞争法与经济体制改革的关系

第一节 竞争法产生的动因

市场经济的发展是建立在完善的竞争机制的基础上的,任何对竞争的抑制和破坏,都是对商品经济正常运行的阻碍。纵观市场经济发达国家的经济发展史,公平竞争法都在法律体系中占有重要的地位。作为经济健康发展的有效调节器和经济民主制度的有力保障,竞争法赢得了"经济大宪章"的称号。国外最早规范竞争关系的法律可以追溯到古罗马时期,当时有禁止粮行阴谋抬高粮食价格行为的规定。英国17世纪初的判例中有明确反对垄断和限制竞争行为的规定。后来法国、意大利等国家也在民事法律中对不正当竞争行为作出了很多规定,如反对以欺骗的手段进行竞争等。由此可见,在现代意义上的竞争法形成之前,各国就有了单行的法律和判例对经济生活中的竞争行为和竞争关系进行调整,但是这些零散的法律、法规和现代明确地以维护市场秩序为宗旨的竞争法相比,在性质上是有所不同的。现代竞争法诞生于19世纪末叶,一般以美国1890年颁布的《谢尔曼法》、德国1896年颁布的《反不正当竞争法》、1900年修订的《保护工业产权巴黎公约》中关于不正当竞争的条款为标志,翻开了现代竞争法的新篇章。

一、反垄断法的产生

从17世纪中叶到19世纪中叶的两百多年里,资本主义经历了从萌芽到发展,最终确立其制度地位的历程。在整个漫长的过程中,一方面,资产阶级代表着先进的生产力,为人类社会进步做出了巨大的贡献,"在它的不到一百年的阶级统治中所创造的生产力,比过去一切世代创造的全部生产力还要多,还要大"①。但另一方面,资本主义制度作为自由经济的集中代表,所带来的灾难同样令人关注。随着科学技术的进步和大工业生产的迅速发展,资本越来越多地集中到少数大企业手中,资本主义从自由竞争阶段走向了垄断。少数大企业集团为了获取更多的高额利润,愈加疯狂地创造条件垄断市场,防止新的竞争对手进入市场。它们利用市场上所占的优势地位,独占或控制生产和销售,排斥竞争;或通过联合定价、划分市场、共同抵制交易等,约束相互间的竞争。在1870年至1879年间,仅洛克菲勒一家公司就兼并了美国14家石油公司,并控制了另外26家石油公司的多数股票,从而把美国90%的石油生意集中到了自己的手中。在以后的二十多年中,美国工业部门的托拉斯(Trust)发展到三百多个,占整个制造业总资本的40%以上。除了美国以外,欧洲的卡特尔(Cartel)、辛迪加(Syndicat)等也不断涌现,成为垄断的主要形式。由于垄断能够获得固定的超额利润,垄断组织就不再有动力继续创新,新技术的采用和劳动生产率的提高受到极大影响。这就是列宁在揭露垄断资本的性质时所指出的"垄断必然会带来停滞和腐朽的趋势"②。

　　一方面,垄断限制了竞争,削弱了由自由竞争而产生的市场活力;另一方面,垄断并未消灭竞争,只是使竞争在更高的层次上、更大的范围内进行。一个垄断集团的成功与失败,将会产生一荣俱荣,一衰俱衰,影响整个国家的经济稳定的后果,甚至引发国家之间的恶性争斗乃至世界大战。因此,无论从维护资产阶级整体利益角度,还是从稳定社会经济秩序角度考虑,各国政府都通过明确的政策与法律对自由竞争进行一定程度的干预,竞争法制度由此应运而生。1890年,美国国会通过了《谢尔曼法》,开世界反垄断立法之先河。该法旨在反对竞争过程中的托拉斯垄断行为,虽然条文不多,但是确立了重要的法律原则,即"任何人垄断或企图垄断,或与他人联合、共谋垄断州之间或与外国间的商业和贸易,是严重犯罪",禁止企业在贸易中进行垄断或企图垄断。这部法律规定反垄断法的诉讼可以由美国政府或个人提起,并且允许私人得到在不公平竞争中所受到损失的三倍赔偿。③《谢尔曼法》的诞生对世界各国产生的影响十分深远,各国相

---

① 《马克思恩格斯选集》第1卷,人民出版社2012年版,第405页。
② 列宁:《帝国主义是资本主义的最高阶段》,载《列宁选集》第2卷,人民出版社1995年版,第630页。
③ 尚明主编:《主要国家(地区)反垄断法律汇编》,法律出版社2004年版,第186页。

继制定了类似的法律。如德国在1923年制定了《卡特尔法》,旨在规制卡特尔的垄断行为。尽管由于希特勒的上台使该法变成一纸空文,但其诞生的社会经济条件与《谢尔曼法》大致相当。日本1947年通过了《禁止私人垄断和确保公平交易法》。垄断资本主义国家反垄断法的相继出台,奠定了反垄断法在现代竞争法中的核心地位。

二、反不正当竞争法的产生

在美国对垄断行为进行强烈声讨的同时,欧洲各国正在进行一场围剿不正当竞争行为的立法运动。随着经济的迅猛发展,竞争日益激烈,一些商业领域中不道德的行为日渐增多。以仿冒、欺骗、贿赂等手段为主的夺取交易机会、获得不正当利益的竞争行为,几乎成为当时欧洲的公害,极大地影响了市场竞争的正常秩序。然而,这些行为虽然对经营者或消费者的利益造成了损害,但是依传统的法律却难以对其进行有力的制约。社会民众要求消除不正当竞争行为,维护公平公正竞争的强烈呼声促使欧洲各国政府不得不考虑建立新的制度规范。1896年,德国率先进行了历史性的创新,针对传统民法对不正当竞争行为力不从心的现状,颁布了《反不正当竞争法》。德国的这一法律在现代竞争法领域中确立了另外一个重要规则,即"在营业中为竞争的目的,采取违反善良风俗的行为是非法的"。根据这一原则规定,大量不正当竞争行为,如虚假广告、仿冒混淆、商业贿赂等都能得到有效制止。德国的立法影响了世界各国。此后,美国的《联邦贸易委员会法》和《克莱顿法》也对"商业中或影响商业的不公平或欺骗性的行为"进行了规范。除了对不正当竞争行为进行总的立法以外,各国还对各种具体的不正当竞争行为进行个别立法,如日本的《不当赠品及不当表示防止法》、德国的《折扣法》、美国的《商业秘密法》等。这标志着规范垄断行为的法律与规范不正当竞争行为的法律共同构成的具有社会公共利益保护法律性质的竞争法律制度框架开始形成,这在人类法律制度史上揭开了新的篇章。

总之,在资本主义走向垄断的阶段,同时出现了规范垄断行为的法律与规范不正当竞争行为的法律,它们共同构成了现代竞争法律制度的体系。

三、国际竞争立法的开始

竞争法的产生一开始就呈现出区域性和国际性的趋势,而非仅仅表现为国内的立法。1900年修订的《保护工业产权巴黎公约》中,第一次对不正当竞争行为作出了规定。该公约第10条之二第2款规定,"凡在工商业事务中违反诚实的习惯做法的竞争行为构成不正当竞争均行为"。该公约还以列举的方式对几种特别严重的行为加以禁止,如在工商业活动中制造混乱,制造令人误解的商品标记,利用广告诋毁竞争对手等。《保护工业产权巴黎公约》的数次修订,不仅是对当时的各成员国国内竞争法的概括和反映,同时也极大地推动了其他国家的国内立法,如日本的《不正当竞争防止法》就是在这样的条件下制定的。可以认为,绝大多数国家的反不正当竞争立法的内容都是根据这一公约的原则来确定的。

第二节 竞争法的发展

自第二次世界大结束到现在的七十多年时间里,世界经济、政治格局有了根本性的变化,尤其是科学技术的突飞猛进,极大地影响了各国的竞争法制度,使现代竞争法得到了大发展。市场经济发达国家因为经济、政治和社会制度的重大变化和参与国际竞争的需要,对国内竞争法进行了一系列的修改、补充和完善;大量获得独立的新兴国家在发展经济的过程中开始重视市场机制在资源配置方面的作用,并开始着手保护市场竞争的立法,竞争法不再是垄断资本主义国家特有的制度。与经济民主化、经济全球化和互联网经济发展相伴随的整个世界社会经济制度变迁,在不同阶段促进和完善着竞争法律制度。尤其值得关注的是,几乎所有实行计划经济体制的国家和地区,从20世纪末开始都相继进行了经济体制与政治体制改革。这些国家和地区的竞争立法为世界竞争法的发展注入了新鲜力量,尤其是在运用竞争机制消除贫困、克服行政权力限制竞争、倡导社会竞争文化等方面所作的努力,进入了现代竞争法发展的视野之中。竞争法不再是资本主义国家特有的制度,而是与经济民主化、经济全球化和互联网经济发展潮流相适应,符合全世界各个经济体发展所共同需要的维护市场竞争秩序的制度,同时,不同国家的竞争法制度都呈现出鲜明的特色。

一、发达国家和地区竞争法的完善

发达国家竞争法的发展主要表现为三个方面:经济民主化促进竞争立法,竞争全球化促进竞争法修改,互联网经济促进竞争法重构。

(一)经济民主化促进竞争立法

鉴于对战争渊源及其严重后果的反思和总结,在战争的发源地国都加强了对支撑和发动战争的垄断势力进行立法规制,主要体现在日本和德国的竞争立法中。

历史上的日本是一个具有强烈专制和军事色彩的国家,政治上实行专制统治,经济上则是由门第、家庭关系组合形成的财阀把持。为了执行赶超战略,日本大量采取鼓励和扶植大企业、大财阀的政策,先后颁行了一系列旨在保护经济集中的法律。这也成为日本军国主义诞生的经济基础。战后的日本在美国占领军的强制下被迫放弃独裁的军国主义政策,并对战前的财阀强行解散。通过对经济力量过度集中的排除,日本经济走上了民主化的道路。1947年,日本的《禁止私人垄断和确保公平交易法》就是在这样的背景下出台的。同年,日本又颁布了《经济力量过度集中排除法》,对一些大企业进行分割。此外,1948年到1949年,日本还颁布了以《中小企业协同组合法》为代表的一系列反垄断法律。日本的反垄断法是作为自由市场体制与民主制度的一部分引入日本的。它由陌生而逐渐为人所接受,经历了一个嵌入日本社会结构而与日本社会经济、政治、文化特征相融合的"日本化"过程。①

德国走了与日本大致相同的道路。战后,同盟军对联邦德国实行了非军事化、非纳粹化、非工业化的民主计划,在客观上促使联邦德国的《反限制竞争法》再次成为国民经济运行的保障法,并在工业发展中对竞争法的原则进行了创新,如众多的适用例外就是先前的立法中所少见的。两国反垄断法的制定和完善,特别是战后在经济建设中灵活运用竞争法对经济进行调节,使竞争法成为现代市场经济国家法治社会的重要标志。同时,这也体现了竞争法在建立、促进和保障经济民主方面的重要功能,使竞争法和现代经济法的理论和体系得以建立。

(二)竞争全球化促进竞争法修改

随着经济发展的日益深入,竞争进入了市场的每一个领域,竞争的形式和手段也越来越纷繁复杂。竞争行为从工商业领域扩大到了文化、科研、旅游、医疗等一切社会生活领域,竞争全球化的日趋激化促使各国重新审视国内立法的适度性,科技发展在给人类文明带来福音的同时,也推动了谋利手段的"创新",这就促使各国的竞争法不仅要有原则性的规定,还要让这些原则具体化为各种可操作的制度,使之精细化。因此,各国的竞争法开始了不懈的探索。

美国在实施反垄断法的一百多年中,以判例的方式确立了一些重要的法律

---

① 徐士英:《反垄断法在日本实现"本土化"的启示》,载《法商研究》1999年第4期。

原则,主要包括确认违法行为的"合理原则和自身违法原则""私人三倍损害赔偿原则""域外效力原则"以及"豁免原则"等。这些原则的创立是美国竞争法对世界各国竞争规则发展的贡献。经济全球化对上述原则的使用提出了挑战,执法机关和法院根据经济形势的变化,在"芝加哥经济学派"的影响下进行了重大调整。以企业合并的控制政策为例,20世纪90年代初,美国在司法部反垄断司官员威廉·伯斯特教授的影响下,曾两次颁布《企业合并指南》,改变了过去对合并的限制规定。伯斯特教授是"芝加哥经济学派"的主要成员,他认为促进合并能够增加经济效益,相对集中的工业部门更具有竞争力,能够在跨国界的市场上进行竞争。伯斯特甚至还说,他要把反垄断法从社团联合的概念发展为从经济学观点出发的合理化组织的竞争性政策。合并政策调整的结果是美国企业合并浪潮汹涌,直接导致了减少竞争和强化垄断的恶果。正如美国哈佛大学商学院的一位经济学家讥讽的那样,合并导致了严重的"消化不良",而不是效率。[①] 1990年,联邦贸易委员会不得不制定近四十个条款,从更广泛的角度来规制"合并"。1992年,司法部和联邦贸易委员会联合发布了《企业合并指南》,对控制企业合并的核心问题——有益于企业的竞争和消费者的福利——作了进一步的阐明。[②]

再看日本,虽然日本反垄断法的制定是出于防止法西斯力量复活的初衷,但以促进市场竞争机制活力为宗旨的这一法律对提高日本市场经济发展中民主的作用是不可估量的。七十多年来,日本反垄断法经历了一个由外来的、被动工具逐渐转变为政府自觉运用的、由本国政府内生力量进行调节的市场经济手段的过程。随着日本经济的复苏和发展,市场竞争趋于激烈,日本竞争法进入了频繁修改的阶段。立法后不久,日本就开始修改反垄断法。为了引进外资,重建企业,缓和对垄断的限制和禁止,1949年的修改缩小了对国际合同、协定的禁止范围,改变事先批准为事后呈报制度,缓和了对公司持有股份的限制。1959年,日本遭遇经济危机之后,在反垄断法中增加了建立反萧条卡特尔和合理化联合企业的规定,放宽了对控股、合并等行为的限制。20世纪60年代后,日本经济高速发展,日美贸易摩擦日渐增多,日本不断扩张的出口和海外投资,尤其是对美国的出口和投资使得美国十分不满,认为日本打击了美国的经济力量。美国要求日本开放市场并维护市场的竞争性,并在1989年与日本签署《日美构造性贸

---

① 徐士英:《美国反垄断法纵横谈》,载《政治与法律》1994年第1期。
② 徐士英:《论企业合并反垄断法律控制的权衡》,载《法学杂志》2006年第1期。

易障碍协议》(Structural Impediments Initiative,SII)。为适应变化,日本再次大幅度修改反垄断法中有关适用除外、知识产权、课征金和罚金等多种规定,拓宽了反垄断法的适用范围,加重了对垄断、限制竞争行为的处罚。反垄断法在经济全球化到来时期得以广泛施行。公平交易委员会(Fair Trade Commission, FTC)提起的案件在案件数量、罚款数量等方面都呈现出加速增长的趋势。曾经有人认为,日本经济发展主要是产业政策起了重要作用。但仔细分析就可以明白,反垄断法在日本的产业政策贯彻过程中,很好地协调了经济规模、经济联合与竞争活力之间的关系。正如日本著名经济法学家松下满雄先生所说的,反垄断法犹如一块镇石,使许多限制竞争和反竞争的行为不敢贸然实施,这就保证了日本经济的活力。

美国为制止不正当竞争颁布了《禁止对外贿赂法》。英国制定了《商业秘密法》等。日本数次修改了《不正当竞争防止法》,并于1962年制定了《不当赠品及不当表示防止法》以作补充。

(三)互联网经济发展促进竞争法重构

在第四次产业革命的浪潮下,互联网、物联网和人工智能等信息技术发展迅速,企业竞争力已经主要体现在数据以及对数据的运用上。发达国家率先对新的商业竞争环境进行制度创新,以适应新的竞争生态。以知识产权保护为轴心,适应信息技术创新发展需求的权利保护和公平竞争的法规制度层出不穷。

一方面,保护技术创新的知识产权法律受到极大重视。1995年,美国发布了《知识产权与国家信息基础设施白皮书》,为网上作品著作权的保护提供了法律依据,专门针对互联网不正当竞争行为进行规制。德国在1997年颁布了《信息和通讯服务规范法》,对互联网链接、域名抢注、网页抄袭等互联网不正当竞争行为以及法律责任进行了规制;又于2007年颁布了《电信媒体法》,进一步细化了对互联网法律问题的规定。2012年,欧洲议会公布了《一般数据保护条例》草案,对个人数据的保护提高到前所未有的高度,震动了全世界。经过数年讨论和修改,该条例于2016年4月正式通过并于2018年5月开始适用于欧盟所有成员国。美国于2015年通过的《网络安全法》是规制网络信息安全的较为完备的法律,重点关注网络安全信息共享的参与主体、共享方式及隐私保护规定等。2017年4月,英国通过了《数字经济法案》,该法案规定了建设数字基础设施和服务,完善数据共享,打造数字政府和加强数字知识产权保护等内容。日本频频修改《不正当竞争防止法》,2000年以后,仅就不正当竞争的"行为"界定就增加了"采取不正当手段获取域名""通过电子通信方式提供",扩大了商业秘密侵害对象的范围;修改了破坏技术限制手段的相关设备的条件等,不断加大惩罚力度。①

另一方面,针对过度利用知识产权优势实施限制竞争的反垄断立法也越来越受到重视。20 世纪 70 年代开始的一系列理论研究和立法活动,从根本上影响了反垄断法与知识产权法原本水火不容的关系。1995 年美国《知识产权许可的反托拉斯指南》确立的知识产权与反垄断法关系的三个基本原则②,有效地改变了传统思考知识产权法律的方式。知识产权法和反垄断法趋于和谐、统一的基础就是它们都具有促进和保护效率的价值目标,都是以最低的成本,通过生产消费者所需要的东西来使社会财富最大化。两者"非此即彼"的对立关系消失。类似的立法还有日本 1989 年发布的《专利和技术秘密许可反垄断法案》(1999 年废止)、1999 年发布的《专利和技术秘密许可协议中的反垄断法指导方针》(2007 年废止)、2007 年发布的《知识产权利用的反垄断法指南》(2016 年修订),韩国 2000 年发布的《对于不当行使知识产权的审查指南》,欧盟 2004 年发布的《技术转让协议成批豁免规章》(即《772/2004 号规章》),以及美国 2007 年发布的《反托拉斯执法与知识产权:促进创新和竞争》等。数字经济的突飞猛进对反垄断法的实施带来了新的挑战。相关市场界定、垄断行为认定以及经营者集中控制等方面都需要更加符合现实市场的执法判断。德国率先针对数字市场进行法律修改,2017 年对《反限制竞争法》进行的修订中,明确规定了数字经济条件下认定多边市场经营者市场力量的方法,并在经营者集中控制的规定中新增了"交易额条款"。这一修改对各国应对数字经济反垄断立法产生较大的影响。

二、发展中国家和地区竞争法的贡献

从 20 世纪 70 年代末开始,竞争法逐渐走进发展中国家和地区的视野。这首先因为发展中国家大多开始了摆脱大国控制的民主革命和以摆脱贫困为目标的经济建设,转向实行市场经济体制,竞争问题成为必须面对的现实问题。1990

---

① 〔日〕山口直彦:《应对数据浪潮——全景解析日本〈反不正当竞争法〉修正案》,https://mp.weixin.qq.com/s/hQy1lT3gebdGpBJ6ifEIcA,2020 年 5 月 18 日访问。
② 1995 年美国《知识产权许可的反托拉斯指南》确立的知识产权与反垄断法关系的三项原则为:(1)知识产权和其他任何形式的财产权从本质上说是应当相提并论的;(2)不得首先假定知识产权会造成市场垄断,及垄断者不会滥用其由于占有知识产权而获得的市场支配力;(3)知识产权许可是使生产的各种基本要素得以相互整合起来的途径,有利于提高竞争力。

年前后,苏联和一些东欧社会主义国家相继实现竞争立法。① 一些国家加入欧盟后,根据欧盟竞争法进一步强化了本国的竞争法。我国台湾地区在 1991 年制定了"公平交易法";我国大陆地区也在 1993 年制定了《中华人民共和国反不正当竞争法》(以下简称《反不正当竞争法》)以及与之相适应的一系列法律、法规。进入 21 世纪后,世界经济风起云涌,更多的国家和地区加入竞争立法的行列,尤其是我国 2007 年颁布的《中华人民共和国反垄断法》(以下简称《反垄断法》),为发展中国家的竞争立法注入了新的内容,并探索了适合自身特点的执法模式。由于发展中国家和地区的竞争法大多诞生在经济转型过程中,对两种体制转换时期的竞争行为规制提出了新的课题,如对行政垄断的规制,大量的国际并购,与众多产业法律的关系等。此外,对于作为发展中国家竞争制度重要内容的提高法律实施能力建设和竞争倡导等,也进行了积极探索。这些制度建设与实践为后发展国家的竞争法制度完善提供了有益的经验,也为全球竞争法的协调做出了贡献。

与此同时,为全面应对跨国公司在国际经贸中利用优势地位损害他国利益,在发展中国家的共同努力下,取得一系列成果。1980 年,联合国第三十五届大会通过了《关于控制限制性商业惯例的公平原则和规则的多边协议》(以下简称《原则和规则》),对包括企业卡特尔、滥用市场支配地位、限制竞争的兼并、操纵价格等在内的商业行为进行约束,倡导公平的国际竞争。《原则和规则》的通过,表明发展中国家开始改变在国际竞争格局中的被动地位,扭转了发达国家全面控制国际竞争的局面。此后几十年中,联合国贸易和发展会议(以下简称"联合国贸发会议")不断呼吁"所有成员国都执行《原则和规则》的条款"。尽管这一套原则和规则的法律效力目前还不太令人满意,但它逐渐已经成为指导发展中国家制定和实施竞争政策与竞争法的重要标准,体现了发展中国家对世界竞争法发展所做的不容忽视的贡献。②

三、现代竞争法发展的趋势

随着现代社会的发展,特别是信息和通信等高新技术的兴起,计算机数字化

---

① 如苏联 1990 年制定了《苏联部长会议反经济垄断措施决议》,罗马尼亚 1991 年制定并实施了《制止不正当竞争法》,保加利亚 1991 年颁布了《保护竞争法》,波兰 1987 年制定并实施了《反国民经济垄断法》等。

② 在 2000 年 9 月联合国贸发会议第四次审查会议中,通过了一项决议,即要求重申联合国《原则和规则》的有效性,建议大会为便于援引起见,将《原则和规则》的副标题定为"联合国关于竞争的一套原则和规则"。

和网络化的突飞猛进,人们创造、学习和使用知识的方式发生了巨大的变化,人类进入了一个知识经济的时代。在知识经济时代,知识成为重要的经济要素,由此,经济增长的方式和社会经济结构也发生了很大的变化,而这必然导致市场秩序规制法律制度的变化。同时,科学技术的发展也推动了经济全球化和一体化的进程,使得经济关系的变数更加复杂。在这种情况下,市场秩序规制法仅仅规制国内市场中的竞争行为就有很大的不足,它必须还要考虑国际市场的竞争。因为,在很多情况下,国际市场的竞争主体并不只是企业,企业的背后往往还有各国政府的支持和援助,有时国家更是直接作为市场主体在国际市场上展开竞争;而且竞争的手段也不再局限于产品的价格和质量上,而是扩展到产品之外的服务、技术、人才、投资环境等众多对象和因素上。竞争主体、竞争范围和竞争手段的变化,对法律规制的具体内容提出了挑战。另外,越来越激烈的市场竞争,可能会使作为弱者的消费者的利益遭受更多的侵害。这些因素决定了市场秩序规制法的发展趋势和特征。

(一)立法宗旨更关注"消费者利益"

早期的竞争法以保护竞争者为目标,针对竞争者的不当行为加以规制,以维护市场的公平竞争。时至今日,对消费者利益的保护越来越成为竞争法发展的重要标志,消费者利益越来越受到关注。反垄断立法更是明确了以消费者是否受到损害作为判断市场竞争秩序的主要标准,以致令法学家们难以区分这些法律的属性是竞争法还是消费者权益保护法。美国联邦贸易委员会等几经努力,使带着浓厚的保护消费者权益色彩的一系列竞争法法规相继出台,如有关食品卫生、消费者信贷、产品标识、虚假广告、引人误解的市场促销手段等法律、法规成为竞争立法的主要内容。

随着始于20世纪60年代的"消费者运动"的广泛深入发展,在日益以消费者为中心的未来社会,竞争法对消费者保护的趋势将会越来越明显。

(二)法律实施更注重于调节功能

随着市场竞争的范围和程度都在不断增加,矛盾日益激化,市场秩序对各国社会经济的持续发展具有越来越大的影响力,各国的市场秩序法律也日益发挥着积极的调节功能。不少国家通过修改法律或制定新法,以适应上述变化。例如,德国的反垄断立法充分考虑到"德国境内外事实上或者潜在的竞争",严格化和严厉化开始让位于灵活务实。日本的反垄断立法本来就以例外条款多而著名,但是,那些曾经因产业政策优先而实施多年的众多豁免条款现在荡然无存,法律实施也变得日益严厉,这使得日本的市场秩序立法显示出竞争政策优先的战略性变化。① 美国受判例法的影响,根据每个案件的具体情况来考虑反垄断法的适用情况,体现了反垄断法较强的灵活性。特别是,美国反垄断法创立的与本身违法原则相并列的合理原则,更是为美国灵活处理反垄断问题提供了法律依据。对照美国对美国电信公司和微软公司相同垄断行为而又根本不同的处理结果,就不难发现其反垄断政策由刚性走向柔性和灵活的发展规律。再加上竞争政策需要与产业政策、贸易政策、投资政策、技术政策等相关政策结合起来予以考虑,追求各种政策的协调,竞争法越来越从刚性转向柔性、灵活和务实,这是经济全球化对竞争法的重大影响之一。②

(三) 国际立法进程日益加快

随着经济全球化和一体化进程的加快,国际市场的统一化程度大大提高,国际竞争日趋激烈,跨国合并浪潮迭起,国际卡特尔肆无忌惮,贸易保护抬头。为此,如何规制国际经济秩序,维护国际贸易自由和公平竞争,成为世界性的问题。正如欧盟委员会所指出的,竞争政策在国际市场中具有双重作用,对内要保护欧盟内部大市场的公平竞争,对外则要保护欧盟企业进入外国市场。国与国之间的竞争使传统竞争法促进公平竞争的价值开始受到挑战。③ 为此,联合国贸发会议进行了不懈努力④,将国际反垄断立法提上了议事日程。在国际大市场内,国家正在利用其主权进行人为的市场分割,针对这种情况,法律在规制企业之间的竞争行为时,也必须对国家妨碍国际竞争的行为进行规制,这就需要尽快确立国际层面的竞争规则。在《关税及贸易总协定》的基础上成立的世界贸易组织已经跨出了重要一步。近年来,国际贸易摩擦的加剧,更显出达成国际竞争规则共识的紧迫性。

(四) 竞争法调整范围更加广泛

由于竞争已经深入到社会经济生活的每一个层面,竞争法的调整范围也日益扩大。这表现在两个方面:一是所调整行业范围的扩大。从传统的工商业领域扩展到社会经济生活的所有领域。不仅工商业领域的竞争较之以前大有增加,而且其他领域的行为由于商业化的结果也进入了的竞争法的管辖范围。如

---

① 徐士英:《竞争政策研究——国际比较与中国选择》,法律出版社2013年版,第25页。
② 侯作前:《经济全球化背景下中国竞争法的重构》,载《烟台大学学报(哲学社会科学版)》2003年第4期。
③ 同上。
④ 徐士英:《竞争政策研究——国际比较与中国选择》,法律出版社2013年版,第72—73页。

体育、文化教育、医疗保健、劳动力流动、信息产业等领域,都在呼吁竞争的公平性。二是所调整地域范围的扩大。由于世界范围内的资源争夺、环境污染、生态保护等都与竞争有关,而且在各国经济相互依赖程度日益加深的情况下,施行统一的竞争规则已成为必然的趋势。但由于经济发展的不平衡,达到这一目标还有很多障碍。所以,为竞争法的国际化进行的努力还将继续。

第三节 主要国家和地区的竞争法

一、美国竞争法的发展与完善

美国作为现代竞争法律制度的主要创始国之一,在基本无前例可循的情况下,以自由企业制度价值观为核心,在沿袭某些英国习惯法规定的基础上,历经百余年的发展和补充,逐步形成了特色鲜明、体系完整、实施有效的竞争法律制度。该制度在市场经济运行中发挥着重要的作用,对世界各国的竞争立法和制度实施也发挥了良好的参考作用。①

(一)美国反托拉斯法的发展

美国1890年颁布的《谢尔曼法》是世界上第一部反垄断法,它对世界各国的竞争立法产生了深远的影响。《谢尔曼法》的核心内容有两条:一是禁止在贸易中订立限制性协议;二是禁止企业实施垄断或企图垄断的行为。② 由于《谢尔曼法》在最初的实施中显露出过于原则化、解释弹性较大、影响适用效果的局限性,美国于1914年通过《联邦贸易委员会法》和《克莱顿法》对相关规定进行了细化补充,并设立联邦贸易委员会(Fair Trade Commission,FTC),授予其采取反托拉斯行动的权力。《联邦贸易委员会法》第5条是针对不正当竞争行为的主要规制依据,该条规定:"商业中或者影响商业的不公平竞争方法是非法的;商业中或者影响商业的不公平或欺骗性行为及惯例是非法的。"依据这一条,可以对大部分的不正当竞争行为进行规制。此外,《罗宾逊-帕特曼法》和《禁止对外贿赂法》

---

① 徐士英:《美国反垄断法一百年》,载《政治与法律》1992年第6期。
② 《谢尔曼法》第1条:任何契约,以托拉斯形式或其他形式的联合、共谋,用来限制州之间与外国之间的贸易或商业,是非法的。任何人签订上述契约或从事上述联合或共谋,是严重犯罪。如果参与人是公司,将处以不超过100万美元的罚款,或三年以下监禁。或由法院酌情并用两种处罚。第2条:任何人垄断或企图垄断,或与他人联合、共谋垄断州之间或与外国间的商业和贸易,是严重犯罪。如果参与人是公司,将处以100万美元以下罚款;如果参与人是个人,将处以10万美元以下的罚款,或三年以下监禁。也可由法院酌情并用两种处罚。

对不正当竞争行为也有专门规定。

20世纪70年代后期开始,随着国际竞争的日趋激烈,外来公司的竞争威胁引起公众的担忧。在著名的"芝加哥经济学派"的影响下,美国不断放宽对企业合并的控制标准,多次修订《企业合并指南》等法规,但是其结果却是导致了合并浪潮高涨,减少了市场竞争,使市场竞争秩序受到严重影响。[①] 90年代后,随着高科技的发展和互联网经济的发展,美国竞争法的实施面临前所未有的挑战。法律实施的重心移向知识产权领域,在处理知识产权垄断与保护的关系方面作出了积极的努力,尤其是执法部门对于滥用知识产权的行为频频闪亮红灯,相继对市场巨头如微软公司、英特尔公司等提起了严厉的反托拉斯诉讼。知识产权垄断与保护从原来的平行发展到逐渐协调统一,以知识产权法与反垄断法共同调整社会经济关系的结构。这一切变化都表明了在社会经济发展进程中,竞争法在促进技术进步和提高社会整体效率方面的巨大功能,显示了政府竞争政策调节国民经济的重要价值。

高科技发展和互联网经济对美国竞争法的挑战是前所未有的,近年来,针对科技巨头的反竞争行为,引起了反垄断执法机构的密切关注。一些特大型科技企业利用所掌握的经济权力在自己的业务周围挖掘出一条几乎无法逾越的护城河,同时还能够威吓、恐吓和收买任何看起来有些威胁性的竞争对手。反托拉斯部门先是对微软公司、英特尔公司提起了严厉的诉讼。进入21世纪后,执法机关对谷歌、亚马逊、脸书等企业的反竞争行为发起的反垄断调查和诉讼,引起了全球竞争执法机构的高度警惕。最近,执法重点逐渐开始转向大数据、算法、人工智能、隐私、劳动力市场等新型的竞争,创新和效用的因素在合并中也受到重视。

(二) 美国竞争法的主要内容

美国竞争法的主要内容集中体现在《谢尔曼法》《克莱顿法》《联邦贸易委员会法》以及其修正案中,从实体规定和实施程序规定两个方面为世界各国的竞争立法提供了大量重要的参考。

《谢尔曼法》最早的主要作用并不在于控制单独的垄断,而是在于处理各种反竞争的行为,特别是横向和纵向的限制竞争的行为,例如竞争者之间通过协议来固定价格、限制产量、划分市场或排斥其他竞争者。《谢尔曼法》的规定就是处

---

① 徐士英:《美国反垄断法一百年》,载《政治与法律》1992年第6期。

理限制竞争行为的基本依据。限制竞争行为的主要形式包括固定价格行为、市场划分行为以及联合抵制交易行为。

企业间为避免价格竞争而达成的共同确定其商品的价格标准的固定价格行为,是最严重的限制竞争行为,早期的判例"美国诉密苏里货运协会案"确立了抑制竞争的价格协议是违法的,不管价格是否合理。[1] 由于固定价格限制了价格竞争,使市场中的价格机制无法发挥作用,并且固定价格是一种以隐蔽的方式对公众进行掠夺的行为,美国反托拉斯法的执行机关一直把它作为规制重点。

滥用市场优势行为也是美国反托拉斯法规制的行为之一,包括对销售的限制和排他性交易行为。销售限制行为的主要形式是维持再销售价格协议。排他性交易协议包括搭售安排和独家交易安排等。维持再销售价格原来一直受到禁止,近年来法院适用的司法原则开始松动。搭售安排具有明显的反竞争性质,美国法院对其适用"本身违法"的司法原则。《克莱顿法》第 3 条明确禁止卖方将两种产品进行搭售。联邦最高法院自 20 世纪 30 年代以来的许多司法判例都确认了这两项法律对搭售安排的适用。[2] 近年来对"微软案"捆绑销售的审判也足以让人看到美国政府对利用市场优势进行搭售的反竞争行为的严厉制裁。

关于企业兼并的法律规制始于《谢尔曼法》,该法第 2 条规定,任何人垄断或企图垄断,或与他人联合、共谋垄断州之间或与外国间的商业和贸易,是严重犯罪。这是美国规制垄断行为的主要依据,也适用于企业兼并行为。美国法律对企业兼并的立法可谓详细。最具特色的是对相关市场界定的规定和对企业合并的指导性文件,而这两者之间又有十分紧密的联系。1968 年、1982 年、1984 年,司法部三次颁布了《企业合并指南》,并根据实际情况和占主导地位的经济政策作相应的调整,从调整的内容中可以领略美国政府对企业合并的规制思路发生了重大变化。法院最初的观点是,具有直接竞争关系的企业之间兼并而形成的联合体都会妨碍竞争。《克莱顿法》第 7 条对企业兼并作了更加坚决的规定,只要人们对一种兼并行为能够合理地预见其限制竞争的后果,就可以及时制止该种行为,从而将垄断及时地扼杀在萌芽状态。[3] 这种严厉的态度使美国对大规

---

[1] 联邦最高法院首席法官怀特在审理"新泽西州标准石油公司案"中的意见。Ernest Gellhorn, Antitrust Law and Economics, West Publishing Company, 1986.

[2] 如"美国诉北太平洋铁路公司案"中,美国联邦最高法院认为,此"搭售"协议妨碍了买方进行选择的自由,限制了竞争者以平等的条件同其进行公平竞争。郭建安:《微软讼案》,法律出版社 2000 年版,第 119 页。

[3] 王晓晔:《企业合并中的反垄断问题》,法律出版社 1996 年版,第 35 页。

模的垄断企业采取分解等方式加以处理。① 1992年,美国联邦贸易委员会和司法部联合颁发了《横向合并指南》,这一指导性文件虽然不具有法律约束力,但是对于反垄断案件的审议和裁决具有重要意义。它表明政府对合并持更加宽松的态度。

美国通过《联邦贸易委员会法》与《鲁宾逊-帕特曼法》以及1977年《禁止对外贿赂法》,共同对不正当竞争行为进行规制。根据这些法律规定,不正当竞争行为主要包括虚假广告行为、欺骗性定价行为、不实商品标签行为以及商业贿赂行为。尤其是对于商业贿赂行为的规制特别严格,禁止任何美国企业向外国政党、政府官员或政治要人的候选人支付或允诺支付金额或送礼。这一法律的实施不仅维护了美国国内市场的公平竞争秩序,而且还对国际市场,尤其是新兴市场经济国家的竞争环境建设发挥了重要的作用。

(三) 美国竞争法的特点

美国的自由竞争历史传统和自由主义的文化价值,使美国的竞争法从一开始就具有与众不同的鲜明特征。松散型的立法形式充分适应了立法的探索要求,成文法与判例法的结合又赋予了法律充分的灵活性。一整套竞争法律制度的建立过程实际上是法律和官方经济哲学与国家竞争政策相适应的过程,在立法规定、司法解释、法律实施等方面也表现出明显的政策性特点。因此,虽然美国经济、社会发展极快,但竞争法律制度本身却仍基本保持相对的稳定性,不因人事、世事的变化而轻率地朝令夕改。美国在竞争法的实施中确立了一些重要的原则,其中主要包括确认违法行为的"合理原则和自身违法原则""私人三倍损害赔偿原则""域外效力原则"以及"豁免原则"等。这些原则的创立是美国竞争法对世界各国竞争规则发展的贡献。

1. 合理原则和自身违法原则

合理原则是指如果某种贸易行为虽然含有一些限制竞争的因素,但是尚未超过商业上认为的合理限度,不会导致削弱或者歪曲市场上的竞争,就不被认为是违反反托拉斯法的行为。因此,要全面考察与限制行为有关的企业所有的事实,如行为意图、行为方式、行为后果等。只有在企业存在谋求垄断的意图,并通过不正常方法实现了目的,造成对竞争的实质性限制的情况下,其行为才构成违法。联邦最高法院1911年对"新泽西标准石油公司案"的判决中采用了合理原则

---

① 如1911年对标准石油公司、1984年对美国电话电报公司等的分解行动。

来解释《谢尔曼法》第1条,认为只有不合理地限制竞争的行为才被法律禁止。

自身违法原则是指有些商业行为,其本身就具有明显的反竞争性质,一旦发现这种行为,即可判断其为违法,无须再花费时间去证明它对市场影响程度的大小,因而被司法判例确定为本身即为违法。该原则是对合理原则的补充与限制,一方面,在运用自身违法原则的场合,可以绕开大量的考察与判断,降低司法成本;另一方面,自身违法原则的运用限制了合理原则的适用范围,对于某些行为可以推定为违法,并且该推定是不可推翻的,不必考虑合理与否。适用自身违法原则的行为通常包括固定价格、限制产量或市场划分协议等。美国法院在实际运用这两个法律原则时,往往根据经济发展的变化而有所偏重,进行调节。事实上,一部美国反垄断法实施的历史,就是美国政府对经济运行进行调节的生动记录。

2. 私人三倍损害赔偿诉讼

《谢尔曼法》第7条规定,任何因违反反托拉斯法所禁止的事项而遭受财产或营业损害的人,可以向法院提起诉讼,不论损害数额大小,一律给予其损害额的三倍赔偿及诉讼费和合理的律师费。这种私人三倍损害赔偿诉讼的规定带有一定惩罚性,既可以使企业感受到相当大的威慑力,又能使受害者的损失(包括有形的和无形的、直接的和间接的)得到比较充分的补偿。实践中,根据反托拉斯法提起的私人三倍损害赔偿诉讼要比政府提起的反托拉斯诉讼多得多(例如,在20世纪70年代,政府提起的诉讼只占所有反托拉斯诉讼的5%)。[①] 也有人对此规定持异议,认为该规定会导致"不正当鼓励的后果",当事人为追求三倍赔偿可能会诬陷他人有不正当竞争行为或愿意容忍限制竞争行为的存在,律师也因可能会得到判决赔偿额的15%—35%的收入而鼓励当事人诉讼。[②] 但不管怎样,私人三倍损害赔偿诉讼在维护竞争方面有着巨大的作用。

3. 不予抗辩与同意令

这两者是有关执法程序方面的规定,其目的在于节约司法成本,迅速处理案件以及减少诉讼费用开支。不予抗辩是有关刑事诉讼方面的内容。法院在审理反托拉斯刑事案件时,为节省时间与费用,往往接受被告提出的不予抗辩要求,并且从轻判处罚款或监禁,甚至判无罪。同意令程序是有关民事诉讼方面的内容。司法部和被告方之间就如何解决所诉问题达成协议,被告同意停止政府所指控的违法行为。双方达成协议,地区法院就将双方协议的判决意见归档备案,

---

[①] 徐士英:《美国反垄断法纵横谈》,载《政治与法律》1994年第1期。
[②] 同上。

并发布一个同意令,此前还必须进行公告。实践中,大部分民事诉讼程序均是以这种方式处理的。

4. 对行业协会与职业协会行为的规制

对行业协会与职业协会行为的规制主要是为避免企业利用交换信息(特别是价格信息)的机会达成联合行动。行业协会虽然是非营利性组织,但其成员却是作为竞争者的营利性企业,它们的活动可能会因限制竞争而违反反托拉斯法,以此有必要受到反托拉斯法的规制。此外,律师、会计师、工程师和医师以及体育运动员等自由职业者组成的职业协会也同样受到竞争法的规制。针对传统的"同行不进行竞争"的道德规范,以及那些关于"他们所从事的职业具有强烈的人身性质,因而不属反托拉斯法的管辖范围"的理由,反托拉斯当局作出的回答是:限制价格竞争是一种不合理的贸易限制。所以,联邦最高法院已经多次否定了行业协会和职业协会的协议,将其纳入反垄断法的管辖范围。

二、欧盟竞争法[①]的发展与完善

(一)欧盟竞争法的由来

欧盟竞争法律制度是以 1957 年由 11 个国家组成的欧洲经济共同体缔结的《欧洲经济共同体条约》(简称《欧共体条约》,也称为《罗马条约》)为主体,以建立公平竞争制度、消除共同体内的市场分割、促进共同市场的发育、推动整个欧洲经济的繁荣与发展为目标而建立起来的。欧盟竞争法由欧盟制定的条约、规则、指令,成员国制定的法律等成文法以及欧盟法院和各成员国法院的判例构成的不成文法组成。欧盟委员会的决定也起着一定的先例作用。在《罗马条约》实施后,共同体又颁布了一系列调整竞争关系的单行法令。欧盟委员会与欧洲法院通过审查、处理案件作出了大量的决定,形成了若干判例,从而形成了较为完善的竞争法律体系。欧盟制定的竞争方面的条约、规则等在效力上高于成员国的竞争法律。各成员国应该遵循欧盟竞争法优先适用的原则,直接实施欧盟竞争法,并可通过将其纳入本国的竞争法律间接实施。欧盟竞争法作为规制区域性竞争的规则,形成了自己的特色,与美国竞争法共同形成世界两大不同风格的竞争法体系。

---

① 原来称为"欧共体竞争法",2009 年《里斯本条约》生效之后,原来的《欧共体条约》就更名为《欧盟运行条约》,本书遵循已经形成的惯例,将《欧盟运行条约》称为"欧盟竞争法"。

(二) 欧盟竞争法的主要内容

欧盟竞争法的基本规则是在由《罗马条约》改名的《欧盟运行条约》中加以规定的，主要体现在：(1)《欧盟运行条约》第 101 条关于禁止限制竞争的共谋行为的规定；(2)《欧盟运行条约》第 102 条关于禁止滥用市场支配地位行为的规定（这两条是欧盟竞争法的核心）；①(3) 欧盟《经营者集中条例》关于控制限制竞争的经营者集中的规定；(4)《欧盟运行条约》第 106 条、第 107 条和第 110 条对共同体内成员国实施国家援助与国家贸易垄断行为的规制。

《欧盟运行条约》第 101 条是关于禁止卡特尔的规定。那些足以影响成员国间的贸易，并且以阻碍、限制或违反共同体内的竞争准则为目的，或具有这种效果的企业之间的协议，企业联合组织的决定、协作惯例以及联合一致的行为，均为条约所禁止。其中包括但不限于：(1) 直接或间接地限制购买价格或出售价格，或者限定交易的其他条件；(2) 限制或控制生产、销路、技术发展或投资；(3) 划分市场或供应货源；(4) 在同一交易中以不平等的条件适用于交易对方所履行的同等义务，使交易对方因此在竞争中处于不利地位；(5) 订立合同时强迫对方接受从性质上或者商业惯例上与合同标的无关的商品或者服务作为订立合同的条件。

在对上述卡特尔行为进行规制的同时，欧盟也确立了一些除外的规定。如果企业间的协议、决定或联合一致的行为有助于改善生产或改善产品的分配，或者有助于促进技术进步或经济发展，同时消费者能够获得由此而产生的部分正当利润，而且并不为实现上述目标采用强制性手段使该有关企业所生产的绝大部分产品失去竞争的机会，那么这样的协议、决定和惯例就不在禁止之列。对卡特尔的豁免有两种方式：个别豁免和成批豁免。其中更值得关注的是成批豁免的协议，包括小额协议（对市场影响极微）、独家代理协议（仅适用于不负担财务风险的非独立代理人）、独家销售协议（相关当事人不得超过两个）、合作协议（促进中小企业合作）以及专门化协议（促进专业分工，提高生产效率）等。

《欧盟运行条约》第 102 条是关于企业滥用优势地位的规定。一个或几个企业滥用其在共同市场的优势地位，或滥用其在共同市场的主要市场上的优势地位，足以使各成员国间的贸易可能受到影响的，皆被认为与共同市场的目标相抵触而必须予以禁止。尤其以下滥用行为需要特别予以制止：(1) 以直接或间接

---

① 这两条规定原来在《罗马条约》中是第 85、86 条。1997 年根据《阿姆斯特丹条约》改为第 81、82 条。2009 年根据《里斯本条约》又改为第 101、102 条。其内容并没有变化。

的方式强行限制购买价格或出售价格,或者限定交易的其他条件;(2)限制生产、销路或技术发展,从而使消费者蒙受损失;(3)对履行同等义务的交易对方适用不平等的条件,并使交易对方在竞争中处于不利地位;(4)订立合同时强迫对方购买从性质上或者商业惯例上与合同标的无关的商品或者服务作为订立合同的前提条件等。欧洲法院的判例认为,一个在市场上具有相当实力的企业,在企图用吞并竞争对手的办法来进一步扩大它在这个市场上所占的比重时,就存在着滥用优势地位的嫌疑。优势地位本身不是非法的,只有当企业滥用由于优势所造成的支配性地位,影响了各成员国之间的贸易,才会受到禁止。如同美国对市场控制力的确定要首先确定"相关市场"一样,欧盟通过部长理事会(立法机构)和欧洲法院(司法机构)的判决,也对滥用优势地位作了补充性解释,指出支配性地位不仅仅取决于企业规模的大小,还是多种因素的综合产物。因此,必须认真判断相关市场。而相关市场又取决于两个标准:有关产品的特征和销售地理区域。

在某些情况下,有的成员国为了保护本国的企业和市场,提高本国产品在共同市场上的竞争力,通过各种方式援助本国企业,如通过关税来保护本国工业,补贴出口商品,提供特殊优惠政策等,这些做法造成了企业间地位的不平等,或形成贸易壁垒,妨碍了竞争的展开。《欧盟运行条约》第106条至第110条就是针对妨碍竞争的国家援助所作的规定。国家对企业给予援助,优待某些企业或某些产品,影响各成员国之间贸易的,是对共同市场竞争的破坏或威胁,与共同市场相抵触,因而必须禁止。但是,《欧盟运行条约》同时又规定,有些援助与共同市场利益相一致或可以被认为是与共同市场利益相一致,因此不在禁止之列。如为救济因灾害或突发事故而造成的损害所提供的援助,为开发不发达地区而进行的援助,为促进实现符合欧洲共同利益的重要计划而提供的援助等。

针对自20世纪80年代末期欧洲各国的企业兼并浪潮,欧共体理事会于1989年12月通过了一项关于控制企业兼并的第4064/89号条例(《经营者集中条例》)。在此之前,欧盟并没有真正意义上控制经营者集中的规定。在这一条例中,欧盟对兼并企业的规模、兼并后总的市场占有率标准以及控制程序等作了明确规定,并在一些著名的案件中适用了这一条例。例如,1991年,欧共体委员会否决了法国与意大利的阿特飞机制造集团兼并美国在加拿大的一家名为佳哈维兰的飞机公司,理由是为了"阻止过于庞大的兼并"。随着共同体内经济活动的变化,这一条例重新修改后为第139/2004号条例所取代。以此为准则,欧盟委员会又颁布了一些指南性的法律或非法律文件。① 这些法律与指南性文件，加上《欧盟运行条约》第101条和第102条，形成了欧盟竞争法中关于经营者集中控制的全面规范，包括管辖范围、控制标准和程序规定等。

（三）欧盟竞争法的现代化

为了适应经济全球化和欧盟成员国增多的需要，保证对欧盟共同市场竞争秩序的有效监管，2002年12月欧盟理事会对原欧共体理事会1962年制定的第17号规则作了重大修改。② 新规则确立的程序制度之一就是建立了直接适用《罗马条约》第81条和第82条（即《欧盟运行条约》第101条和第102条）禁止性规定的制度，无须向委员会申报。新规则的重大修改之二就是取消了原来集中于委员会的事先审查的权力，明确在欧盟委员会与成员国之间适当分权，以取代原来规则权力高度集中于委员会的监管体制，使委员会和成员国共同负担起实施欧盟竞争规则的责任。新规则的实施意味着欧盟竞争法律制度实现了整体的现代化，实施体制更加符合欧盟新的经济社会现实，对欧盟今后竞争法律制度的发展具有重要意义。

近年来，欧盟竞争法实施的动态值得关注。2016年，欧盟对谷歌滥用安卓系统市场支配地位的决定（罚款43.4亿欧元）是标志性案件之一，表明欧盟委员会对于在所有领域积极推进竞争法的实施始终保持热情。③ 在合并控制方面，欧盟委员会对在"陶氏杜邦合并案"（Dow/DuPont）中使用的框架创新动态影响评估方法甚为看重，并继续加以运用。但是，欧盟委员会对"西门子收购阿尔斯通案"进行否决，引发了对欧盟竞争政策更广泛的讨论。有观点认为，必须关注欧盟企业与外国国有企业的竞争问题。在规范国家援助方面，苹果公司受到爱尔兰政府税收补贴的做法被处理以后，欧盟委员会继续严格审查整个欧盟的税收裁定以及国家税收计划，如由荷兰向宜家和耐克提供的国家援助，英国跨国公司的国家税收计划等。欧盟委员会还调查了意大利向意大利航空提供巨额过桥贷款的问题（2018年1月作为国家援助予以公告）。所有这些实践和讨论都涉

---

① 关于经营者集中的文件如《横向合并评估指南》（2004）、《合并调查最佳做法指南》（2004）、《非横向合并指南》（2007）等。

② EEC Council Regulation No.17，Article1：Basic Provision.

③ Covington & Burling LLP，Competition Law Enforcement Trends and Developments in the U.S.，Europe and China：Looking Ahead to 2019，https://www.cov.com/-/media/files/corporate/publications/2019/03/competition_law_enforcement_trends_and_developments_in_the_us_europe_and_china_looking_ahead_to_2019.pdf，visited on 2019-5-18.

及了欧盟的竞争政策走向问题,而且还提到了要重新审视欧盟产业政策与竞争政策关系的高度。①

三、日本竞争法的发展

(一)日本竞争法的产生

日本实行典型的政府主导型市场经济模式,其竞争法制度是在二战之后作为自由市场体制与民主制度的重要部分由美国引入的。为了削弱日本发动战争的经济基础,迫于美国的压力,日本移植了美国反垄断法的体系和内容,于1947年3月制定了名为《禁止私人垄断和确保公平交易法》的竞争法。此法以美国的《谢尔曼法》《克莱顿法》和《联邦贸易委员会法》为蓝本,并在限制公司持股、限制董事兼任等方面作了特别严厉的规定。但是,在法律颁布后的二十多年里,日本的反垄断法并没有得到有效的实施。20世纪80年代以后,随着经济发展的多次震荡和恢复,社会民众认识到造成经济困境的根源在于垄断势力的操纵,反垄断法渐入人心,反垄断法的实施也开始保持不断升温的趋势。尤其是90年代以来,随着经济和竞争全球化发展,日本对反垄断法进行了一系列重要修改,其中之一就是反垄断法豁免条款的减少或废除。许多豁免条款产生于立法之初,是工业政策和保护主义的产物,其覆盖面包括公用企业、金融业、农业等产业,尤其是排除反垄断法适用的各类卡特尔。② 这些适用除外的规定一方面绕开了反垄断法与本国经济发展的矛盾,帮助企业渡过经济萧条期的困境,起了到培育国际竞争力的作用,但另一方面也埋下了持续发展的隐患。2000年之后,日本修改了《禁止私人垄断和确保公平交易法》中有关适用除外、知识产权、课征金、罚金等多种规定,拓宽了反垄断法的适用范围,加重了对垄断、限制竞争行为的处罚。半个多世纪以来,日本通过创设一系列特别的制度,运用以政府官僚为主导、民众参与、信息共享、协商谈判的决策与执行机制,使反垄断法逐步嵌入日本社会、经济、政治、文化结构中,并开始在其本土社会制度体系中发挥影响力。③ 日本

---

① Covington & Burling LLP, Competition Law Enforcement Trends and Developments in the U. S., Europe and China: Looking Ahead to 2019, https://www.cov.com/-/media/files/corporate/publications/2019/03/competition_law_enforcement_trends_and_developments_in_the_us_europe_and_china_looking_ahead_to_2019.pdf, visited on 2019-5-18.

② 法律修改之前,卡特尔适用除外遍布各个行业,至1991年6月统计,日本已在37部法律中设立了56个卡特尔适用除外规定。

③ 徐士英:《竞争法论》,世界图书出版公司2007年版。

反垄断法从一个外来的、被动的工具逐渐转变成为政府自觉运用的、由本国政府内生力量调节市场经济的手段。

(二) 日本竞争法的主要内容

日本的竞争立法继承其法典化的传统,制定了反垄断法和反不正当竞争法,分别规制垄断行为和不正当竞争行为。公平交易委员会是日本竞争法律制度中居于核心地位的执法机关。反垄断法中全面详尽地规定了它的职能。

1. 反垄断法

反垄断法在日本由《禁止私人垄断和确保公平交易法》和其他相关的法律、法规构成,包括禁止私人垄断和禁止不公平交易两方面的规定,后者是日本竞争法体系中的主要部分。

根据日本反垄断法的规定,如果企业单独地或与其他企业结合或合谋以及采取其他任何方法,排除其他企业的经营活动,或对其进行支配,从而违反社会公共利益,在一定的交易领域内限制竞争,就被认定为私人垄断。要构成私人垄断必须具备两个要件。首先,在规模上达到垄断状态。日本法律规定的"垄断状态"是指在国内提供的同种商品或服务的市场规模超过每年销售额500亿日元,一家企业在市场中的占有率超过50%,或两家企业超过75%的集中程度,并且给其他竞争者进入市场造成显著困难,使市场价格显著上涨或很少降低,而且取得了显然超过一般标准利润的企业的状态。其次,这些处于垄断状态的企业从事了"不公正交易行为",即处于垄断状态的企业滥用了其市场优势地位,实施了排挤其他竞争者的行为。在日本的反垄断法中,规定了"不公正的交易行为"的具体形式:不公正地区别对待其他企业;以不正当的价格进行交易;不公正地引诱或强制竞争者的顾客与自己交易;以不正当地约束对方的商业活动为条件进行交易;不正当地利用自己交易上的地位与对方交易;不正当地妨碍竞争者的交易活动,或者当竞争对手是公司时,不正当地引诱、唆使或强制该公司的股东和经营人员做出对其公司不利的行为。

由于历史的原因,日本反垄断法特别重视禁止各种形式的持股公司的存在。这是由于战前日本的财阀是以纯粹持股的形式存在的,为了防止战前财阀的复活,法律干脆禁止纯粹持股公司的存在。所以,法律规定在日本境内的本国公司和外国公司不得成立控股公司。20世纪90年代以后,在激烈的国际竞争压力下,以及在国内大企业的强烈要求下,日本才开始放松对持股公司的控制。但是,1997年对反垄断法的修改中,对巨大公司和金融行业的控股公司仍然保留限制的规定。

日本将限制竞争行为称为"不正当交易限制"。在反垄断法中对"不正当交易限制"界定为"企业以契约、协定及其他任何名义,与其他企业共同决定、维持或者提高交易价格,对数量、技术、产品、设备或交易对象等加以限制,相互约束或促进其事业活动,从而违反公共利益,在一定交易领域内的竞争构成实质性的限制"的行为。同时,法律规定国内企业不得以在一定交易领域实质上限制竞争为目的而进行合并,在合并时亦不得采取不公正的交易方法。

2. 反不正当竞争法

与卷帙浩繁的反垄断法相比,日本反不正当竞争法的法律篇幅较为简约,但是涉及的范围比较广泛。其中,最主要的法律是《不正当竞争防止法》和《不当赠品及不当表示防止法》。这些法律禁止下列行为,并规定了如果在营业上由于这些行为受到利益损害的,可以请求制止这些行为并赔偿损失。

反不正当竞争法主要规制混淆行为,包括商品混淆、营业混淆、产地混淆、质量混淆等行为,还有诽谤营业的行为。对于上述行为,法律规定可以对行为人处以 3 年以下拘役或 20 万日元以下罚金。如果法人实施了这些行为,除了法人要受到处罚外,法定代表人同样也要受到处罚。

日本对在商品和劳务的交易中利用不正当的赠品和表示引诱顾客的行为进行了严格的禁止。所谓不当赠品,是以附赠商品为手段的促销形式,它不仅会增加实际上的商品成本,而且对公平竞争秩序也会产生不利影响。

(三) 日本竞争法的特点

由于日本的市场经济是一种政府主导型的企业制度模式,竞争法具有强烈的产业指导政策的性质。

1. 协商与谈判制度

日本反垄断法最显著的特点就是在反垄断法执行机构与企业之间有充分的事先协商与事后谈判制度。在立法中特别注重发挥技术官僚、专家学者、民间人士和产业界的作用,共同参与决策,提出立法建议和修改意见。执法机构为明确其政策取向,引导反垄断法的实施,还会就某些专门问题作一些"政策声明"或协助商会准备实施反垄断法的具体规则或指导性文件。这些做法不但可以使立法与现实情况相适应,在政府与企业间提供一个信息共享的机制,有利于政府与企业间达成共同的追求目标,还可以增进产业界和消费者对于反垄断法的理解,有利于法律实施。

2. 有效的防范程序

日本为市场竞争过程的不同阶段设计了形式多样的防患于未然的程序制度，如呈报制度、清理制度、确认制度等。呈报制度的范围相当广泛，包括企业合并呈报、维持转售价格、创立同业公会协议等，都必须向竞争执法机构公平交易委员会呈报，被证明是有效的政策工具。公平交易委员会还引入了清理制度，是专门解决国外经营者无法确知自己的行为是否涉及日本反垄断法以及执法当局态度时向公平交易委员会申请清理协议所订的条款。若公平交易委员会对此申请未作反应，协议就不再受到公平交易委员会根据反垄断法所可能进行的指控。确认制度主要是指在知识产权领域的行为涉及合乎竞争法的事先认可制度。公平交易委员会公布了关于专利与专有技术许可协议的新指南。该指南将专利与专有技术许可协议的条款划分为"白色条款""灰色条款"和"黑色条款"三种，并列举了各类条款的具体内容。当事人可就灰色条款申请公平交易委员会确认，一经确认，公平交易委员会将不会对其采取任何法律行动，除非这种确认本身被取消。

3. 政企谈判制度

公平交易委员会在反垄断法实施中给企业留有与政府协商、谈判的较大空间，这主要体现为公平交易委员会在执行中所采用的劝告措施。当公平交易委员会认为企业违反反垄断法时，一般不径直进入裁决程序，而是先对企业提出劝告，若企业接受劝告而停止违法行为，案件即被取消。即便直接进入裁决程序，或企业不接受劝告而进入裁决程序，企业也可在听证程序中提出申辩。①

4. 非正式和半正式处理

公平交易委员会对案件的处理方式包括劝告、控告、征收附加费、命令撤销或停止违法行为、警告和告诫等。其中，控告和征收附加费以及命令撤销或停止违法行为等措施属于正式处理措施，而警告和罚金属于非正式处理措施，在实践中被大量运用。劝告意见具有行政指导的意味，若接受劝告，案件即被取消，可称为半正式处理。非正式处理措施和半正式处理措施处理的案件数量占案件总数的绝大部分。究其原因，除了这样可以节省调查力量和快速解决问题之外，还

---

① 1968年，日本最大的两家钢铁企业向公平交易委员会申请合并，经过13次听证，两家公司提交了一份包括转让部分资产和技术给其他竞争企业的自我约束方案，而后获得公平交易委员会的批准，合并成立新日本钢铁公司。

可以从中看到日本社会管理文化和"耻感"心理作用的影子。[①]

5. 广泛而灵活的适用除外

日本反垄断法曾经以广泛的适用除外规定而著称,尤以卡特尔适用除外为甚。至 1991 年 6 月,日本已在 37 部法律中设立了 56 个卡特尔适用除外规定。一方面,这些适用除外规定绕开了反垄断法与本国经济发展的矛盾,或者帮助企业渡过经济萧条期的困境,或者起到保护企业并培育国际竞争力的作用。但另一方面,这也给国际贸易造成了负面影响。日本适用除外制度的改革也同样令人赞叹。从 1995 年以来,随着经济和竞争的全球化发展,日本反垄断法进行的重要修改就是减少豁免条款。1996 年就有 9 种卡特尔和 6 项卡特尔豁免特别法被废除。此后三年中,日本陆续取消了不景气卡特尔和合理化卡特尔。

日本通过吸收英美法律技术,创设了一些灵活的制度,使反垄断法逐步嵌入日本社会、经济、政治、文化结构中,并开始在其本土社会制度体系中发挥影响力。日本的竞争法律制度以其独特的风貌为中国及其他后起国家提供了一个很好的借鉴。

第四节　我国竞争法的创建与发展

一、经济体制改革启动竞争立法

我国竞争法制度不仅是发展中国家竞争法的重要组成部分,而且随着反垄断法的实施,已经被称为"世界上第三类竞争执法模式"。1979 年开始的经济体制改革,一开始就把目标定在建立统一开放、竞争有序的市场上。当时市场竞争的主要障碍是行政区域的划分导致资源流通难以实现。一系列行政法规、规章纷纷出台,回应了市场改革开放的强烈呼声。如 1980 年 7 月国务院颁布的《国务院关于推动经济联合的暂行规定》(已失效),可以被认为是中国现代竞争法的最初表现形式。该规定中提出了"打破地区封锁、部门分割"的要求。同年 10 月,国务院又发布了《国务院关于开展和保护社会主义竞争的暂行规定》(已失效),全面对各类所有制企业、各地区之间公平竞争作了规定,特别提出了"任何

[①] 有的人类文化学者将文化大致分为两种类型,即以耻为基调的文化和以罪为基调的文化。日本文化被归于前者。在耻感文化中,犯错误的人不是因为错误而内心负责,也不会通过坦白、忏悔及赎罪而得到解脱。相反,不良行为暴露在社会上会给其带来耻辱而令其不安。耻感使得人们都十分注意社会上对自己行为的评价。

地区和部门都不准封锁市场,不得禁止外地商品在本地区、本部门销售。对本地区出产的原材料必须保证按国家计划调出,不准进行封锁"。① 随着产权改革的进展,市场上出现了企业之间的激烈竞争。很多不正当竞争行为的出现,如假冒仿冒、虚假广告和商业诋毁等行为也导致了市场秩序的混乱,阻碍了公平竞争环境的营造。1993年,在维护市场竞争秩序的强烈呼声中,我国颁布了第一部竞争法律——《反不正当竞争法》。在这一法律中,确立了我国竞争法的基本宗旨:保障社会主义市场经济健康发展,鼓励和保护公平竞争,制止不正当竞争,保护经营者和消费者的合法权益。法律对适用范围、不正当竞争行为(包括部分垄断行为②)、执法机关以及法律责任等作了明确规定。此后的十多年里,有关价格、广告、合同等保护公平竞争的法律、法规相继出台。这些法律、法规的制定无疑表明了中国需要建立一个统一、开放、公平、有序的市场经济体制。为打击垄断行为,在《中华人民共和国价格法》(以下简称《价格法》)中对相互串通,操纵市场价格,损害其他经营者或消费者的合法权益的价格卡特尔行为、低价倾销行为和价格歧视行为进行了规制。在《中华人民共和国招标投标法》(以下简称《招标投标法》)中规定了串通招标投标行为。为贯彻实施《反不正当竞争法》,执法机关还发布了一系列配套的实施细则。这些法律、法规为我国现代竞争法律制度的建设奠定了良好的基础。

二、深化改革促进竞争法体系形成

一国竞争法的主要支柱包括反不正当竞争法与反垄断法。随着社会主义市场经济对法治的要求越来越高,维护市场公平竞争、保护消费者利益、提高经济运行效率等成为迫切要求。尽管在防止垄断、消除限制竞争行为方面我国出台了一系列政策,对培育市场经济发挥了重要作用,但是,分散的、不系统的立法仍然不能满足进一步发展市场经济的要求。随着体制改革的深化,制定一部完整的"反垄断法",建立完善的竞争法治体系,成为市场秩序建设的迫切任务。从1987年国务院法制局牵头起草反垄断和反不正当竞争两个条例开始,到1993

---

① 采取行政手段保护落后,抑制先进,妨碍商品正常流通的做法是不合法的。在经济活动中,除国家指定由有关部门和单位专门经营的产品以外,不得进行垄断,不得独家经营。
② 1993年颁布的《反不正当竞争法》中对垄断行为的几种特定形式进行了概括规定:一是依法取得独占地位的公用企业或其他企业滥用独占地位限制竞争的行为;二是政府及其所属部门滥用行政权力限制竞争的行为;三是企业滥用市场优势搭售或附加不合理交易条件的行为;四是串通投标的联合限制竞争行为。这些规定后为2007年颁布的《反垄断法》的相关规定所取代。2017年《反不正当竞争法》也作了相应的修订。

年颁布的《反不正当竞争法》中包含反垄断的条款,[①]再到1998年"反垄断法"被列入第九届全国人大常委会立法规划,2005年再次列入第十届全国人大立法规划,最终在2006年6月提交全国人大常委会审议。经过整整二十年的立法研究,在汇集了国内外专家和企业的意见,吸取各国立法经验的基础上,《反垄断法》于2007年8月30日经第十届全国人大常委会第二十九次会议审议通过,并于2008年8月1日正式实施。

《反垄断法》是我国竞争政策发展史上具有里程碑意义的一部法律。实施十多年来,在规制垄断和限制竞争行为、威慑滥用行政权力限制排除竞争方面,已经显示出巨大的威力和不可替代的调节功能。[②] 随着国家提出"确立竞争政策的基础性地位",《反垄断法》和《反不正当竞争法》的实施都取得了重大的进展,市场在资源配置方面起决定性作用得到实质性的推进,表明了中国竞争法体系基本确立。

三、基本形成和实施国家竞争政策

竞争政策是一国为建立和维持一个竞争性市场所制定和实施的所有公共政策。除了法典化的竞争法律之外,涉及垄断行业引入竞争的改革政策、管制产业的监管政策、中小企业发展政策、国有企业的竞争中立政策,以及政府政策制定的竞争性审查政策等,都是国家竞争政策的组成部分。在四十多年的改革过程中,中国逐渐形成和实施了一套竞争政策体系。一方面,强化《反垄断法》与《反不正当竞争法》的实施,并且进行不断的修订,使之更加符合市场经济发展的阶段性特征,也越来越与世界各国的竞争法相衔接,在某些方面的制度规定和实施甚至比传统的执法模式更为先进。另一方面,不断强化竞争政策的基础性地位,扩大竞争政策对其他经济政策制定和实施的影响,注重产业政策与竞争政策的协调[③],为实施"创新驱动"发展战略目标,激励创新,提升发展动力,构建一个平等、自由、公平竞争的政策体系。

2007年颁布的《反垄断法》中第一次规定了国务院反垄断委员会的首要职责就是"研究和拟定竞争政策"。2013年,在十八届三中全会上中央作出"市场

---

① 漆多俊:《转变中的法律——以经济法为中心的视角》,法律出版社2007年版,第248—249页。
② 张舟逸:《"执法是最好的普法"——专访国家发改委价格司司长许昆林》,载《财经》2015年第1期。
③ 《中共中央 国务院关于新时代加快完善社会主义市场经济体制的意见》。

在资源配置中起确定性作用"的定位,①这一重大决策进一步明确了全面转变我国资源配置方式是深化体制改革、最终建成社会主义市场经济体制的主要目标。与之相适应,2015年,中央政府又提出,"要逐步确立竞争政策的基础性地位"②,把国家基本经济政策的定位和现有政策体系的重构提上了重要的议事日程。竞争政策的基础性地位,就是指以竞争的基本理念影响和指导其他经济政策的制定和实施,让竞争政策成为"敦促其他经济政策改善竞争环境的经济政策"③。2016年,随着国务院正式发布《国务院关于在市场体系建设中建立公平竞争审查制度的意见》,明确提出政府制定和实施政策措施,都要对这些政策措施是否影响市场的公平竞争进行"公平竞争审查",并通过实施细则等规范性文件,详细规定了审查范围、标准和例外使用的情况。通过三年的实践,极大地改变了原来主要依靠政府配置资源的体制弊端,在处理竞争政策与产业政策的关系,即市场与政府的关系上,全国基本上形成共识。

思考题

1. 现代竞争法的发展趋势是什么?
2. 简述美国竞争法的主要特点。
3. 简述欧盟竞争法的主要内容。
4. 简述日本竞争法的主要内容。

---

① 《中共中央关于全面深化改革若干重大问题的决定》。
② 《中共中央 国务院关于推进价格机制改革的若干意见》。
③ See United Nations, Empirical evidence of the benefits from applying competition law and policy principles to economic development in order to attain greater efficiency in international trade and development, http://www.unctad.org/en/docs/c2emd10r1.en.pdf, visited on 2017-01-20.

第四章 竞争政策及其实施

【学习要点】
1. 理解竞争政策的本质
2. 把握竞争政策的功能
3. 掌握竞争政策与产业政策之间的关系
4. 掌握竞争政策的地位
5. 掌握竞争政策的主要内容
6. 掌握竞争政策的政策工具

第一节 竞争政策的基本理解

竞争是市场经济的本质要求,也是市场机制发挥作用的核心过程。因此,很多市场经济国家将以约束各种限制竞争、可能导致垄断的市场结构和行为,促进和维护市场竞争为目的的竞争政策视为市场经济的基本制度。人们从不同的角度定义竞争政策,如"竞争政策是应对企业的限制竞争行为的政策与法律的总称"[1];"竞争政策包含一切政府所采取的,影响企业行为和产业组织结构的方法,包括最广泛意义的促进自由贸易的经济政策"[2]。一般认为,一切有利于促进和维护竞争的经济政策都可以被视为相互作用的竞争政策的重要组成部分。

一、竞争政策的含义

(一)竞争政策的狭义理解

竞争是市场机制发挥作用的动态过程,市场竞争具有提升市场资源配置效率的核心功能。为确保一个竞争性的市场有效发挥作用,各国通过实施竞争法

---

[1] Robert D. Anderson, Competition Policy in the WTO: An Introduction to the Issues, http://www.wto.org/english/tratop_e/dda_e/symp04_pp_anderson_e.ppt, visited on 2019-1-8.
[2] CUTS Centre for Competition, Investment and Economic Regulation: Towards a Healthy Competition Culture, http://www.cuts-international.org/THC.pdf, visited on 2019-10-3.

律制度以及那些对企业可能作出的限制竞争行为设定约束的法律和规则,对不正当竞争和限制竞争的行为加以规制。狭义的竞争政策一般就是指以反垄断法为核心的竞争法律制度,通过具体的规则对限制市场竞争的行为加以规制是竞争政策最核心的部分。因此,以鼓励自由和公平竞争为核心价值的竞争法律制度常常成为竞争政策的代名词。正是通过对竞争机制的优势加以发扬,对其缺陷予以修正,竞争法可以基本实现让竞争机制充分发挥有效配置资源作用的目的。

(二) 竞争政策的广义理解

对竞争问题的判断永远不是纯法律问题。① 各国竞争法律实施的实践表明,要达到全面保护竞争机制、促进市场经济持续发展的最终目的,仅仅发挥竞争法的"事后调节"功能是不够的。除了刚性的竞争法之外,还要运用多种其他的政策手段或工具,才能实现市场机制的有效运行。这就促使对竞争政策的理解从狭义扩展到广义。从广义上理解,竞争政策是政府用于决定和影响市场竞争条件的各种政策措施和工具,既包括竞争法,也包括旨在促进国内经济竞争自由和市场开放的各项政策措施,包括政府放松管制政策、国有企业私有化或者民营化政策、削减政府补贴或者优惠政策等。② 各种有效的"事先防范""事中监督"的政策性措施,如对政府限制竞争的行政规定进行审查和评估的政策,也被视为与竞争法具有同样重要意义的政策。即使在某些特殊的领域需要限制竞争,也是作为对竞争政策适用范围的限制或者适用除外的形式而存在的,实际上是与其他经济政策特别是产业政策相协调和平衡的结果。对竞争政策作宽泛的理解,是为了把更多的经济政策纳入竞争政策的价值体系之中。这样,当不同的政策目标发生冲突时,在竞争政策的价值体系内,其他一切价值目标都能够自然地被"公平和自由的竞争秩序目标"吸纳。③

从更广泛意义上看,竞争政策也可以被理解为"与竞争有关的政策"——不仅包括促进竞争的政策,也包括限制竞争的政策。"为了促进垄断的政策,或是为了限制竞争的政策,也可称之为有关竞争的政策"④,因为一个国家除了促进

---

① 顾敏康:《竞争政策对竞争法制的影响》,载《法学》2011年第9期。
② Bernard Hoekman, Peter S. Holmes, Competition Policy, Developing Countries, and the World Trade Organization, World Bank Policy Research Working Paper No. 2211.
③ 本章所指的竞争政策更类同于国际上对"竞争推进"含义的通常理解,是竞争推进的前提,倾向于从广义上解读竞争政策。
④ 〔日〕金泽良雄:《经济法概论》,满达人译,中国法制出版社2005年版,第165页。

竞争的"竞争政策"之外,还存在大量其他的经济和社会政策(如产业政策、贸易政策、知识产权政策、环境政策等),有的时候需要在一定程度上限制竞争,这也应当是竞争政策的组成部分。

二、竞争政策的功能

一般认为,竞争政策最主要的功能应当是对促进竞争的机制予以弘扬,对限制竞争的机制予以防范。具体可以从以下几个方面理解。

(一)促进社会经济增长

竞争政策最基本的功能在于促进经济增长。20世纪90年代以来,很多发展中国家陆续引入竞争立法与竞争政策,原因就在于竞争政策对其经济的持续发展具有重要的支撑作用。经济学研究表明,在市场竞争与经济发展这两大变量之间,存在着倒U型的关系。[1] 这意味着,竞争的增加会促进经济增长,但是竞争超过一定的限度又会阻碍经济增长。因此,竞争政策的作用恰恰是在竞争不足与过度竞争之间寻求有效竞争的状态,使竞争机制得以继续维持,从而促进资源配置的优化,提升经济运行的效率。[2] 美国在联邦和州政府层面上对垄断行业的改革政策就是典型。几十年来竞争执法机构推进竞争政策的实施,说服和影响了联邦机构和各州政府推行符合竞争政策的管制措施,不仅促进了竞争性市场的发展,也成为促进市场经济发展的重要因素。[3] 澳大利亚政府通过竞争政策促进经济增长的事例更是有目共睹。自20世纪末开始推动"全国竞争政策改革项目"以来,对促进澳大利亚国民经济发展效果显著。政府对一千余部跨越不同产业和经济部门、具有限制竞争内容的法律、法规进行全面的审查和修改,消除了不少限制竞争的规定。日本的以竞争政策为主导的经济体制创造了"日本经济高速增长的奇迹"。以维护竞争为宗旨的竞争政策使其成为产业界创新与变革的摇篮,也让"竞争政策指导下达成的经济增长"这种说法成为学界的

---

[1] BUCCI Alberto, An Inverted-U Relationship Between Product Market Competition and Growth in an Extended Romerian Model, Working Paper of CUTS, 2004, p. 26.

[2] Paolo Buccirossi, Lorenzo Ciari, Tomaso Duso, Giancarlo Spagnolo, and Cristiana Vitale, Competition Policy and Productivity Growth: An Empirical Assessment, WZB Working Paper No. SP II, 2009, p. 12.

[3] Lawrence J. White, The Role of Competition Policy in the Promotion of Economic Growth, NYU Working Paper No. 2451/26028, http://ssrn.com/abstract=1281911, visited on 2018-9-28.

主流观点。①

我国市场经济体制改革的过程实际上也是催生竞争政策的过程。尽管在很长一段时间内我国并没有"竞争政策"的概念,法律和政策也并非在明确的竞争政策目标下制定与实施的,但是,对外开放、放松管制、破除地方保护、鼓励民营经济发展等政策措施都是竞争政策理念的具体体现。正是在这些基础上形成了我国竞争政策制度体系,从根本上改变了资源配置的方式,从依靠行政命令逐渐转变为公平竞争规则下企业创新竞争的市场机制。竞争政策在我国市场经济体制改革中发挥了重要作用②,使我国社会经济发展取得了令人瞩目的成就。

(二)保障社会包容性发展

随着竞争政策对一国社会发展的影响越来越大,现今的竞争政策已经不再仅仅是与垄断相对应的概念。社会生产力发展水平和经济结构的变化,促使竞争政策在内容和方向上逐渐被定位于促进经济效率增长、使社会总福利最大化、平衡消费者和生产者之间的利益等更加广泛的概念。竞争政策还对政府采取的促进社会可持续发展和包容性增长的其他政策(如贸易政策、环境政策等)起到补充作用。③ 因此,竞争政策应该在经济发展乃至整个社会发展过程中得到足够的重视。在不断变化的全球经济环境之下,经济效率并不是竞争政策唯一要考虑的,因为一些"其他问题"可能以"公共利益"为理由构成其既定的目标,如保持地区发展和就业之间的平衡、环境保护政策限制竞争、向消费者提供物品的种类和质量等问题。竞争政策可能会通过适用其他方法政策(地区政策和研发政策)承载其目标,这使得竞争政策在促进包容性增长方面的作用令人瞩目。产业政策和贸易政策是必要的,但是其本身不足以实现社会可持续发展和包容性增长,必须建立在竞争政策的基础上。缺乏竞争的产业政策可能导致占支配地位的企业设法保持或获取垄断租金,这与可持续发展和包容性增长的观念相违背;巨额的垄断利润会阻碍经济增长,不利于生产率的提高和创造就业。④ 这在发展中国家和市场经济新兴国家体现得最为明显。20世纪以来,这些国家不断推

---

① 〔日〕伊从宽:《日本竞争政策和竞争法》,载漆多俊主编:《经济法论丛(第十卷)》,中国方正出版社2005年版。

② 吴振国:《携手开创中国竞争政策的新时代》,载《中国市场监管研究》2018年第9期。

③ 《竞争政策在促进可持续和包容性增长方面的作用》,载《中国价格监管与反垄断》2015年第9期。

④ S. Roberts, Competition Policy, Competitive Rivalry and a Developmental State in South Africa, in O. Edigheji (ed.), Constructing a Democratic Development State in South Africa: Potentials and Challenges, Human Sciences Research Council Press, 2010.

进竞争政策的制定与实施,不仅在经济发展上获益,社会发展也取得一定进步。① 以农业为例,作为第一产业,农业对发展中国家的经济稳定具有重要意义,尤其是在改善贫困人口的生活中发挥着至关重要的作用。农业部门经常面临供应链高度集中的上游和下游商家,由于农业生产者的议价能力较低,因此要应对上下游商家的反竞争行为。所以,农业部门往往会被确定为竞争法执法的一个优先部门,如制定促进分销和零售市场竞争的补充条例或政策等。这说明,竞争政策的制定和实施以及竞争法的执法和宣传,对农业部门具有重要作用。

由此可见,实现包容性增长要求有良好的政策组合,包括经济、社会和环境政策等。如果设计得当并有效实施,在实现包容性增长方面,竞争政策将发挥不可替代的作用。

（三）保护经济的持续性发展

社会经济的运行是一个曲折的过程,遭遇的各种挑战有时十分严峻。在经济运行困难时期是否应坚持实施竞争政策,在历史上曾经存在很大争议。② 在经济衰退时期选择放松或放弃竞争执法的事例并不少见,反垄断政策的实施往往成为一个国家"无法负担的奢侈品"③。但是,近年来各国克服全球性经济（金融）危机的实践正在纠正这种认识。事实证明,坚持竞争政策的实施不仅有利于克服危机和挑战,更重要的是能够保障社会经济的持续性发展。2008年开始的全球性金融危机中,主要市场经济国家和地区在竞争政策的实施中已经作出这种选择。这些国家和地区并未全面放松竞争政策,美国司法部反托拉斯局根据《复苏与再投资法案》,提供超过5000亿美元作为政府投资项目的资金使用,采取决断的防范措施,以防止在这类资金快速支出的同时,潜在的共谋和欺诈风险急剧增加。他们的态度是明确的:相比在经济正常时期,在经济衰退时期保持市场的竞争性并非不重要。④ 同时,司法部撤回了以宽松的执法政策为标志的《〈谢尔曼法〉第2条的实施报告》⑤,因为这一报告的执法政策导向被指责"把企

---

① 2006-2015 UNCTAD Peer Review on Competition Policy.
② 肖彦山:《国际金融危机与中国反垄断法实施——以竞争政策与产业政策和贸易政策的关系为视角》,载《石家庄经济学院学报》2009年第4期。
③ Daniel A. Crane, Antitrust Enforcement During National Crises: An Unhappy History, Global Competition Review, Vol. 2, No. 1, 2008.
④ Carl Shapiro, Competition Policy in Distressed Industries, Remarks as Prepared for Delivery to ABA Antitrust Symposium: Competition as Public Policy, http://www.justice.gov/atr/public/speeches/245857.pdf, visited on 2009-3-13.
⑤ U.S. Dep't of Justice, Competition and Monopoly: Single-firm Conduct Under Section 2 of the Sherman Act, 2008.

业的利益放到了消费者利益之前"①。有些国家和地区强化了竞争法的实施。日本政府审视了经济危机的根源之后认为,"正是竞争法的缺失和过分倚重产业政策的缘故导致了1997年亚洲金融危机的爆发"②,因此重新修订了《禁止私人垄断和确保公平交易法》,进一步扩大了课征金的适用范围,加重了刑事责任处罚。③ 欧盟对成员国提出了确保竞争规则实施的一致性与稳定性,防止由于采取应对措施而破坏或扭曲欧盟统一市场自由竞争的环境的要求。这些都表明,明确的竞争政策目标使竞争政策与竞争法的实施保持连贯和一致。④ 因为,人们从历史教训中得知,没有竞争政策约束的应对危机政策很容易导致严重的经济结构性缺陷,一旦遭遇危机的冲击,被掩盖的结构性矛盾就会连续传导,引发再一次(也许更加严重)的经济衰退。由此可见,竞争政策作为经济危机时期经济运行的"保护伞",不仅可以与政府的调控措施结合共同化解危机,而且对保障社会经济的持续发展具有重大意义。

三、竞争政策的本质

竞争政策之所以被视为市场经济国家的一项基本经济政策,在于其丰富和深刻的内涵。虽然一国实施竞争政策的初衷是通过保护和促进市场竞争,确保竞争机制在相关市场发挥作用,从而提高生产效率和资源配置效率。但是,竞争政策的本质内涵及影响远不止于此。

本书认为,竞争政策的本质特征在于对国家经济政策(乃至其他社会政策)的协调功能。⑤ 竞争政策对于厘清政府与市场的边界、促进市场开放和鼓励更具活力的竞争具有重要意义,而这些目标的实现必然带来资源分配上的公平与效率的兼顾。

在一个实行市场经济的民主国家,民意诉求的多元化和利益主体的不同主

---

① Federal Trade Commission, News Release, Federal Trade Commission/Department of Justice Hearings on Single-firm Conduct to Begin June 20, http://www.ftc.gov/opa/2006/06/section2.htm, visited on 2018-9-24.

② 冯晓琦、万军:《从产业政策到竞争政策:东亚地区政府干预方式的转型及对中国的启示》,载《南开经济研究》2005年第5期。

③ 日本在2009年关于《独占禁止法》的修订案中,将原来对卡特尔的课征金从年度销售额的10%提高到15%,将刑事责任中的监禁从3年增加到5年。

④ Neelie Kroes, EU State Aid Rules—Part of the Solution, Speech Delivered at the EStALI Conference, Luxembourg, December 5, 2008, http://ec.europa.eu/competition/speeches/index_2008.html, visited on 2018-9-24.

⑤ 徐士英:《竞争政策的功能》,载《中国价格监管与反垄断》2016年第2期。

张必然导致国家政策目标的分散性。因此,建立一套政策协调的机制是十分重要的,而协调机制的关键在于国家竞争政策的定位。长期以来,在发展中国家,竞争政策的地位存在理论和实践的背离,尤其以竞争政策与产业政策的关系最为典型。随着各国经济体制改革的进行和竞争政策的实施,依靠竞争政策而非产业政策的方式发展经济的观点成为共识,竞争政策也在各国经济发展中发挥着越来越重要的作用。[①] 因此,需要全面理解竞争政策的本质。

首先,竞争政策是引导竞争行为,增进社会整体福利的驱动力。通过制定和实施各类竞争制度与政策,对损害社会整体利益的竞争行为加以规制,把市场主体的竞争行为积极导向增进社会整体福利这一目标的驱动力,保证市场在资源配置中的决定性作用。

其次,竞争政策是协调各类公共政策相互作用的整合器。当不同的政策目标发生冲突时,在竞争政策的价值体系内进行协调与整合,有利于判断政府政策的制定和实施运用的规则,尽可能减少以影响竞争和效率的方法予以实现。

最后,竞争政策是促进市场竞争机制发挥作用的调节器。竞争政策的实施并非要不惜一切代价使竞争达到最大化,而是要让竞争的运行与其他社会经济发展目标相一致,从而使社会经济福利最大化。根据国家总体发展战略目标和阶段性发展水平,将市场竞争机制的作用调节在恰当的水平,影响整个国家的经济结构、政策立法,实现社会经济的持续发展。

竞争政策不仅仅是经济层面的概念,不同国家实施竞争政策的政治意愿不同,直接影响其实施效果。竞争政策追求的是经济民主基础上的市场效率,一个国家的政府对竞争政策的现实态度反映了其对经济民主和法治的一般立场。如果认为垄断力量会危及国家的经济自由和经济民主,对竞争政策的实施就会形成社会共识。因此,竞争政策及其实施还反映了一国社会文化层面的状态。竞争的理念一旦成为人们普遍的意识,竞争文化扎根于一国的主流文化之中,对竞争政策的实施所产生的影响是不可估量的,竞争政策的地位和影响力都将大大提高,并可以由此带动竞争执法。

第二节 竞争政策的地位

确立竞争政策在国家经济政策体系中的地位具有极为重要的意义。我国通

---

① 李青:《中国竞争政策的回顾与展望》,载《竞争政策研究》2018年第2期。

过确立竞争政策的基础性地位,协调各类政策矛盾,促进生产要素向先进生产力聚集①,通过提高资源配置效率,创造了更多的社会财富,就是一个明显的例证。

一、竞争政策的基础性地位

竞争政策的基础性地位是指以竞争的基本理念影响和指导其他经济政策的制定和实施,敦促其他经济政策改善竞争环境。②

一个国家的经济政策是包含了竞争政策、产业政策、贸易政策、外资政策、财政政策、分配政策和消费政策等一系列克服市场失灵的政策措施的总和。在克服市场失灵问题上,竞争政策与其他经济政策具有共同的目标,但是在具体运行路径上却大不相同。其他经济政策的实施常常会直接影响市场竞争的有效性,甚至直接产生限制竞争的结果。如外资政策以引进和利用外国直接或间接投资为目标,能够活跃本国的市场竞争,但是外资政策中往往包含了以增强本国或本地区市场竞争为目的、限制外商投资的目标,而竞争政策则意味着政府承诺本国投资者和外国投资者展开公平竞争。贸易政策也是如此,一方面,贸易自由化与竞争政策是相辅相成的,"缺少竞争政策的贸易自由化无法取得完全的成功,反之亦然"③;但是另一方面,贸易措施也可能成为贸易保护主义的工具,起到限制竞争的作用,此时竞争政策的贯彻就会受到阻碍。此外,政府鉴于其他各种原因(如增加就业,提供国际竞争力等)可能会出台行业保护政策或产业政策,在特定产业中直接配置资源使其取得竞争优势,这些措施也与竞争政策的目标相违背。

市场经济运行中,保护竞争的各项政策(与立法)不可避免地要在多种目标的矛盾和多元主体利益的角逐中产生。因此,必须在承认政策之间存在互相博弈的合理性的同时,确立竞争政策应有的地位,积极推动其他经济政策在制定和实施过程中充分考虑竞争政策的因素。

竞争政策的基础性地位是由市场经济本身的特点所决定的。经济政策都是政府干预市场、弥补市场失灵的公共政策,竞争政策作为国家经济政策的组成部分,与其他强调政府干预经济的经济政策存在明显不同。竞争政策是保持市场

---

① 《中共中央 国务院关于构建更加完善的要素市场化配置体制机制的意见》。

② United Nations, Empirical Evidence of the Benefits from Applying Competition Law and Policy Principles to Economic Development in Order to Attain Greater Efficiency in International Trade and Development, http://www.unctad.org/en/docs/c2emd10r1.en.pdf, visited on 2018-9-24.

③ WTO Working Group on the Interaction Between Trade and Competition Policy, Synthesis Paper on The Relationship Between Competition Policy to Development and Economic Growth, http://docsonline.wto.org/DDFDocuments/t/WT/WGTCP/W80.DOC, visited on 2012-9-24.

活力、促进经济发展的基础性经济政策。① 坚持市场机制的作用,防止政府对经济的过度干预是竞争政策的哲学基础。竞争是市场经济的生命力所在,竞争机制会刺激经济活力,提高资源配置效率,促进经济增长和经济实力的增强。因此,竞争政策被视作经济可持续发展的保障。竞争政策基础性地位的实现过程是实现竞争政策与其他经济政策之间、竞争法律与其他经济调控管理法律之间、不同政府部门机构之间工作的协调性与融合性的过程。②

如何处理不同政策之间的关系,体现了一国政府在社会经济发展的不同阶段的战略选择。竞争政策与产业政策在不同经济发展阶段发挥着不同的作用。从理论上看,竞争政策与产业政策在政策目标、理论基础以及相互作用等方面既有一定的互补性和一致性,也存在着明显的冲突。市场经济发达国家在处理竞争政策和产业政策的关系上,基本确立了"竞争政策优先"原则。因为无论是经济理论还是发展实践都证明,经济发展的根本原因并非仅仅在于政府积极推行产业政策,而恰恰是充满活力的竞争和以维护竞争为宗旨的竞争政策。进入21世纪以来,竞争政策在发展中国家和经济转型国家逐渐成为主要的政策取向。将竞争政策视为基础性经济政策,制定竞争政策的明确目标和长期的实施规划,使其成为制定其他经济和社会政策的基础,已经成为各国共同的发展趋势。

我国通过一系列政策文件,逐步确立并强化了竞争政策在国家经济政策体系中的基础性地位。2015年,国务院批转《发展改革委关于2015年深化经济体制改革重点工作的意见》,将"促进产业政策和竞争政策有效协调,建立和规范产业政策的公平性、竞争性审查机制"作为改革工作的重点。2015年,《中共中央 国务院关于推进价格机制改革的若干意见》中提出"逐步确立竞争政策的基础性地位",再次强调"加快建立竞争政策与产业、投资等政策的协调机制,实施公平竞争审查制度,促进统一开放、竞争有序的市场体系建设"。2019年,《中共中央关于坚持和完善中国特色社会主义制度 推进国家治理体系和治理能力现代化若干重大问题的决定》又一次提出要"强化竞争政策基础地位,落实公平竞争审查制度,加强和改进反垄断和反不正当竞争执法"。2020年5月,《中共中央 国务院关于新时代加快完善社会主义市场经济体制的意见》明确提出,"通过完善

---

① 甘霖:《强化竞争政策基础性地位、促进新一轮高水平对外开放——在第八届中国竞争政策论坛开幕式上的致辞(摘编)》,载《中国市场监管报》2019年5月18日002版。

② 孟雁北:《我国强化竞争政策基础性地位的多元化路径》,载《中国市场监管报》2019年6月11日007版。

竞争政策框架,建立健全竞争政策实施机制,强化竞争政策基础地位"。这一切都这表明,我国在确立竞争政策基础性地位、重构经济政策体系的进程中,正在朝着既定的目标迈出坚实的步伐。

二、我国确立竞争政策基础性地位的重要意义

确立竞争政策在经济政策体系中的基础性地位,突出竞争政策在促进经济持续健康发展和社会和谐稳定中的作用具有重要意义。[①]

(一)巩固与完善市场经济体制

确立竞争政策基础性地位,能够更有效率地实行资源分配。我国实行社会主义市场经济体制的目标就是要全面改变资源配置的方式,要让市场在资源配置方面起决定性作用。竞争政策的实施使资源配置从原先的依靠行政命令逐渐转变为根据市场竞争的规律,这是经济持续发展的基础。改革的历程也证明,竞争政策通过促进资源在经济部门的有效分配,创造了更多的社会财富。但是,随着经济体制改革的深入,不同利益主体对保护竞争的各项政策(与立法)产生新的分歧并展开"角逐",若不重视竞争政策在一国经济政策体系中的基础性地位,就会阻碍市场经济体制的最终确立,影响经济的可持续发展。生产要素的流动和流向是经济规律的客观体现,要使生产要素实行市场化配置,由低效低质的部门向高效高质的部门流动,并且产生聚集效应,就必须发挥市场竞争机制的作用,在承认政策之间存在互相博弈之合理性的同时,确立竞争政策的基础性地位,让竞争政策理念贯穿于其他经济政策之中,最终达到巩固和完善市场经济制度的目标。[②]

(二)矫正政策实施的消极后果

确立竞争政策的基础性地位,有利于矫正政策实施产生的某些消极后果。我国的改革在初期是由政府推动的。为了促成经济体制从计划向市场的转轨,几十年来,政府一直扮演着制度变革的坚定推动者的角色。在催化市场经济发展中各项要素不断成熟的目标下,政府调动了巨大的行政力量,给予有针对性的扶持。这一方面创造了我国经济高速增长的奇迹,但另一方面也使政府与市场的关系中增添了难以褪去的行政主导色彩,给经济的持续发展埋下了不确定因

---

① 孙晋:《新时代确立竞争政策基础性地位的现实意义及其法律实现——兼议〈反垄断法〉的修改》,载《政法论坛》2019年第2期。
② 《中共中央 国务院关于构建更加完善的要素市场化配置体制机制的意见》。

素。例如,政府主导下推动国有资本运行机制市场化的政策,在激活企业经营决策自主权的同时,也使得国有企业深度参与市场竞争,影响了各类市场主体间的平等竞争。又如,在区域政策和产业政策盛行的背景之下,政府管制机构出于体制的惯性或地方和部门利益兑现的考虑,致力于扩张或维持政府管制权力,甚至呈现出围绕局部利益的"权力抱团"现象,出现针对流通要素的行政禁锢,阻碍了在市场化定价基础上生产要素统一市场的形成。因此,必须确立竞争政策的基础性地位,积极影响其他经济政策的制定和实施,矫正和弥补经济政策实施所产生的不利于市场经济发展的消极后果。

(三)协调各项政策目标冲突

确立竞争政策的基础性地位,有助于协调竞争政策与其他经济政策的目标冲突。通过有效的协调机制以及结构调整,整合政策效应,合力推动经济的持续发展。明确竞争政策的这一基本定位,也有助于其他经济政策工具的运用。一方面,要确保其他经济(社会)政策的制定和实施不得与竞争政策严重背离,要以竞争政策的原则和标准来影响和指导其他各项经济(社会)政策及法律、法规的制定,借助竞争审查制度和竞争法律有效阻却损害竞争的公共政策;另一方面,当国民经济发展和社会公共利益需要在一定程度上背离竞争政策目标的公共政策时,通过政策协调机制将这些冲突、矛盾降到最低。[①] 要在整体上逐步扩大竞争政策发挥作用的空间,与现有的竞争政策与竞争法律形成体系联动,确保有关市场经济活动的政策制定和实施与竞争政策的理念保持一致。欧盟在竞争政策与环境政策的协调方面的经验值得借鉴。环境政策与竞争政策虽有各自不同的具体目标,但两者之间不存在根本性矛盾。在"竞争政策优先"的基本原则之下,一方面,根据竞争政策对有关环境保护的国家援助政策措施予以严格审查和监督;另一方面,要求成员国在作出有关竞争政策的决定的时候,不能只局限于经济和市场分析的基础,还应该考虑环境政策等其他经济和社会政策的要求,如将限制竞争的协议所能带来的生态效益作为"有助于改善商品的生产和销售,或者有助于推动技术和经济进步"的要素加以考虑。为了促进绿色产业的发展,在合并审查方面,环境保护的因素必须被纳入合并规则所确定的竞争政策中,单纯的环境保护不能成为禁止或批准合并的理由。由此可见,竞争政策的政策协调机制需要在确立其基础性地位的前提下才能发挥更大的作用。

[①] 应品广:《竞争政策视角下行政性垄断规制新模式:从"事后救济"到"事前控制"》,载《江西财经大学学报》2016年第4期。

(四) 指导竞争法律的实施

各项经济法律的实施应当遵循国家竞争政策所确定的目标,这是成文法国家在应对社会环境快速变迁时必然出现的执法政策。我国社会经济的急速发展和反垄断法律本身的不确定性,使得这种执法政策更有必要。实践证明,任何超前或者滞后于竞争政策目标的标准都将削弱反垄断法实施的效果。在反垄断法的实施中,有许多控制标准需要明确(如经营者集中的审查标准、垄断协议豁免的认定标准、"安全港"的标准等),有许多认定标准需要确定(如社会公共利益、实质性影响竞争等),有许多实施制度需要细化(如宽恕制度、承诺制度等),还有许多数额需要确定(如行政罚款额、民事赔偿额等)。在各国实施竞争法的实践中,上述标准的确定和界限的划分多与国家竞争政策的目标相吻合。确定竞争政策应有的地位,有利于法律实施部门把握和决定这些标准和界限。

第三节 竞争政策的内容

虽然竞争政策对于经济发展具有十分重要的作用,但是各国在制度体系上尚没有完全统一的规定。在澳大利亚,竞争政策被认为有两大支柱:综合性的竞争法律框架的有效执行与旨在推进竞争的政府监管和干预的改革。欧盟的竞争政策以竞争法为核心,除了传统的三大支柱(限制竞争协议、滥用市场支配地位、企业合并)之外,还包括规制政府行为。[①] 联合国贸发会议提出的竞争政策包括两大内容:竞争推进和竞争法律的实施。通过考察各国家和地区竞争政策的实践,并结合我国的具体情况,我们认为,我国竞争政策的体系主要包括五大部分:竞争法律制度、垄断行业的竞争政策、国有企业的竞争政策、消费者保护的竞争政策以及保护知识产权的竞争政策。

一、竞争法律制度

狭义的竞争政策是指建立一套完整的竞争法律制度并付诸实施。它以反垄断法律为核心,通过一些具体的规则对反竞争或可能限制竞争的行为进行规制。这些规则主要包括:

(一) 反垄断法律制度

以反垄断法为核心的自由竞争制度是竞争政策的主要内容。本书将在第二

[①] 徐士英、郑丙贵:《欧盟竞争法的新发展及对我国的启示》,载《法学》2004年第8期。

编对反垄断法作出较为详细的阐述。一般来说,各国的反垄断法没有本质上的差别,主要内容如下:一是禁止经营者之间达成实质上限制竞争的垄断协议,如通过各种形式达成的价格、数量、市场等方面的共谋协议,除非达成协议是出于促进竞争、提高效率或改进技术等目的,并实际将其部分收益用于上述目的。行业协会同样不得被用作制定或实施上述协议的工具。二是禁止具有市场优势地位的企业通过各种形式阻碍竞争者进入相关市场,除非该行为能被证明对市场具有积极作用;禁止具有市场力量的竞争者联合抵制其他竞争者、消费者或供应商的交易;控制所有可能获得或增强市场力量的合并,超过规定规模的企业合并应向反垄断执法机构申报,并按照设定的审核标准和程序受到审核,除非在特殊情况下该合并对竞争的损害可以被其效率或特定的社会公益因素所覆盖。除了上述规定之外,有些国家的反垄断法中还包括禁止政府滥用行政权力排除限制竞争的行为。

(二)反不正当竞争法律制度

反不正当竞争法是以维护公平竞争为主要价值目标的法律制度,在大多数国家已经与反垄断法一样,成为竞争法律制度的主要组成部分,并且由统一的执法机构实施。尤其是在20世纪90年代后建立竞争法制度的国家和地区,竞争法包括了反垄断法律与反不正当竞争法律。本书的第三编中也将对此作出较为详细的介绍。反不正当竞争法作为鼓励和保护公平竞争,制止不正当竞争行为,保护经营者和消费者的合法权益的法律,以规制市场中的虚假行为(如制售假冒商品、制作发布虚假广告、不正当的有奖销售、商业贿赂等损害其他经营者的合法权益的行为)为主要内容。该法律与保护自由竞争的反垄断法构成竞争法的两个支柱,从不同的角度出发,共同维护市场竞争秩序。[1]

竞争法律构成了竞争政策的核心制度,但是,仅仅规定了实体性的制度上尚不足以有效实施法律,维护一个竞争性市场体制。需要建立一个独立统一的、具有权威性的执法机构,透明公平地实施竞争法的规则,对严重违法行为进行明确界定并施以较为严厉的惩罚十分重要。竞争执法要获得全社会的认可。才能使竞争政策的理念得到弘扬。

---

[1] 李胜利:《反不正当竞争法与反垄断法的关系:实然现状与应然选择》,载《社会科学辑刊》2019年第3期。

二、垄断行业的竞争政策

这里所说的"垄断行业",既包括具有网络特性的自然垄断行业,如电力、电信、铁路、民航、邮政等,也包括由于某种经济的、社会的或者政治的原因,政府或法律规定只有获得特许才能进入的政策性垄断产业,如烟草、食盐等。相比通过自由竞争和优胜劣汰导致的垄断,由于自然垄断等其他原因引发政府行政权力管制而导致的非市场性垄断对市场竞争机制造成的破坏可能更加严重。通过自由竞争形成的垄断有其合理性,只要不存在滥用市场支配力的行为,一般为各国竞争法律所容忍。非市场性垄断的存在则可能对市场经济制度造成损害,因而已成为各国体制改革的重点对象,也是竞争政策实施的难点所在。

经济学研究认为,垄断行业本身所具备的自然垄断特性(如成本劣加性、网络性等)是其存在的合理因素,但是由于垄断行为也可能损害产业的整体效率和消费者福利,因此必须实施政府监管和竞争法规制。由此,产生了如何划分政府监管和竞争政策作用边界的问题。垄断行业实施竞争政策,重在区分行业的垄断性业务和竞争性业务,在竞争性业务领域引入竞争政策,在垄断性业务领域加强政府监管,并协调好竞争主管机构与行业主管机构之间的权力配置关系。但是,经济转型国家的垄断行业相对比较复杂。由于国家对产业结构的决策和调整因素大量存在,导致国有资本过度集中,不仅挤压了民营经济生存发展的空间,其运行的低效率还使社会福利减损。另外,对垄断行业的政府监管体制还使得垄断行业存在严重的行政垄断。在行政垄断因素的推动下,垄断行业存在明显的"溢出效应",即垄断的弊端不同程度地蔓延到与自然垄断业务相邻的行业之中,影响了市场竞争机制的正常运转。大规模国有资本及其保值增值的压力反过来又进一步加剧了垄断的"溢出效应"。垄断行业问题涉及国有资本影响、行政权力滥用、自然垄断特征等各种元素的杂糅,它们互为因果,增加了垄断行业竞争化改革的难度和成本。不仅要考虑在垄断行业引入竞争,还必须同时考虑国有经济改革和政府行政垄断问题。但是,这也对全面推进市场经济体制的建设提出了挑战,将垄断行业改革与市场结构调整、行政垄断规制和国有企业改革在竞争政策的统一指导下互动进行。

三、国有企业的竞争政策

国有企业的竞争在很多国家都是一个备受争议的问题。一方面,国有企业是"企业"的形式之一,为了生存和发展,必然要以营利为目标;另一方面,国有企业又常常被赋予促进社会公益的责任,与企业的营利目标相抵牾。在此背景下,如何看待国有企业参与竞争的问题,就成了竞争政策必须面对的问题。国有企业的公益性职能应当主要在垄断行业的垄断性业务中得以实现;在竞争性领域,国有企业与其他企业应该公平竞争。由于与政府的紧密联系和一定的公益属性,国有企业相比私人企业而言,往往具有更多的政府补贴、税收优惠、融资便利和其他政策支持等方面的竞争优势。若不通过一定的措施消解这种不合理的竞争优势,使竞争在公平合理的基础上进行,市场竞争机制将会遭受损坏,市场经济的发展也将受到阻碍。一些发达国家实施的"竞争中立"制度成为竞争政策的重要组成部分,要求公平对待国有企业与私营企业的竞争,将国有企业的不合理竞争优势消解到最低。

由于历史原因,我国的国有经济长期占据着主导地位。基于我国《宪法》[①]和《企业国有资产法》[②]的规定,如何在国有企业实施《反垄断法》第 7 条第 1 款,即"国有经济占控制地位的关系国民经济命脉和国家安全的行业以及依法实行专营专卖的行业,国家对其经营者的合法经营活动予以保护,并对经营者的经营行为及其商品和服务的价格依法实施监管和调控,维护消费者利益,促进技术进步",是近年来竞争政策适用国有企业的关键。本书认为,在关系国民经济命脉和国家安全的重要行业和关键领域的企业(包含国有企业和非国有企业)应与其他行业和领域的企业同等适用《反垄断法》,并不存在排除《反垄断法》对特定行业或者国有企业的适用。政府部门多次明确提出要创造民营企业与国有企业公平竞争的市场环境。早在 2005 年 2 月 19 日,国务院就发布了《国务院关于鼓励支持和引导个体私营等非公有制经济发展的若干意见》(被称为"非公经济 36 条"),提出对非公有制企业与其他所有制企业一视同仁,实行同等待遇。2010 年 5 月 7 日,国务院又发布了《国务院关于鼓励和引导民间投资健康发展的若干意见》(被称为"新 36 条"),要求国有资本把投资重点放在不断加强和巩固关系国民命脉的重要行业和关键领域;要求政府投资主要用于关系国家安全、市场不能有效配置资源的经济和社会领域。从表面上看,国有企业垄断属于经济垄断

---

① 《宪法》第 7 条:"国有经济,即社会主义全民所有制经济,是国民经济中的主导力量。国家保障国有经济的巩固和发展。"

② 《企业国有资产法》第 7 条:"国家采取措施,推动国有资本向关系国民经济命脉和国家安全的重要行业和关键领域集中,优化国有经济布局和结构,推进国有企业的改革和发展,提高国有经济的整体素质,增强国有经济的控制力、影响力。"

的范畴,实质上却与相关政府部门限制竞争的政策有关。所以,必须将国有企业与政府之间的关系规范化,对政府限制竞争的政策加以适当限制和修正。① 对国有企业的垄断行为进行竞争规制应当与政府体制改革、垄断行业改革、对政府反竞争行为的规制等一并展开,唯有坚持竞争政策指引下的"综合治理",才能有效化解垄断弊端,创造公平有序的竞争环境。

四、消费者保护竞争政策

消费者保护的政策与法律制度逐渐被纳入竞争法制的框架,是现代竞争政策发展的趋势和标志。一方面,市场竞争行为和竞争秩序对消费者利益的实现有着极为紧密的联系;另一方面,消费者作为社会需求的最为广泛的载体,社会供给的最终受体,其购买的选择权、对经营者行为的谈判权和对市场竞争秩序的监督权是激活供给侧竞争的最好动力。② 通过维护消费者权利,增强对市场的广泛和有力的监督,可以有效维持市场经济发展。因此,对消费者合法权益的保护也是国家竞争政策的主要目标,而且是最终的目标。③ 将消费者保护的政策纳入竞争政策的范畴,以竞争政策为依据支撑并融合消费者保护法律制度,关键在于强化消费者在竞争法律中的地位。当竞争法律的多元目标和保护消费者的目标发生冲突时,应当把消费者的利益放在首位,以确保竞争法律实施的整体效果是正面的。④

五、保护知识产权政策⑤

创新是市场竞争的"永动机",如何激励和保护创新无疑是当前我国转型发展、建设创新型国家面临的重大课题。研究表明,有效的竞争政策与知识产权存在正相关关系。那些实施竞争政策取得较好效果的国家,往往实行有效的知识产权保护政策,在国民收入、竞争政策和知识产权保护上具有高度一致性。⑥ 维持开放、自由、竞争的市场环境有利于激励持续创新;对创新成果的保护,既是为

---

① 薛克鹏:《中国反垄断法个性及其机理刍议》,载《中国流通经济》2008年第1期。
② Louise Sylvan, The Interface Between Consumer Policy and Competition Policy, https://www.accc.gov.au/speech/the-interface-between-consumer-policy-and-competition-policy, visited on 2019-4-5.
③ 徐士英:《竞争政策研究——国际比较与中国选择》,法律出版社2013年版,第74—85页。
④ 徐士英:《中国竞争政策的实施与展望——兼论我国基本经济政策定位》,载《经济法论丛》2017年第1期。
⑤ 高富平:《竞争法视野下创新和竞争行为调整的体系化思考》,载《法商研究》2015年第3期。
⑥ Mattias Ganslandt, Intellectual Property Rights and Competition Policy, IFN Working Paper No. 726, 2008, http://www.ifn.se/Wfiles/wp/wp726.pdf, visited on 2019-10-24.

了激励创新,也是在创造公平合理的竞争秩序。① 所以,对知识产权的保护必须被置于竞争政策的框架下进行思考,而不单纯是个权利保护的问题。所以,在竞争政策的视野下,知识产权是自由竞争的例外。所以,在制定知识产权保护政策时,必须关注竞争政策对创新的影响,以避免发生政策冲突。在重视知识产权保护的同时,必须给市场的自由开放留下空间。只有在有必要鼓励发明的情况下才应当赋予创新成果知识产权,给予的保护程度应与鼓励创新的程度相适应。换言之,知识产权制度也应当给予其他人学习和提高的空间,以促进竞争而非遏制竞争。在赋予创新成果排他权与为创新留下足够的公共领域之间求得恰当的平衡,在正当的垄断(竞争)与不法垄断(反竞争)之间求得恰当的平衡,这正是国家竞争政策的价值所在。如 2003 年,美国联邦贸易委员会发布了题为《促进创新:竞争与专利法律和政策之间的适当平衡》的报告②,这一报告对专利制度与竞争法律和政策之间保持适度平衡提出了政策建议。2007 年,美国司法部和联邦贸易委员会联合发布了《反垄断法实施和知识产权:促进创新和竞争》③,这一报告对反垄断法与专利制度保持适度平衡也提出了政策建议。这两份政策性文件旨在使美国的专利制度与竞争政策和谐地发挥作用,实现促进创新的目标。这表明,在注重对技术创新的法律保护同时,必须不能忽视竞争对创新的激励。

第四节 竞争政策的政策工具

竞争政策的有效实施离不开与之相适应的竞争政策性工具,它是指竞争主管机构所采取的竞争执法以外的、有效实施竞争政策、促进公平竞争环境而形成的制度性工具或措施,从各国的实践来看,这些制度性工具一般包括:(1) 公平竞争审查制度;(2) 竞争评估制度;(3) 国家援助控制制度;(4) 竞争中立制度;(5) 竞争推进制度。这些措施在竞争政策实施的不同阶段和不同领域分别发挥着推进竞争的积极作用。

---

① 欧盟将单一市场视为欧盟最大优势,并将竞争政策作为发挥这一优势与促进创新的制度工具。欧洲议会 2013 年发布了一份题为《竞争政策对经济增长和欧盟 2020 战略的贡献》的研究报告,对竞争政策与经济增长之间的关系进行实证研究,得出的基本结论是:竞争政策在促进生产力和创新这两大经济增长引擎运作过程中起着关键作用。

② Federal Trade Commission, To Promote Innovation: The Proper Balance of Competition and Patent Law and Policy, http://www.ftc.gov/os/2003/10/innovationrpt.pdf, visited on 2019-10-24.

③ U.S. Department of Justice and the Federal Trade Commisson, Antitrust Enforcement and Intellectual Property Rights: Promoting Innovation and Competition, https://www.ftc.gov/reports/Innovation/P040101PromotingInnovationandCompetitionrpt0704.pdf, visited on 2019-9-24.

一、公平竞争审查制度

公平竞争审查制度是我国竞争政策的重要内容，也是确立竞争政策基础性地位的里程碑式举措。① 我国的公平竞争审查制度是在吸收了欧盟国家援助控制制度和其他国家竞争评估制度有益经验的基础上，结合本国国情所作的制度设计。我国的公平竞争审查制度立足于市场经济体制实践，针对改革中的主要症结，在政策措施审查的标准、范围、对象、审查方式和审查程序等各个方面均作了符合中国特点的创新规定。这一制度在全国范围内的全面确立，是我国市场经济走向成熟的表现。它的出台标志着我国进入一个历史性的制度变迁阶段，是建设市场经济体制的所有努力中一项极为重要的成果②，已经成为市场经济基础性制度③。

公平竞争审查制度是 2015 年 3 月 13 日《中共中央 国务院关于深化体制机制改革加快实施创新驱动发展战略的若干意见》中提出的，2016 年 6 月公布的《国务院关于在市场体系建设中建立公平竞争审查制度的意见》（以下简称《意见》）标志着我国正式建立了公平竞争审查制度并推进实施。根据《意见》的规定，公平竞争审查制度是指公平竞争审查机构对各地区、各部门政策制定机关在制定市场准入、产业发展、招商引资、招标投标、政府采购、经营行为规范、资质标准等涉及市场主体经济活动的规章、规范性文件和其他政策措施时依法对这些文件进行公平竞争审查的制度。在审查时，从维护全国统一市场和公平竞争的角度，按照市场准入和退出标准、商品要素自由流动标准、影响生产经营成本标准以及影响生产经营行为标准等进行审查。建立公平竞争审查制度的目标是确保政府相关行为符合公平竞争要求和相关法律、法规，加快建设统一开放、竞争有序的市场体系，保障各类市场主体平等使用生产要素、公平参与市场竞争、同等受到法律保护，以发挥市场在资源配置中的决定性作用，激发市场活力，推动大众创业、万众创新，促进实现创新驱动发展和经济转型升级。

随着经济体制改革的不断深入，我国政府职能转变不断推进，取得了很大成效。但政府职能转变仍然比较滞后，政府直接配置资源的范围过大，对微观经济

---

① 徐士英：《国家竞争政策体系基本确立的重要标志——有感于〈公平竞争审查制度〉的实施》，载《中国价格监管与反垄断》2016 年第 7 期。

② 徐士英：《市场经济走向成熟的重大举措：浅论公平竞争审查制度》，载王先林主编：《竞争法律与政策评论（第 2 卷）》，上海交通大学出版社 2016 年版。

③ 《中共中央 国务院关于新时代加快完善社会主义市场经济体制的意见》。

事务不当干预较多。一些政府部门从保护本地区经济利益、促进相关行业或者企业发展等角度出发,制定排除限制竞争的政策措施,导致地区封锁和行业垄断的情况较为普遍。这些政策措施虽然在一定程度上促进了局部地区的投资增长和特定企业的发展,但对全国整体经济的发展产生了非常严重的不良影响,也不符合依法行政和建设法治政府的要求。根据国家对全面深化改革和全面推进依法治国作出的重要部署,实现创新驱动发展战略和实现经济转型升级,关键是要营造公平竞争的市场环境,充分激发市场主体的活力。建立公平竞争审查制度,防止相关政策措施排除和限制市场竞争,消除影响市场主体公平竞争的各种不利因素和桎梏,有利于释放各类市场主体的创业创新活力,实现经济发展引擎转换,增强经济发展的动力;有利于促进全国统一开放、竞争有序体系建设,充分发挥市场资源配置的决定性作用,推动市场化改革深入开展;同时也是推动依法行政和建设法治政府的必然要求。

公平竞争审查制度是包括审查对象、审查方式、审查标准以及例外规定等一系列规范在内的以审查政策制定机关相关政策文件是否具有排除、限制竞争效果的完整审查制度。审查对象是各地区、各部门以及法律、法规授权的具有管理公共事务职能的其他政策制定机关制定的市场准入、产业发展、招商引资、招标投标、政府采购、经营行为规范、资质标准等涉及市场主体经济活动的规章、规范性文件和其他政策措施。审查方式在现阶段为政策制定机关在政策制定过程中的自我审查和发展改革部门的指导。经审查认为有关政策措施不具有排除、限制竞争效果的,可以继续实施;如具有排除、限制竞争效果的,则应不予出台,修改后经审查不再具有排除、限制竞争效果的可以实施;没有进行公平竞争审查的政策措施不得出台。主要从维护全国统一市场和公平竞争的角度,按照市场准入和退出、商品和要素自由流动、影响生产经营成本、影响生产经营行为等标准进行审查。同时,没有法律、法规授权,各地区、各部门不得制定减损市场主体合法权益或者增加其义务的政策措施;不得违反《反垄断法》,制定包含排除、限制竞争内容的政策措施。

为了发挥竞争政策的协调功能,公平竞争审查制度还设置了相应的例外规定。如果有些政策措施具有排除和限制竞争的效果,在符合下列规定的情况下可以实施,这些规定为:维护国家经济安全、文化安全或者涉及国防建设的;为实现扶贫开发、救灾救助等社会保障目的的;为实现节约能源资源、保护生态环境等社会公共利益的;法律、行政法规规定的其他情形。公平竞争审查制度的例外规定,是国际社会通行的惯例。但是,在适用例外规定时必须具备两个条件,一是政策制定机关应当说明相关政策措施对实现政策目的不可或缺,这是为了防止例外适用情形的滥用,只有在不得不做的情况下才能适用;二是政策措施不会严重排除和限制市场竞争,并同时还规定要明确实施期限,政策制定机关还要对这些政策措施的实施效果进行逐年评估。对于实施期限到期或未达到预期效果的政策措施,应当及时停止执行或者进行调整。这就表明,我国的公平竞争审查制度既为实施的例外情况留出了空间,也建立了相应的评估和监督机制。

通过公平竞争审查制度的有效实施,使政府的政策制定者增强了对竞争政策的理解,优化了政府与市场的关系,减少了政府对市场的不当干预,进一步强化了竞争政策的基础性地位。

二、竞争评估制度[①]

竞争评估制度是欧美一些发达国家采用的一种竞争政策的制度工具,它是指竞争主管机构或其他相关机构通过竞争分析,评价现行的公共政策可能或已经产生的竞争影响,针对不合理的政策安排提出既不妨碍政策目标实现,又能将对竞争的损害降低到最小的替代性方案的制度。[②] 实际上竞争评估与竞争审查是在政府反竞争政策制定前后两端发挥作用的制度。发达国家在近二十年内普遍建立了竞争评估制度,在减少政府对竞争的不合理限制、促进经济发展方面取得了巨大的成功。例如,澳大利亚在21世纪初对所有法律、法规、政令以及各州立法机构制定的地方法规、条例进行了竞争评估,发现了近1800多项限制竞争的法律规则,对其中大概85%都进行了修订或废止,显著促进了经济发展。[③] 韩国公平交易委员会于2008年引入了"竞争影响评估",对各部门制定或修订的法律进行对竞争潜在影响的评估,并向相关部门和管制改革委员会提供评估意见,实质性地影响了其工作。[④]

---

① 应品广:《法治视角下的竞争政策》,法律出版社2013年版,第199—201页。
② OECD, Competition Assessment Guidance, 2010, http://www.oecd.org/competition/assessment-toolkit.htm, visited on 2019-7-9.
③ Rod Sims, Driving Prosperity Through Effective Competition, The Mexico Forum, 8 January, 2013, Mexico City, p. 10, http://www.accc.gov.au/speech/driving-prosperity-through.-effective-competition visited on 2019-11-9.
④ 根据官方公布的数据,仅2011年,韩国公平交易委员会就对415例限制竞争的行政法规进行竞争评估,对其中13例进行了纠正或清除;2012年共评供407例,其中有26例被纠正或清除;2013年共评估590例,有15例被作出相应的处理;2014年共评估495例,处理了11例。

一般来说,竞争评估的范围不仅包括法律、法规的草案,也包括已经生效的法律、法规。竞争评估的目的在于确定法律、法规可能对竞争造成的负面影响,并寻求产生更少竞争危害的替代性措施。在这方面,日本的实践值得借鉴。2001 年日本颁布了《政府政策评估法》(Government Policy Evaluation Act),通过立法确立了对政府政策(主要是规制政策)的竞争评估机制;2010 年日本政府又引入了经济合作与发展组织(以下简称"经合组织")《竞争评估手册》中的竞争评估制度,作为政府政策事前评估的组成部分。自此,绝大多数新制定或修订的法律、法规都要接受竞争评估。在实施竞争评估时,先是由日本公平交易委员会发布评估报告,重点阐述两部分内容:一是就所评估法律、法规的成本和收益进行比较,二是与其他可替代方案进行比较。如果经过竞争评估认为需要对政策的反竞争效果进行进一步分析,规制机关在制定新的规定之前必须提供一份"规制评估清单",对政府规制行为是否会对市场竞争产生影响以及会产生什么影响作出详细解答。通过这种方式,政府竞争主管机关和承担规制职能的其他公共机关之间形成了有效的协调和合作机制。

有的国家可能并不存在强制性的竞争评估制度,但是通过赋予竞争主管机关开展"市场研究"以及据此向上级政府提交法律建议的权力,也同样能够间接地起到预防政府反竞争行为的效果。如英国 2002 年《企业法》第 5 条规定,除了根据 1998 年《竞争法》和《欧盟运行条约》第 101 条和第 102 条享有竞争执法权之外,公平贸易局还可以开展"市场研究",关注政府限制竞争的社会成本,实施竞争推进和推动竞争文化建设,根据市场研究的结果,公平贸易局可以向英国政府提交研究报告;国家竞争委员会根据公平贸易局提供的市场调查参考,也可以向英国政府提交建议。市场研究和市场调查参考制度特别适合用于评估和处理政府干预市场的行为,包括国有企业的行为。英国公平贸易局还出版了分析政府反竞争行为的实用指南,[①]用于指导决策者评估政策干预的成本和收益。该指南阐述了政府干预的合理性及其可能对市场造成的影响,并指出了干预政策应该如何设计,以尽量减少对竞争机制的扭曲。

竞争评估制度的意义在于,尽管政府直接提供商品和服务的行为或实施规制和调控措施的行为有可能符合社会公益的需求,但是在政府实施上述行为的时候,必须意识到这样做有可能人为地扭曲竞争机制,促使其通过进行严格的成

---

① OFT,Government in Markets:Why Competition Policy Matters—A Guide to Policy Makers,http://www.oft.gov.uk/advice_and_resources/resource_base/guidelines,visited on 2019-9-21。

本收益分析确保政府行为符合市场经济的基本要求。

三、国家援助控制制度[①]

国家援助是指政府机关有选择地给予部分经营者某种形式的优势的行政措施。国家援助是政府限制竞争的典型,因此被认为是政府的反竞争行为,而且是一种隐性的形式。对国家援助进行控制的意义在于,在允许国家提供符合公共利益的国家援助的基础上,尽量减少其可能对竞争机制造成的损害。许多国家和地区都建立了以促进竞争为导向的国家援助控制制度。如俄罗斯《保护竞争法》第 20 条规定:国家权力机关和地方自治机关如果要向国家或地方自治体提供优惠,必须按照联邦反垄断机构规定的程序,向反垄断机构提出相应申请。反垄断机构在审查之后可以作出同意、不同意或附加限制性条件的同意的决议。另外,在反垄断机构作出了附加限制性条件的决议之后,申请人需要自开始提供优惠日后一个月内,向反垄断机构提交遵守限制性规定的保证函。这是针对国家援助的事前控制措施。根据《保护竞争法》第 21 条的规定,如果反垄断机构在对国家援助行为实施监督的过程中发现国家援助行为不符合申请的目的,反垄断机构可以向受惠主体及实施援助行为的机构发出指令,要求采取措施退回相应资产以及其他作为民事权利的客体,或者要求采取措施终止向已经得到国家援助的经营主体提供援助。《欧盟运行条约》107 条第 1 款至第 3 款将欧盟层面的国家援助分为"与共同体市场相抵触的国家援助""可能与共同体市场相抵触的国家援助"和"与共同体市场相协调的国家援助"三大类。对于与共同体市场相抵触的国家援助一律禁止,对于可能与共同体市场相抵触的国家援助则需由欧盟理事会或欧盟委员会来认定是否可以豁免,对于与共同体市场相协调的国家援助,则直接予以放行。值得注意的是,欧盟法院通过司法判例确立了认定国家援助的一系列规则,对可能逃避国家援助控制制度的行为进行了有效制约。在德国诉欧盟委员会案中,欧洲法院认定,不仅中央政府实施的援助行为属于国家援助,地方政府及其他公权力机关实施的援助行为也属于国家援助。[②] 在"英国天然气公司案"中,欧洲法院认为英国天然气公司尽管名义上是一个企业,但是实际上受国家控制实施了援助行为,因此也属于"国家"的范畴。[③] 换言之,国

[①] 应品广:《法治视角下的竞争政策》,法律出版社 2013 年版,第 201—202 页。
[②] Case 248/84, Germany v. Commission, [1987] ECR 4013, para. 17.
[③] Case C-188/89, Foster v. British Gas, [1990] ECR I3313, p. 21.

家"要求某些国有企业必须对另一些国有企业提供资金或实物支持或者放弃其应得的报酬,也属于国家援助的范畴,因为由此而导致的国有企业的经济损失最终还是由国家来承担"①。上述判例,对政府通过隐秘的途径实施国家援助构成了有效制约。至于补贴和税收优惠、低息贷款和提供保证等常见的国家援助形式,更是处于欧盟委员会的严密监控之下。欧盟委员会2016年对爱尔兰政府帮助苹果公司非法避税案件的处罚就是典型。

四、竞争中立制度②

竞争中立是指政府不能运用其立法权或财政权力使政府的商业活动在与私营企业竞争时获得某些优势。这是澳大利亚联邦政府于20世纪90年代在国有企业改革中首次提出的,在促进市场主体公平竞争方面起到了很大的作用。③实行竞争中立制度的目的在于消除国有企业与私营企业之间扭曲的资源分配机制,为两者创建一个公平的竞争平台。推进竞争中立制度的实施,要对与国有企业相关的法律、法规和行政性文件进行系统性的审查,按照竞争中立的标准进行修正或废除,使国有企业的运营环境尽可能与私营企业相当。竞争中立制度直接对政府行为提出了"在竞争中保持中立与公平"的目标立场,具体表现为税收中立、借贷中立、监管中立等。要达到这些目标,必须要建立必要的监督措施和实施机制。④ 其中,竞争中立投诉机制是同业监督的主要渠道。根据经合组织国家的经验,竞争中立制度并不是适用于所有的国有企业,该政策只适用于"显著的政府商业活动",而不适用于非营利性的、非商业性的业务。⑤ 澳大利亚《竞争规则协议》中也规定,竞争中立制度的适用对象涉及所有联邦、州及地方政府级别的公有贸易企业和公有金融企业。⑥

---

① 孔少飞:《欧盟的国家援助制度及其借鉴》,载《欧洲研究》2006年第3期。
② 徐士英:《竞争政策视野下行政性垄断行为规制路径新探》,载《华东政法大学学报》2015年第4期。
③ Commonwealth of Australia, Commonwealth Competitive Neutrality Policy Statement, http://www.treasury.gov.au/documents/275/PDF/cnps.pdf, visited on 2019-12-1.
④ 徐士英:《竞争政策研究——国际比较与中国选择》,法律出版社2013年版,第206页。
⑤ 一个典型的例子是,政府项目如果是通过招投标的方式进行的,中标企业会向政府收取产品或服务的费用,该种情况属于商业活动的范围;而如果政府通过财政拨款的方式直接资助某一国企完成该项目,则该行为不属于商业活动。
⑥ 1998年的澳大利亚《经营者竞争中立指南》规定,"显著商业活动"包括:(1)所有政府企业及其子公司;(2)其他股份贸易有限公司;(3)所有指定政府业务部门;(4)其他以商业模式运营并且每年的商业收益超过一千万美元的政府经济活动。Council of Australian Governments, Competition Principles Agreement, http://www.coag.gov.au/coag_meeting_outcomes/2007-04-13/docs/competition_principles_agreement_amended_2007.rtf, visited on 2019-11-2.

由于政府行为的惯性,国企与政府之间的关系似乎很难厘清。作为"与政府存在特殊关系"的企业,国企往往在某些方面能得到政府的"优待",而这些优惠措施是私营企业无法享受的,这就使得私企与国企处于一个不公平的竞争平台上。面对这一问题,一般是首先采用竞争法的解决路径。但是,法律的适用必然存在着局限性,而且法律惩治作为一项事后措施并不能起到很好的防范作用。故此,推行竞争政策,在政府还没有实施反竞争行为前,就采取有针对性的矫正措施,才是更好的选择。在解决国有企业竞争问题方面,竞争中立制度则是其中比较重要的制度安排。

第五节 竞争推进与竞争文化

一、竞争推进的含义

竞争推进(competition advocacy)是许多国际组织所认可的构建竞争文化的重要机制。根据国际竞争法界多年来达成的共识,竞争推进是指由竞争主管机构采取非执法机制所实施的,以活跃国内经济为目的,而与促进国内竞争环境有关的措施。一般认为,竞争推进机制的主体是竞争主管机构;它所依赖的途径主要是协调竞争主管机构与其他政府机构之间的关系,以及不断增进公众关于"竞争能带来利益"的意识。[①] 因此,竞争推进机制的对象和目的主要是以下两类:

一是针对其他承担有经济规制或相关规则制定权的公共机构的推进措施,通过影响能对经济产生影响作用的机构,包括立法机构、政府经济管理部门,乃至司法机关,使国家权力的运用都能够以一种"竞争友好型"的方式去实现;通过与政府经济管理部门的沟通,实现经济政策与竞争政策的相互连接;由于直接针对政府管理部门,因而效果更加显著。竞争主管机构或通过评估政府出台的经济政策促使其更加完善;或通过影响经济管理部门,令其主动出台符合市场竞争需要的政策。

二是针对全体社会成员的推进措施,通过教育宣传,提高公众对"竞争有益经济"观念的理解与支持,[②] 提高公众对竞争政策在促进经济增长、保护竞争方面的作用的认识。这是从社会文化建设的角度出发,进一步把竞争政策提升为

[①] Report prepared by the Advocacy Working Group, ICN's Conference Naples, Italy, 2002, p. i-v.
[②] Advocacy and Competition Policy, ICN Report, 2002, p.1.

一国主流文化的组成部分。

竞争推进是区别于竞争执法的实施竞争政策的路径,它的出现是基于竞争执法存在无法避免的缺陷:首先,单单依靠竞争执法,无法对市场最大的干预者——政府(包括行业组织)所实施的不当限制竞争的行为施加影响。在大多数国家,政府行为形成的垄断是较难通过行政执法加以解决的。其次,竞争执法是对不当限制竞争行为的"事后监督"措施,无法在事先对不当限制竞争行为施加影响,尤其是转型经济国家,无法扭转或根除国民经济中业已存在的垄断现象,只能对不当垄断行为进行有限的限制。最后,执法行为方式受到法律条文的严格制约,不能从根源上解决所有(或大部分)影响市场竞争行为的经济法律和政策,破除一切限制自由竞争机制发挥作用的制度藩篱。

当然,在不同的阶段竞争推进的侧重点是不同的。一般来说,针对政府的推进措施是竞争推进的重点和关键。但是,对于发展中国家或转型经济国家来说,首先面向广大公众宣传竞争的优势,继而逐步影响政府行为和竞争立法,不失为一种相对合理的选择。在竞争推进中更多地依靠社会组织的力量,也是国际竞争推进实践中的重要共识。

竞争推进的目标是从宏观层面到微观层面影响政府立法、企业行为和民众意识,实现竞争法律环境的优化。它对于我国竞争文化的构建具有重要意义:第一,竞争推进有利于消除影响政府的限制竞争行为。竞争推进的目标之一是影响政府(行业)的经济政策,使之与竞争政策和法律相连接,消除影响市场竞争的政府行为(政策、法律、法规)。如澳大利亚通过对政府法令、规章和条例进行全面审查、修改,消除可能存在的有损市场竞争的规定,这将在政府行政层面上弘扬竞争文化,对我国具有特别重要的借鉴意义。第二,竞争推进有利于进行垄断行业的一体化改革。各国垄断行业审查实行竞争推进的事实证明,不仅垄断行业改革有重大突破,国有经济改革也大有进展。更可喜的是,竞争政策向其他经济政策渗透,使新的垄断也得到全面预防。这就在市场与市场主体层面上普及了竞争文化。第三,竞争推进有利于向社会民众全面渗透竞争文化。竞争文化是一国实施竞争政策的重要条件。在竞争推进中,通过教育宣传,使民众了解竞争带来的经济优势,提高公众对"竞争有益经济"观念的理解与支持,营造和培育竞争文化。

二、竞争推进的基本构成

竞争推进主要由三项基本制度构成。首先,法律和规范性文件是影响竞秩序的重要制度因素,法律和规范性文件的合理性是需要不断讨论和检验的,对于一些基于对竞争的错误认识而产生的法律和规范性文件,必须及时地予以废止或更新。近年来,以国际竞争网络(International Competition Net,ICN)等为代表的国际组织建议,可由一国的竞争主管部门参与该国法律、规范性文件草案的讨论,并适时(地)地向立法机关、管制部门提出建议,避免法律和规范性文件过份干预竞争机制的现象。法律和规范性文件评估是最为关键和重要的竞争推进路径和方法。美国是较早开始组织反托拉斯法律制度评估的国家。具有代表性的还有澳大利亚联邦政府推行的法律审查项目,等等。其次,一些限制竞争行为得到了法律的认可而成为合法的垄断,这种现象也被称为"管制"(regulate)。20世纪中后期以来,放松管制、重新引入竞争成为一个普遍的趋势。各国竞争主管部门开始把放松管制纳入竞争推进的范畴。最后,竞争文化氛围的形成将为竞争推进提供坚实的社会基础和文化土壤。扬汤止沸不如釜底抽薪,制度层面的问题固然重要,制度背后的保障机制和文化观念更是关系到解决问题的根本办法。竞争文化培育有别于其他竞争推进措施的特点首先在于,它不带有任何的强制性,完全由竞争主管部门以教育、宣传或者劝说的方式,对市场竞争机制的一些基本理念进行推广。美国联邦贸易委员会自20世纪80年代即开始针对那些对市场竞争影响较大的问题,向特定的公共部门或社会组织发放竞争推进函(advocacy files),期望借此在那些重大问题上与相关部门达成一致,共同推进市场竞争机制的完善。在巴西,公众对市场竞争知识的理解和接受还有待提升。但是,我们可以发现,巴西在如何宣传教育公众方面有很好的经验。韩国国内大企业林立,大企业之间关系错综复杂,甚至主导国内经济政治环境。韩国公平交易委员会建立了一套专门针对大企业的"志愿守法项目",运行的效果也不错。以凯恩斯主义的诞生地英国为代表的欧洲国家非常重视在经济萧条时期对竞争文化的持续宣传,这对于我国同样具有重要的借鉴意义。

　　如何选择竞争推进的路径至关重要,不同国家在实施竞争推进的方式上存在差异。市场经济发达国家是在成熟竞争执法经验的基础上实施竞争推进。对于公权力在市场领域的不当干预,国家竞争政策具有鲜明的立场,因此,竞争执法机关将部分工作资源转移到竞争推进中去。而对经济转型国家来讲,传统体制决定了它们需要以竞争推进作为竞争执法的先导和铺垫。在体制转轨初期,竞争推进承担了破除原有体制阻碍,逐步普及竞争观念的作用。在体制转轨基本完成后,竞争推进还要积极推动竞争法律制度的完善,并为维持竞争法律制度的良好运行扫清制度障碍,提供文化层面的支持。

三、培育与弘扬竞争文化

竞争推进的最终目的是建设整体竞争文化,使社会公众能够较为清晰地理解竞争政策的内容,为竞争主管机构坚定地执行竞争法律提供舆论支持,也给企图进行垄断和限制竞争的企业施加舆论压力。自20世纪后期竞争推进的理念在西方国家应运而生后,竞争推进已经成为许多国际组织(如联合国贸发会议、经合组织等)认可和推行的构建竞争文化的重要机制。

竞争文化是关于市场竞争的一系列思想观念、商业规则和法律制度的总称。[①] 文化看似抽象无形,但其实无处不在。竞争文化可以被理解为全社会形成的维护竞争机制、尊重竞争规则的一种共识和氛围。竞争文化的培育和形成是多方面因素综合作用的结果,包括经济发展水平、历史文化传统、民众生活习惯、社会管理政策等。从大多数市场经济国家的视角看,一个国家的竞争文化主要体现在以下几个层面:

在国家层面,建立一套完备的保护竞争的政策法律体系,从国家宪法到各项经济法律政策,都以维护市场的公平自由竞争为基本出发点,强化竞争政策在国家政策体系中的基础性地位,健全竞争政策体系,完善竞争法律制度。[②]

在市场主体层面,从事经营活动的市场主体具有合规合法的竞争意识,崇尚通过创新改革参与市场竞争,从市场交易到企业管理,都把损害竞争的行为纳入经营的法律风险管理范畴。

在政府层面,明确竞争优先目标,建立政策协调机制,[③] 政策制定机关不轻易制定和实施限制市场竞争的法规政策。即使为了社会公共利益需要制定在一定程度上限制竞争的经济政策,也会选择对竞争损害最小的方案。

在社会层面,民众享有充分的监督市场竞争秩序的权利。消费者不仅有权公开抵制和举报不正当竞争行为和垄断行为,而且还有依据这些竞争法律得到相应救济的权利。

在世界范围内,通过政府(主要是竞争主管机构)的作用来推动和弘扬竞争

---

① 徐士英:《竞争文化与和谐社会——论中国反垄断法立法的社会基础》,载樊杰、白光润主编:《城市经济与微区位研究——全国城市经济地理与微区位学术研讨会论文集》,中华地图学社2005年版。
② 《国务院关于印发"十三五"市场监管规划的通知》(国发〔2017〕6号)。
③ 同上。

文化,已经成为普遍做法和发展潮流。① 竞争文化所倡导的竞争本身并不是目的,但竞争是迄今为止实现有限资源优化配置的最佳途径。市场经济体制是在目前能最有效推动经济发展的体制,而竞争文化则是有利于市场经济体制生存和完善的文化背景。上层建筑对于经济基础的重要反作用,使竞争文化的成熟对于市场经济发展产生了极为重要的影响。很多发展中国家之所以发展缓慢,很大程度上是因为缺乏对竞争制度需求的充分认识,说到底是竞争文化的淡薄。我国通过市场经济体制改革以来的一系列措施,尤其是竞争法律制度的实施,竞争文化逐渐浓厚起来。"发展依赖竞争,竞争需要规则",逐渐成为人们已经接受的理念,并开始得到更深层的渗透和广泛的弘扬。我国应继续培育和弘扬公平竞争文化,进一步营造公平竞争的社会环境。②

竞争文化建设会随着竞争推进的具体实施而逐步显现效果,它对整体经济运转起到的作用可能在短时间内难以为人们所认识,尤其是难以被人们精确地量化评估。然而,不断重复的国际实践经验告诉我们,在一个相对长远的周期里,竞争文化一旦扎根于一国的文化土壤之中,它将对该国经济的可持续发展发挥不可估量的巨大作用。

> **思考题**

1. 简述竞争政策的本质。
2. 简述竞争政策的功能。
3. 简述我国确立竞争政策基础性地位的重要意义。
4. 简述竞争政策的主要内容。
5. 理解竞争政策的政策工具。

---

① See William J. Kolasky, A Culture of Competition for North America, http://www.usdojgov/atr/public/speeches/11351.pdf, visited on 2019-11-24.
② 《中共中央 国务院关于新时代加快完善社会主义市场经济体制的意见》。

第二编 反垄断法

第五章 反垄断法基础理论

【学习要点】
1. 基本了解反垄断法的概念与演变
2. 重点把握我国反垄断法的立法宗旨
3. 掌握反垄断法的规制对象和地位
4. 理解反垄断法适用除外制度与豁免制度的区别
5. 掌握反垄断法域外适用制度的发展与存在的问题
6. 掌握相关市场界定的概念与方法

第一节 反垄断法概述

一、反垄断法的概念

反垄断法在不同国家和地区有不同称谓,美国称为"反托拉斯法"(Antitrust Law),欧盟称为"竞争法"(Competition Law),日本、韩国、我国台湾地区等许多亚洲国家和地区称为"公平交易法"(Fair Trade Law),我国大陆地区则称为"反垄断法"(Anti-monopoly Law)。尽管如此,它们表达的要义基本一致。反垄断法是调整国家在规制市场主体和其他相关组织以控制市场为目的而实施的反竞争行为过程中所发生的社会关系的实体法和程序法的总和。

首先,反垄断法规制的主体主要是市场主体。这里所指的市场主体包括企业、企业联合组织以及其他社会组织和机构。比如,日本和我国台湾地区的反垄断法明确规定该法的适用对象为"事业者和事业者团体";德国的反垄断法规制"企业和企业的联合组织";英国和美国等国家的反垄断法主要对"私人"的垄断行为进行规制。在各国的实践中,某些非市场主体也实施了垄断行为,如政府机构或社会组织(行业协会等)在经济生活中对市场资源的垄断和限制竞争的行为。从对市场机制的破坏和影响来说,这些垄断和市场垄断一样,都妨碍了统一市场的形成和资源的有效配置,因而也应该成为反垄断法规制的范围。这时,不应该将政府机构和社会组织的行为作为行政行为看待,而应将其视为一种市场行为,纳入反垄断法规制的范围。

其次,反垄断法规制的行为是反竞争的行为。现代反垄断法认为,市场主体具有市场垄断地位本身并不当然违法,但是如果市场主体凭借自身的市场优势地位,从事排除或者限制竞争的行为,则应当受到反垄断法的制约。反垄断法所规制的行为不仅包括滥用市场支配地位的行为,还包括以联合方式限制竞争的行为,以企业合并方式谋求垄断的行为以及以其他形式(如滥用政府行政权力)进行限制竞争的行为等。这些行为的共同特征是"以控制市场为目的排除或限制竞争",因此,只要是符合这一特征的行为都应当属于反垄断法的规制范围。

最后,反垄断法是结合实体规定和程序规定的法律规范的总和。在大多数国家,反垄断法都是由一个基本法和若干个特别法以及众多的实施条例和指南构成的一个法规范群,包含了实体规范和程序规范。垄断案件的调查和审理通常需要经历十分艰难复杂的过程,既涉及公法领域,又涉及私法领域,因此许多国家建立了专门的行政执法机构,针对垄断行为的调查和审理作了特别的实体或程序规定。我国除了《反垄断法》之外,还有行政法规(如《国务院关于经营者集中申报标准的规定》)、部门规章(如国家市场监督管理总局颁布的《禁止垄断协议暂行规定》)、司法解释(如《最高人民法院关于审理因垄断行为引发的民事纠纷案件应用法律若干问题的规定》)等法律文件,此外还有不具有法律约束力但实践中被广泛采用的指南形式(如《国务院反垄断委员会关于相关市场界定的指南》)。

二、反垄断法的演变与经济学基础

反垄断法制度设计和实施均有着深刻的经济学理论基础,产业组织理论中的哈佛学派、芝加哥学派再到后芝加哥学派,对反垄断政策的演变影响最大。

哈佛学派的基本主张可以概括为:市场结构决定市场行为,市场行为决定市场绩效,它们只具有单向因果关系。因此,市场结构在市场的有效运行中起到决定性的作用,要想获得良好的市场绩效,必须通过反垄断法调整市场结构。据此,哈佛学派建立了"市场结构(structure)—市场行为(conduct)—市场绩效(performance)"的"单向度"分析框架,简称为"SCP 范式"。早期的美国反垄断法深受哈佛学派影响,因此也被称为"结构主义"时代。这一时代的特点集中在中小企业保护立法和企业合并控制。在这一时期,美国一共颁布了 19 部小企业法,对小企业予以特别保护。① 美国还颁布了《塞勒-凯弗维尔法》《哈特-斯科特-罗迪诺反托拉斯改进法》与《反托拉斯程序修订法》等针对合并控制的立法,提高了合并控制的标准。在执法方面,这一时期采取了分拆的方式打击大企业,其中最典型的案件是分拆美国电话电报公司(AT&T)。在司法方面,"美国铝业公司案""布朗鞋业公司案"以及"冯氏杂货店案"中,法院都指出,美国的相关反垄断立法就是为了确保市场上存在大量的中小竞争者,防止经济力量过度集中。② 特别是在"美国铝业公司案"中,法官汉德认为,一个垄断者即使没有向其竞争者做任何积极行为,也有可能违反《谢尔曼法》,因为 90% 的市场占有率足以构成垄断。"结构主义"思潮主导了这一时期的反垄断法实施,直到 20 世纪 60 年代末,美国反垄断法基本上遵循了假定大企业具有滥用市场力量的动机、反垄断法应该降低市场准入门槛、反对市场高度集中的思路。③

芝加哥学派的学者质疑哈佛学派对大企业滥用经济权力动机和能力的假设,颠覆了哈佛学派的 SCP 范式。芝加哥学派认为,反垄断法的唯一目标是经济效率。因为商业行为通常有效率且能够增加社会福利,④在不存在人为干预的情况下,市场进入的壁垒并不像想象中的那么高,垄断会在市场竞争中"自我

---

① 机械工业部科学技术情报研究所:《美国小企业法》,机械工业出版社 1987 年版,第 3 页。
② United States v. Aluminum Co. of America, 148 F. 2d 416 (2d Cir. 1945); United States v. Brown Shoe Co., 384 U.S. 316 (1966); United States v. Von's Grocery, 384 U.S. 270 (1966).
③ Eleanor M. Fox, Against Goals, Fordham Law Review, Vol. 81, 2013.
④ Eleanor M. Fox, The Modernization of Antitrust—A New Equilibrium, Cornell Law Review, Vol. 66, 1981.

纠正",无须政府过度介入。芝加哥学派主张市场结构、市场行为与市场绩效之间是动态的互相影响的关系,应该从结构规制转向行为规制,注重判断行为是否提高了效率,避免将保护竞争和保护竞争者混为一谈。① 20 世纪 70 年代中期以后,芝加哥学派深刻影响了美国的经济政策和反垄断法实施。美国政府和法院的反垄断重点关注企业行为而非市场结构,且主要对卡特尔等企业间的价格协调行为和分配市场的行为进行禁止,而对纵向限制和企业合并等网开一面。因为,根据芝加哥学派的理论,除非在极端情况下,纵向限制和企业合并均具有提高效率的作用,政府和法院的过度干预很可能不但不会提高效率,反而使市场状况变得更糟。芝加哥学派注重效率标准的特点,使得反垄断法的经济效率目标在这一时期也开始逐渐被美国反垄断执法机构和司法机关普遍接受,②被称为"效率学派"时期。芝加哥学派积极的改革主张使美国反垄断政策在政策倾向、理论基础、分析方法和政策目标上都发生了剧烈而深刻的变化。

20 世纪 90 年代,博弈论和信息经济学的引入使得产业组织理论发生了革命性变化,"后芝加哥学派"的观点开始逐步盛行,③对芝加哥学派的效率观念及其所提倡的反垄断政策提出了挑战。这些采用了新方法的研究成果统称为"新产业组织理论",也被称为"后芝加哥学派"。新产业组织理论认为,市场结构不是外生的,企业不是被动地对给定的外部条件作出反应,而是试图以策略行为去改变市场环境并影响竞争对手的预期,从而排挤竞争对手或阻止新对手进入市场。市场结构和市场绩效都可以被看作企业博弈的结果,并取决于企业间博弈的类型。新产业组织理论指导下的反垄断政策至少发生了三个明显的变化:(1) 从注重结构到注重行为的变化。新产业组织理论认为,垄断结构不一定导致垄断行为,从而也就不一定损害消费者利益。因此,反垄断机构开始把调查的重点从商业行为的结构转移到商业行为对经济效益和消费者福利的影响上。(2) 反垄断政策目标的变化。在目标选择上,芝加哥学派追求的经济效率中的"社会总福利"更加倾向于"消费者利益",即"消费者剩余",而后芝加哥学派所崇尚的是"生产者效率"。(3) 反垄断政策实施策略的变化。美国的反垄断政策开

---

① Richard A. Posner, The Economics of Justice, Harvard University Press, 1981, pp. 92-94.
② William Baxster, Responding to the Reaction: The Draftsman's Review, in Eleanor M. Fox and James T. Halverson, ed., Antitrust Policy in Transition: The Convergence of Law and Economics, America Bar Association, 1984, pp. 308-321.
③ 由于这一学派的反垄断思想诞生在芝加哥学派之后,而且主要是修正芝加哥学派自由主义反垄断思想的缺陷,因此被称为"后芝加哥学派",其代表人物有夏皮罗、萨罗普和贝克尔等。任剑新:《美国反垄断思想的新发展——芝加哥学派与后芝加哥学派的比较》,载《环球法律评论》2004 年第 2 期。

始从芝加哥学派时代的过于宽松逐步转向温和的干预,"被芝加哥学派关上的反托拉斯大门重新开启"①。企业的策略行为开始得到反垄断机构的认真对待,新产业组织理论的分析方法开始在反垄断执法和司法实践中被逐步采用。

由上所述,经济学的研究与发展对于现代反垄断法产生了重要的影响,事实上这种影响还在不断继续,而且越来越深刻。正如德国著名学者乌尔里希·施瓦尔贝先生在其著名作品《卡特尔法与经济学》中所断言的,在各国竞争法的实施中,"已经鲜有完全脱离经济学分析的了"②。

三、反垄断法的立法宗旨

反垄断法的立法宗旨是其指导思想,它决定着反垄断法律制度的具体设置及实施问题。研究反垄断法的立法宗旨,无论对完善反垄断法理论还是相关立法及法律实施都具有非常重要的现实意义。

（一）关于立法宗旨的理论观点

关于反垄断法的立法宗旨存在三种观点:一是一元论观点,认为反垄断法的制度设计就是为了实现经济效率的最大化;二是多元论观点,认为反垄断法的制度设计是为了实现一系列的社会和政治价值,包括自由和公平的竞争秩序、经济效率、消费者福利及经济民主等;三是终极目标论观点,认为反垄断法有自己的最终目标,其他目标只是终极目标的工具或中间目标而已。

芝加哥学派是奉行一元论的典型代表,其领军人物波斯纳法官曾声称:"今天几乎所有从事涉及反托拉斯职业的人——不管是诉讼当事人、法官、学者还是有见识的观察家——都不仅赞同反托拉斯法的唯一目标应当是促进经济福利,而且对判断具体的商业活动是否与这一目标相一致所运用的经济理论的基本原则也存在共识。"③在一元论者看来,反垄断法追求的唯一目标就是经济效率,而在经济学家眼中,经济效率是通过"经济福利"来衡量的。经济福利通常指消费者剩余和生产者剩余之和。在经济效率目标下,反垄断法只应考虑经济因素,而

---

① 周茂荣、辜海笑:《新产业组织理论的兴起对美国反托拉斯政策的影响》,载《国外社会科学》2003年第4期。
② 〔德〕乌尔里希·施瓦尔贝、丹尼尔·齐默尔:《卡特尔法与经济学》,顾一泉、刘旭译,法律出版社2014年版。
③ 〔美〕理查德·A.波斯纳:《反托拉斯法》,孙秋宁译,中国政法大学出版社2003年版,第4页。

"无须考虑伦理因素,而且与财富转移无关"①。即,反垄断法只需关注垄断带来的"纯粹损失",而无须考虑垄断导致的福利转移损失。财富分配问题不是反垄断法应该考虑的问题,因垄断而产生的财富转移后果可以通过其他政策途径(如税收和转移支付)予以矫正。反垄断法也不应关注"公平"问题,因为"即便法律条款非常清晰,以公平为基础的法律分析也存在异常的困难……促进公平的观念只会使每个人都变得更加糟糕"②。

多元论观点认为,反垄断法的制度设计是为了实现一组社会和政治价值,这些价值既不能简单量化又不能归结为单一的经济目标,而是包括经济、社会和政治各方面的内容,比如自由竞争、公平竞争、经济效率、消费者利益、经济自由、经济民主等。这一观点得到了世界上大多数理论界与实务界人士的支持。③ 多元论也可称为"公共利益主义"。一旦诸多具体目标在适用时发生冲突,哪种目标更符合"公共利益"的需要,就成为目标选择的试金石。反垄断法无法摆脱经济因素以外其他因素的影响,其中涉及多方力量的博弈,公平、平等、中小企业保护、消费者利益和政治考量等因素都掺杂其中。在司法实践中,法院也经常从经济效率或消费者福利之外的其他视角来解释反垄断法。因此,公共利益主义主张的多元化的立法目标不仅具有现实的根源,也体现了利益平衡的思想。

公共利益主义的优点在于它的灵活性和适应性,但在多元目标之间如何化解冲突,则是多元论的一大难题。

终极目标论观点认为,反垄断法有其本身的最终目标,其他非终极性的目标只是终极目标的工具或者中间目标而已。其中,将终极目标定位为消费者福利的观点越来越成为主流观点。该观点认为,从反垄断的立法史和司法实践来看,反垄断法一贯是以"消费者主义"为宗旨的。④ 这在理论上也可以得到证明:第一,任何人都可以是消费者,但并非任何人都是经营者。在宏观状态下,对消费者利益的保护,基本上可以等同于对全体社会成员的保护。第二,消费者既是

---

① Herbert J. Hovenkamp, Antitrust Violations in Securities Markets, J. Corp. L., Vol. 28, 2003.
② Louis Kaplow and Steven Shavell, Principles of Fairness Versus Human Welfare: On the Evaluation of Legal Policy, Harvard Law School John M. Olin Center for Law, Economics and Business Discussion Paper No. 277, 2000, p. 5.
③ 经济学语境下常用"社会福利"概念,法学语境下则常用"公共利益"概念。
④ John B. Kirkwood and Robert H. Lande, The Chicago School's Foundation Is Flawed: Antitrust Protects Consumers, Not Efficiency, University of Baltimore School of Law Legal Studies, 2009, p. 17.

"转嫁竞争损失的终端"①,也是反垄断法的最终受益者②,因为福利转移导致的社会损失要大大超过因配置效率损失导致的福利净损失。第三,加强消费者保护,能够发挥消费者在竞争推进中的巨大作用。第四,竞争法上的消费者福利导向已经在世界上的大多数国家和地区获得支持,并成为一种趋势。③ 第五,消费者福利最大化目标与经济效率最大化目标相比更具有可操作性。比如,从信息经济学的角度来看,在成本等方面,企业往往掌握比反垄断执法机构更为充分的信息。因此,反垄断执法机构在生产者剩余增加与消费者剩余减少之间进行"合理推定"或权衡的时候,几乎难以公正计算出净福利效应的大小,此时采取简单的消费者福利标准可以弥补信息不对称的不足,提高执法效率。④ 终极目标论得到各国立法、执法和司法机关的普遍接受,但消费者主义的适用仍然存在难题,特别是对消费者福利的界定很难。⑤

（二）各国反垄断法立法考察

在各国的立法和司法实践中,立法宗旨的多元化已经是普遍趋势。在确立了多元立法宗旨的各国反垄断法中,关于立法宗旨的具体表述也各不相同。但是,一般都是在自由竞争、公平竞争、竞争秩序、经济效率、经济发展、消费者福利和公共利益等表述中进行排列组合。⑥ 尽管如此,不同的国家在选择立法宗旨时还是会有所侧重。例如,在韩国,反垄断法的宗旨包括促进商业活动、保护消费者以及促进国家经济平衡发展;在日本,反垄断法的宗旨不仅包括促进自由竞争,还包括确保竞争过程中的公平性;在欧盟,反垄断法的宗旨是保护欧盟成员国的公平竞争以及推动欧洲统一市场的形成和发展。在发展中国家,多元化的政策目标、广泛而灵活的例外范围、宽松的企业并购限制等更成为显著特点。有学者发现,几乎所有发展中国家的反垄断法都包含了公共利益目标。这就意味着,可以为公共利益所包含的公平公正、中小企业保护、机会平等、经济自由、经济民主和经济决策权力的下放等也可能是反垄断法意欲实现的效果。

---

① 孙颖:《论竞争法对消费者的保护》,载《中国政法大学学报》2008年第4期。
② CUTS, Towards a Healthy Competition Culture, published by CUTS Center for Competition, Investment and Economic Regulation, 2003, p. 24.
③ 尚明主编:《主要国家(地区)反垄断法律汇编》,法律出版社2004年版;谢晓尧:《论竞争法与消费者权益保护法的关系》,载《广东社会科学》2002年第5期。
④ 于立、吴绪亮:《试析反垄断经济学的学科定位——兼评布西罗塞〈反垄断经济学手册〉》,载《经济与管理研究》2009年第4期。
⑤ Antitrust Modernization Commission, Report and Recommendations 401 (2007), http://govinfo.library.unt.edu/amc/report_recommendation/amc_final_report.pdf, visited on 2019-12-10.
⑥ 尚明主编:《主要国家(地区)反垄断法律汇编》,法律出版社2004年版。

各国越来越倾向于将多元化的"公共利益"解释为"消费者福利"。要求在反垄断法实施过程中"消费者能够分享一定的限制竞争行为所带来的好处"。《欧盟运行条约》要求，申请豁免的企业除了应当证明卡特尔协议没有达到排除竞争的程度和能够给消费者带来好处之外，还必须证明协议能够改善商品的生产或销售，有助于推动技术和经济进步，并且为实现上述目的而实施限制竞争是必不可少的。根据我国《反垄断法》第15条第1款的规定，经营者要想取得该条款第1项至第6项中任一项的反垄断豁免，除了"应当证明所达成的协议不会严重限制相关市场的竞争"之外，还需要证明"能够使消费者分享由此产生的利益"。

尽管如此，处于不同发展水平和地域的国家之间仍然存在着目标定位或者目标解释的明显差异。美国确实越来越倾向于效率主义和消费者主义，但是其他国家或地区似乎并非如此。欧盟更加关注的是欧洲经济一体化的问题，而发展中国家更关注反垄断法对经济发展的作用。对于许多发展中国家而言，发展经济是第一位的，一项政策是否有效常常以是否能够带动经济发展来衡量。在此背景下，促进竞争、提高经济效率和维护消费者利益就都是中间目标，而发展经济才是最终目标。

此外，对于很多亚洲国家而言，反垄断法本身及其实施都呈现出了明显的"公平导向"，而不是"效率导向"。这一方面体现在反垄断法及其实施机构的名称之中，比如日本1947年《禁止私人垄断和确保公平交易法》，韩国1981年《规制垄断与公平交易法》，我国台湾地区1991年"公平交易法"，印度尼西亚1999年《关于禁止垄断和不正当竞争的法令》，同时日本、韩国、泰国和我国台湾地区的反垄断执法机构都称为公平交易委员会；另一方面，亚洲国家的反垄断法还常常将禁止"不公平交易行为"和促进"公平、自由竞争"作为立法宗旨。我国《反垄断法》第1条也是将"公平竞争"而非"自由竞争"作为立法宗旨之一。在法律实施中，亚洲国家也常常以公平为导向。比如，经合组织调查发现，日本在反垄断执法中主要倾向于关注公平价值。[①] 在日本反垄断法中，禁止"私人垄断"的规定旨在打击滥用市场支配地位的行为。但是，据经合组织调查，半个世纪以来日本只查处了15个滥用市场支配地位案件，原因在于日本公平交易委员会视大企业的滥用行为为不公平交易行为而非垄断行为。[②]

[①] OECD, Regulatory Reform in Japan: The Role of Competition Policy in Regulatory Reform, 1999, p. 7.

[②] OECD Observer, Policy Brief: Competition Law and Policy in Japan, September, 2004, p. 2.

（三）我国反垄断法的宗旨

根据我国《反垄断法》第1条的规定，保护市场公平竞争、提高经济运行效率、维护消费者利益和社会公共利益是我国反垄断法的四个基本宗旨。

1. 保护市场公平竞争

维护市场竞争机制是反垄断法的基本宗旨，这是各国反垄断法的基本共识。在确立实行市场经济体制的前提下，保护竞争是我国必然的选择。不过，我国《反垄断法》特别强调了"公平竞争"的价值，将保护公平竞争作为首要的立法宗旨，体现了公平竞争对于我国建立市场经济体制的重要意义。

从市场来看，竞争会导致主体分化的结果，"强者越强"的趋势如果任其发展，竞争者之间的地位就会发生倾斜。原来基于平等地位而进行的公平交易就会被强势主体对弱势主体的支配性交易所替代，竞争也就会变得不公平。占市场支配地位的企业附加不合理交易条件、进行搭售或者提高垄断价格等，都是将市场交易变成掠夺他人利益的行为。通过法律的实施，纠正这些市场竞争的偏差，维护公平竞争，正是反垄断立法的目的。

从我国的实际情况来看，虽然通过改革开放，市场已经处于相对良好的竞争状态，但是利用行政权力排斥或限制竞争的现象还相当严重。政府通过设置地区壁垒、增加财政补贴、实施产业政策、进行要素垄断等各种方式影响市场公平竞争。与市场垄断行为相比，政府政策导致的不公平竞争对市场经济的负面影响更甚，严重降低了资源配置的效率。从这一层意思讲，维护公平竞争是我国反垄断立法的第一要务。

2. 提高经济运行效率

现代产业组织理论把垄断放在效率的标准之下进行研究，证明了资本集中未必反竞争，而可能是高效率的结果。这使得反垄断法逐步由结构主义转变到行为为主、结构为辅的行为主义模式，追求经济效率理所当然地成为各国反垄断立法和执法的重要目标。

我国的经济改革取得了巨大的成果，但大多是采用产业政策、实行短期刺激的政府配置资源的发展模式，资源配置的效率还比较低下。因此，提高经济运行效率是我国反垄断法目前的核心目标所在。但是，与芝加哥学派的主张不同的是，经济效率目标应当是考虑社会整体的效率，同时还应考虑与其他社会经济目标的协调。在社会经济发展中，当经济增长成为一种主要需求时，优先考虑效率目标就自然成为一种渗透到立法和实践当中的必然选择。目前来看，提高经济效率已经成为我国反垄断法实施中事实上被优先考虑的目标,这可以从反垄断法实施中纠正行政垄断的艰巨性观察到。这种影响,集中体现在竞争法(政策)与产业法(政策)的冲突和协调中。当社会经济发展的效率达到一定水平时,整体效率目标的优先地位将被其他目标如社会公平、消费者利益所替代。

3. 维护消费者利益

保护消费者利益的目标已经得到各个国家和地区立法、执法和司法实践的普遍承认。[①] 与其他目标相比,以消费者利益为终极追求目标更为合理。实施反垄断法所带来的社会福利在消费者群体和企业群体之间的分配根据发展阶段不同而不同的。短期内,在经济发展急需成长阶段,企业要从社会整体福利的分配中占据较多的部分。此时反垄断法会基于"公共利益"的理由,通过豁免企业实施的可能排除、限制竞争的行为达到目的。但从长远看,消费者群体应当从社会福利的提升中获得更多的好处。对于我国而言,生产力的提高在一定时期内可能是最重要的,法律的实施不可避免地要优先考虑效率因素。随着整体经济实力的提升,竞争机制得到了经济体制、社会文化等多个层面的确立之后,反垄断法的立法宗旨就应该相应进入新的阶段,社会福利的分配应倾向于消费者群体,反垄断法的福利导向更应逐步从企业转向消费者。这意味着效率的提高不能仅仅有利于经营者,还应当有利于消费者,从而提升社会整体利益。我国《反垄断法》规定,经营者要想取得任何垄断协议豁免,必须证明"能够使消费者分享由此产生的利益",正是体现了这一转变。

4. 维护社会公共利益

保护公共利益是现代经济法承载的重要历史使命,自然也是我国反垄断法的宗旨所在。当今社会实践证明,垄断不单纯是经济效率问题,而是关系到社会发展的全局性问题。特别是对于发展中国家而言,不仅需要纯经济目标,还需要包含了公平的经济目标和社会目标,从而体现出"包容性发展"。在市场竞争的运行过程中,除了效率因素和消费者利益,还会有很多其他因素的融入,如环境保护、劳工权益、民族产业、国际贸易秩序等,也会影响反垄断法的宗旨。这些问题与实现经济效率或者保护消费者利益之间没有直接关系,但从社会经济的长远发展来看,又是市场竞争的管理者不得不考虑的问题,因而会间接地左右反垄断法的实施。因此,我国反垄断法必然要考虑社会公共利益。当社会公共利益

---

① John B. Kirkwood and Robert H. Lande, The Fundamental Goal of Antitrust: Protecting Consumers, Not Increasing Efficiency, Notre Dame Law Review, Vol. 84, 2008.

中包含的非经济追求与经济性追求相冲突时,作为市场经济主要政策的反垄断政策,仍然应当以经济性追求为主。社会政策或其他具有政治诉求的公共政策应该在尽量不影响市场竞争的前提下得到有效的协调。这也是我国一再强调"确立竞争政策基础性地位"的要求所在。

四、反垄断法的规制内容

现代反垄断法的规制内容主要集中在以下五个方面:

一是限制竞争协议。限制竞争协议也被称为"垄断协议",是指两个或两个以上的经营者以协议、决议或其他协同方式实施的排除或限制竞争的行为。垄断协议可以分为横向垄断协议和纵向垄断协议,前者是指具有竞争关系的经营者之间签订的限制竞争协议,后者是指上下游经营者之间签订的限制竞争协议。限制竞争协议导致市场竞争受到人为抑制,因此各国反垄断法原则上对其加以禁止。但是,考虑到限制竞争协议在某些情况下存在一些积极效果,各国反垄断法又对其规定了有条件的豁免制度。

二是滥用市场支配地位。滥用市场支配地位是指经营者凭借已经获得的市场支配地位,对市场中的其他经营者实施的排除、限制竞争行为。现代反垄断法理论认为,经营者通过正常的工业发展途径获得优势地位本身并不违法,但是企业在获得这些优势地位以后滥用自身经济力量实施垄断的行为则将受到法律的惩罚。即,反垄断法并不禁止市场支配地位本身,只是禁止滥用市场支配地位的行为。

三是经营者集中。经营者集中是指经营者通过合并、购买资产或股份、合同约定、人事安排、技术控制等方式取得对其他经营者的控制权或者能够对其他经营者施加决定性影响的情形。其中,合并是最重要和最常见的一种经营者集中形式。因为反垄断法关注的是实质意义上的限制竞争的结果,只要是能够达到限制竞争结果的形式,都要对其加以规范。因此,经营者集中的真正内涵不在于一个企业对另一个企业的吞并,而在于是否能够达到控制或支配的目的。虽然现代反垄断法并不当然认为经营者获得垄断地位本身是违法的,但是出于对垄断势力的防范,很多国家的反垄断法都规定了经营者集中控制制度。经营者集中控制制度的存在表明,现代反垄断法并未完全摆脱结构主义的色彩。

四是行政性垄断。行政性垄断是相对于市场垄断而言的,在我国的《反垄断法》中,它被定义为"滥用行政权力排除、限制竞争",是指行政机关以及法律、法规授权的具有管理公共事务职能的组织滥用行政权力排除或者限制竞争的行为。行政性垄断是行政权力在市场经济中的异化,对市场经济的健康发展具有巨大的危害,因此,反垄断法有必要对政府行政权力导致的限制竞争行为加以规制。

五是知识产权滥用。知识产权滥用是相对知识产权的正当行使而言的,它是指知识产权的权利人在行使其权利时超出法律所允许的范围或者正当行使的界限,导致对该权利的不正当使用损害他人利益和社会公共利益的情形。[①] 知识产权本身是知识专有权和知识共享权相互制约的统一体和平衡体。在打破对知识产品的专有与共享的利益平衡的情况下,知识产权就存在滥用的危险。反垄断法意义上的知识产权滥用是指经营者滥用知识产权排除、限制竞争的行为。随着知识产权滥用引发的纠纷日益增多,越来越多的国家开始在其反垄断法中规制知识产权滥用行为。

五、反垄断法的地位

反垄断法是现代市场经济国家的基本法律制度,在市场经济国家的法律体系中占有十分重要的地位。虽然各国用以描绘反垄断法在经济制度与法律制度中地位的用语不尽相同,但它们所表达的实质内容是基本一致的,即反垄断法是市场经济国家的"经济宪法"。

说反垄断法是"经济宪法",并不是说在宪法中对这一法律制度作了规定,而是说这一法律在维护市场竞争机制方面具有"宪法意义"。比如,反垄断法在美国被称为"自由企业的大宪章",在德国被称为"经济宪法",在日本被称为"经济法的核心"。[②] 还有的国家在宪法中直接规定了反垄断条款,比如菲律宾 1987 年《宪法》第 19 条规定:"在公共利益需要时,国家应当管制或禁止垄断。禁止任何限制贸易的联合或者不公平竞争。"有的国家则根据宪法制定了反垄断法,比如墨西哥根据其《宪法》第 28 条制定了反垄断法。

反垄断法的"经济宪法"地位是由其性质决定的。反垄断法维护的竞争机制和竞争秩序关乎国家的基本经济制度,尽管反垄断法主要是针对限制市场竞争的行为而制定的,但它几乎涉及市场经济的所有领域和所有的经济活动,为包括

[①] 王先林:《知识产权与反垄断法——知识产权滥用的反垄断问题研究》,法律出版社 2001 年版,第 92 页。

[②] 王晓晔:《经济体制改革与我国反垄断法》,载《东方法学》2009 年第 3 期。

市场主体、市场秩序、宏观调控和社会保障等方面的立法提供了基础性政策依据。以反垄断为核心的竞争政策，被各国确定了在国家经济政策体系中的"基础性地位"，实际上就是确定了以反垄断法为核心的竞争法应有的地位。反垄断法以其原则指导和影响各个领域和部门的政策制定，弥补可能存在的不足，从整体上保证了我国市场经济的健康发展。

第二节 反垄断法的适用范围

反垄断法的适用范围是指反垄断法实施的领域与空间维度，它既遵循传统的法律适用规则，又有很多本身的特色。

一、适用对象

反垄断法的适用对象在各国立法中并不完全一致。总体看来，大多数国家的反垄断法适用对象涵盖以下三类主体，即经营者、政府和行业协会。

（一）经营者

经营者是市场经济活动的核心主体，是直接影响市场经济秩序的庞大社会群体。因此，反垄断法的适用对象首先集中在经营者身上。经营者是反垄断法适用的主要对象，这是世界各国反垄断法的共识。但是，有关经营者的表述，各国反垄断法有所不同。比如，日本和我国台湾地区的反垄断法称之为"事业者"。台湾地区"公平交易法"第 2 条还将"事业者"概括为三种类型：公司、独资或合伙之工商行号、其他提供商品或服务从事交易之人或团体。欧盟则使用"undertaking"（通常翻译为"企业"）的概念。德国《反限制竞争法》也使用"企业"这个概念，但是并没有对"企业"作出解释。德国政府在公布该法律草案时明确指出，该法中的"企业"不一定与工商管理法中的"企业"相一致，因为这里的"企业"在概念上只是服务于《反限制竞争法》的目的。德国联邦法院在判决中发展了"功能性企业"的概念。一个组织是否可被称为企业，起决定性作用的不是该组织的人员，也不是该组织的法律形式，而是该组织的活动类型，即它参与的经济活动。[①] 美国反垄断法则使用"any person"（任何人）来概括其适用对象。根据美国最高法院的判例，美国反垄断法中的"人"具有极为广泛的含义，除了自然人、

---

① BGH 19.9.1974 WuW/E BGH 1325-Schreibvollautomat. Case 19/61.

合伙、公司、非公司组织及其他被联邦法、州法及外国法所承认的商业实体外,还包括在诉讼中作为被告的市政机关和政府官员。① 我国《反垄断法》采用"经营者"这个概念,它是指从事商品生产、经营或者提供服务的自然人、法人和其他组织。

(二) 政府

在反垄断法发展早期,受国家主权主义理论的影响,反垄断法基本不干预政府行为。美国最高法院在1943年的"帕克诉布朗案"中确认了这一原则,最高法院在这个案件的判决中指出:"国会不要求国家服从《谢尔曼法》,因此,国家可以自己的名义,以私人不被允许的反竞争方式从事管理或者行为。"② 但是,随着政府对市场竞争秩序的影响不断增加以及行政权力滥用现象日益突出,各国反垄断法逐步放弃传统理论而开始关注政府行为对市场竞争制度的影响。比如,美国通过逐步明确"州行为豁免规则"的适用,实现对政府限制竞争行为的规制。根据该规则,只有满足下列两个条件,州政府、州政府机构以及地方当局的限制竞争行为才可以豁免反垄断法的适用:第一,限制竞争行为是依据"明确规定"的州政策作出的;第二,限制竞争的行为得到了州的"积极监督"。③ 据此,在1991年"哥伦比亚市诉欧姆尼户外广告公司案"中,美国最高法院拒绝了一个地方政府提出的豁免要求。④ 欧共体法院也在其对于1991年"Höfner案"的判决中指出,政府及其机构在参与经济活动时可以被视为企业而适用反垄断法。⑤ 如果将反垄断法视作行为法而非主体法,那么,任何主体,不论是私人经济实体还是公权力机构,不论是否具有相应的主体资格,只要从事了违反反垄断法的行为,均应受到规制。但是,在中国语境下,政府的身份天然地将其与"市场主体"隔离,因此在中国的立法中,倾向于将政府与经营者区别看待。我国《反垄断法》在对经营者实施的限制竞争行为作出了规定之后,还专门对行政机关和法律、法规授权的具有管理公共事务职能的组织滥用行政权力排除、限制竞争作出了规定。但是,由于长期以来人们将政府身份与"市场"相隔离,仍然将政府与经营者区别

---

① 焦海涛:《论〈反垄断法〉中经营者的认定标准》,载《东方法学》2008年第5期。
② Parker v. Brown, 317 U. S. 341(1943), pp. 350-351.
③ Cal. Retail Liquor Dealers Ass'n v. Midcal Aluminum, 445 U. S. 97, 105 (1980).
④ City of Columbia v. Omni Outdoor Advertising, Inc., 499 U. S. 365, 111 S. Ct. 1351 (1991).
⑤ Case C-41/90 (1991), ECR I-1979.

对待:①对经营者实施垄断行为规定了严格的法律责任,而对行政机关和法律、法规授权的具有管理公共事务职能的组织,若滥用行政权力排除、限制竞争,则作了"上级机关责令改正"的规定,行政执法机关仅拥有"建议"的权力。

(三)行业协会

行业协会是一种非营利性组织,它由商业中的竞争者组成,目的在于促进和提高行业中一项或多项经济利益或者该领域所覆盖成员的经济利益。② 反垄断法与行业协会存在密切联系:一方面,行业协会在实现自己职能的过程中,为了行业的健康发展和全体会员的共同利益,会约束会员尤其是会员企业的活动,使其遵守竞争规则并运用行业协会的自治权来对违反竞争规则的行为进行规范,这与反垄断法维护自由和公平竞争的宗旨不谋而合;另一方面,行业协会为了实现会员企业利益的最大化,可能会倡导会员企业从事所谓的行业"自律"行为,通过签订诸如价格同盟协议等形式,避免会员企业之间的竞争,而这些使竞争无法正常进行的行为正是反垄断法规制的对象。③ 目前,很多国家的反垄断法明确将行业协会纳入规制范围。例如,日本反垄断法明确规定禁止商会对任何特定领域的商业竞争进行限制,美国也通过判例禁止行业协会实施限制竞争的行为。④ 我国《反垄断法》第16条明确禁止行业协会从事垄断行为,并在第46条第3款规定了比较严厉的法律责任:反垄断执法机构可以对违反规定的行业协会处50万元以下的罚款;情节严重的,社会团体登记管理机关可以依法撤销登记。

H协会组织本行业经营者从事垄断协议案⑤

2013年8月9日,某市物价局依据《反垄断法》对H协会组织本行业经营者达成价格垄断协议的行为进行了调查。经查,2011年11月21日,H协会组织具有竞争关系的会员单位召开会长办公会议,商议《某市黄金饰品行业黄金、铂金饰品价格自律实施细则》(以下简称《价格自律细则》),该细则规

---

① 应品广:《竞争政策视角下行政性垄断规制新模式:从"事后救济"到"事前控制"》,载《江西财经大学学报》2016年第4期。
② 鲁篱:《行业协会经济自治权研究》,法律出版社2003年版,第4页。
③ 孟雁北:《反垄断法视野中的行业协会》,载《云南大学学报(法学版)》2004年第4期。
④ America Column & Lumber Co. v. United Stated, 257 U.S. 377 (1921).
⑤ 《上海黄金饰品行业协会及部分金店实施价格垄断被依法查处》,http://www.shdrc.gov.cn/fzgggz/jggl/jgjgdt/12455.htm,2018年6月18日访问。

定了黄金、铂金饰品零售价格的测算方式、测算公式和价格浮动幅度等内容。

某市物价局认定,H协会的行为违反了《反垄断法》第16条及《反价格垄断规定》第9条第2项的规定,属于组织本行业经营者达成价格垄断协议的违法行为,排除、限制了市场竞争,损害了消费者利益和社会公共利益。

依据《反垄断法》第46条第3款及第49条的规定,考虑到H协会在组织相关经营者达成、实施垄断协议中起到了主导作用,情节较重,社会影响较大,以及违法行为的性质和程度等因素,某市物价局决定对H协会处以50万元罚款。H协会承诺将通过全体理事大会深刻检讨错误,并发文彻底废除《价格自律细则》,从此不再组织"价格自律"相关会议。

微评:行业协会是一种介于国家管理机关和经营者之间的经济法主体。相对于国家管理机关,行业协会与经营者一样,须要履行接受管理的义务;相对于经营者,行业协会除了代表并保障本团体经营者的利益之外,还对其成员实施自律管理,以确保法律政策的贯彻实施。由此,行业协会具有组织成员从事一定经营行为的能力。正是在这一过程中,出于维护成员利益或者各种它极有可能有意或无意地引导甚至强制经营者达成或者实施具有排除、限制竞争的行为。我国《反垄断法》禁止行业协会组织本行业的经营者从事垄断行为,并对行业协会规定了财产罚和资格罚两种反垄断责任。在财产方面,反垄断执法机构可对其处以50万元以下的罚款;在资格方面,可以依法撤销登记。鉴于我国市场经济越来越发达的现状,在不必要处以资格罚,但同时现行财产罚又不足以惩戒其违法行为的情况下,反垄断执法遭遇窘境。如何顺应经济发展,恰当地确定行业协会的财产罚金额,是需要研究的问题。

二、适用除外制度

反垄断法的适用除外制度是指国家为了保护整个国民经济的发展或出于公共利益的考虑,在反垄断法中规定对特定行业或经营者的特定行为不适用反垄断法的情形,是在经济学与法学理论的基础上,同时综合考虑经济政策与社会道德等多种因素形成的一种法律适用制度。

(一)适用除外的理论基础

反垄断法的适用除外具有经济学基础、法学基础、政策基础和道德基础。

经济学关于效率的考虑是反垄断法适用除外的重要理论基础。经济学研究认为,虽然竞争是市场经济的核心机制,但不是在任何情况下的竞争都有利于促进市场的发展和社会福利的增长。过度竞争可能导致非效率的后果,损害消费者福利。但是,在特定的领域和时期内,某些垄断或限制竞争的行为能带来规模经济的积极效用,有利于社会总福利的增长,也有利于消费者福利的增加,因此,反垄断法应当将其排除在外。竞争与垄断的两面性决定了反垄断法适用除外制度的必要性。

适用除外的法学基础体现在,法的价值是多元的,不同层次、不同地位的法律价值虽相互联系和渗透,但也经常发生矛盾和冲突,从而构成一个复杂的价值体系。对多元法律价值的评价、协调和选择,是立法和司法的核心内容。作为反垄断法有机组成部分的适用除外制度,体现了反垄断法对多元价值的追求与协调。反垄断法适用除外制度与反垄断法终极价值目标的一致性是其存在的法学基础。[①]

反垄断法的制定、修订和执行与竞争政策密切相关,竞争政策又必须与产业政策、社会政策及其他政策目标相协调。适用除外制度就是对一国当前诸种利害关系进行协调,并在此基础上选择优先政策目标的结果。通过规定适用除外的范围、标准和时限等,能够保障既定优先政策目标的实现,维护国家整体经济利益和社会公共利益。

适用除外制度还受到社会道德因素的影响。反垄断法维护公平竞争的宗旨决定了其在维护社会公共道德方面所承担的功能。有些国家将自由职业者(律师、医生、运动员等)限制竞争的行为纳入反垄断法适用除外的范围,这是因为他们的职业行为被人们认为具有当然的崇高性。他们应当遵守自己的道德规则和职业操守,不能一味追求利润。正是基于这种理性的考量,如果他们之间的竞争有时与其职业道德相悖,不利于服务质量和职业道德的维护,只会导致社会道德的沦丧和社会公共利益的损害。[②] 因此,许多国家的反垄断法都将自由职业者及其合理的限制竞争行为纳入反垄断法适用除外的范围。

(二) 反垄断法适用除外的范围

反垄断法适用除外的范围主要体现在以下四个方面:

一是国家垄断。国家垄断是指国家凭借政治权力对某些产业领域或经营活

---

① 史际春、杨子蛟:《反垄断法适用除外制度的理论和实践依据》,载《学海》2006 年第 1 期。
② 吴汉洪:《关于中国反垄断法的适用除外》,载《中国改革》1999 年第 1 期。

动实施独占控制而形成的垄断。国家垄断一般是为了国家利益或社会公共利益,通过国家权力的正当安排来实现,受国家法律的保护。从大多数国家的情况来看,国家垄断的范围呈现出逐渐缩小的趋势,主要在某些特定行业(如邮政、烟草等)通过专营的形式实现。

二是自然垄断。自然垄断是一种特殊的垄断形态,是指由于存在着资源稀缺性和规模经济效益、范围经济效益,使提供单一商品或服务的经营者或联合起来提供多数商品和服务的经营者形成一家公司(垄断)或极少数经营者(寡头垄断)的成本更低。自然垄断行业内的企业如果实行市场竞争可能导致社会资源的浪费,如电信、电力、供水、供气等行业一般都获国家特许实行垄断经营,因此被排除在反垄断法的适用范围之外,由国家实行监管。但是,由于技术的发展和市场需求的变化,自然垄断的边界也在发生变化。一般认为,自然垄断业务主要是那些具有固定网络性的操作业务(比如电信产业中的有线通信网络业务和铁路运输中的铁轨网络业务),其他业务则属于非自然垄断业务,需要引入市场竞争。因此,几乎世界各国的自然垄断行业都受到政府监管和反垄断法的双重规制。

三是知识产权。知识产权是国家通过知识产权法直接规定的赋予权利人的独占权利,是列入反垄断法适用除外范围的垄断。给予知识产权权利人垄断权的目的是为了激励和保护发明创造的积极性,推动社会生产力的发展。但是,如果权利人在行使知识产权时凭借独占权从事排除或者限制竞争的行为,也不利于技术创新和社会发展,背离知识产权法赋予权利人垄断权的初衷,甚至会给社会发展带来更加严重的阻碍。因此,知识产权的限制竞争行为也受到各国反垄断法的规制。

四是农业。农业是各国的基础产业,本身具有可增值幅度小和受自然条件影响大的特点。为了保证农业的稳定发展,很多国家的反垄断法都明确不适用于农业领域的相关行为。例如,欧共体为了避免农业生产者之间的毁灭性竞争,对农产品行业不适用欧共体竞争法。① 我国农业还比较落后,需要保护的程度远远超过西方社会。鉴于此,我国《反垄断法》第56条规定,农业生产者及农村经济组织在农产品生产、加工、销售、运输、储存等经营活动中实施的联合或者协同行为,不适用反垄断法。但是,在现代农业产业化经营的领域,对于竞争性的

---

① 王晓晔:《企业合并中的反垄断问题》,法律出版社1996年版,第293页。

业务和环节,实施竞争政策与竞争法是必要的。

三、豁免制度

反垄断法的豁免制度是指对于某些违反反垄断法的行为,由于其满足一定的条件而不受到反垄断法禁止与归责的制度。

(一)与适用除外制度比较

反垄断法的豁免制度与适用除外制度在理论基础上有很多共同之处。但是,作为合法垄断的两种基本表现形式,它们还是存在很多不同之处。[①]

首先,规制方式不同。对适用除外领域所发生的行为,反垄断法根本不予规制,只有当事人的行为超出许可限度时才有可能适用反垄断法。但是,豁免制度本身即属于反垄断法的适用,即依据反垄断法对有关行为进行审查后,认为其产生的积极效果大于其限制竞争所造成的消极效果,因而不予禁止。概而言之,适用除外是针对特定领域或行为不适用反垄断法,豁免是根据反垄断法的标准和规则进行分析后所给予的"宽大"。

其次,自由裁量权不同。适用除外的主要意义在于使某种市场结构或市场状态受到保护,具有法定性。对于哪些领域适用除外制度,哪些领域不适用除外制度,反垄断实施机构没有自由裁量权。但是,豁免的标准可以通过执法和司法实践来形成,即便法律对豁免的标准有明确规定,反垄断实施机构在具体实践操作中也存在较大的自由裁量权。

最后,效力范围不同。在反垄断法规制的内容中,主要在限制竞争协议领域存在豁免的问题。这是因为,各国通常对限制竞争协议普遍予以禁止,然后在此基础上规定豁免的条件。但是,并不存在普遍禁止的滥用市场支配地位和经营者集中。相比之下,适用除外领域则完全摆脱反垄断法的适用范围,在任何反垄断法规制的领域都可能存在。另外,适用除外制度是基于更长期起作用的原因,因而期限较长;而豁免通常针对具体行为,一般期限较短,且常常附加一定条件。

(二)豁免的类型

根据不同标准,反垄断法的豁免可以分为不同类型。以下两种分类对于理解与把握反垄断法豁免制度比较具有现实意义。

[①] 许光耀:《合法垄断、适用除外与豁免》,载王艳林主编:《竞争法评论(第一卷)》,中国政法大学出版社2005年版,第44—58页。

一是行业豁免与行为豁免。行业豁免是指豁免某个行业或者某个部门适用反垄断法。比如,美国1945年《麦克卡兰-费古森法》曾授权州政府对保险业进行规制,规定只有在州政府没有规制保险业时,反垄断法才适用保险行业,但保险业中的联合抵制、强迫、威胁行为或协议,不能豁免适用联邦反垄断法。[①] 行为豁免是指根据一定的事由将一些具有反竞争效果的行为从反垄断法的禁止性规定中排除,例如企业之间为提高产品质量、降低成本、增进效率、统一产品规格或标准而达成的限制竞争协议。大多数国家的反垄断法采取行为豁免的方式,并呈现出逐步缩小豁免范围的趋势。比如,德国1957年《反限制竞争法》曾规定了9种可以得到批准的卡特尔,但是在1998年修法时删除了有关"回扣卡特尔""进出口卡特尔"等豁免规定,2005年修订时又进一步删除了包括"不景气卡特尔"在内的有关卡特尔豁免的规定。我国《反垄断法》也主要采取了行为豁免模式。

二是集体豁免与个案豁免。欧盟竞争法在限制竞争协议的豁免制度上采取集体豁免与个案豁免相结合的制度结构。集体豁免是指欧盟理事会或者欧盟委员会通过立法将特定类型的限制竞争协议豁免适用《欧盟运行条约》第101条的禁止性规定。目前,欧盟理事会所作出的集体豁免规定主要包括对农业部门、公路、铁路和内陆水运、空中交通、海运、保险部门的豁免;欧盟委员会规定的集体豁免则主要针对特定领域的行为,涉及独家销售协议、独家购买协议、专业化协议、研究与开发协议、特许协议、保险协议、航空服务协议、海上运输协议、汽车销售协议以及技术转让协议等。个案豁免是指欧盟委员会针对不适于类型豁免的限制竞争协议,根据该协议的个案情况认定其符合欧盟竞争法的相关规定而予以核准豁免的做法。

(三) 豁免的一般要件

经营者实施的垄断行为要获得反垄断法豁免,通常需要满足一定条件。比如,《欧盟运行条约》第101条第3款规定,个案豁免必须同时符合下列四项条件:(1) 有利于改善商品的生产或销售,或有利于促进技术或经济进步;(2) 消费者能公平分享由此产生的利益;(3) 不对经营者施加对这些目标的实现并非必不可少的限制;(4) 不会使经营者有可能在相关商品市场的重要部分排除竞争。美国有关豁免制度的规定则主要体现在判例法中,相较而言在豁免的内容和标

---

① 马俊:《银行保险业的反垄断法适用除外问题探讨》,载《实事求是》2009年第2期。

准方面都没有那么明确。

我国《反垄断法》基本上采取了欧盟的做法。《反垄断法》第15条规定,经营者能够证明所达成的协议属于下列情形之一的,可以取得反垄断法豁免:(1)为改进技术、研究开发新产品的;(2)为提高产品质量、降低成本、增进效率,统一产品规格、标准或者实行专业化分工的;(3)为提高中小经营者经营效率,增强中小经营者竞争力的;(4)为实现节约能源、保护环境、救灾救助等社会公共利益的;(5)因经济不景气,为缓解销售量严重下降或者生产明显过剩的;(6)为保障对外贸易和对外经济合作中的正当利益的;(7)法律和国务院规定的其他情形。如果属于第一项至第五项情形,经营者还应当证明所达成的协议不会严重限制相关市场的竞争,并且能够使消费者分享由此产生的利益。

四、域外适用制度

反垄断法的域外适用,是指位于本国领土以外的经营者在境外实施的行为对本国的市场竞争产生不良影响时,本国的反垄断法对该境外经营者的行为行使管辖权的制度。

(一)反垄断法涉及的域外因素

在反垄断法意义上,具有涉外因素的垄断行为主要包括以下五种:(1)国内经营者在境外实施的违反内国反垄断法的垄断行为;(2)外国经营者在境内实施的违反内国反垄断法的垄断行为;(3)外国经营者在境外实施的但在境内完成,或利用分支机构在境内实施的违反内国反垄断法的垄断行为;(4)分别位于境内外的具有控制、支配关系的两个独立的实体在境内实施的违反内国反垄断法的垄断行为;(5)外国经营者在境外实施的对内国产生某种程度影响的违反内国反垄断法的垄断行为。

对于前两种情形,内国可以依据属人原则和属地原则适用其反垄断法,且具备充足的国际法依据,亦为国际社会所普遍接受,因而不涉及严格意义上的反垄断法域外效力问题。后三种情形都不发生在境内,行为主体的国籍也没有与内国发生任何联系,因而国际法上公认的属地原则、属人原则均不能解释其域外效力问题。通常所说的反垄断法的域外适用是针对后三种情形而言的。

针对第三种情形,试图通过属地原则的扩张来寻求反垄断法的域外效力缺乏充足的国际法依据。从国际私法角度分析,契约的准据法以缔约地法为主,同时兼采履行地法。在垄断协议领域,依据支配契约的准据法,适用履行地法管辖具有一定的合理性。但在适用时，关于要求有多大程度的垄断行为在境内实施才能采用履行地原则方面存在很大分歧。如果对境内垄断行为的程度要求过高，会抑制该原则功能的发挥；如果过于灵活地认定协议的实际履行地，又可能导致反垄断法域外管辖权的滥用。

第四种情形主要是欧盟法院采用的反垄断法域外适用原则——"单一经济实体原则"：当欧盟域内的子公司受到欧盟竞争法规制时，欧盟域外的母子公司等多个经济实体应被视为同一实体受欧盟竞争法的规制，除非母公司证明其并未干预子公司的经营决策权。① 这一原则可视为公司法中"揭开公司面纱"理论在竞争法领域的应用。

第五种情形是最典型意义上的反垄断法的域外适用。根据国际私法的一般原理，行为适用行为地法，并且行为地可以分为行为实施地和结果发生地，似乎可以把这种情形视为一种特殊的地域管辖。但由于主张这种管辖时往往对行为人无法施加实际控制，所以这种属地管辖很难获得优先地位，这与通常情况下属地管辖优先适用原理不协调。此种情形的域外适用通常被称为"效果原则"。

（二）反垄断法域外适用的发展

反垄断法的域外适用有着深刻的社会经济根源。随着经济全球化的发展，跨国企业的活动对本国的市场产生了巨大的影响，国家为了维护本国的经济利益作出域外适用规定是一种必然选择。

美国是世界上最早实行反垄断法域外适用的国家，在1945年的"美国铝业公司案"中，②确立了被称为"效果原则"的域外适用基本原则：本国反垄断法可适用于境外发生但是对本国产生不利影响的限制竞争行为。在此之前，这通常被认为是"不可执行或侵犯国家主权的"行为③。但是，出于管辖的合理性的考虑，反垄断法的域外适用对于限制竞争效果的程度是有限制的。美国1982年《对外贸易反托拉斯改进法》以及美国司法部和联邦贸易委员会2017年修订的《反托拉斯法国际适用指南》均规定，只有域外的限制竞争行为对美国产生"直接、重大或可合理预见的效果"时，才可以主张域外适用。

以"效果原则"为基础确立的反垄断法域外适用制度对其他国家产生了巨大

---

① 刘武朝：《欧盟竞争法中的单一主体规则及借鉴》，载《比较法研究》2014年第4期。
② United States v. Aluminum Co. of America (Alcoa), 148 F. 2d 416 (2d Cir. 1945).
③ Eleanor M. Fox, Toward World Antitrust and Market Access, American Journal of International Law, Vol. 91, 1997.

影响。欧盟虽然未在其竞争法中直接规定域外适用制度,但是欧盟委员会的决定以及欧盟法院的判例实际上体现了类似于美国的"效果原则"的域外适用制度。比如,欧共体委员会在 20 世纪 60 年代的"染料案"中就已经指出,《欧共体条约》的竞争规则适用于所有限制竞争行为,因此"没有必要审查参与限制竞争的企业是否在共同体内或者共同体外有其住所",法院亦支持委员会的决定。① 不过,在实践中,欧盟更倾向于使用"单一经济实体原则""履行地原则"等字眼,以避免引起管辖权冲突。日本和韩国则在反垄断法中专门规定了域外适用制度。比如,日本《禁止私人垄断和确保公平交易法》第 6 条规定,企业不得订立含有不正当交易限制或不公平的交易方法的国际协议。② 韩国《规制垄断与公平交易法》更是设专章对国际垄断协议进行规定。③

我国《反垄断法》第 2 条也规定:"中华人民共和国境内经济活动中的垄断行为,适用本法;中华人民共和国境外的垄断行为,对境内市场竞争产生排除、限制影响的,适用本法。"

(三)反垄断法域外适用的冲突及其解决

由于反垄断法的域外适用超出传统意义上的属地管辖和属人管辖的范畴,因此极易引发法律和事实上的冲突。

首先是国家主权冲突。反垄断法的域外适用,究其本质,是以国内法来规范国际经济行为。由于国内法和国际法有着不同的正义要求和标准,用国内法代替国际法来规范国际经济行为,其结果可能与国际法的正义标准不符。有些行为在一国属于法律明文禁止的行为,而在其他国家可能是合法的,甚至是受到国家产业政策鼓励的。如果依据本国的反垄断法对发生在他国的垄断行为进行规制,往往会造成不公平的结果,加剧主权国家之间的摩擦,甚至引发政治纠纷。国际法的首要原则就是国家主权原则,反垄断法的域外适用势必产生干预他国主权的嫌疑。

其次是国家利益冲突。反垄断法域外适用的主要目标在于维护本国经济利益,因此很可能出现适用国无视他国利益的情况。在经济全球化和国际垄断行为日趋严重的背景下,越来越多的国家会借助本国反垄断法的域外效力来规范

---

① 王晓晔:《我国〈反垄断法〉域外适用的理论与实践》,载《价格理论与实践》2014 年第 2 期。
② 〔日〕村上政博:《日本禁止垄断法》,姜姗译,中国法律出版社 2008 年版,第 137 页。
③ Korea Fair Trade Commission: Monopoly Regulation and Fair Trade Act, http://eng.ftc.go.kr/files/static/Legal_Authority/Monopoly%20Regulation%20and%20Fair%20Trade%20Act_Aug%203%202007.pdf, visited on 2019-12-1.

国际经济行为,维护本国经济利益,这样势必会导致国家间利益冲突的不断扩大。另外,反垄断法域外的适用还与国家间的实力对比密切相关,容易使经济问题政治化,加剧国家之间的利益冲突。

最后是管辖权冲突。当一国依据本国反垄断法对发生在他国的垄断行为行使管辖权时,必然会遇到他国法律的抵制。同时,由于各国的适用原则和经济目标的差异,往往会出现同时对某一垄断行为行使管辖权,从而产生管辖权上的积极冲突。美国"波音公司与麦道公司合并案"即是管辖权冲突的典型例证。

波音公司与麦道公司合并案①

波音公司是美国一家上市公司,业务范围包括飞机制造、军事和航天技术领域。截止到1996年底,波音公司在全球大型运输机市场的份额为64%,是全球第一大飞机制造商。麦道公司也是美国一家上市公司,业务领域为军用飞机、导弹以及空间或者电子技术系统、运输飞机以及金融服务。截止到1996年底,麦道公司在全球大型运输机市场的份额为6%,是全球第三大飞机制造商。它们是美国仅存的两个民用喷气式飞机制造商。

1996年12月,波音公司宣布收购麦道公司,新的波音公司将成为世界上最大的民用及军用飞机制造商。

该合并计划顺利通过美国联邦贸易委员会的反垄断审查。

欧盟委员会最初经过审查认为,该合并计划将对欧洲共同体市场的市场竞争构成影响,进而反对该合并。

但当时波音公司的发言人认为:在美国联邦贸易委员会说"Yes",而欧盟委员会说"No"或者对波音公司处以罚金的情况下,这就不再仅仅是波音公司与欧盟委员会之间的争议,很有可能会升级为美欧之间的贸易争端。而时任美国副总统的戈尔也表示,美国政府将采取其认为合适的任何行动以阻止欧盟妨碍该合并。

最后,波音公司作出了"不会不当干预供应商与其他民用飞机制造商之间现实或潜在的关系""麦道公司被兼并后的民用飞机质量达到与波音公司相同的水平,并且不利用顾客的支持来谋取新制造民用飞机的销售优势"

---

① 李卫华、陈小红:《美国反垄断法典型案例:波音兼并麦道案》,http://bjgy.chinacourt.org/article/detail/2010/12/id/879753.shtml,2019年6月25日访问。

"在10年内将原麦道公司民用飞机制造部门作为一个独立的法律实体,向欧盟委员会公布年度财务报告"等多项承诺。欧盟委员会附条件批准了该合并。

微评: 域外适用在保护本国利益方面不可或缺,却同时也引起了国家之间一定的主权和利益的冲突,如何化解这种冲突是协调国际关系的重要方面。目前,我国竞争执法机构已经与很多国家和地区开展了不同形式的国际竞争执法合作项目,如已经数次与他国签署反垄断合作/竞争领域合作谅解备忘录,组织年度中欧竞争政策周等国际交流活动,这无疑对各国竞争执法的相互配合打下了良好基础。尽管反垄断法的域外适用存在上述问题,但是在经济全球化的背景下,主权国家建立反垄断法的域外适用制度仍然是有必要的。正如德国反垄断法专家麦斯麦克教授指出的:"放弃域外适用,国家就不能对企业的行为制定一个有效的规则。"[①]此时,谋求合作与协调就成为化解域外适用冲突的必然选择。合作与协调的方法和途径多种多样,但无外乎国内法上的协调和国际法上的合作两大层面。国内法上的协调主要是指各国通过调整国内法,尽量采取同样的标准和措施来禁止垄断行为,实现反垄断法的趋同。国际法上的合作则指通过双边、区域和多边合作等形式,达成反垄断层面的合作协议。比如,美国与欧盟、加拿大、巴西、澳大利亚、日本、德国等经济体之间均达成了反垄断法实施的合作协议。这些协议对于缓解跨国界的反垄断冲突起到了重要的作用。

维生素 C 案[②]

2005年1月,美国得克萨斯州和新泽西州的两家公司向美国法院提起诉讼,称多家中国维生素C制造商通过达成固定价格协议,共同实施了对美出口维生素C产品的价格共谋行为,通过减少供给量而致使维生素C价格大幅攀升,违反了美国反垄断法,并对这两家公司造成数千万美元损失。

---

① 转引自王晓晔:《竞争法研究》,中国法制出版社1999年版,第443页。
② 《历时12年的胜利:美国维生素C反垄断诉讼案中方胜诉》,https://www.yicai.com/news/5122235.html,2018年7月1日访问。

被告是W公司、J公司、D公司和S公司。除了W公司,其他三家公司在一审判决前都先后与原告达成和解并给予对方赔偿。

2013年,美国法院判决W公司败诉,并承担约1.53亿美元的赔偿。W公司的母公司H公司认为审理结果严重背离事实和法律,极不公正,因为其行为完全符合当时中国的法律、法规,是完全按照当时政府的强制性要求所进行。所以,W公司选择上诉。

一审判决后,中华人民共和国商务部(以下简称"商务部")新闻发言人公开表示,相关中国企业的行为完全符合当时中国的法律、法规,美国针对中国企业的审理结果是"不公正、不恰当的"。中国政府还出面向美国国务院递交了抗议一审裁决的外交照会,商务部向美国上诉法院以"法庭之友"信函的形式陈述意见。

2013年底,商务部下属中国医药保健品进出口商会发表声明称,美国一审法院不考虑中国经济改革转型期的具体情况,不尊重中国政府部门对有关法律和政策的解释,其数额巨大的惩罚违反了"国际礼让"原则。根据美国的反垄断法,国际礼让原则是指一个国家的司法机关不能对另一主权国家的政府行使管辖权。为了尊重外国的国家主权和司法主权,国际礼让原则鼓励美国法院在某些特定案件的审判上适用外国的法律或者限制国内司法管辖权的适用。

事实上,中国企业被指控的"价格操纵",仅是中国医药保健品进出口商会为避免企业间不正当竞争导致的海外倾销指控,于2001年组织国内四家主要维生素C生产企业开会达成的维生素C出口相关协议。这种"出口预核签章制度"在我国多个优势出口行业广泛实行。

当地时间2016年9月20日,美国第二巡回法院就维生素C反垄断案作出判决,认定美国纽约东区联邦法院的一审判决无效,并基于国际礼让原则驳回地区法院关于拒绝被告要求撤销诉讼的动议,将本案发回原审法院,指令驳回原告起诉,并不得以同一诉因再次起诉。

微评:本案是我国企业遭遇的第一例国际反垄断诉讼案。商务部在该案中为维护本国企业的正当利益而采取积极措施的行为可圈可点。中国药企胜诉不仅对于H公司一家企业和相关行业有重要意义,更对于中国企业开辟美国市场具有积极的示范意义。美国作为判例法国家,此案的判决结果将会对其他参与预核签章的中国出口企业产生直接影响。

第三节 相关市场界定

一、相关市场界定的含义

反垄断法通过禁止排除或者限制竞争的行为或状态,维护市场经济的有效竞争。然而,并非任何商品之间以及任何经营者之间均存在市场竞争关系。换言之,市场竞争是有一定范围的,只能发生在特定的商品或者经营者之间。通常反垄断执法机构或司法机关在判断特定行为是否违反反垄断法时,必须就该行为对市场竞争的影响作出判断,而对于市场竞争效果的判断只有在确定市场范围的前提下才能作出。因此,"任何反垄断法都必须有界定相关市场的方法,否则很多案件就无法审理"[1]。

科学合理地界定相关市场,对识别竞争者和潜在竞争者、判定经营者市场份额和市场集中度、认定经营者的市场地位、分析经营者的行为对市场竞争的影响、判断经营者行为是否违法以及在违法情况下需承担的法律责任等关键问题,均具有重要的作用。因此,相关市场的界定通常是限制竞争行为分析的起点,是反垄断法实施的重要组成部分。

不过,虽然界定相关市场是反垄断法实施的重要前提,但并不是任何反垄断案件都需要界定相关市场。比如,对于某些违法性质非常明显的垄断行为(如价格固定行为),因其"本身违法"之性质,可以不需要界定相关市场。

二、相关市场界定的内容

相关市场是指经营者在一定期间内就某种商品经营所涉及的区域和范围,通常分为相关商品市场、相关地域市场和相关时间市场。我国《反垄断法》第12条第2款明确规定:本法所称相关市场,是指经营者在一定时期内就特定商品或者服务进行竞争的商品范围和地域范围。从中也可以看出,我国反垄断法上的相关市场是由相关商品市场、相关地域市场和相关时间市场三者组成的。

相关商品市场是指根据商品的性能、用途及价格等因素,由可相互替代的商品所构成的特定市场。这里的"商品"应作广义的解释,包括一切具有商品性质的各种形式的产品和服务。反垄断法实践表明,商品的替代性与商品的竞争关

---

[1] 王晓晔:《举足轻重的前提——反垄断法中的相关市场界定》,载《国际贸易》2004年第2期。

系十分密切,相关商品市场界定得越小,被认定为垄断的可能性就越大。根据经济学原理,通常认为经营者面临的竞争约束包括需求的替代性、供给的替代性和潜在的竞争,并以弹性理论作为分析的基础。正如美国法院在审理"布朗鞋业公司案"中所认为的,"一个产品的相关市场范围取决于对合理的可交换性的应用,或者对产品本身和其替代品之间的交叉弹性的需求"[①]。

相关地域市场是需求者获取具有较为紧密替代关系商品的地理区域,是一种商品和其他替代性商品展开竞争的区域范围。经济学上一般假定各种商品能够在市场上自由流动,在全国甚至全球范围内展开竞争,但实际上由于特定条件的限制,相关商品不可能在如此广泛的范围内展开竞争。经营者不可能在任何地方都具有相同的市场力量。在不同地区生产、销售相同商品的企业,由于空间的距离,通常不具有竞争性。即,地理空间上产生的障碍使商品的相互替代性受到限制。相关地域市场的划分通常以全国市场为原则,但特定商品的地域市场可能是地区性的,也可能是全球性的。在确定相关地域市场时,应当考虑一些其他因素,如区域间交易的障碍,包括交易成本(如运输成本)和法律障碍(政府管制政策、特许经营权等),再如产品的特质,包括产品保存条件(如需要冷藏)、时效性(如新闻报纸)等。

在相关市场界定中,虽然时间因素不如商品和地域因素那么突显,但是因为竞争的动态性、市场力量存续的临时性和成本核算的阶段性,反垄断法实施机构仍有必要根据案件的具体情况,在界定相关市场时对时间因素给予足够重视。

三、相关市场界定的方法

在现代反垄断法中,相关市场的界定通常需要进行大量的经济学分析和法律的逻辑性判断。但是,在相关市场界定的过程中,对于商品的可替代性及地域市场的界限的判断还是无法做到十分精确。相关市场如果界定得过窄,经营者的市场力量就会被夸大;相关市场如果界定得过宽,经营者的市场力量就会被低估。因此,相关市场的界定对案件的审理结果常常具有决定性的意义,必须十分慎重。

(一)相关商品市场的界定

商品是市场竞争关系的客体,因此确定存在竞争关系的商品范围,即界定相

---

① 〔美〕马歇尔·C.霍华德:《美国反托拉斯法与贸易法规——典型问题与案例分析》,孙南申译,中国社会科学出版社1991年版,第24页。

关商品市场,通常是界定相关市场的第一步。从世界各国的立法和判例来看,针对一般性商品的相关市场界定方法主要是替代性分析方法和假定垄断者测试方法。

商品的替代性包括需求替代和供给替代两方面。需求替代主要是指商品的价格变动导致其顾客的流向发生变动,从而使得关联商品的需求量出现变动。供给替代主要是指在商品的价格变动时,供给者能够在短期内在不负担更多成本的前提下转向生产替代商品并且能够在市场上销售。因此,替代性分析方法可以从以下两个方面展开:

第一,根据消费者需求的可替代性来界定相关市场。需求的可替代性考虑的是被消费者视为替代品的商品范围,这是以消费者对商品的需求弹性为判断标准的界定方法。在判断不同的商品是否能够满足消费者需求的时候,判断的因素主要有性能(用途)、品质和价格三项。如果两种商品的物理性能、质量品质或者价格水平相差很大,以至于实际上具有不同的目的或者受众,它们就不应该被视为可互相替代的商品。同时,要确定商品在同一个相关市场内,消费者眼中的替代性必须足够充分,以至于经营者高于竞争水平的定价会丧失大量而非仅仅一些消费者,使得定价无利可图。[1] 为了准确地测量产品的可替代性,在很多国家的相关市场界定实践中还引入了经济学上的"需求交叉弹性"[2]概念,对替代性程度进行量化。

第二,根据生产者供给的可替代性来界定相关市场。生产者供给替代性的理论基础是供给弹性理论[3]。若针对某项商品涨价所产生的替代性供给数量的增加十分敏感,则表示其他经营者容易转换生产,价格的抬高可能不易维持。反之,若供给弹性较低,表示该项商品抬高价格后,可能由于高进入障碍或高转换成本,其他经营者难以增加供给量。生产供给的可替代性是以市场内存在"潜在竞争"为前提进行考虑的,因此潜在竞争分析通常是供给替代分析的一部分。

---

[1] Visa-MasterCard, 163 F. Supp. 2d 322, 335 (S.D.N.Y. 2001).

[2] 需求交叉弹性是指在某产品价格不变的条件下,当另一种产品价格发生变化时,该产品需求发生变化的程度。该指标反映了某产品的需求对于其他产品价格变化的反应程度,可以用来观察两种产品竞争的密切程度。在实践中,一般来说如果两种产品的交叉弹性接近1或者更高,且没有明显的时滞,那么这两种产品就属于同一市场。李虹、张昕竹:《我国反垄断执法中相关市场界定的标准问题研究》,载尚明主编:《中国企业并购反垄断审查相关法律制度研究》,北京大学出版社2008年版,第68页。

[3] 供给弹性是指当生产者将商品价格抬高一定比例时,市场上相同或类似的可替代商品的供给量相应增加的比例。

假定垄断者测试方法又被称为"SSNIP[①] 测试法",是从一个初步确定的候选市场出发,考察一个假定的垄断者进行"数额不大但很重要且非临时性"的涨价(一般假定为上涨 5%—10% 且维持一年)时,是否有足够多的消费者因为涨价转向了其他替代品,使得涨价无利可图。一般来说,使用 SSNIP 测试法界定相关市场时,需要从以下几个步骤着手:第一步,确定相关当事人销售的商品,假设这个商品为 X;第二步,当商品 X 出现数额不大但很重要且非临时性的涨价时,消费者会转向购买商品 Y,以致该涨价使 X 无利可图,由此判断 X、Y 共同构成相关市场;第三步,将相关市场扩大到 Y 后,再次运用 SSNIP 测试法,此时消费者可能会转向购买商品 Z 或其他产品,使被测试的市场无法因涨价获利,从而再次扩大相关市场的范围。只要被测试的市场无法因涨价而获利,该测试就反复进行下去,不断扩大被测试的市场,直到因涨价而转向购买被测试市场以外的商品的数量已经非常少,因而该涨价能够使被测试市场获利时,相关市场的范围便确定下来。

SSNIP 测试法是目前国际上盛行的一种行之有效、相对成熟的市场界定方法,已经成为各国反垄断司法实践中相关市场界定最常用的方法。[②] 但是,在理论上,对于 SSNIP 测试法本身合理性的怀疑仍然大量存在。首先,SSNIP 测试法中的两个关键性标准——价格变化幅度和时间间隔,都是一种想当然的标准,并没有理论依据和科学界定。其次,SSNIP 测试法要求的基准价格必须是竞争性价格,而现实情况往往是市场价格已经是垄断价格,以现行价格为基础进行 5%—10% 的涨价分析很可能会导致相关市场界定的扩大化,导致"玻璃纸谬误"的产生。再次,SNNIP 测试法在免费的互联网市场适用也备受质疑,这在我国著名的"3Q 案"中得到了集中反映。最后,SSNIP 测试法是建立在大量的数据分析基础之上的,在数据来源不可靠或并非充分的情况下,分析的结果可能会造成相关市场界定的缩小或扩大。

[①] SSNIP 的全称是"small but significant non-transitory increase in price",意为"数额不大但很重要且非临时性的涨价"。

[②] 李虹、张昕竹:《相关市场的认定与发展及对中国反垄断执法的借鉴》,载《经济理论与经济管理》2009 年第 5 期。

杜邦公司案[①]

1947年12月13日，美国司法部根据《克莱顿法》第4条向哥伦比亚特区法院提起反托拉斯民事诉讼，指控杜邦公司生产的玻璃纸占据美国玻璃纸包装材料市场的75%，并且依靠这一优势地位对州际贸易进行垄断，违反了《谢尔曼法》第2条；要求禁止杜邦公司垄断或者试图垄断州际贸易的行为，并通过剥离资产或者其他方式来消除垄断造成的影响。杜邦公司辩称，玻璃纸属于"灵活包装材料"的一种，杜邦公司的玻璃纸只占所有软质包装材料市场的17.9%，因此不具有市场支配地位。

哥伦比亚特区法院没有采取司法部就此案的相关市场界定建议，而将该案件的相关市场放大到整个灵活包装材料市场，以包装表皮计量，玻璃纸在整个灵活包装材料中所占有的市场份额为17.9%，故认定杜邦公司不具有市场支配地位。于是，初审法院驳回了原告的诉讼请求。

原告不服，将此案上诉到美国最高法院。美国最高法院认为，软质包装材料之间的物理性能的差异并不意味着此类包装材料不应被包括在同一相关市场中。相关产品市场包括具有"其生产目的的合理的可替代性所考虑的价格、用途和质量"的所有产品。大量的软包装材料如铝箔、石蜡纸等与玻璃纸在用途上具有合理的可替代性。只要玻璃纸的价格略微下降，就会有相当数量的其他软质包装材料的顾客转向玻璃纸市场。因此，该案中的相关产品市场是一个包括各种软质包装材料在内的广泛的市场。美国最高法院最终维持了初审法院的判决。

但是，美国最高法院的判决受到了广泛的批评，原因在于实际上这样替代是错误的。杜邦公司垄断了玻璃纸市场，已经长期享有超竞争的利润，在现行的价格上涨价，产品的可替代性非常强。玻璃纸需求弹性大的原因不在于产品的可替代性，而在于已经实施的垄断价格。即由于在相关市场界定时并未考虑价格是否处于竞争性水平，导致作出了将原本可能具有支配地位的企业认定为不具有支配地位的错误判断。

[①] United States v. E. I. du Pont de Nemours & Co., 351 U.S. 377, 391-91(1956).

> **微评**：《国务院反垄断委员会关于相关市场界定的指南》第四章详细说明了采用假定垄断者测试方法界定相关市场的基本思路和实际问题。但在实践中，我国界定相关市场却较少使用这种方法。究其原因是，采用这种方法来界定相关市场需要对市场进行精密的分析并花费较长的时间才能得出结论，是包括定性判断和定量计算的严谨的方法体系。要做到这些，我国目前的执法和司法力量还需进一步加强。除了以上方法外，还存在价格关联性检验法、商品流检验法、因果关系检验法等相关市场界定方法。此外，针对一些特殊的市场，如银行市场、零部件等配套市场、新经济条件下的研发市场等，还存在子市场（submarket）方法、集群市场（cluster markets）方法、次级市场（secondary market）方法、创新市场（innovation market）方法等相关市场界定方法。①

（二）相关地域市场的界定

相关地域市场的界定方法与相关商品市场的界定方法基本一致，也可主要通过替代性分析方法或假定垄断者测试方法来界定，只需将商品范围替换为地域范围即可。只不过在反垄断实践中，通常先界定相关商品市场，再界定相关地域市场。

在界定相关地域市场时，除了要考虑相关商品的性能、品质和价格之外，还需要特别关注地区间的差异、运输费用和消费者的偏好等问题。因为一个国家或地区的外贸政策、关税情况、风土人情、交通情况等都会对商品的流通形成阻碍，从而影响到相关地域市场的界定。一般来说，在界定相关地域市场时，应当重点考虑下面两个主要因素：一是区域间交易的障碍，包括交易成本的障碍（最重要的影响因素是商品的运输成本）和法律上的障碍（某些行业受限于政府管制，必须获得政府颁发的执照或经由特许才能营业）。二是商品的特有性质，比如有些商品可以长期保存，适合长途运输，或运输成本相对于商品价值来说微不足道，此时相关地域市场可能可以扩展至全国乃至全球；而有些商品原本就以地域市场为销售目标（如地方报纸），有些商品则不适合长途、长时间运送（如鲜奶），有些商品如长途运送则运费占商品价格的比例太高（如水泥、沙

---

① 尚明主编：《中国企业并购反垄断审查相关法律制度研究》，北京大学出版社2008年版，第3—97页。

石等)。

(三) 相关时间市场的界定

竞争的动态性意味着任何一个市场经营者为了自身的生存与发展都会不断采取各种措施来改善与巩固现有的地位,因此任何一个现存的市场竞争格局都不会长久地保持不变。在这种情况下,反垄断法实施机构在界定相关市场时必然需要合理地考虑时间因素。特别是在现代市场经济中,互联网经济的发展以及科技创新的层出不穷,使得时间因素在相关市场界定中的影响越来越大。经营者获得纯粹市场支配地位的情形越来越少,而更多的只是相对的市场支配地位,在有些情况下,甚至只是具有季节性的优势地位。

Q公司诉T公司等滥用市场支配地位纠纷案[①]

"Q公司诉T公司等滥用市场支配地位纠纷案"中,在相关商品市场的界定上,一审法院进行了如下分析和界定:认定综合性即时通信服务、跨平台即时通信服务、跨网络即时通信服务属于本案相关商品市场范围,单一的即时通信、社交网站、微博服务属于本案相关商品市场范围;将传统电话、传真以及电子邮箱排除在本案相关商品市场之外;考虑了互联网领域平台竞争的特点对本案相关商品市场界定的影响。在此基础上,认定Q公司关于综合性即时通信产品及服务构成一个独立的相关商品市场的主张不能成立。二审法院最高人民法院认为:首先,综合性即时通信产品与单一功能即时通信产品不构成同一产品市场。其次,即时通信产品与社交网站、微博不构成同一产品市场。最后,互联网应用平台与本案的相关商品市场无关。因此,本案相关商品市场应界定为综合了文字、语音、视频的个人电脑端即时通信软件和服务。

在相关地域市场的界定上,一审法院认为:第一,即时通信服务的经营者及用户并不局限于我国大陆地区。第二,用户的语言偏好和产品使用习惯不能作为划分地域市场的唯一依据。第三,即时通信产品和服务的市场参与者在全球范围内提供和获得即时通信服务时,并无额外运输成本、价格成本或者其他成本。所以,本案相关地域市场应为全球市场。二审法院主要根据多

---

① 最高人民法院民事判决书(2013)民三终字第4号。

数需求者选择商品的实际区域、法律法规的规定、境外竞争者的现状及其进入的及时性等因素进行综合评估。首先,我国大陆地区绝大多数用户均选择使用大陆地区范围内的经营者提供的即时通信服务。其次,我国有关互联网的行政法规、规章等对经营即时通信服务规定了明确的要求和条件。再次,在被诉垄断行为发生时,尚未进入我国大陆地区的主要国际即时通信服务经营者已经很少。最后,境外即时通信服务经营者在较短的时间内(例如一年)及时进入我国大陆地区并发展到足以制约境内经营者的规模存在较大困难。

因此,二审法院认为,本案相关市场应界定为我国大陆地区即时通信服务市场,既包括个人电脑端即时通信服务,又包括移动端即时通信服务;既包括综合性即时通信服务,又包括文字、音频以及视频等非综合性即时通信服务。

微评:该案被选入最高人民法院第16批指导性案例。根据该案审判人员的分析,该案裁判要点有:(1)在反垄断案件的审理中,界定相关市场通常是重要的分析步骤。但是,能否明确界定相关市场取决于案件具体情况。在滥用市场支配地位的案件中,界定相关市场是评估经营者的市场力量及被诉垄断行为对竞争所产生影响的工具,其本身并非目的。如果通过排除或者妨碍竞争的直接证据,能够对经营者的市场地位及被诉垄断行为的市场影响进行评估,则不需要在每一个滥用市场支配地位的案件中,都明确而清楚地界定相关市场。(2)假定垄断者测试是普遍适用的界定相关市场的分析思路。在实际运用时,假定垄断者测试可以通过价格上涨(SSNIP)或质量下降(SSNDQ)等方法进行。互联网即时通信服务的免费特征使用户具有较高的价格敏感度,采用价格上涨的测试方法将导致相关市场界定过宽,应当采用质量下降的假定垄断者测试进行定性分析。(3)基于互联网即时通信服务低成本、高覆盖率的特点,在界定其相关地域市场时,应当根据多数需求者选择商品的实际区域、法律法规的规定、境外竞争者的现状及进入相关地域市场的及时性等因素,进行综合评估。(4)在互联网领域中,市场份额只是判断市场支配地位的一项比较粗糙且可能具有误导性的指标,它在认定市场支配力方面的地位和作用必须根据案件具体情况确定。

思考题

1. 反垄断法的经济宪法地位表现在哪些方面?
2. 反垄断法的宗旨包含哪些基本内容? 它们关系如何?
3. 反垄断法豁免制度与适用除外制度存在哪些区别?
4. 反垄断法域外适用存在哪些不足?
5. 简述相关市场界定的方法。
6. 简述反垄断法适用的对象范围。
7. 如何理解反垄断法中的垄断概念?
8. 试论述我国反垄断法的宗旨。

第六章　垄断协议及其法律规制

【学习要点】
1. 掌握垄断协议的概念与特征
2. 重点掌握横向垄断协议的表现形式
3. 重点掌握纵向垄断协议的表现形式
4. 掌握垄断协议的构成要件
5. 掌握垄断协议的豁免

亚当·斯密曾经在《国富论》中指出："进行同一种贸易活动的人们甚至为了娱乐或消遣也很少聚集在一起，但他们聚会的结果，往往不是阴谋对付公众便是筹划抬高价格。"[①]因此，禁止垄断协议是世界各国反垄断法的重要内容。

第一节　垄断协议概述

一、垄断协议的定义

垄断协议在不同国家和地区的反垄断法中有不同的表述。美国《谢尔曼法》第1条使用了"契约""联合"和"共谋"三个术语表述垄断协议，德国《反限制竞争法》将其称为"卡特尔"，日本《禁止私人垄断和确保公平交易法》将其称为"不正当交易限制"，我国台湾地区"公平交易法"将其称为"联合行为"，我国《反垄断法》称之为"垄断协议"。尽管各国对垄断协议有不同的表述，但是核心意思都是一致的，即垄断协议是指两个或者两个以上具有竞争关系或者交易关系的经营者之间达成的旨在排除、限制竞争的协议。

在市场竞争中，垄断协议可以是一般企业所为，也可以是占有市场支配地位的企业所为。但是，许多限制竞争的手段如价格维持、限制转售价格等，一旦作

[①] 〔英〕亚当·斯密：《国民财富的性质和原因的研究（上卷）》，郭大力、王亚南译，商务印书馆1972年版，第122页。

为占有市场支配地位的企业攫取垄断利润的手段时,就会转化为滥用市场支配地位行为。两者的区别在于,滥用市场支配地位是占有市场支配地位的经营者凭借自身优势单独就可以实施的行为,而垄断协议必须是两个或者两个以上的经营者共同实施的行为。[①]

垄断协议与不正当竞争行为都属于竞争法的范畴,广义上的不正当竞争行为也包括限制竞争的行为,但两种行为的实施手段有明显区别。垄断协议更多的是采取联合共谋的方式排除市场竞争,或者联合剥夺或限制其他企业参与竞争的做法,是不平等的竞争行为;不正当竞争行为则是市场主体在竞争中采取与正当商业惯例格格不入的行为进行竞争,是不公平的竞争行为。

二、垄断协议的特征

垄断协议具有如下特征:

首先,垄断协议是多个独立主体的共同行为。垄断协议必须是发生在两个或者两个以上的经营者之间的联合行为,同业竞争的经营者通过共谋的方式,在价格产量和其他交易条件等方面达成一致意见,限制相互间已有的竞争。这与单个经营者的垄断行为如滥用市场支配地位的行为有明显的区别。与此同时,法律强调参与垄断协议共谋的经营者必须是能够作出独立市场决策的独立主体,这是为了考察市场竞争是否真正受到多个具有竞争关系的市场主体限制。如果经营者在法律形式上具有法人资格,但在市场决策上完全受制于其他主体,如子公司受制于母公司的情形,该经营者仍然不能构成垄断协议的主体,典型案例如20世纪70年代的"柯达公司案"。[②] 柯达公司在欧洲的全资子公司采取统一销售政策的行为被欧盟委员会同意作出"不违法声明",理由就是子公司不能单独安排经营决策,故不会对市场竞争产生影响。

其次,垄断协议是限制竞争的共谋行为。垄断协议并非普通意义上的协议,其核心在于"共谋"的目的是限制竞争,既限制协议人相互之间的竞争,如联合决定价格或者联合划分市场等协议,也限制共同协议人与其他经营者之间的竞争,如联合抵制交易等协议。所以,各国反垄断法中对于垄断协议都特别指出其限制竞争的性质特征。正因为如此,无论共谋的形式如何,不管是书面签署合同,还是口头"君子协定",不管是行业协会决议,还是公司章程条款,甚至是心照不

[①] 曹天玷主编:《现代竞争法的理论与实践》,法律出版社1993年版,第238页。
[②] 许光耀:《欧共体竞争立法》,武汉大学出版社2006年版,第37页。

宣的协同行为,只要是为了达到限制竞争的效果,任何形式都可能被认为是垄断协议。尤其是在反垄断执法越来越严格的情况下,垄断协议的参与者更倾向于采取隐蔽方式。在一定条件下,有些非通过意思交流而是自觉跟从他人的协同行为被认为是限制竞争的垄断协议行为。

最后,垄断协议是具有两面性的联盟。垄断协议是市场主体为了避免激烈竞争的经营风险而采取的趋利避害的措施,目的是为了获取更多的个体利益。所以,垄断协议不同于一般意义上的互惠互利的市场协议,每个参与者都只为自己利益考虑。当协议的存在对自己有利的时候,参与者就会极力地加以维护,显示出协议坚不可摧的牢固性,尤其是被称为"硬核"卡特尔的垄断协议,执法机关很难将其攻破。当协议的存在和实施可能威胁到参与者更大利益的时候(如面临被发现被严厉处罚时),参与者就会毫不犹豫地采取措施"背叛"协议,令垄断协议顷刻瓦解。正是垄断协议这种两面性的特征,为法律实施中采用宽恕政策打击垄断行为提供了条件。

三、垄断协议的危害

垄断协议是市场竞争必然的产物。虽然限制竞争行为并不直接对市场结构产生影响,但由于它是市场竞争中十分普遍的经济行为,对市场的破坏一点也不亚于垄断。正因为垄断协议对社会具有非常严重的危害,各国反垄断法中都对其加以最严厉的约束和处罚。垄断协议的危害性主要体现在以下几个方面:

首先,垄断协议行为损害市场竞争机制。垄断协议最直接的后果就是竞争者之间因约束了各自的行为,使原来存在于市场的竞争迅速消失。垄断协议对竞争的破坏具有普遍性和持续性。一方面,垄断协议存在于市场经济的各个阶段和各个方面,相比其他一些制约竞争的行为,如经营者集中或滥用市场支配地位等行为,是在经济发展到一定阶段或经营者的市场力量达到一定程度时才产生对竞争的影响;另一方面,垄断协议的主体涉及多个经营者,通过共谋限制所有人的竞争行为,对市场秩序的影响非常广泛,这与单个经营者限制竞争行为产生的后果有所不同。

其次,垄断协议损害消费者的利益。在市场上存在竞争的条件下,消费者能够获得较为优质的产品、较低的价格和优良的服务。而竞争者之间达成垄断协议的市场中,通过价格、产量和分割市场的共谋,消费者只能面对同样的商品价格和其他交易条件。垄断协议产生的价格不是市场竞争的产物,消费者丧失了购买时的比较和选择的权利,往往被迫接受不合理、不公平的交易条件。

再次,垄断协议行为损害经济运行效率。市场竞争机制的重要功能就是准确反映市场供求关系,优化资源配置,引导企业正确决策。垄断协议的存在使商品的价格在"协议"力量的强制下难以准确反映市场供求,由此产生的错误信息将误导生产和消费,造成社会资源的浪费。参与垄断协议共谋的主体未必都是经营效率高的竞争者,技术落后、生产低效、管理落后的经营者,无法通过市场竞争实现优胜劣汰,甚至可能仅因为参与共谋而获得高额利润,最终降低了资源配置的效率。

最后,垄断协议损害其他经营者的利益。垄断协议会使市场中的未参与共谋的经营者遭受损害,使其经营活动受到直接或间接的威胁。尤其是那些遭受联合抵制的经营者往往损失惨重,甚至遭受灭顶之灾。如限制共谋成员以外的竞争者进入市场,使其丧失参与公平竞争的机会。[①]

尽管垄断协议具有严重的危害性,但是在某些情况下,垄断协议也可能对社会有益。比如,纵向垄断协议可能具有避免"搭便车"和提高服务的功能。垄断协议也可以起到推动企业进入新的市场的作用。此外,有些垄断协议本身虽然在一定程度上限制了市场竞争,但对于避免市场的过度竞争、减少资源浪费、促进社会整体经济发展和社会公共利益具有一定的积极作用,因此可以得到反垄断法的豁免。

第二节 垄断协议的表现形式

垄断协议的表现形式就是经营者在实施共谋时的具体行为方式。垄断协议可以分为横向垄断协议和纵向垄断协议两类。垄断协议之所以要区分为横向与纵向,是因为这两类垄断协议对于市场竞争的危害程度不完全相同。大多数国家在法律中除了对垄断协议进行定性的规定之外,还采用列举的方式对其逐一规定。我国《反垄断法》第13条第2款对垄断协议进行了界定:垄断协议是指是排除、限制竞争的协议、决定或者其他协同行为。同时,通过第13、14条分别对横向和纵向的垄断协议的具体表现形式进行了列举。

一、横向垄断协议

横向垄断协议又称"水平垄断协议",是指具有竞争关系的经营者之间达成

[①] 吕明瑜:《限制竞争协议及立法思考》,载《经济师》2003年第6期。

的限制竞争协议。固定价格、控制产品、划分市场、联合抵制等是横向垄断协议的常见形式。我国《反垄断法》第 13 条对此作了规定。① 横向垄断协议对于市场竞争和消费者的危害是最为严重的,一般受到各国反垄断法的严厉禁止,除非符合可以豁免的例外情况。

(一) 固定价格协议

固定价格协议又称"价格卡特尔",是指具有竞争关系的经营者通过协议、决议或者协同行为来确定、维持或者改变价格的行为。② 价格竞争是市场竞争的最基本方式,因此固定价格的主要动机是避免价格竞争,达到控制市场的目的,以获得高额利润。固定价格多发生在市场上卖主数量较少、需求比较稳定、经营者之间的商品成本和价格大体相同、商品比较单一等条件下。固定价格协议有多种形式,既可以是共同确定商品的具体价格,也可以是规定一个最低限价,还可以是规定一种计算商品的价格公式。一般来说,共谋各方所选择的价格总是尽可能趋高避低,但这种高价也有一定限度,过高的价格所带来的高额利润会吸引新的竞争者加入市场中来。在招投标过程中,投标者之间的恶意串通行为也属于价格固定行为。此外,鉴于大量的固定价格是以行业协会制定的价格自律形式出现的,行业协会往往是固定价格的主要行为主体。由于固定价格行为具有明显的反竞争性质,受到各国法律的严厉规制,通常适用"本身违法原则"③。

(二) 限制产量协议

限制产量协议是竞争者之间就商品生产或销售的数量达成共谋从而间接控制商品价格、规避相互竞争的行为。产量与价格之间客观上存在一种反比例关系,当一定市场对某种商品的需求量确定之后,商品在市场上的投放量,即商品

---

① 《反垄断法》第 13 条第 1 款规定:"禁止具有竞争关系的经营者达成下列垄断协议:(一) 固定或者变更商品价格;(二) 限制商品的生产数量或者销售数量;(三) 分割销售市场或者原材料采购市;(四) 限制购买新技术、新设备或者限制开发新技术、新产品;(五) 联合抵制交易;(六) 国务院反垄断执法机构认定的其他垄断协议。"

② 孔祥俊:《反垄断法原理》,中国法制出版社 2001 年版,第 404 页。

③ 本身违法原则是美国反托拉斯法司法实践中创立的两大原则之一,它是指有些商业行为,其本身就具有明显的反竞争性质,一旦发现这种行为,即可判断其为违法,无须再花费时间去证明它对市场影响程度的大小,因而被司法判例确定为"本身即为违法"。本身违法原则是相对于另外一项"合理原则"而言的。合理原则是指如果某种市场行为虽然含有限制竞争的因素,但是尚未超过商业上认为的合理限度,不会导致削弱或者歪曲市场上的竞争,就不被认为是违反反托拉斯法的行为。因此,要全面考察与限制行为有关的企业所有的事实,如行为意图、行为方式、行为后果等。只有在企业存在谋求垄断的意图,并通过不正常方法实现了目的,造成对竞争的实质性限制的情况下,其行为才构成违法。

的市场饱和度就成为决定价格的主要因素。通过限制产量协议,能够人为地造成市场处于"不饱和"状态。实践中,控制产量的行为往往与固定价格行为结合,因为在不限制生产、销售数量的情况下,参加固定价格协议的成员会因单位商品价格上涨而扩大生产或销售规模,其结果是随着生产供给的增加,固定价格协议所确定的高价便难以维持。限制产量协议与固定价格协议具有几乎相同的危害,因此各国反垄断法对其也基本上适用本身违法原则。

(三) 市场划分协议

市场划分协议又称"市场分割协议",指两个或两个以上的经营者为避免竞争而划分彼此生产或销售的区域、顾客及商品的行为,包括分割地域市场、商品市场、消费者市场等。当多个竞争者划分彼此竞争的地理区域时,就产生了划分地域的问题;当多个竞争者划分彼此的顾客以分配市场、避免竞争时,就产生了划分顾客的问题;划分商品则常常发生在生产经营同类且可以相互替代的商品的竞争者之间。市场划分最大的危害性在于,在一个划定的市场内消除了竞争,不仅造成商品种类的单调,而且在价格、质量、服务等方面也损害消费者和客户的利益。各国对市场划分协议也一般适用本身违法原则。

(四) 联合抵制协议

联合抵制协议是指经营者通过联合共同不与其他竞争者交易,从而排挤竞争对手的协议。联合抵制行为在主体上涉及三方当事人,即号召者、抵制者和被抵制者。在内容上,以损害特定的竞争对手为目的,促使抵制者对被抵制者断绝供应、购买或其他交易行为。一般来说,联合抵制行为并无正当理由,因为其联合他人加害第三人的反商业道德性质十分明显。各国对联合抵制行为也一般适用本身违法原则。

(五) 其他横向垄断协议

其他限制竞争的横向协议包括限制购买新技术、新设备或者限制开发新技术、新产品的协议,相互交换价格情报的协议,提供建议的行为,统一标准以排挤其他竞争者的行为等。这些协议一般通过行业协会或非正式组织进行,比如通过行业协会交换关于价格、产量、收益以及其他相关因素的信息,然后将其发布给成员的情形。这种信息交换使得成员企业之间的成本构成变得相对透明,因而容易导致价格的趋同,产生实质上的价格同盟。[①] 情报交换如果成为某种契

[①] 鲁篱:《行业协会经济自治权研究》,法律出版社 2003 年版,第 258 页。

约义务,或者将价格差距与今后的价格发展趋势密切联系起来,经营者订立的协议就可能具有非法干预产品价格的性质。提供建议行为是一种默契协议行为,是一方向另一方暗示某种东西对他有益并劝告其接受的一种表示。建议虽不具有约束力,但它可能对被建议人施加影响,表达共谋的意图。再比如,以标准化为借口,拒绝给对标准产品具有强大竞争威胁的革新产品予以认证而阻碍市场竞争的行为,不仅不适当地提高了市场新进入者的竞争成本,同时也增加了消费者购买标准产品所支付的成本。鉴于上述行为在给社会带来诸多积极效用的同时又产生了一系列消极的后果,各国反垄断法通常以合理原则对其加以规制。根据我国《反垄断法》第13条的规定,除了法律列举的垄断协议外,国务院反垄断执法机构有权认定其他垄断协议。

六家境外企业实施液晶面板价格垄断被依法查处[①]

经中华人民共和国国家发展和改革委员会(以下简称"国家发改委")查实,2001年至2006年六年时间里,韩国三星、LG、我国台湾地区奇美、友达、中华映管和瀚宇彩晶等六家企业,在我国台湾地区和韩国共召开53次"晶体会议",会议轮流承办,基本每月召开一次,主要内容是交换液晶面板市场信息,协商液晶面板价格。在我国大陆地区销售液晶面板时,涉案企业依据"晶体会议"协商的价格或互相交换的有关信息,操纵市场价格,损害了其他经营者和消费者的合法权益。

六家企业在我国大陆地区销售涉案液晶面板数量合计514.62万片,违法所得合计2.08亿元。国家发改委依法责令涉案企业退还大陆地区彩电企业多付价款1.72亿元,没收3675万元,罚款1.44亿元,经济制裁总金额3.53亿元。其中,三星1.01亿元,LG 1.18亿元,奇美9441万元,友达2189万元,中华映管1620万元,瀚宇彩晶24万元。

截至2013年1月,涉案的六家液晶面板企业已将大陆地区彩电企业多付价款1.72亿元全部退还,并提出了整改措施:一是承诺今后将严格遵守我国法律,自觉维护市场竞争秩序,保护其他经营者和消费者的合法权益;二是承诺尽最大努力向我国大陆地区彩电企业公平供货,向所有客户提供同等的

[①] 《六家境外企业实施液晶面板价格垄断被依法查处》,http://www.gov.cn/banshi/2013-01/04/content_2304387.htm,2018年6月5日访问。

高端产品、新技术产品采购机会;三是承诺对我国大陆地区彩电企业内销电视提供的面板无偿保修服务期限由 18 个月延长到 36 个月。

**H 公司等乳粉生产企业实施限制竞争行为
共被处罚 6.6873 亿元**①

国家发改委价格监督检查与反垄断局对 H 公司等乳粉生产企业的反价格垄断调查显示,涉案企业均对下游经营者进行了不同形式的转售价格维持,存在固定转售商品的价格或限定转售商品的最低价格的行为。具体的措施和手段各企业有所差别,主要包括:合同约定、直接罚款、变相罚款、扣减返利、限制供货、停止供货等。这些措施和手段均具有惩罚性和约束性。这是单个企业实施的纵向限制竞争的行为,而且均达到了纵向限制竞争的效果,违反了《反垄断法》第 14 条的规定。

国家发改委依据《反垄断法》第 46 条的规定,决定对其中六家乳粉生产企业的价格垄断行为进行处罚,共处罚款 6.6873 亿元。其中,对于违法行为严重、不能积极主动整改的 H 公司处上一年度销售额 6% 的罚款;对不能主动配合调查但能积极整改的 M 公司处上一年度销售额 4% 的罚款;对能够配合调查并主动整改的 D 公司等处上一年度销售额 3% 的罚款;对主动向反垄断执法机构报告达成垄断协议有关情况、提供重要证据并积极主动整改的 X 公司等免除处罚。

微评: 亚当·斯密曾经指出的同一行业的人们聚集在一起商讨如何涨价和对付消费者的情形在上述"液晶面板案"中显现得淋漓尽致。同行经营者采用避免相互竞争的协议形式,使市场竞争机制和消费者利益受到损害,在此案中体现得非常明显。液晶面板生产企业的垄断协议直接导致彩电企业生产成本上升,最终转嫁到消费者身上。我国自《反垄断法》实施以来查处的该类案件,大多数不存在任何抗辩的理由,证明了横向垄断行为所具有的社会危害性。

乳粉生产商的垄断协议实际上涉及两个类型。从单个涉案企业看是纵向的

---

① 《合生元等乳粉生产企业违反〈反垄断法〉限制竞争行为共被处罚 6.6873 亿元》,http://xwzx.ndrc.gov.cn/xwfb/201308/t20130807_552992.html,2018 年 6 月 10 日访问。

限制转售价格行为。但是,几家企业在同一时期内实施同样的转售价格行为,导致市场上乳粉销售高价的不正当维持。涉案企业的行为不仅排除、限制了同一乳粉品牌内的价格竞争,也削弱了不同乳粉品牌间的价格竞争,实质上形成了横向垄断协议。这样的纵向、横向垄断协议结合在一起的行为对市场竞争的损害尤为严重。

二、纵向垄断协议

纵向垄断协议是经营者与交易相对人之间达成的限制竞争的协议。由于纵向协议产生在同一产业中不同阶段存在交易关系的经营者之间,所以协议双方具有给付的互补性和利益的关联性。在销售价格不变的条件下,利润是在协议双方之间进行分配,一方提高价格就会对另一方造成损害。因此,在纵向关系中一方通常相对于另一方拥有一定程度的谈判和交易的优势。

相比于横向垄断协议,纵向垄断协议对市场竞争的影响没那么直接,而且相对较弱,相反,有些纵向协议对于提高效率还具有一定的积极作用,如避免"搭便车"、提高服务、推动新的经营者进入市场等。所以,各国法律对纵向垄断协议的规制相对宽松,通常运用合理原则加以分析。在纵向垄断协议中,价格协议比较受到关注,最主要的是限制转售价格的协议。我国《反垄断法》只明确禁止两类纵向的价格垄断行为,即固定向第三人转售商品的价格与限定向第三人转售商品的最低价格,对于其他的纵向垄断协议(包括限定最高转售价格),则交由国务院反垄断执法机构负责认定。

总的来看,纵向垄断协议主要包括限制转售价格协议、排他性销售协议、排他性购买协议、选择性销售协议、特许经营协议等形式。

(一)限制转售价格协议

限制转售价格协议是分处生产、销售不同环节的经营者,通过各种形式的价格协议限制竞争的行为。限制转售价格主要有三种形式:固定转售价格、限制最低转售价格、限制最高转售价格。不同形式的限制转售价格行为具有不同的反竞争效果。一般来讲,前两种是法律规制的重点。

固定转售价格与限制最低转售价格通常具有类似的效果,即将商品的转售价格维持在特定的水平。如果一个制造商固定或者限制其销售商的最低转售价格,同一商品的销售商就不能根据各自面临的竞争状况和成本结构开展价格竞争。这就导致了在销售商层面达成以相同价格出售商品的协议,即建立起一个价格卡特尔。在大多数情况下,销售商是被动接受这类限制价格竞争的协议的,但制造商往往通过"违反协议即停止供货"等进行监督和威胁,促使各销售商执行协议。更为严重的是,在制造商之间达成横向垄断协议的情况下,销售商无法通过改变供货渠道增加自己在定价上的自由度,这种纵向限制得以实施的可能性就更高。

在现实经济生活中,限制转售价格协议大多是以制造商为主导形成,但也可能是以销售商为主导而实施,还可能是双方为了共同利益合谋而成的。从20世纪后期开始,销售商要求制造商限定转售价格的情况也不少见。因为一旦制造商对商品的转售价格进行限制,便可以削弱商品在零售环节上的价格竞争,避免销售商之间的价格比拼,保证大家获取稳定的利润。一些零售商协会也采取各种措施协助制造商控制转售价格。[①] 纵向垄断协议的主要危害是阻碍品牌内竞争,导致经营效率低下的销售商得以生存下去而不会被淘汰,消费者不得不支付更高的平均价格,社会整体利益也受到损失。

汽车行业垄断协议案[②]

(一)

克莱斯勒在上海地区销售克莱斯勒、JEEP、道奇品牌汽车的过程中与下游经销商达成"固定向第三人转售商品的价格""限定向第三人转售商品的最低价格"的协议,并与第三方签订服务协议,对经销商销售汽车的对外报价及实际销售价格等进行调研监督,根据调研结果采取电话违规报价处罚和资源调配等手段控制经销商的转售价格。上海市物价局认定克莱斯勒的行为属于达成并实施"固定向第三人转售商品的价格""限定向第三人转售商品的最低价格"的垄断协议,排除、限制了市场竞争,损害了消费者利益和社会公共利益。该行为被认定违反了《反垄断法》第14条关于纵向垄断协议的规定和《反价格垄断规定》第8条的规定。考虑到克莱斯勒在调查过程中主动停止违法行为,减轻违法后果,且能够配合调查等情节,结合违法行为的性质和程度等因素,上海市物价局对克莱斯勒处以2013年度相关销售额3%的罚款。

---

① 孙微山:《略论限制转售价格行为》,载《北京物价》2001年第8期。
② 上海市物价局行政处罚决定书第2520140077号。

(二)

一汽大众销售有限责任公司组织湖北省内10家奥迪经销商达成并实施整车销售和服务维修价格的垄断协议,其目的在于控制经销商对第三人转售的整车销售和售后维修价格,剥夺、干预了下游经营者的定价权,抬高了整车和备件的销售价格,排除、限制了整车和备件市场的正常竞争,损害了消费者权益。湖北省物价局认为,这一垄断协议属于"固定向第三人转售商品的价格"和"限定向第三人转售商品的最低价格"的行为,违反了《反垄断法》第十四条限制转售价格的规定。而10家湖北省内奥迪经销商的行为违反了《反垄断法》第13条的规定,属于"固定或者变更商品价格"的违法行为。一汽大众销售有限责任公司在组织经销商达成并实施整车销售及服务维修价格垄断协议的过程中,起到了明显的主导和推动作用,各经销商在其中处于从属地位。湖北省物价局依据《反垄断法》,对一汽大众销售有限责任公司处上一年度相关市场销售额6%的的处罚,罚款2.4858亿元;对7家奥迪经销商分别处上一年度相关市场销售额1%至2%的罚款;对主动报告达成价格垄断协议有关情况并提供重要证据的湖北奥泽免除处罚,对华星汉迪按照上一年度相关市场销售额的1%减轻50%的处罚,罚款452万元;对违法行为轻微并及时纠正,没有造成危害后果的武汉奥嘉不予处罚。对8家奥迪经销商罚款共计2996万元。[①]

随后,一系列汽车限制竞争案件被执法部门一一查处,如奔驰案[②]、东风日产案[③]、通用案[④]等,皆因达成并实施价格垄断协议分别被处以罚款。

美国丽晶公司案[⑤]

美国的"丽晶公司案"是近年来影响较大争议也较大的案例。在此案中,美国联邦最高法院最终推翻了先例案适用本身违法原则的做法,适用合理分析原则作出了有利于被告的决定。

---

① 周锐:《一汽—大众销售公司实施垄断遭罚2.48亿》,http://www.chinanews.com/gn/2014/09-11/6582195.shtml,2018年6月11日访问。
② 江苏省物价局行政处罚决定书〔2014〕苏价反垄断案2号。
③ 广东省发展改革委价监局:《东风日产在广东省实施价格垄断被处罚》,载《市场经济与价格》2015年第10期。
④ 上海市物价局行政处罚决定书第2520160027号。
⑤ Leegin Creative Leather Products, Inc. v. PSKS, Inc., 551 U.S. 877(2007).

该案被告丽晶公司是一家女性时尚饰品生产商,该公司基于自身发展制定了价格政策,要求所有零售商都不能低于其规定的最低价格销售商品。原告凯克劳赛德公司是一家位于得克萨斯州的女性饰品零售商店,因拒绝执行丽晶公司的价格政策而遭到丽晶公司停止供应产品的惩罚。被告的价格政策是非法的最低转售价格维持协议,违反了联邦反托拉斯法。

联邦地方法院支持了原告的诉求,判决被告的价格政策违反了"迈尔斯博士案"确立的反垄断法本身违法原则。联邦第五巡回上诉法院维持了原判。但是,联邦最高法院以5∶4的投票结果进行了改判,明确地推翻了"迈尔斯博士案"的判决。

微评:纵向垄断协议是我国经营者普遍采取的促销政策,反垄断法的实施对这一现象提出了竞争合规的要求,具有重要现实意义。在美国和欧洲一些国家,纵向垄断协议从严厉规制到宽松适用合理原则,反映了对过于严格地实施反垄断法进行反思的最新理论研究成果的应用。最大的影响在于,经济学研究表明,转售价格维持除了可能损害竞争之外,还具有多种积极的作用,如促进新的经销商参与市场竞争,增强品牌间竞争,避免经销商"搭便车",扩大消费者选择空间等。生产商对于设置限制转售价格拥有一定的正当利益,并不一定总是或几乎总是具有严重的反竞争效果,限制转售价格具有的双重竞争影响应被考虑进来,以综合判断该行为是否违法。

相对于固定或者限制最低转售价格对市场竞争影响的复杂性,理论界普遍认为限制最高转售价格对于遏制价格飞涨和提升消费者利益大有帮助。在不存在价格约束的情况下,不管是制造商还是销售商,只要他们在市场上拥有一定势力,除了索取正常的生产或者销售成本之外,还会索取一些额外的费用。因此,上游制造商通过维持最高转售价格介入下游销售商之间的竞争,影响销售商的定价权。这种举措不仅增加了总销售量,有利于制造商,同时消费者也会因为最高限价而获利。但是,最高转售价格也有可能导致固定价格。因此,各国通常运用合理原则对其加以分析。关于建议转售价格行为,鉴于它在供应商之间具有互通信息的效果,便于供应商之间进行共谋,因此也被纳入了规制的范围。因为虽然销售商可以以供应商的建议为基准确定自己的转售价格,但如果该建议被所有的销售商共同遵循的话,便会在实际上产生固定价格的效果。但是,如果建议的转售价格仅仅是建议,而无约束力,则不构成转售价格维持。

(二) 排他性销售协议

排他性销售协议是指当事人约定,在一定地域范围内,一方当事人只通过另一方当事人而不通过其他人销售商品的协议。排他性销售对竞争产生的危害主要体现在减损品牌内竞争和形成市场分割,这又特别会助长价格歧视。排他性销售协议通常会减少销售商的数量,要求供应商在每个地区只能选择一家销售商。同时,禁止各销售商跨越其专属地域进行主动销售,会减少消费者的选择余地。

排他性购买协议是指销售商同意只从特定生产商或供应商那里购买商品或服务的协议。在早期的反垄断分析中,并不将排他性销售协议与排他性购买协议分别讨论,或者说两种协议是紧密联系的。在排他性销售协议中,销售商常向其生产商保证不销售或生产竞争性商品,这也就意味着排他性购买的性质。虽然在排他性购买协议中并不限制销售商的地域范围,在一定地域内可以有若干个销售商,彼此间可以相互竞争,但在排他性购买协议的安排下,各销售商的供应渠道是唯一的,实际上消除了销售商的选择余地。但从生产商的角度看,这样的协议能较准确地预见合同期间商品的需求量;销售商在合理的期间内也可以得到优惠的价格及折扣,在商品短缺时能够得到优先供应,还有可能得到技术和资金上的援助。

鉴于排他性销售协议和排他性购买协议的复杂性,在判断是否要对某项排他性协议实施反垄断措施时,一般都会考虑其合理因素,如协议所涉及商品的性质及数量、生产商与销售商在相关市场上的重要性、协议是孤立的还是与其他同类协议构成一个协议网络及其覆盖范围等。

(三) 选择性销售协议

选择性销售协议是指生产商对其商品的销售规定一定的条件,只对达到条件的销售商提供商品,而这些经批准的销售商只能直接向消费者销售,或向其他同样入围的销售商转售合同商品,而不得向这个范围以外的经营者转售合同商品的协议。选择性销售协议与开放的或排他性的销售协议都不同。在开放的销售协议中,生产商的商品可以向任何销售商供应,对销售商没有任何限制。在排他性的销售协议中,在约定地域内只能存在一个销售商,但是这种限制是以地域为基础的,没有其他方面的限制。选择性销售协议的实质在于,生产商将其商品的销售者限制于符合一定标准并因此被允许加入该体系的批发商、零售商,这样既能保障服务质量,又能够限制销售商的数量。这些条件的设定必须是客观的,如要求销售商具有一定的技术专长,拥有合适的经营场所,聘任适当的工作人员,财务状况比较稳定等。另外,这些标准一般只能是定性的,而不能直接进行数量限制。

（四）特许经营协议

特许经营协议是一方许可另一方使用自己所拥有的商号、企业形象、厂商标记、专有技术和知识产权等,提供技术上以及经营上的帮助,并就其特许行为收取特许权使用费的协议。特许人不仅就商品或服务提供特许,而且通常对被特许人的经营方式进行严密控制,提供标准化的、详细具体的经营机制,要求被特许人必须采取这一经营模式,从而使其与自己的经营方式相统一。特许经营协议中大多包含限制竞争的条款,如地域限制、经营方式限制以及对最终消费者进行限制等,因此也可能涉及反垄断审查。但是,特许经营协议对销售商、生产商和消费者来说,都有一定的积极作用。比如,销售商可以利用特许人的经济力量以及商业信誉、知识产权等;生产商则可以较少的投入扩大自己的市场份额;消费者则通过销售渠道的增加而获得更低的价格和更好的服务。因此,反垄断法实施中对于特许经营协议一般采用合理分析的原则。

第三节 垄断协议的认定

垄断协议的认定是反垄断法规制垄断协议的关键之一,它具体包含垄断协议的构成要件与豁免两个方面的内容。

一、垄断协议的构成要件

在各国的反垄断法中,鉴于垄断协议的反竞争性质,它从整体上是被否定的。但是,在对具体的协议是否违反反垄断法作出判定时,即便是对于"硬核"卡特尔行为,仍然需要进行分析和认定。对于大多数垄断协议,需要从协议的主体、协议的目的、协议的实施和实施的效果等方面进行综合考虑之后才作判定。

首先,要确定垄断协议的主体。垄断协议的主体在反垄断法中是指能够独立进行市场决策的经营者。"经营者"这一概念,包括进行生产、销售活动以及提供服务的各种经济实体,如自然人、合伙组织、合作组织、社团、公司等。公共企业、事业单位以及政府部门等,只要从事经营业务,理论上也可以被认定为"经营者"。我国《反垄断法》第12条第1款规定:"本法所称经营者,是指从事商品生产、经营或者提供服务的自然人、法人和其他组织。"在不同的协议中，协议主体的关系并不一致，在横向垄断协议中是指在同一经济层次中的具有竞争关系的经营者；在纵向垄断协议中是指具有供销关系的上下游经营者。

其次，要认定垄断协议主体之间是否具有限制竞争的"合意"。这是认定横向垄断行为的主观要件。不论是协议、决定还是协同行为，要构成"共谋"，必须存在一定的"意思联络"，否则很难将其认定为"垄断协议"。比如，我国《禁止垄断协议暂行规定》第6条规定："认定其他协同行为，应当考虑下列因素：（1）经营者的市场行为是否具有一致性；（2）经营者之间是否进行过意思联络或者信息交流；（3）经营者能否对行为的一致性作出合理解释；（4）相关市场的市场结构、竞争状况、市场变化等情况。"在一般的协议或决定中，认定意思联络是相对容易的；但是在协同行为中，认定经营者之间存在意思联络就相对困难。参与垄断协议的主体为逃避法律规制往往掩盖或消灭证据。为此，很多国家建立了反推规则，即如果其他事实证据能够证实垄断协议确实存在的话，就推定这种协议具有主观故意性。① 比如，依靠"间接证据"和"环境证据"来认定垄断协议。"要构成非法的共谋，并不是必须有正式的协议……可以根据交易过程或其他环境，或者根据语言的交流，来证明发生了联合或共谋。"② 这意味着，对意思联络的主观考虑并非需要明示，以默示形成的意思联络也可以构成"协同行为"。

再次，要认定主体实施了垄断协议的行为。这是从客观方面认定垄断协议的条件。经营者之间不管有没有以书面形式订立协议或者约定口头的非正式协议，只要通过协调行为共谋，采取了限制竞争的实际行动，就属于法律所禁止的情形。所以，一旦经营者达成了前文提及的限制竞争的协议，就应被认定为实施了限制竞争的行为。但是，在承担法律责任时，对于达成垄断协议和实施了垄断协议要作区分。我国《反垄断法》第46条第1款规定："经营者违反本法规定，达成并实施垄断协议的，由反垄断执法机构责令停止违法行为，没收违法所得，并处上一年度销售额百分之一以上百分之十以下的罚款；尚未实施所达成的垄断协议的，可以处五十万元以下的罚款。"

最后，认定垄断协议导致了限制竞争的后果。这是指经营者之间通过协议、决议或其他的安排与限制竞争的市场后果之间存在的某种关联性。但是，基于

---

① 戴奎生等：《竞争法研究》，中国大百科全书出版社1993年版，第91—92页。
② 〔美〕赫伯特·霍温坎普：《联邦反托拉斯政策——竞争法律及其实践（第3版）》，许光耀等译，法律出版社2009年版，第191页。

垄断协议对市场竞争的严重危害,在考虑此项要素时,多数国家都认为协议对市场的影响不一定要实际发生,只要能够证明该协议的存在对市场竞争有发生影响的可能性及这种影响的严重性,就足以推断这种影响的存在。我国《反垄断法》对于行业协会就规定了"组织本行业达成垄断协议的",反垄断执法机构就可以进行处罚。

由于纵向垄断协议的效果具有明显的双重性,对其认定的构成条件较为严格:(1)需要考察相关市场的竞争是否充分,因为在竞争充分的市场是很难维持纵向垄断协议的;(2)需要确定协议一方是否具有较强的市场地位,从而可以对另一方施加"强制性"的限制;(3)要认定行为人实施纵向垄断协议的动机,是出于限制竞争的目的还是提升效率的目的;(4)对纵向垄断协议可能产生的限制竞争效果及其积极效果进行权衡评估。此外,对于纵向价格限制而言,还必须有两个以上的交易关系存在,即"初次销售"(制造商与经销商的交易关系)与"转售"(经销商与零售商的交易关系)是两个独立的销售关系。如果经销商与制造商之间属代理关系,则不存在转售价格的控制问题。如果从事交易者系母子公司关系或其中一方是丧失独立地位的企业,那么也只能视为公司"内部"关系,从而不能认定为纵向限制竞争的垄断协议。

对于纵向垄断协议的规制在世界各国存在不同的实践,主要集中在适用的原则不同,导致行为认定的结论也大相径庭。早期的案例中大多适用本身违法原则,美国"丽晶公司案"对于各国规制纵向垄断协议有着很大的影响。我国反垄断法实施中对纵向垄断协议案件的行政执法和司法审理,都呈现了积极的探索。

二、垄断协议的豁免

垄断协议的豁免制度是指对于经营者之间达成的垄断协议,由于具有某些有益的作用,并且足以抵消其限制竞争所造成的危害,准许豁免其法律责任的制度。早期的反垄断法并没有关于垄断协议的豁免规定,垄断协议的豁免主要是出自对经济效率的考虑。国家为协调市场竞争与社会经济效率,尤其是产业发展的需要,在不同时期设定各种豁免类型。垄断协议的豁免制度是在竞争政策与产业政策的长期博弈中发展起来的。[1]

---

[1] 罗毅:《关于垄断协议豁免的思考》,载《价格理论与实践》2014年第5期。

(一) 垄断协议豁免的原因

垄断协议虽然对经济生活具有负面影响，但它本身也并不是没有任何存在的合理价值。有些限制竞争的协议在一定程度上限制了市场竞争，但它能够有效地避免因市场过度竞争而导致的资源浪费，从而促进社会整体经济的发展。尤其是纵向垄断协议，因其避免"搭便车"和提高服务的功能，在法律实施中需要对其更加谨慎。众所周知，商品销售除了提供物理属性的货物之外，还包括提供产品演示、品质解释、特殊定制和退货承诺等服务，提供这些服务有助于消费者对产品的知悉，有利于企业增加销售。但是，这也会提高企业的运营成本。纵向的价格限制或者地域限制，是有利于避免不提供此类服务的零售商利用"搭便车"行为降低经营成本的，可以防止顾客先到提供服务的商店选货，然后到不提供服务但售价较低的商店购货的现象出现。否则，将导致谁都不愿意提供此类服务的结果，从而减少该产品的总体销量，并对消费者福利构成损害。

垄断协议对于推动企业进入新的市场具有积极意义。企业要进入新的市场，尤其是进入已经存在垄断的市场并非易事，而独家销售或排他性购买协议则可以缓解这种顾虑。由于上下游企业通过独家协议保证只与打算进入新市场的企业进行交易，那么该企业就可以放心地进入这个市场，而不必担心高额的交易成本。

因此，垄断协议本身虽然在一定程度上限制了市场竞争，但对于避免市场的过度竞争、减少资源浪费、促进社会整体经济发展和增加社会公共利益也会具有一定积极作用，这是反垄断法设定豁免制度的根本原因。

(二) 垄断协议豁免的类型

垄断协议的豁免主要包括对一定行为的豁免和对特定行业的豁免。日本和德国等国家早期的反垄断法中有不少豁免的垄断协议类型，如中小企业卡特尔、不景气卡特尔等。这些被豁免的垄断协议类型，随着国家经济发展和竞争政策的调整也会发生变化。

在垄断协议的豁免上，最具特色的是欧盟的制度。欧盟在垄断协议的豁免制度上采取了集体豁免和个案豁免相结合的制度结构。实践中，欧盟委员会执行集体豁免极为严格，获得豁免的案例数量并不多。欧盟对已经授予的集体豁免采用一般的审查程序，如果条件不具备，欧盟委员会可以行使"安全阀"的权力，撤回豁免。同时，为了保证对集体豁免的行政审批得到有效执行，欧盟竞争法还对执行程序作出了详细规定，如豁免的条件限制、期限、申请、向社会公开等。此外,个案豁免的授予也不是绝对的,在很多方面有附加条件。这些条件可能会涉及豁免期限,或要求当事人定期向欧盟委员会报告等。

我国《反垄断法》第 15 条第 1 款规定了垄断协议的豁免制度,豁免的类型包括(1)为改进技术、研究开发新产品的;(2)为提高产品质量、降低成本、增进效率,统一产品规格、标准或者实行专业化分工的;(3)为提高中小经营者经营效率,增强中小经营者竞争力的;(4)为实现节约能源、保护环境、救灾救助等社会公共利益的;(5)因经济不景气,为缓解销售量严重下降或者生产明显过剩的;(6)为保障对外贸易和对外经济合作中的正当利益的;(7)法律和国务院规定的其他情形。

G 公司垄断协议案[①]

G 公司控股子公司 M 公司于 2013 年 2 月 22 日收到省物价局的行政处罚决定书。根据决定书,2012 年以来,M 公司通过合同约定,对经销商向第三人销售商品的最低价格进行限定,对低价销售商品的行为给予处罚,达成并实施了销售价格的纵向垄断协议,违反了《反垄断法》第 14 条的规定,排除和限制了市场竞争,损害了消费者的利益。M 公司的上述行为受到调查后,该公司积极配合调查,主动退还违法扣减的保证金,按照法律要求及时进行了深入整改。鉴于以上事实,对该公司依法处以 2.47 亿元的罚款。

W 公司实施价格垄断被处罚 2.02 亿元[②]

2009 年以来,W 公司通过书面或网络的形式,与全国 3200 多家具有独立法人资格的经销商达成协议,限定向第三人转售商品的最低价格,并通过业务限制、扣减合同计划、扣除保证金、扣除市场支持费用、罚款等方式对不执行最低限价的经销商予以处罚。2011 年,公司给予一家大型连锁超市停止供货的处罚,迫使超市承诺不再低于规定价格销售产品。2012 年,公司对北京、天津、河北、辽宁、吉林、黑龙江、山东、湖南、四川、云南、贵州等 11 省市

---

① 《贵州物价局公布罚单茅台价格垄断被罚 2.47 亿》,http://finance.sina.com.cn/chanjing/gsnews/20130222/172414620873.shtml,2018 年 6 月 8 日访问。

② 染现瑞:《五粮液公司实施价格垄断被处罚 2.02 亿元》,http://dzb.scdaily.cn/2013/02/23/20130223312244237528.htm,2018 年 6 月 9 日访问。

的 14 家经销商"低价、跨区、跨渠道违规销售商品"的行为,给予扣除违约金、扣除市场支持费用等处罚。

　　W 公司利用自身的市场强势地位,通过合同约定、价格管控、区域监督、考核奖惩、终端控制等方式,对经销商向第三人销售商品的最低价格进行限定,达成并实施了销售价格的纵向垄断协议,违反了《反垄断法》第 14 条的规定。公司实施的价格垄断行为对市场公平竞争、经济运行效率和消费者利益具有多方面不利影响:一是排除了同一品牌内各个经销商之间的竞争。W 公司通过限定转售商品的最低价格实施品牌内部限制,制定实施了一整套严格的监督考核和惩罚措施,排除了经销商之间的价格竞争,损害了经济运行效率。二是限制了行业内不同品牌之间的竞争。W 公司的价格垄断行为在行业内起到了负面的示范效应,已经有其他品牌开始对经销商进行类似限制和处罚,进一步扩大了对竞争的限制和损害。三是损害了消费者利益。W 公司设定最低限价,排除了消费者购买低价商品的机会。

　　W 公司积极配合国家发改委价格监督检查与反垄断局和省发改委的反垄断调查,迅速对外发布公告纠正违法行为,并撤销对经销商的处罚,退还扣减的市场支持费用,按照法律要求进行了整改。省发改委依法对其予以从轻处罚,处公司上一年度涉案销售额 1‰ 的罚款,计 2.02 亿元。

M 公司垄断协议案[①]

　　2014 年起,M 公司就与平台商和一级经销商达成垄断协议,限定相关医疗器械产品的转售价格、投标价格和最低销售价格。在价格控制方面,M 公司采取了一系列极为严格的措施:在心脏血管、恢复性疗法和糖尿病业务领域的医疗器械产品中,通过直接固定经销商的转售价格、固定经销商的毛利率间接控制转售价格、限定经销商的最低投标价格、限定经销商转售到医院的最低价格等四种方式进行纵向价格垄断。为了确保经销商执行价格协议,M 公司还通过全国各地的区域经理督促经销商执行它的销售价格,一旦发现有经销商低价销售,不仅要进行罚款,还会终止其经销权。

---

① 国家发展和改革委员会行政处罚决定书〔2016〕8 号。

国家发改委认为,上述行为排除、限制了经销商之间的价格竞争,限制了医疗器械行业品牌间的竞争,并最终损害了终端购买者的合法权益和消费者利益,违反了《反垄断法》第 14 条第 1 项、第 2 项的规定,排除、限制了市场竞争,损害了消费者利益,且当事人在多次陈述意见过程中没有主张也没有证明上述行为符合《反垄断法》第 15 条规定的豁免情形和豁免条件,依法应予以处罚。

依据《反垄断法》第 46 条、第 49 条、《行政处罚法》第 27 条的规定,考虑到当事人违法行为涉及平台商、经销商、终端等各个销售环节,违法程度较严重;在严格固定转售价格、限定最低转售价格的基础上,同时纵向限制销售对象和销售地域,禁止销售竞争品牌产品,限制措施较为全面;在调查中后期有较好地配合调查、主动进行整改等情节,国家发改委责令当事人立即停止与交易相对人达成并实施固定向第三人转售医疗器械产品价格、限定向第三人转售医疗器械产品最低价格的垄断协议的违法行为,并对其处 2015 年度中国境内市场涉案产品销售额 4% 的罚款,计人民币 1.1852 亿元。

R 公司与 Q 公司等纵向垄断协议纠纷①

原告 R 公司是被告 Q 公司吻合器及缝线产品在北京地区的经销商,双方有着长达 15 年的合作,经销合同每年一签,有效期为一年。2008 年 1 月 2 日,双方签订 2008 年经销合同,约定 R 公司在 Q 公司指定的相关区域销售缝线产品,合同期限自 2008 年 1 月 1 日至同年 12 月 31 日。合同附件五第 2 条规定,R 公司不得以低于 Q 公司规定的产品价格进行销售。2008 年 7 月 1 日,Q 公司以 R 公司于 2008 年 3 月在人民医院的竞标中私自降低销售价格为由,取消 R 公司在中国医学科学院阜外心血管医院、北京整形医院的销售权。2008 年 8 月 15 日以后,Q 公司不再接受 R 公司医用缝线产品订单。2008 年 9 月,Q 公司完全停止了对 R 公司缝线产品、吻合器产品的供货。2009 年,R 公司、Q 公司未续签经销合同。

原告 R 公司诉称,被告在经销合同中约定转售价格限制条款以及依据该条款对 R 公司进行处罚直至终止经销合同的行为,构成《反垄断法》第 14 条第 2 项所规定的"限定向第三人转售商品的最低价格"之违法行为。

---

① 上海市高级人民法院民事判决书(2012)沪高民三(知)终字第 63 号。

被告辩称,本案所涉经销合同签订行为及被控垄断行为发生在《反垄断法》实施之前,不应适用《反垄断法》;本案被控垄断协议由双方当事人共同签订和执行,R公司本身作为被控垄断行为的直接参与者和实施者,无资格提起本案诉讼;R公司主张的经济损失从性质上看是合同纠纷项下的损失,与垄断纠纷无关。

一审法院认为,原告所提交证据仅为被告在互联网上对其缝线产品所作的简短介绍,不能确切地反映出涉案产品在相关市场所占份额,不能说明相关市场的竞争水平、产品供应和价格的变化等情况。因此,判决驳回原告全部诉讼请求。

二审法院认为,应从相关市场竞争是否充分、被告市场地位是否强大、被告实施限制最低转售价格的动机、限制最低转售价格的竞争效果等四个方面的情况进行分析。最终确认本案经销合同中限制最低转售价格的条款属于《反垄断法》所禁止的垄断协议,被上诉人制定该协议和按照该协议处罚上诉人的行为属违法行为。判决撤销一审判决;Q公司赔偿R公司经济损失人民币53万元。

G商店与S公司、H公司纵向垄断协议纠纷①

原告G商店诉称,被告以原告在2013年3月在销售空调过程中违反S公司规定的最低限价为由,拒批原告新机安装开机授权密码申请,并且停供一切物料,请求法院判令被告赔偿损失、服务费以及押金。

被告S公司答辩称,限制经销商转售最低价格是分销模式下的通常做法,只要是稍具品牌影响力的生产商或者销售商,都会在发展经销商的同时要求经销商限定转售最低价格,这已经是市场通常做法。只要这种做法是在充分竞争的市场背景下作出,就不应该禁止,而应该鼓励。

法院认为:从竞争市场和消费者的角度,根据生活常识,在市内空调电器市场上,除了国外品牌,还存在多个知名度和美誉度等各方面与S公司品牌实力相当的国内品牌。被告提供的S公司空调参与促销活动等证据可证明空调电器市场竞争充分,S公司品牌在该地区空调市场并未占据绝对优势,更不足以形成市场支配地位。即使S公司品牌限定最低销售价格,消费者完

---

① 广州知识产权法院民事判决书(2015)粤知法商民初字第33号。

全可选择其他同类替代品牌。在产业链上,也无证据显示空调产品关联产业的竞争关系会因S公司空调的销售限价而受到影响。因此,被告S公司与原告签订含有销售限价内容的三方协议不是出于排除、限制竞争的目的,不论对横向的空调品牌市场,或纵向的空调关联产业供给市场,均没有产生排除、限制竞争的效果。另外,被告S公司限定该品牌每一款空调产品区域内最低销售价格的行为,也许限制了众多如原告一样的经销商之间在同一空调品牌内部的价格竞争,但原告与其他经销商仍然可以在售前宣传、售中促销和售后服务等多方面进行竞争。

最终,法院认为本案被诉行为不属于反垄断法意义上的垄断行为,原告对被告的指控不成立,依法应驳回原告的相关诉讼请求。

微评:从上面的三个行政执法案和两个司法案件可以看出,我国反垄断执法机构和审判机关对纵向转售价格的判定有所不同。行政执法过程更加侧重于反垄断执法机构的监管作用。而在司法案件中,因为有当事人双方的相互辩驳,法院必须对当事人争论的焦点一一作出裁决,这也是司法审判原则的要求。虽然并非一定能令所有的当事人都信服,但分析过程和裁判结果依然包含了对反垄断法的具体适用。这是反垄断执法机构所应当借鉴和完善的地方。

思考题

1. 横向垄断协议与纵向垄断协议存在哪些区别?
2. 简述垄断协议的特征。
3. 简述纵向垄断协议构成要件的特殊性。
4. 简述垄断协议的豁免要件。
5. 简述横向垄断协议的表现形式。
6. 简述纵向垄断协议的表现形式。

第七章　滥用市场支配地位及其法律规制

【学习要点】

1. 把握滥用市场支配地位的概念与理论发展
2. 掌握滥用市场支配地位的表现形式
3. 重点把握滥用市场支配地位的认定
4. 理解相对优势地位的概念

德国学者西格费里德·克劳指出:"按照竞争法,具有控制市场地位的企业应该承担特别的义务。譬如,在没有正当理由的前提下不允许不平等对待其他企业。……国家对具有控制市场地位的企业掌握着特别的干预权。"[①]因此,规制经营者的滥用市场支配地位行为是现代各国反垄断法的核心之一。

第一节　滥用市场支配地位概述

滥用市场支配地位是经营者在参与相关市场竞争过程中实施垄断行为的重要表现,它不仅损害其他经营者和消费者的利益,而且不利于社会资源的优化配置,影响市场竞争机制的健康发展,因此现代反垄断法将之视为规制的重点。

一、滥用市场支配地位的概念

经营者滥用市场支配地位的前提是具有市场支配地位。市场支配地位是指经营者在相关市场中对交易价格和交易条件能够独立决策而无须考虑其他经营者并足以影响市场竞争的地位。这种能力表现为经营者能够对商品的质量、价格和销售等实施控制,从而可以不受竞争的束缚。人们也常将这种力量称为"市场力量"。一般来说,先要界定经营者所在的相关市场,然后依法判断在该相关市场中,经营者是否具有市场支配地位。

---

① 转引自曹士兵:《反垄断法研究:从制度到一般理论》,法律出版社1996年版,第140页。

滥用市场支配地位,是指经营者凭借已经获得的市场支配地位,与市场中的其他主体进行不公平的交易或者实施排挤竞争对手的行为。根据现代反垄断法的行为主义理论,经营者获得市场支配地位本身并不违反法律,只有经营者滥用这种市场支配地位时,法律才对其进行限制或者禁止。因此,在确定经营者的市场支配地位后,应该进一步考虑具有市场支配地位的经营者是否滥用了这种市场控制力,在相关市场领域内从事了限制市场竞争的行为。

L 与 W 公司垄断纠纷案①

原告 L 诉称,自己在被告 W 公司报装固定电话时,只能接受 W 公司官方网站公布的格式合同《客户服务合同》中第 2 条规定的"客户户籍所在地或注册登记地不在北京市的,客户应按照 W 公司要求办理相应的担保手续,或者办理预付费的业务"。原告不愿办理担保手续,于是选择"预付费业务"。北京户籍市民报装固定电话则是办理"后付费业务"。原告认为,两项业务的一字之差,导致其在被告推广的一系列资费优惠活动中遭受不公平待遇。2007 年 5 月,被告推广"亲情 1+"业务,该业务有很多优惠的套餐和可选包,但只限于后付费普通固定电话公众客户办理。原告认为,被告凭借其在北京市固定电话市场绝对的垄断地位,一直借口技术原因或者故意拖延计费平台系统的软件改造,维持对预付费用户的差别待遇,其行为符合《反垄断法》第 17 条第 1 款第 6 项规定的垄断行为——"没有正当理由,对条件相同的交易相对人在交易价格等交易条件上实行差别待遇"。

一审法院和二审法院均认为,本案应由原告承担界定涉案相关市场和被告具有市场支配地位的举证责任,但原告并未举证证明被告具有市场支配地位。被告出于经营安全的考虑,对于后付费固定电话客户范围进行合理限制具有正当理由。因此,法院不支持原告的诉讼请求。

微评:从原告的诉请来看,不排除被告实行差别待遇的可能性,但是因为原告未能举证证明被告具有市场支配地位,法院不支持原告的诉讼请求。从此案可以间接看出,在我国目前的反垄断诉讼案件中,原告胜诉较少的原因

---

① 北京市高级人民法院民事判决书(2010)高民终字第 481 号。

> 在于原告与被告实力悬殊,并且双方信息不对称,故而不能提出足够支持其诉讼请求的证据,特别是在相关市场的界定、被告是否具有市场支配地位的认定等方面尤为如此。从立法上解决这一问题是关乎个体受害者能否运用反垄断法保护自身权益、维护市场竞争机制的重要一环。

二、滥用市场支配地位的理论发展

反垄断法对具有市场支配地位的经营者的规制经历了一个由结构主义向行为主义转变的过程。

结构主义理论认为,市场结构的不同必然造成经济运转的差异,企业一旦具有市场支配地位,通常会滥用这种优势地位,扼杀创造力,排除或者限制竞争。因此,结构主义理论主张政府重点控制市场结构,对越来越大的企业原则上加以禁止,并及时解散市场上出现的具有独占地位的企业,消除其对市场竞争潜在的威胁。但是,随着经济学对市场垄断与效率之间关系的分析,以美国芝加哥学派为代表的学者认为,反垄断法的目标是促进经济效率的提高,具有市场支配地位的企业往往是市场竞争的幸存者,是有效率的表现。[①] 因此,规模大和所占市场份额多的企业本身并不必然违法,法律的控制重点应放在具有市场支配地位的企业的经营行为上,这就是反垄断法的行为主义理论。因此,行为主义理论认为,只有当企业做出滥用市场支配地位的行为时,反垄断法才可以对其加以惩罚。

在行为主义的反垄断政策指导下,有关滥用市场支配地位的行为理论在近年来有了长足的发展。传统反垄断法一般将"市场支配地位"界定在绝对市场份额的基础之上。这种做法在工业经济时代完全符合逻辑思维,但是伴随着科学技术的飞速发展和市场分工的细化,人们逐步发现实施传统反垄断法所禁止的滥用市场支配地位行为的主体并不一定是具有"绝对市场支配地位"的企业,有的甚至是市场份额微不足道的小企业。在传统相关理论受到社会实践挑战的情况下,有些国家的反垄断立法及执法开始引入"相对优势地位理论"来弥补与完善传统的滥用市场支配地位理论。美国、德国以及我国台湾地区都已经将该理

---

① Herbert J. Hovenkamp, Antitrust Policy After Chicago, Mich. L. Rev., Vol. 84, 2009.

论引入并作为实务上的判决依据。①

相对市场优势地位的形成通常以供求依赖关系为基础。所谓供求依赖,即如果甲企业拒绝乙企业的供给或者需求条件,或者乙企业拒绝对甲企业供给或者需求时,甲企业就无法从该市场上找到合理的出路,这时候甲企业就是经济上的依赖者,而乙企业则是被依赖者。因供求关系倾斜而拥有相对市场支配力的企业即为在交易中占有优势地位的企业。对于供求关系倾斜,法国竞争法学家贝达蒙在《德国对自由竞争的保护》一文中曾给出判断标准。他认为,如果一个企业拒绝与另一个企业进行交易,而致使后一个企业在另行选择交易对象时缺乏足够的和合理的选择性,那么前一个企业就具有交易中的优势地位。② 相对优势地位在现实中通常表现为以下三种方式:一是品牌依赖。由于消费者的偏好,企业必须在其所提供的商品中纳入某些特定品牌的商品,如果无法供应该种品牌的商品,则与其他竞争者相较之下会使自己的竞争力受影响。二是企业依赖。此种依赖的产生是基于双方有长期的商业往来,相对方由于这种商业往来关系而在资本、设备购买或者人才的培训及技术的发展上产生紧密的依赖关系。三是短缺依赖。此种依赖情形是,受供应者一直都是依赖于某特定供应者,特别是生产原料。③

第二节　滥用市场支配地位的表现形式

现代反垄断法理论认为,占有市场支配地位本身并不违法,只有滥用市场支配地位的行为才具有违反反垄断法的性质。纵观现代各国反垄断法中所禁止的滥用市场支配地位的行为,主要有垄断价格、掠夺性定价、排他性交易、拒绝交易和搭售、附加不合理交易条件等行为。

一、垄断价格

垄断价格是指具有市场支配地位的经营者在一定时期内以超高价格(不公平的高价)销售商品或者以超低价格(不公平的低价)购买商品的行为。

---

① 何之迈:《公平交易法专论》,三民书局1993年版,第548页。
② 曹士兵:《反垄断法研究》,法律出版社1996年版,第149页。
③ 李剑:《相对优势地位理论质疑》,载《现代法学》2005年第3期。

根据价值规律的一般原理，商品的价格应与价值基本相符。如果价格与商品的价值之间没有合理的关系，可能会被认为属于不公平的价格。在存在竞争的市场条件下，商品的价格是市场竞争的结果，每个企业只能是价格的接受者（price taker），而不可能是价格的决定者（price maker）。但是，占有市场支配地位的企业为了获取超额的垄断利润，通常会利用其自身的优势，以不合理的高价销售其垄断产品，或以不合理的低价购买原材料产品，使得消费者享有的福利被转移到垄断厂商的手里。垄断价格行为严重损害消费者的利益，实际上是一种"剥削性行为"。

对于垄断价格行为，美国不论是在立法还是司法实践中，基本上不予过问；但是在欧盟各国和中国的立法中，都将其作为滥用市场支配地位的典型形式予以禁止。这在很大程度上体现了不同国家的国情差异和竞争文化的差异。可以认为，禁止索取垄断价格的制度设计主要是基于对购买者（包括消费者）利益的保护，而不是基于对竞争机制的保护。这是因为，高价的存在必然会吸引其他投资者进入这一领域，从而形成一定的竞争机制。对此的一个解释或许是，美国是最奉行自由经济的国家，认为垄断价格能够通过市场竞争抚平。另外，美国很少存在国有企业，较难通过与政府之间的联系以各种方式提高市场进入壁垒，因此也更难通过垄断价格获取超额利润。

根据欧盟的经验，对垄断价格的判定主要依据以下步骤进行：首先是进行商品的成本/价格分析，通过对实际收取的价格与实际产生的成本之差进行比较，如果这一比例是超高的，再看该价格与其他竞争产品价格的比较。

二、掠夺性定价

掠夺性定价是指处于市场支配地位的经营者以牺牲短期利益（低于成本的价格）的手段销售商品，在竞争对手被排挤出市场后将产品价格提高到边际成本以上的垄断行为。

掠夺性定价是一种有危害正当竞争之虞的行为，[1]实施该行为的经营者一定具有相对的市场竞争优势，通常资产雄厚或生产规模较大，能够承担因低价销售所造成的暂时损失，"而其他实力较弱的竞争者因承受不了交易机会减少的损失而不得不被驱逐出市场"[2]。之所以称为"掠夺性"定价，是因为优势企业在达

---

[1] 孔祥俊：《反不正当竞争法的适用与完善》，法律出版社1998年版，第572页。
[2] 邵建东编著：《竞争法教程》，知识产权出版社2003年版，第254页。

到目的之后会提高价格以获取超额利润,不仅要补偿其先前降价销售的损失,还要凭借独占掠夺更多的利益。这种行为初看上去是低价销售,似乎在一定时期内还有利于消费者,但从其动机来看,牺牲短期利益的做法正是为了排挤竞争对手,达到独占市场的长期目的,损害消费者的长远利益,妨碍市场竞争机制功能的发挥。因此,掠夺性定价受到各国反垄断法的禁止。

一般来讲,只要销售商品的价格低于平均可变成本,即可认定其目的在于消灭竞争对手。不过,采用掠夺性定价的前提是必须具有强大的市场力量,否则这种行为只能是损己利人的。

三、拒绝交易

拒绝交易是指没有正当理由,拒绝与竞争对手进行交易的行为。

按照合同自由原则,经营者有权选择自己的交易伙伴,也可以拒绝与任何对象进行交易。但是,在反垄断法理念下,任何具有市场支配地位的企业的交易自由都必须得到限制。对于具有市场支配地位的企业而言,它具有向所有具备资格的购买者提供交易机会的义务,因为"它们无权决定下一个经济阶段市场上的竞争关系"[①]。这是因为,如果实施拒绝交易行为的经营者具有市场支配地位,那么它就能够通过拒绝交易构建封闭的交易网络,从而提高市场进入壁垒,排斥新的经营者进入市场。另外,拒绝交易很可能成为具有垄断地位的经营者的一种"报复"手段,任何违背了其所施加的垄断价格的交易对象,都有可能被拒绝交易。此外,拒绝交易对消费者福利也可能构成损害,因为拒绝交易直接导致了交易对象的减少,也意味着消费者购买渠道的减少。

但是,并非所有的拒绝交易都是违法的。有些拒绝交易具有明显的正当理由,可以得到反垄断法的豁免。比如,如果交易相对人有严重的不良信用记录,或者出现经营状况持续恶化等情况,可能会给交易安全造成较大风险,那么经营者完全有理由拒绝交易。再比如,如果交易相对人能够以合理的价格向其他经营者购买同种商品或替代商品,或者能够以合理的价格向其他经营者出售商品,那么此时竞争者并未受到排挤,竞争也没有受到减损,拒绝交易行为就不构成违反反垄断法。

实践中,经营者实施的拒绝交易行为具有多种表现形式,除了直接的不与交易相对人进行交易之外,也包括通过削减交易数量、拖延或中断交易、设置限制

---

① 〔德〕P. 贝伦斯:《对于占市场支配地位企业的滥用监督》,载王晓晔编:《反垄断法与市场经济》,法律出版社1998年版,第215页。

性条件以及拒绝使用必需设施等手段变相拒绝交易的行为。其中,特别值得关注的是"拒绝交易相对人在生产经营活动中以合理条件使用其必需设施"这种拒绝交易行为。反垄断法对这种行为的规制也被称为"必需设施原则",即如果某种设施是竞争者提供服务给其他的消费者所必需的,那么掌握该必需设施的垄断者就有义务将该设施以合理的条件提供给竞争对手。当然,必需设施理论的适用必须满足以下四个条件:第一,设施对于竞争者而言是"必需"的,没有这种设施就无法开展正常的经营活动;第二,设施是不可复制或替代的,竞争者没有办法自行建造或通过其他途径获得;第三,必需设施尚有提供服务的剩余能力;第四,拒绝提供必需设施具有反竞争的动机或效果。实践中,必需设施原则主要在自然垄断行业和知识产权领域得到较广泛的应用,比如电信行业的互联互通、机场码头的市场进入等。

Y 公司与 Z 公司拒绝交易纠纷案[①]

2014 年 1 月,Y 公司诉称,作为某省已投产的万吨级生物柴油达标企业,其生物柴油项目在省能源局立项,并经环评合格,已具备规模生产合格达标生物柴油示范企业的资质,符合纳入燃料销售体系标准的条件。但是,被告 Z 公司作为成品油销售企业滥用市场支配地位,无正当理由拒绝收购 Y 公司提供的生物柴油,致使 Y 公司的生物柴油难以进入市场。Y 公司请求法院判令 Z 公司按照《中华人民共和国可再生能源法》(以下简称《可再生能源法》)的规定,将符合国家标准的生物柴油纳入其销售体系,并赔偿 Y 公司经济损失 300 万元,承担本案诉讼费。

2014 年 12 月,一审法院表示,由于 Z 公司在所在省成品油销售市场所占的份额达到 1/2,可以推定其在所在省成品油市场具有支配地位。被告在省政府和省能源局的多次要求下,对原告发出的交易请求长期不作正式回复,拒绝将原告生产的合格生物柴油纳入其燃料销售体系,违反了《可再生能源法》的相关规定。因此,判定 Z 公司违反了《反垄断法》,并判令其在判决生效后 30 日内将 Y 公司以"地沟油""泔水油"等为原料生产的生物柴油纳入销售体系。

2015 年 8 月,二审法院认为原审判决认定基本事实不清,发回重审。

---

① 云南省高级人民法院民事判决书(2017)云民终 122 号。

2016年，重审法院认定 Z 公司的行为不违反《反垄断法》、双方在地沟油制生物柴油销售问题上不存在竞争关系等，驳回了 Y 公司的诉讼请求。2017年8月，省高院认为，《可再生能源法》相关条款虽然规定石油销售企业应当按照规定，将符合国家标准的生物液体燃料纳入其燃料销售体系，但对于该项法定义务应当如何履行，《可再生能源法》并没有作出具体规定。法院认为，对于双方之间的交易问题，应当按照《合同法》的规定，经过协商一致来达成交易，遂宣布维持原判。

微评： 该案历经三年四次交锋，原告的核心诉求是被告将其生产的生物柴油纳入燃油销售体系。原告的产品存在质量问题，即送检不达标是被告拒绝购买的重要原因。各审法院对案件的意见也不尽一致。一审法院支持了原告的诉讼请求，但是重审和终审法院都持相反的观点。这也凸显了法院对于"正当理由"具有不同的理解和反垄断诉讼中进行合理理由抗辩的重要性。

四、排他性交易

排他性交易也被称为"独家交易"或"强制交易"，是指具有市场支配地位的经营者要求交易相对人在特定市场内只能与自己进行交易或者只能与其指定的经营者进行交易。现实中，排他性交易的表现形式主要有三种：第一，限定交易相对人只能与其进行交易；第二，限定交易相对人只能与其指定的经营者进行交易；第三，限定交易相对人不得与其竞争对手进行交易。

在实践中，独家交易主要表现为"专营专卖""独家经销"。排他性交易还经常发生在公用企业领域。公用企业一般属于"自然垄断"行业，特殊的垄断地位是其实施强制性交易的基础。为了防止这类行业的企业滥用自然垄断的市场优势，规制公用企业的强制性交易行为，各国一般采取两种手段进行管理：一是实行国有化，维持国家独立垄断的局面，以保证公众享受最低的价格，如瑞典、日本的电话行业，西欧的国有铁路等；另一种则是让这种自然垄断行业私有化，但是政府运用法律手段，主要是采取价格管制和限制新企业加入的办法，对其实施监督管理。

尽管在排他性交易安排下，交易相对人的交易选择权受到了限制，但是排他性交易本身也可能存在正当理由。比如，排他性交易能够使制造商和经销商之间形成长期稳定的供销渠道,从而降低交易成本。排他性交易也常常是维护品牌形象和提高服务水平的一种手段,因为特定的产品或服务(比如奢侈品)必须要在特定的场所或借助于具有特定品质的经营者来销售。此外,排他性交易还有可能建立在保证产品质量和安全的基础之上。但是,排他性交易也会导致限制竞争的效果,可能会阻止制造同类商品的其他制造商进入市场,也会限制经销商的营业自由而损害效率;对于消费者来说,因为供货渠道狭窄,选择的余地相应减少,同时由于同一层次上销售同一商品的经营者之间缺乏竞争,销售者产生垄断地位,对消费者的利益可能产生损害。

五、搭售或附加不合理交易条件

搭售或附加不合理交易条件,是指合同的缔结取决于贸易伙伴对于额外义务的接受,而无论是依据合同性质还是按照商业惯例,该项额外义务均与合同的标的无关。换言之,供应商要求购买商在购买一种商品时,必须从供应商处或者其指定的第三方处购买另一种不同商品或者接受其他额外条件。通常,将购买商本来就要购买的商品称为"给卖品",被搭售的商品称为"搭卖品"。

搭售采取的是若干商品整体交易的形式,从而可以减少交易成本。如果搭卖品对给卖品的充分适当利用具有重要作用,则这种方式有利于提高商品的价值,同时也可以提高经营者的声誉。但是,如果具有市场支配地位的经营者在给卖品市场和搭卖品市场上都从事经营活动,在销售给卖品时要求搭售搭卖品,就会使得给卖品市场上的支配者可以采用搭售来排斥搭卖品市场上的竞争者。这种搭售的目的是为了将市场支配地位传导到被搭售商品的市场上,或妨碍潜在的竞争者进入这个市场。

搭售或附加不合理交易条件的主要表现形式包括:商品或服务直接搭配出售,即经营者在销售商品或提供服务时,要求购买者必须接受另一种商品或接受另一种服务;限定转售价格,即制造商向经销商提供商品时,要求经销商必须按制造商限定的价格销售商品,不得自行变动;限定销售地区,即供应商提供商品时,要求经销商只能向某一类顾客销售该商品;独家经销限制,即供应商向经销商提供商品时,要求经销商只能销售它提供的商品,而不得销售其他竞争对手提供的同类商品等。

搭售或附加不合理交易条件最初是依据反不正当竞争法中的善良风俗标准来判断是否无效,后来逐渐被纳入反垄断法的范围,因其具有明显的限制竞争效果而受到规制。判断搭售是否合理应当考虑的因素包括:行为人在给卖品市场上是否具有市场支配地位;给卖品与搭卖品是否属于不同的商品,即商品之间是否具有可替代性;搭售是否出于该商品的交易习惯;被搭售的商品若分开销售,是否有损于商品的性能和使用价值;搭售经营者是否有其他合理的抗辩理由,如效率抗辩、健康、安全抗辩等。法律禁止的搭售首先是一种不合理的安排。如果是为了保证商品的质量和稳定性,要求买方购买一定的配套商品,不应当属于禁止之列。违法的搭售行为必须具有严重的反竞争效果,即通过搭售会加强经营者在市场上的支配地位,从而给市场竞争带来显著的不利影响。

微软搭售案[①]

1998年5月,美国司法部联合19个州和哥伦比亚特区的司法部门向哥伦比亚特区地方法院提出民事诉讼,称微软公司在其所有的操作系统中加入Internet Explore(简称"IE")因特网浏览功能,将IE浏览器软件与操作系统Windows 95捆绑在一起进行销售,并将安装IE浏览器作为电脑制造商申请使用其操作系统的必要条件,该行为违反了联邦反托拉斯法。

1999年11月,哥伦比亚特区地方法院认为,微软在视窗操作系统市场占有支配性的、持久的和不断增长的份额,并利用自己的这一垄断力量实施了侵害消费者、电脑制造商和其他有竞争关系的公司利益的行为,违反了反托拉斯法的规定。地方法院判决:将微软拆分为经营Windows操作系统的公司和经营浏览器和其他应用软件的公司;对微软的行为实行一定的限制,包括禁止微软公司报复那些未使用IE浏览器的电脑生产商,对Windows操作系统实行统一定价;赋予电脑生产商自由选择是否安装Windows 95操作系统的权利;禁止微软公司以销售Windows 95操作系统为条件来销售自己的IE浏览器;禁止微软与其潜在的竞争对手达成瓜分市场的协议等。微软公司向哥伦比亚特区联邦上诉法院提起上诉。

2001年6月,哥伦比亚特区联邦上诉法院作出判决:维持地方法院作出的垄断维持违法的结论,因为微软公司在操作系统市场上存在垄断力,其商

[①] 周德邦:《美国诉微软公司——新经济时代的美国反托拉斯法与知识产权》,载《电子知识产权》2003年第4期。

业行为方式是反竞争的；撤销关于企图垄断违法的判决，因为认定的垄断浏览器市场是不正确的，对于浏览器竞争者的进入阻碍也是推测性的，而非现实的；发回重审搭售行为，因为对本案适用独立商品审查和本身违法原则均不适当；撤销拆分令，因为缺乏必要的听证程序。

2002年11月，哥伦比亚特区地方法院重新作出判决，禁止微软公司实施维持垄断的反竞争商业行为：禁止微软公司不合理地限制原始设备制造商(OEMs)、Internet 服务提供商(IAPs)、Internet 内容提供商(ICPs)、独立软件开发商(Independent Software Vendors, ISVs)或独立硬件开发商(Independent Hardware Vendors, IHVs)的竞争、价格歧视，限制OEMs或最终用户选择安装或显示非微软公司的中间件(Middleware)或其他产品/服务，对ISVs、IHVs、IAPs、ICPs和OEMs公布应用软件编程接口(Application Programming Interfaces, APIs)和相关文件，以合理而非歧视的方式许可与Window操作系统进行以通信为唯一目的的第三方，在合理范围内给予ISVs、IHVs、IAPs、ICPs和OEMs强制许可等。

微评：作为依靠市场机制壮大起来的企业，若实施了限制市场竞争的行为，也必将受到反托拉斯法的制裁。微软被美国司法部起诉即是一个典型的例子。我国也发生过类似案例，著名的"3Q案"中的软件捆绑销售问题，引发了研究者关于互联网软件捆绑销售的反垄断法规制的讨论。搭售问题是反垄断立法和执法的重点与难点问题之一。在互联网领域，由于相关市场界定和市场支配地位认定的特殊性，使得搭售的反垄断规制更加成为备受关注和争议的问题。

六、差别待遇

差别对待是指具有市场支配地位的经营者没有正当理由，对条件相同的交易对象，就其所提供的商品的价格或者其他交易条件给予明显区别对待的行为。

最常见的差别对待形式是价格歧视。价格歧视主要包括对不同地区的顾客以不同价格销售、对不同地区的顾客以不同价格购买、对特别顾客以特别价格供应以及以不同价格接受不同顾客的产品等四种类型。除了价格歧视之外，还存在许多非价格的差别对待行为，比如对条件相同的交易相对人实行不同的交易数量、品种、品质等级,实行不同的数量折扣等优惠条件,实行不同的付款条件、交付方式以及实行不同的保修内容和期限、维修内容和时间、零配件供应、技术指导等售后服务条件等。

对于占有市场支配地位的经营者来说,差别待遇是一种有效的市场经营策略。从反垄断法的角度来看,差别对待不仅对市场的竞争秩序产生明显的不利影响,而且还会因其歧视交易对手从而影响最终消费者的利益。[①] 这种影响表现在三个层面:第一个层面是生产者之间的竞争,即对处于同一层次上实行差别待遇的企业与未实行差别待遇的企业之间产生影响。第二个层面是经销商之间的竞争,即商品供应商的歧视行为会对经销商之间的公平竞争产生不利影响。第三个层面是对消费者的影响。差别待遇会使无辜的消费者受到波及,对同一商品的价格,由于供应商的差别待遇导致零售商的价格差异,使消费者遭受了不应有的不公平待遇。

谷歌比较购物服务市场滥用市场支配地位案[②]

2010年2月,德国比价网站Ciao联合多家同类公司向欧盟委员会发起对谷歌的控诉,认为谷歌利用其搜索引擎优势推广自己的比价购物服务,损害了竞争对手的利益。

欧盟委员会从以下几个因素认定,自2008年以来谷歌在除捷克(从2011年开始谷歌在捷克具有市场支配地位)之外的其他成员国的通用搜索服务市场中均具有市场支配地位,且在网络效应的作用下搜索市场存在较高的市场进入壁垒:(1) 市场份额,(2) 市场进入及扩展壁垒,(3) 用户多宿主行为的低频率性(infrequency of user multi-homing)及品牌效应,(4) 缺乏抵消性买方力量。

调查显示,2008年开始,谷歌相继在德国、英国、法国、意大利、荷兰、西班牙、捷克等13个国家,利用其在搜索引擎市场的主导地位,向用户展示搜索结果页面时,将旗下的比价购物服务置于首页的优先位置,而将欧盟范围内竞争对手的比价购物服务置后。这一策略直接提升了谷歌比价购物服务的用户访问量,置竞争对手于不利地位。

---

① 王晓晔:《欧共体竞争法》,中国法制出版社2001年版,第256页。
② European Commission,Case AT. 39740-Google Search (Shopping).

欧盟委员会认为，谷歌滥利用其在网络搜索市场的支配地位，在搜索结果中偏向了自己的比价购物服务。当消费者使用谷歌搜索引擎时，与谷歌比价购物服务相关的结果会显示在搜索结果的优先位置，而相应降低了竞争对手的排名。谷歌的比价购物服务不受其通用搜索算法的约束，长期位居搜索结果首页的显著位置。这严重破坏了比价购物市场的竞争秩序，并对市场竞争产生了显著影响。

2017年6月22日，欧盟委员会因此认为谷歌违反《欧盟运行条约》第102条，构成滥用市场支配地位的行为，并作出处罚决定。处罚措施包括：第一，开出24.2亿欧元的巨额罚单；第二，要求谷歌在90天内停止滥用市场地位的行为，给予同类竞争者平等待遇，并保证不再采取类似措施；第三，欧盟将密切关注谷歌的整改情况，如果违反欧盟委员会的决定，其母公司（Alphabet）将被征收最高每日全球营业收入5%的罚款；第四，任何受害者都可以向法庭提起诉讼，要求谷歌给予赔偿。

微评：互联网时代，搜索引擎是用户使用网络的主要入口，搜索结果的展示将直接影响用户的选择和消费行为。搜索引擎服务提供者在索引信息内容时应当保持中立地位，对各类市场从业主体一视同仁，避免对算法给出的搜索结果进行人工干预。谷歌将其在搜索引擎市场的支配地位传导到比价购物市场，损害了后者的竞争环境。欧盟委员会对谷歌处以巨额反垄断罚款的决定，一方面彰显了欧盟遏制大型企业滥用支配地位、维护市场公平竞争的决心，另一方面，面对全球范围内互联网企业垄断趋势加剧的态势，为各国开展反垄断调查提供了典型案例，具有重要的参考意义。

七、忠诚折扣

忠诚折扣是指经营者以客户在一定时期内购买经营者某种商品的数量超过一定的购买量为条件，或根据客户购买的某种商品占其对该商品总需求量的比例向该客户提供折扣。

对于忠诚折扣，美国和欧盟的态度不太一样。美国持相对宽松立场，不仅立法上没有出现关于"忠诚折扣"的表述，而且在司法实践中也相对保守。欧盟对忠诚折扣素来持严苛立场。从欧盟的判例来看,忠诚折扣兼具独家交易与价格歧视的性质。但近年来,欧盟的立法指导思想似乎更关注忠诚折扣的独家交易性质。忠诚折扣常被认为可能会锁定客户,即通过堵塞竞争对手的销售渠道而排挤竞争对手。

忠诚折扣的表现形式多样,主要可以分为以下几种类型。第一,单一产品折扣与复合产品折扣。单一产品折扣是指顾客购买经营者的单一产品在一定时期内的购买量超过一定的门槛时得到的折扣;而复合产品折扣有时也被称为"捆绑折扣",是指在混合捆绑销售的情况下经营者为顾客提供的折扣,即经营者将可单独出售的不同产品捆绑起来以低于单件产品总价的价格进行折扣销售。第二,增量折扣和追溯折扣。这是根据折扣的适用范围来区分的。增量折扣只针对顾客的超过门槛的那些购买量提供折扣;而追溯折扣则针对顾客的所有购买量提供折扣。总体而言,追溯折扣比增量折扣更容易增强"忠诚度效果"。第三,个性化目标折扣和标准化目标折扣。单一产品折扣其实是一种目标性折扣,又可以按照设定门槛的依据,分为个性化目标折扣和标准化目标折扣。个性化目标折扣是根据各个顾客的总购买需求来"量身定做",以设定具体的百分比目标或购买量目标作为得到折扣的门槛;而标准化目标折扣的门槛对全部或某一顾客群体来说是统一的,它对于一些小购买量的顾客来说可能太高,对于一些大购买量的顾客来说又可能太低,所以增强"购买忠诚度"的作用就相当有限。然而,如果设定的是一个接近大多数顾客需求临界点的统一门槛,也可能产生排除竞争的后果。

有人认为,忠诚折扣的本质是企业在"忠实客户"与"不忠实客户"之间的价格歧视,即对"不忠实客户"实施以忠诚折扣为代价的金钱惩罚。但也有人认为,忠诚折扣不同于价格歧视,两者的侵害客体完全不同:价格歧视侵害的是交易相对人,导致被歧视的交易相对人在相关市场无法正常开展竞争;而忠诚折扣伤害的是横向竞争者,导致竞争者无法进行价格竞争,市场份额锐减。

在我国工商行政管理总局查处的"利乐案"中,首次将忠诚折扣认定为构成《反垄断法》第 17 条第 1 款第 7 项规定的"其他滥用市场支配地位的行为"。

利乐公司滥用市场支配地位案[①]

根据调查,工商总局认定,在2009—2013年期间,利乐公司在中国大陆液体食品纸基无菌包装设备(以下简称"设备")、纸基无菌包装设备的技术服务(以下简称"技术服务")、纸基无菌包装材料(以下简称"包材")三个市场,均具有市场支配地位。工商总局认为,2009—2013年期间,利乐凭借其在设备市场、技术服务市场的支配地位,在提供设备和技术服务过程中搭售包材;凭借其在包材市场的支配地位,通过限制原料纸供应商与其竞争对手合作,限制原料纸供应商使用有关技术信息,妨碍原料纸供应商向其竞争对手提供原料纸;凭借其在包材市场的支配地位实施追溯性累计销量折扣和个性化采购量目标折扣等排除、限制竞争的忠诚折扣,妨碍包材市场的公平竞争。

利乐公司的上述行为被认定为违反了《反垄断法》的有关规定,构成了该法第17条第1款第4项、第5项和第7项规定的没有正当理由搭售、没有正当理由限定交易和其他滥用市场支配地位的行为。依据《反垄断法》,工商总局责令利乐公司停止违法行为,包括不得在提供设备和技术服务时无正当理由搭售包材,不得无正当理由限制包材原纸供应商向第三方供应牛底涂布液包白卡纸,不得制定和实施排除、限制包材市场竞争的忠诚折扣,处罚款计667724176.88元人民币。

微评:在该案中,工商总局将忠诚折扣列为《反垄断法》第17条第1款第7项规定的"国务院反垄断执法机构认定的其他滥用市场支配地位的行为"表明,将忠诚折扣作为一种滥用市场支配地位的行为予以规制的前提是当事人具有市场支配地位,即具有明显排除、限制竞争效果的忠诚折扣才会受到反垄断法的规制。这是我国反垄断执法机构首次对"其他滥用市场支配地位的行为"进行认定,对之后的反垄断执法具有重要的指导和参考意义。

[①] 国家工商行政管理总局行政处罚决定书工商竞争案字〔2016〕1号。

第三节 滥用市场支配地位行为的认定

对滥用市场支配地位行为的认定通常有以下三个步骤,即确认涉嫌对象的市场范畴(相关市场界定),确认涉嫌对象的市场支配地位(市场支配地位认定),确认涉嫌对象的行为性质(滥用行为认定)。鉴于前文已经描述相关市场界定的步骤和方法,下面重点对市场支配地位以及滥用行为的认定予以介绍。

一、市场支配地位的认定

(一)市场支配地位的认定

确定经营者是否拥有市场支配地位是确定其是否存在滥用行为的前提条件。对于市场支配地位的界定,主要存在两种模式:一种是通过立法明文规定,以德国为典型代表;另一种是在案件审理中进行推定,以美国为典型代表。

德国《反限制竞争法》中所指的市场支配地位不仅包括独占或准独占,也包括经营者相对于其他竞争者具有突出的市场优势。另外,德国还承认"共同市场支配地位",即将两个或两个以上的经营者作为整体看待,共同具有市场支配地位。此外,《反限制竞争法》第19条还规定了推定具有市场支配地位的方法,即如果经营者的市场份额达到下列标准,就推定其具有市场支配地位:(1)一个经营者占有三分之一以上的市场份额;(2)三个以下经营者共同占有二分之一以上的市场份额或五个以下经营者共同占有三分之二以上的市场份额,除非它们能证明彼此间能展开实质上的竞争或总体上不具有相对其他竞争者的突出市场地位。

美国对市场支配地位的认定标准是通过司法判例确立的。在"美国铝业公司案"中,美国法院认为90%的市场份额足以构成垄断,60%的市场份额是否构成垄断有疑问,而33%的市场份额不足以构成垄断。在"联合制鞋机器公司案"中,法官还考虑了经营者制定价格的行为、经营者及其竞争者的金融实力、经营者的学习优势、经营者产品的花色品种以及固定需求等。美国法院逐渐认识到,虽然市场份额在衡量一个经营者是否具有垄断地位时有决定性意义,但单纯的市场份额标准并不一定能准确反映经营者的市场地位。

我国《反垄断法》对市场支配地位采取了综合认定的模式。

第一,立法上对市场支配地位作了基本界定,即是指经营者在相关市场内具有能够控制商品价格、数量或者其他交易条件,或者能够阻碍、影响其他经营者进入相关市场能力的市场地位。

第二,立法对执法机关在认定经营者具有市场支配地位时应当考虑的因素作了明确规定,即:(1)该经营者在相关市场的市场份额,以及相关市场的竞争状况;(2)该经营者控制销售市场或者原材料采购市场的能力;(3)该经营者的财力和技术条件;(4)其他经营者对该经营者在交易上的依赖程度;(5)其他经营者进入相关市场的难易程度;(6)与认定该经营者市场支配地位有关的其他因素。

第三,立法上规定了可以推定为具有市场支配地位的情形。《反垄断法》第19条第1款规定:"有下列情形之一的,可以推定经营者具有市场支配地位:(一)一个经营者在相关市场的市场份额达到二分之一的;(二)两个经营者在相关市场的市场份额合计达到三分之二的;(三)三个经营者在相关市场的市场份额合计达到四分之三的。"此外,根据《禁止滥用市场支配地位行为暂行规定》第13条的规定,认定"共同市场支配地位"除了考虑市场份额之外,还应当考虑市场结构、相关市场透明度、相关商品同质化程度、经营者行为一致性等因素。

第四,立法上对不应当被推定为具有市场支配地位的情形作了规定。《反垄断法》第19条第2款、第3款规定:"有前款第二项、第三项规定的情形,其中有的经营者市场份额不足十分之一的,不应当推定该经营者具有市场支配地位。被推定具有市场支配地位的经营者,有证据证明不具有市场支配地位的,不应当认定其具有市场支配地位。"

(二)相对优势地位的认定

由于相对优势地位是由交易相对方的依赖性而产生的,因此有关依赖性的判断是相对优势地位认定的关键。判断一方对另一方是否有依赖性的核心要件是"可合理期待的可能性转向",具体包括以下两个方面的内容:第一,相对人转向其他交易渠道的可能性。如果企业在被断绝交易关系后,还有其他供给或者需求的途径,则具备转向的可能性;[①] 转向可能性一般发生于拒绝供应企业的竞争者或者进口商品、服务的交易渠道上,同时也可能发生于受到不合理待遇的弱势企业。第二,相对人转向其他交易渠道的合理性。即使存在交易转向的可能性,还要考虑这种转向的合理性问题,因为这种转向可能存在高额的交易成本而

---

① 吴秀明:《竞争法制之发轫与展开》,元照出版公司2004年版,第477页。

使得这种转向的可能性变得不现实。因此,转向的可能性是否合理,不仅要看市场上是否存在其他交易渠道,还要看这种渠道与原来的供给方式对于交易相对人来说是否具有功能上的可替代性。

二、滥用行为的认定

具有市场支配地位的经营者往往会不正当地利用自身优势,并实质性地限制或排斥竞争,实施损害消费者利益的行为。纵观各国反垄断法,有的对滥用行为的规定比较概括、抽象,有的明确列举了数种典型的滥用行为。但不管采用何种体例,实际操作中对各种行为是否属于滥用行为的认识并未存在很大差异。

(一)认定滥用市场支配地位行为的依据

在判定经营者的市场行为是否属于滥用市场支配地位行为的时候,主要的依据是经营者实施该种行为的目的和实际造成的后果。事实上,要确定具有市场支配地位的经营者实施垄断行为的目的和效果是比较困难的,这是对滥用行为进行反垄断规制的难题所在。经营者是否具有排除、限制竞争的目的,往往是根据行为本身来判断的;而行为本身是否值得谴责,又必须要看其是否造成了排除、限制竞争的效果。但是,几乎所有类型的滥用市场支配地位行为都可能存在"正当理由",如何在其可能造成的反竞争效果和"合理理由"之间进行权衡取舍,所有国家和地区的反垄断法实施面临的最大难题之一。

(二)价格滥用行为的认定

价格滥用行为的认定包括对垄断价格、掠夺性定价和价格歧视是否属于滥用行为的认定。这些行为都不可避免地要涉及对成本和价格进行比较。但是,衡量企业的成本本身就是一项极其复杂的工作,更何况要将成本与价格进行比较,得出成本价格差是否合理,就更是难上加难。以掠夺性定价为例,《反垄断法》第12条第1款第2项规定,禁止具有市场支配地位的经营者"没有正当理由,以低于成本的价格销售商品"。《禁止滥用市场支配地位行为暂行规定》第15条明确提出,在《反垄断法》下认定"低于成本销售","应当重点考虑价格是否低于平均可变成本。平均可变成本是指随着生产的商品数量变化而变动的每单位成本。涉及互联网等新经济业态中的免费模式,应当综合考虑经营者提供的免费商品以及相关收费商品等情况"。这在很大程度上提高了掠夺性定价认定的可操作性。不过,在理论上,成功的掠夺性定价应该包含两个阶段:第一,以低于成本的价格将竞争者排挤出相关市场;第二,将竞争对手排挤出市场之后,通过提高价格获取垄断利润。因此,对掠夺性定价的规制很大程度上是一种"推定":假定低于成本定价的企业在排挤出竞争对手之后,紧接着会实施垄断价格。问题是,这种推定的"正确率"有多高？如果要求竞争对手证明具有市场支配地位的经营者在将来能够实施垄断价格,由于这种事实目前尚未发生,原告的举证责任实际上是很重的；而如果只考虑第一个阶段(低于成本定价),不考虑低于成本定价的经营者在将来是否可能实施垄断高价,又可能扼杀高效率的企业,导致对市场的过度干预。

价格歧视的认定更加复杂。认定歧视行为应当有一个评价尺度,即被歧视的交易相对人与其他交易相对人之间具有可比性。例如,供货商愿意给大超市提供更大的折扣,但是不愿意以同样价格提供给小杂货店,可能是出于销售成本的考虑,所以在实践中价格歧视可能具有经济上的合理性。因此,只有"条件相同的交易相对人"之间才具有可比性。在认定价格歧视的过程中,最为关键也最为困难的一点是如何判断交易相对人是否"条件相同"。严格来看,世界上不可能存在两个条件完全相同的经营者。因此,这里所谓的"条件相同",在反垄断法意义上不应该是指交易相对人本身,而是指交易相对人与交易相关的各种条件。换言之,即便不同的交易相对人在规模、成本、效率等各方面都存在显著差异,但是如果能够满足同样的交易方式、交易数量和交易环节等要素,就应该认定属于条件相同的交易相对人。

(三) 非价格滥用行为的认定

相比之下,包括拒绝交易、排他性交易、差别待遇和搭售等在内的非价格滥用行为并不直接涉及成本价格分析。但是,相比于赤裸裸的价格垄断,这些行为的效率合理性可能更加显著。比如,拒绝交易可能是基于对交易相对人交易信用的担忧；排他性交易可能是基于保障产品安全或品质的考虑；差别待遇可能是由于与不同的交易相对人交易具有不同的交易成本；搭售可能是为了推广新产品或者便利消费者组合购买相关产品。因此,《工商行政管理机关禁止滥用市场支配地位行为的规定》第 8 条规定,工商行政管理机关在认定非价格滥用行为的正当理由时,应当综合考虑有关行为是否为经营者基于自身正常经营活动及正常效益而采取,及其对经济运行效率、社会公共利益及经济发展的影响。

在滥用市场支配地位行为的认定中,"不公平"和"无正当理由"是两个十分核心的因素。价格滥用行为的认定多涉及"不公平"因素,非价格滥用行为的认定多涉及"正当理由"因素。对此,2019 年国家市场监督管理总局发布的《禁止滥用市场支配地位行为暂行规定》第 20 条专门规定了还应当考虑下列因素："（一）有关行为是否为法律、法规所规定；（二）有关行为对社会公共利益的影响；（三）有关行为对经济运行效率、经济发展的影响；（四）有关行为是否为经营者正常经营及实现正常效益所必须；（五）有关行为对经营者业务发展、未来投资、创新方面的影响；（六）有关行为是否能够使交易相对人或者消费者获益。"

> ### R 公司诉 B 公司垄断纠纷案[①]
>
> 原告 R 公司诉称：原告是一家从事医药信息咨询服务的公司，从 2008 年 3 月起，原告开始对被告 B 公司经营的 B 搜索进行竞价排名的投入。2008 年 5 月，原告由于公司自身经营需要开始减少投入额。2008 年 7 月 10 日，原告发现自己所经营的医药网站的日访问量骤减，以该日为分界点的前后两个月的访问量相比也出现大幅度减少。2008 年 9 月 25 日，原告通过对谷歌搜索和 B 搜索收录情况进行查询后发现，谷歌搜索对自己的医药网站的收录为 6690 页，而 B 搜索仅收录了 4 页，且 B 搜索收录这 4 页还是因为原告参与了 B 搜索的竞价排名。以上证据充分证明，由于原告于同一时期降低了对 B 搜索竞价排名的投入，被告即对其医药网站进行了全面屏蔽，从而导致了该网站访问量的大幅度减少。根据业界的相关报道及《反垄断法》第 19 条的规定，B 搜索已经具有了中国搜索引擎市场的支配地位。被告利用这种地位，对原告的网站进行屏蔽，给原告造成了巨大的经济损失，违反了《反垄断法》第 17 条的规定，构成滥用市场支配地位强迫原告进行竞价排名交易的行为。
>
> 被告 B 公司辩称：被告对原告所拥有的医药网站采取了减少收录措施的原因是，原告的网站设置了大量垃圾外链，搜索引擎自动对其进行了作弊处罚。但是，该项处罚措施针对的仅仅是 B 搜索中的自然排名结果，与原告所称的竞价排名的投入毫无关系，亦不会影响原告竞价排名的结果。另外，被告提供的搜索引擎服务对于广大网民来说是免费的，故与搜索引擎有关的服务不能构成《反垄断法》所称的相关市场。

[①] 北京市高级人民法院民事判决书(2010)高民终字第 489 号。

> 一审法院认为,原告既未能举证证明被告在"中国搜索引擎服务市场"中占据了支配地位,也未能证明被告存在滥用市场支配地位的行为;相反,被告已经证明其行为的正当性。因此,驳回原告R公司的全部诉讼请求。
>
> 二审法院认为,一审判决认定事实清楚,适用法律正确,判决驳回上诉,维持原判。
>
> **微评**:根据《反垄断法》第3条、第6条的规定,在"相关市场"中具备市场支配地位并存在滥用行为,是构成滥用市场支配地位行为的基本要件。在本案中,一审法院认为,在我国现有法律、法规及司法解释未对垄断诉讼中举证责任的分配作出特别规定情况下,依据《中华人民共和国民事诉讼法》(以下简称《民事诉讼法》)第64条的规定,原告应当对"相关市场"的存在、被告是否具备"市场支配地位"及是否存在"滥用行为"等事实承担举证责任。本案中原告未能完成上述举证责任,故其诉讼主张不能得到支持。

思考题

1. 垄断价格和掠夺性定价存在哪些区别?
2. 市场支配地位和相对优势地位存在哪些区别?
3. 拒绝交易和排他性交易存在哪些区别?
4. 简述如何认定市场支配地位。
5. 简述如何认定滥用行为。
6. 简述行为主义和结构主义对具有市场支配地位的经营者规制上的区别。

第八章　经营者集中及其法律规制

【学习要点】
1. 重点掌握经营者集中的类型
2. 理解经营者集中控制的制度价值
3. 掌握经营者集中控制的实体制度
4. 掌握经营者集中控制的程序制度

虽然经营者集中本身存在包括协同效应在内的很多内在经济驱动因素，但是由于经济力量的集中可能会影响市场结构和市场竞争程度，因此自1890年美国颁布《谢尔曼法》以来，控制经营者集中一直是各国反垄断法的重要任务之一。伴随着经济全球化的发展和跨国兼并浪潮的兴起，经营者集中控制制度越来越凸现其社会综合价值。

第一节　经营者集中概述

一、经营者集中的概念

反垄断法上的经营者集中是指经营者通过合并、资产购买、股份购买、合同约定（联营、合营）、人事安排、技术控制等方式取得对其他经营者的控制权或者能够对其他经营者施加决定性影响的情形。

企业合并是典型的经营者集中形式，商法上所称的"合并"是指两个或两个以上独立的企业，通过取得财产或股份等形式导致两个或者更多的独立的企业被一个新的企业所取代或者合并成一个新企业的法律行为。反垄断法上所指的"集中"则含义广泛得多，它不仅包含上述资产转移型的合并，还要扩大到一个企业能够对另一个企业发生支配性影响的所有方式，包括持有其他公司的股份，取得其他企业的资产，受让或承租其他企业全部或主要部分的营业或财产，与其他企业共同经营或受其他企业委托经营，干部兼任，直接或间接地控制其他企业的人事任免等实现市场力量集中之目的的行为。概而言之，一个或者多个企业对其他企业全部或者部分获得控制权,从而导致持久的相互关系的一切可能性行为,都可以包含在经营者集中的范畴之内。

根据美国《克莱顿法》第 7 条的规定,企业合并是指从事商业或从事影响商业活动的任何人取得他人所持有的股票或其他股份或者资产的行为、合并行为、合营行为、兼任管理职务的行为。① 根据德国《反限制竞争法》第 37 条第 1 款的规定,该法上的企业合并不仅包括一个企业取得另一企业的财产或者股份,还包括"使一个或者若干企业可以直接或者间接对另一企业的市场竞争施加重大影响的所有联合方式",包括企业间组建合营企业,建立康采恩②,订立委托合同或者企业间的人事联合等。日本《禁止私人垄断和确保公平交易法》中没有关于经营者集中的明确定义,而是采取了"列举式"的定义方式:在规定了限制垄断状态的措施的前提下,分别对合并、股份持有、干部兼任、营业受让等行为进行了规定。根据这些规定,如果前述行为的结果将实质性地限制一定交易领域内的竞争,以及行为人所采取的方法被认为是不正当的交易方法时,该种合并行为将被禁止。③

由此可见,反垄断法关于企业合并概念的重点并非在于被合并企业的法律人格的变化,而在于企业合并产生或可能产生的市场经济力量的集中和合并对市场竞争的影响。反垄断法除了规制能产生企业主体资格消灭或变更效果的行为外,还包括多种企业经营权实质性转移的其他行为。这是因为,反垄断法关注的是实质意义上的限制竞争的结果,只要是能够达到限制竞争结果的形式,都要对其加以规范。因此,经营者集中的真正内涵不在于一个企业对另一个企业的吞并,而在于是否能够达到控制或支配的目的。

二、经营者集中的类型

经营者集中可以分为横向集中、纵向集中和混合集中三种基本类型。

横向集中也称为"水平集中",是指处于同一相关市场内或者说具有市场竞争关系的经营者之间的集中。横向集中的显著经济效果体现在由于市场经营规模扩大而产生的规模经济。横向集中在一定程度上能够扩大经营者的规模,提

---

① 王为农:《企业集中规制的基本法理——美国、日本及欧盟的反垄断法比较研究》,法律出版社 2001 年版,第 12—19 页。
② 康采恩是德语 Konzern 的音译,原意为"多种企业集团",是一种规模庞大而复杂的资本主义垄断组织形式。
③ 《日本禁止垄断法》,王长河、周永胜、刘风景译,法律出版社 1999 年版,第 102 页。

高资源配置效率,降低交易成本。特别是中小经营者之间的集中,有助于形成可以与大企业或者跨国公司进行竞争的市场力量。因此,从规模经济和参与国际市场竞争的维度看,横向集中具有积极意义。但是,横向集中也被认为最有可能引起垄断和破坏市场竞争,因为横向集中减少了竞争者,提高了集中企业的市场占有率,直接影响市场结构。经营者出于利润最大化的考虑,往往会减少产出而提高价格,造成消费者剩余减少,社会整体福利也因商品的总供给减少而下降。[1] 不仅如此,横向集中可使相关市场上的竞争者更加容易相互协调,从而减少竞争。横向集中在消除竞争方面几乎与垄断协议具有异曲同工之妙,而且有过之而无不及。因为经营者之间的垄断协议还存在着背约的风险,而经营者之间集中后形成的关系更加稳固,其消除竞争的影响将是永久性的。因此,横向集中一直是各国反垄断法管制较严格的限制竞争行为。

纵向集中也称为"垂直集中",是指处于不同生产或销售环节的经营者之间的集中,其实质是将原来的市场交易关系内化成企业内部的管理关系。这类集中发生在同一相关商品市场中的不同产业链之间,能够减少信息收集、谈判、签约等交易成本,也不直接导致企业市场占有率的提高和市场势力的增强,因此无论是从交易成本角度,还是从范围经济角度,都会有一定的效率优势。但是,纵向集中后的企业会增强对上、下游市场的控制力量,特别是当某个经营者在纵向产业链中的某一个环节具有市场支配地位时,这样的纵向集中就会直接导致垄断的形成。另外,纵向集中可能会对市场上的其他经营者构成进入市场的障碍,从而使未参与或者未完全参与集中的企业处于不利的竞争地位。正因为纵向集中存在着对市场竞争的潜在威胁,它也成为反垄断法规制的对象。

混合集中是指分属不同产业领域的经营者之间的集中,如信息产业和保健品行业的企业之间的集中、金融企业与制造企业之间的集中等。由于混合集中各方之间不存在竞争关系,混合集中对市场竞争并不产生直接的消极影响。但是,混合集中也能够增强企业的经济力量,特别是发生于具有互补性质的商品市场的混合集中,同样会对市场竞争产生消极的影响。比如,混合集中不仅能够加强经营者对集中前所在的市场领域的控制力,而且能够将这种控制力"传导"到集中后的新的市场领域。此外,不同行业部门的资本集中有可能导致少数大型企业对国民经济的垄断性影响,从而有悖于经济自由与经济民主原则。相比于

---

[1] 〔美〕保罗·A.萨缪尔森、威廉·D.诺德豪斯:《经济学(第12版·上)》,高鸿业等译,中国发展出版社1992年版,第686、858页。

横向集中和纵向集中,对于混合集中是否会产生限制竞争效果的分析更加复杂,需要进行多视角的考察。

三、经营者集中控制的制度价值

经营者集中控制的制度价值体现在维护市场竞争、促进经济效率和保障国家经济安全等诸多方面。现代反垄断法并不反对企业通过正当途径获得市场支配地位,即企业原则上可以通过兼并相关竞争者来获得市场支配地位。但是,各国反垄断法出于以下两个方面的考虑建立了经营者集中控制制度:一是经营者集中会导致市场力量过度集中,从而导致市场竞争状态受到抑制;二是经营者在获得市场支配地位后往往存在滥用这种经济优势扰乱经济秩序的可能。19 世纪 40 年代,经济学家克拉克在熊彼特的创新与动态竞争观点的影响下提出了有效竞争理论。随后梅森在综合克拉克的学说和其他经济学家关于实现有效竞争条件的各种分析的基础上,指出了所谓的有效竞争就是能够保证和促进经济增长与技术进步的竞争。在很长一段时间内,人们认为通过反垄断法建立经营者集中控制制度似乎没有实际意义。因为垄断者出于利润追求而在使用相关生产要素时的效率是最大化的,因此每一产量水平都实现了最低的成本。[①] 1956 年,美国经济学家哈维·莱宾斯坦提出了"X-无效率"的概念,很好地回答了企业合并控制制度的价值。他指出,缺乏竞争会使得垄断者的无效率成为可能,即垄断者可以在高于它的理论成本曲线的某一点运行。[②] 因此,经营者集中控制制度是在不完全竞争市场状态下政府实现效率最大化的有效工具。

美国直到 20 世纪 80 年代还采取"结构主义"的立场来处理经营者集中案件。根据结构主义的立场,如果市场集中度迅速上升或者参与集中的企业的市场份额过大,就会被认为是具有排除、限制竞争效果的集中而被禁止。尽管现代意义上的反垄断法已经在很大程度上摆脱了结构主义的思路,但是经营者集中的法律控制仍然带有结构主义的色彩。"由于芝加哥学派自 20 世纪 70 年代后的影响力,结构主义对反垄断政策制定者的影响逐渐衰落,但是,结构主义的模式对反垄断仍然具有影响力,尤其是在司法决策和政府反垄断执行机关对竞争

---

① 〔美〕W. 基普·维斯库斯等:《反垄断与管制经济学(第 3 版)》,陈甬军等译,机械工业出版社 2004 年版,第 49 页。

② H. Leibenstein, Allocative Efficiency vs. X-Efficiency, American Economic Review, Vol. 56, 1996.

企业之间的合并指南中表现最为明显。"①因此,并不存在纯粹意义上的行为主义反垄断立法模式。通过控制市场结构来维护市场竞争,仍然是反垄断法的基本理念之一。

伴随着经济全球化的发展,企业跨国兼并浪潮汹涌澎湃。虽然跨国兼并有助于提升资源的全球配置效率,但是它也极大地提升了跨国企业在东道国的影响力。跨国企业并购不仅直接影响到相关国家的市场与经济结构,还往往涉及国家的经济安全问题。因此,在现代社会,经营者集中控制制度不仅成为政府维护市场竞争与经济效率的工具,也日益成为各国应付跨国合并可能产生的不良经济影响的工具。我国作为世界上最大的发展中国家,同样面临着跨国兼并带来的负面影响和威胁。反垄断法有助于政府对相关方面的风险进行控制。

第二节 经营者集中控制的实体制度

一、经营者集中的审查标准

经营者集中本身并不违法,它既有提高整体经济效益、增加公共利益的积极作用,也有产生垄断、妨碍市场竞争的消极影响,只有实质性损害竞争的经营者集中才会遭到反垄断法的禁止。因此,需要确立一个适当的实体标准,对经营者集中进行合理控制,发挥其积极功能,抑制其消极影响。从世界范围来看,主要存在三种不同的实践,分别为以德国为代表的"市场支配地位标准"、以美国为代表的"实质性减少竞争标准"和以欧盟为代表的"严重妨碍有效竞争标准"。

市场支配地位标准建立在经营者市场份额的基础上,以是否产生或加强市场支配地位为主要判断依据。在认定是否产生或加强市场支配地位时,市场份额是最重要的考量因素,同时还要兼顾经营者的财力、购销渠道、特定市场上可以相互替代的商品、潜在的竞争者以及特定市场的进入或退出机制等因素。比如,根据德国《反限制竞争法》第36条第1款,一项合并如果可以被预见将产生或者加强市场支配地位,联邦卡特尔局应禁止该合并,除非参与合并的经营者能够证明该合并也能改善竞争条件,并且这种改善超过支配市场的弊端。依此规定,德国反垄断当局是否禁止一项合并主要取决于两个条件:(1)以是否产生或

---

① 文学国:《滥用与规制——反垄断法对企业滥用市场优势地位行为之规制》,法律出版社2003版,第26页。

者加强市场支配地位作为合并控制的实体标准;(2)参与合并的经营者不能证明该合并同时也能改善竞争条件,而且改善竞争条件的优越性超过了市场支配地位产生的弊端。只有同时符合上述两个条件的合并才会被禁止。欧盟早期的竞争法也采纳市场支配地位标准。

实质减少竞争标准关注企业的集中是否产生或可能产生实质性限制竞争的后果。该标准主要是依据美国《克莱顿法》第 7 条确立的。依此标准,一项合并是否应予禁止,取决于它是否会实质性减少市场竞争,如果是,则加以阻止,反之,则予以批准。为了细化这一标准,美国《横向合并指南》阐明了主管机关在决定是否应对一项横向合并提出异议时应采取五步分析法:第一步,在界定市场的基础上,分析该合并是否显著地增加市场集中度并导致集中化的市场;第二步,根据市场集中度及有关事实,分析该合并是否会引起潜在的反竞争效果;第三步,评估新的市场进入是否能及时、可能、充分地抵消该合并的反竞争效果,以削弱合并后企业的市场势力;第四步,分析该合并是否产生当事人不能通过其他途径实现的效率;第五步,评估在没有合并的情形下,合并当事人是否会破产而退出市场。通过对市场集中、潜在的反竞争效果、市场进入、效率和破产等因素进行五大步骤的详细分析,主管机关可以得出一项合并是否严重减少了竞争的结论,进而决定是否同意一项合并申请。

严重妨碍有效竞争标准主要是欧盟实施的标准,在欧盟《关于控制企业集中的第 139/2004 号理事会条例》(以下简称《第 139/2004 号条例》)中被表述为:"一项严重阻碍共同体市场或其重要部分有效竞争的集中,特别是这项集中导致了产生或增强支配地位的后果,应宣布为与共同体市场不相容。"严重妨碍有效竞争标准在一定程度上综合了市场支配地位标准和实质性减少竞争标准。在认定集中能否产生或加强市场支配地位时,市场份额是最为重要的因素,同时还要考察是否存在抵消市场份额优势的因素。如果在某个特定的商品市场上,市场处于急速发展的不稳定状态中,或者这个市场上的购买者力量很强,或者各个竞争者的市场份额都比较均衡,或者进入市场不存在重大障碍,或者进口商品的潜在竞争压力明显,那么较高的市场份额所具有的优势就很容易被抵消掉。此外,通常还要对其他相关因素进行考察,诸如集中后的经营者能否将其他多数经营者排挤出市场,能否任意提高价格,能否对潜在的竞争对手进入市场设置法律上和事实上的障碍等等。

从历史的角度看,经营者集中的审查标准存在不断演变和趋同的历程。在早期的反垄断实践中,遵循的是哈佛学派所创设的"SCP 范式",认为"大的即是坏的"。彼时的反垄断审查更倾向于关注集中的"单边效应",即关注集中是否会产生或增强经营者的市场支配地位。这就产生了德国和欧盟早期的市场支配地位标准。但是,受芝加哥学派行为主义理论的影响,以及随着经营者集中反垄断审查实践的不断深入,人们发现也需要对经营者之间互相勾结导致的"协同效应"予以回应。因此,现代意义上的经营者集中审查无一例外地需要对"单边效应"和"协同效应"同时进行分析,而实质性减少竞争标准恰好能体现这一要求,因此逐渐为大多数国家所接受。欧盟也正是在此背景下于 2004 年通过了《第 139/2004 号条例》,确立了与实质性减少竞争标准类似的严重妨碍有效竞争标准。

可见,经营者集中反垄断审查标准具有逐渐趋同的趋势。目前,英国、新西兰、澳大利亚、加拿大等国家都纷纷采用美国式的实质审查标准,不少欧盟成员国在积极筹划变更其实质标准,亚洲的日本、韩国和我国台湾地区也都采用实质性减少竞争标准。实质性减少竞争标准已成为多数国家的选择,并已成为一种发展趋势。

我国《反垄断法》第 28 条规定:经营者集中具有或者可能具有排除、限制竞争效果的,国务院反垄断执法机构应当作出禁止经营者集中的决定。从字面意思来理解,我国采用的是"可能排除、限制竞争标准"。商务部《关于评估经营者集中竞争影响的暂行规定》沿用了这一表述。美国的审查标准要求"实质性(substantially)减少竞争",欧盟则要求"严重(significantly)妨碍有效竞争",相比之下,"可能排除、限制竞争"的标准相对较低。在某种意义上,任何正常的集中都可能产生限制竞争的后果,而这恰是市场激励机制的源泉,可以促使市场主体不断地提高生产力,降低成本和提高服务质量。因此,综合考虑我国的经济和社会发展情况,在实践操作中有必要考虑集中本身是否实质性地减少竞争或严重妨碍有效竞争。

二、经营者集中的审查方法

在确定了经营者集中的审查标准之后,需要考虑如何根据审查标准对经营者集中予以具体审查。一般而言,各国都是通过参与集中的经营者在相关市场的市场份额及其对市场的控制力、相关市场的市场集中度、经营者集中对市场进入、消费者和其他有关经营者以及整体经济运行等的影响,来判断经营者集中是否可能造成实质性减少竞争或严重妨碍有效竞争的后果。比如,根据我国《反垄断法》第 27 条的规定:"审查经营者集中,应当考虑下列因素:(一)参与集中的经营者在相关市场的市场份额及其对市场的控制力;(二)相关市场的市场集中度;(三)经营者集中对市场进入、技术进步的影响;(四)经营者集中对消费者和其他有关经营者的影响;(五)经营者集中对国民经济发展的影响;(六)国务院反垄断执法机构认为应当考虑的影响市场竞争的其他因素。"

实践中,各国对经营者集中反垄断审查的认定还确立了几项具体的审查分析制度。

一是经营者集中的安全港制度。经营者集中的安全港是指从市场份额或市场集中度的角度出发确定一个门槛,对达不到门槛的经营者集中推定为不具有限制竞争的后果,进而不对其展开进一步的反垄断审查。安全港的功能在于:一方面,可以过滤掉一大部分不会对竞争造成严重影响的集中,使得执法机构有更多的时间和精力去关注那些更有可能对竞争造成实质性损害的集中案件;另一方面,不论对于经营者还是执法机构而言,都能增加集中案件反垄断审查的可预测性,降低各自的投入成本。在安全港的设置方式上,大多数国家是将市场份额与市场集中度(CRn[①]标准或 HHI[②]标准)同时作为安全港指标,凡满足其中一项,即可免于进一步的反垄断审查。

二是经营者集中的单边效应评估。经营者集中有可能造成的第一个反竞争效果是使参与集中的经营者取得或者加剧市场支配力量。对此,我国商务部《关于评估经营者集中竞争影响的暂行规定》第 4 条第 1 款就规定,在评估经营者集中对竞争产生不利影响的可能性时,"首先考察集中是否产生或加强了某一经营者单独排除、限制竞争的能力、动机及其可能性"。这种考察的基本标准即经营者集中是否会"产生或加强市场支配地位"。值得注意的是,以市场份额和市场集中度为主要衡量指标的市场支配地位标准并不是判断单边效应评估的唯一内容。对市场支配地位的测度除了考察市场份额之外,更应该对市场进入、企业的定价能力以及竞争者的反应等因素展开考察。

三是经营者集中的协同效应评估。经营者集中有可能造成的第二个反竞争效果是降低参与集中的经营者的共谋成本,使卡特尔行为内部化。对协同效应

---

① CRn 表示市场上 n 家最大的经营者的市场份额之和。
② HHI(赫芬达尔-赫希曼指数)是一种测量产业集中度的综合指数,指一个行业中各市场竞争主体所占行业总收入或总资产百分比的平方和,用来计量市场份额的变化,即市场中厂商规模的离散度。

的分析就是考虑集中是否会降低共谋的成本和增大共谋的可能性。对此,商务部《关于评估经营者集中竞争影响的暂行规定》第4条第2款就规定,当集中所涉及的相关市场中有少数几家经营者时,"还应考察集中是否产生或加强了相关经营者共同排除、限制竞争的能力、动机及其可能性"。这就涉及对协同效应的考察。

美国可口可乐公司收购中国汇源果汁集团有限公司股权案[①]

根据《反垄断法》第27条,中华人民共和国商务部(以下简称"商务部")对可口可乐公司与中国汇源果汁集团有限公司的经营者集中反垄断申报从如下几个方面进行了全面审查:(1)参与集中的经营者在相关市场的市场份额及其对市场的控制力;(2)相关市场的市场集中度;(3)经营者集中对市场进入、技术进步的影响;(4)经营者集中对消费者和其他有关经营者的影响;(5)经营者集中对国民经济发展的影响;(6)汇源品牌对果汁饮料市场竞争产生的影响。

商务部依法对此项集中进行了全面评估,确认该集中将产生如下不利影响:

第一,该集中完成后,可口可乐公司有能力将其在碳酸软饮料市场上的支配地位传导到果汁饮料市场,对现有果汁饮料企业产生排除、限制竞争效果,进而损害饮料消费者的合法权益。

第二,该集中完成后,可口可乐公司通过控制"美汁源"和"汇源"两个知名果汁品牌,对果汁市场的控制力将明显增强,加上它在碳酸饮料市场已有的支配地位以及相应的传导效应,集中将使潜在竞争对手进入果汁饮料市场的障碍明显提高。

第三,该集中挤压了国内中小型果汁企业的生存空间,抑制了国内企业在果汁饮料市场参与竞争和自主创新的能力,给中国果汁饮料市场的有效竞争格局造成不良影响,不利于中国果汁行业的持续健康发展。

可口可乐公司对商务部提出的竞争问题先后提出了初步解决方案及其修改方案。经过评估,商务部认为可口可乐公司针对影响竞争问题提出的救

---

① 中华人民共和国商务部公告〔2009〕年第22号。

济方案,仍不能有效减少此项集中产生的不利影响。鉴于参与集中的经营者没有提供充足的证据证明集中对竞争产生的有利影响明显大于不利影响或者符合社会公共利益,在规定的时间内,可口可乐公司也没有提出可行的减少不利影响的解决方案,因此,商务部决定禁止此项经营者集中。

微评:作为中国第一个禁止经营者集中的典型案例,该案例引起了学术界的热烈讨论,主要形成三种观点。第一种观点是全面肯定,认为碳酸饮料和果汁饮料替代性非常明显,可口可乐在中国的碳酸饮料市场上具有市场支配地位,一旦可口可乐进入果汁市场,很快会取得市场支配地位,这种可能性很大。第二种观点是基本肯定,认为虽然美国反对这种传导效应,但欧盟和澳大利亚等适用过,结合中国实际,未尝不可适用。第三种观点是提出质疑、疑惑和担心,认为果汁市场是高度细分的充分竞争市场,汇源只在所谓高浓度和中浓度果汁市场占40%的份额,在整个果汁市场上不超过10%;而且由于果汁市场是一个没有任何法律壁垒的市场,可口可乐限制不了其他产品进入市场,可口可乐的碳酸饮料市场支配地位不会传导到果汁市场。但是,从行政执法的总体过程来看,无论是实体规则还是程序规则的运用,商务部作出的否定性裁决都完全在其自由裁量权范围之内。

三、经营者集中的抗辩事由

在执法机构根据反竞争效果评估得出某项经营者集中具有排除、限制竞争的可能性之后,经营者可以对上述结论提出反驳,指出经营者集中存在诸多"合理性",能够对反竞争效果予以抵消。从各国的立法和实践来看,经营者集中的抗辩事由主要体现在以下四个方面。

(一)市场进入抗辩

市场进入分析既是反竞争评估的其中一个重要方面,也是经营者主张集中可以获得通过的重要抗辩事由。市场进入的内涵很广泛,既包括实际的市场进入,也包括潜在的市场进入;既包括新企业的市场进入,也包括现有企业的市场进入;既包括完全的市场进入,也包括部分的市场进入(比如通过新建产能、扩张市场或者收购现有产能的方式进入市场)。不同的市场进入方式对集中构成的约束不同。现实中市场壁垒的表现形式多种多样,但是主要可以归结为三大类:

一是法律性(行政性)壁垒,是通过法律或行政的手段对经营者的经营资质和经营行为等作出约束,使得只有满足特定条件的经营者才能够从事特定交易,排除其他经营者进入相关市场;二是策略性壁垒,是经营者通过策略性行为限制其他经营者进入相关市场所形成的壁垒,比如以订立长期合同的方式限制第三方经营者进入相关市场,或者传播其存在闲置产能的信息,一旦潜在进入者要进入相关市场,就宣称会开发原有产能与其展开竞争;三是经济性壁垒,是由于经营者存在规模经济或范围经济、技术优势、战略优势等原因所自然形成的进入壁垒,具有当然的合法性基础,也是市场竞争给优胜的经营者带来的合法回报。在不同类型的市场壁垒下,针对市场进入程度的考察,几乎所有国家都确立了进入的及时性、可能性和充分性这三大要件。

(二)效率抗辩

效率抗辩是指经营者通过证明集中的效率效果足以抵消或超过反竞争效果而主张获得反垄断审查的通过。从世界各国的规定以及发展趋势来看,经营者集中效率抗辩的适用需要满足五个要素:一是效率必须为集中所特有;二是效率具有可证实性;三是效率的取得具有及时性;四是效率不来源于反竞争的产出或服务减少;五是效率抗辩在导致独占垄断或接近独占垄断的集中案件中基本不能适用。我国《反垄断法》对效率抗辩的规定隐含在《反垄断法》第 27 条和第 28 条的规定当中。其中,第 27 条规定了经营者集中反垄断审查所需要考虑的因素,其中列举的集中对技术进步和对国民经济发展影响的考察与效率有关。但是,本条对效率的列举是不充分的,对于其他效率如生产效率和交易成本效率等的考量,可以包含在第 27 条所规定的补充因素中。同时,《反垄断法》第 28 条还规定,如果经营者集中对竞争产生的有利影响明显大于不利影响,或者符合社会公共利益,也可以获得通过。"竞争产生的有利影响明显大于不利影响"和"符合社会公共利益"中也包含了效率因素的考量。因此,结合第 27 条和第 28 条的规定,可以得出我国《反垄断法》不仅在反竞争效果审查中要考虑效率因素,而且在社会公共利益豁免的审查中也要考虑效率因素,最终采纳了混合分析模式。

(三)破产抗辩

如果参与集中的一方经营者是濒临破产的企业,那么参与集中的经营者就可以主张该项集中不应被禁止,此即为破产抗辩。此项抗辩的理论依据是:与其让一家企业破产,还不如让新的所有人通过合并途径来取得并管理公司的资产,以便保持市场上的竞争状态。① 破产抗辩在美国、欧盟、德国和日本等许多国家和地区都已经明确确立,但是其适用条件相当苛刻。尽管我国《反垄断法》并未明确提出破产抗辩的概念,但是《关于评估经营者集中竞争影响的暂行规定》第12条明确指出了在评估经营者集中时需要考虑"参与集中的经营者是否为濒临破产的企业"。根据其他国家的经验,破产抗辩适用条件至少应包含以下三个要件:第一,经营者必须证明如果不发生集中,其资产将会在相关市场上流失;第二,不存在重组的可能;第三,不存在其他可替代的具有更小反竞争效果的办法。

(四)社会公共利益抗辩

反垄断法将社会公共利益作为抗辩理由加以考察,是因为经济生活的复杂性使得竞争政策与整体经济和社会公共利益不可避免地存在冲突,因此有必要在两者之间取得平衡。但是,对于什么情况下经营者集中符合社会公共利益,立法中一般不作规定,但是在法律实施中根据案件的情况会作出解释。我国《反垄断法》第28条规定:"经营者集中具有或者可能具有排除、限制竞争效果的,国务院反垄断执法机构应当作出禁止经营者集中的决定。但是,经营者能够证明该集中对竞争产生的有利影响明显大于不利影响,或者符合社会公共利益的,国务院反垄断执法机构可以作出对经营者集中不予禁止的决定。"

马士基、地中海航运、达飞新设网络中心案②

该经营者集中案件交易方分别是丹麦公司、瑞士公司和法国公司,拟在英格兰和威尔士设立一家有限责任合伙制的网络中心,统一负责交易方在亚洲—欧洲、跨大西洋和跨太平洋航线上集装箱班轮的运营事务。

根据《反垄断法》第27条的规定和本案特点,中华人民共和国商务部(以下简称"商务部")对交易方及网络中心涉及的相关市场份额、市场控制力、市场集中度、市场进入、对消费者和其他经营者的影响等因素进行了评估,认为本次集中完成后,交易方将形成紧密型联营。鉴于在跨太平洋航线上存在较多的竞争者,市场结构相对分散,商务部重点考察了亚洲—欧洲航线集装箱班轮运输服务市场后认为,本案将

---

① 〔美〕马歇尔·C.霍华德:《美国反托拉斯法与贸易法规——典型问题与案例分析》,孙南申译,中国社会科学出版社1991年版,第152页。
② 中华人民共和国商务部公告〔2014〕年第46号。

对亚洲—欧洲航线、跨太平洋航线和跨大西洋航线的国际集装箱班轮运输服务市场的竞争产生以下不利影响:(1)将形成与航运联盟有本质区别的紧密型联营;(2)本次交易将显著增强交易方的市场控制力;(3)本次交易将大幅提高相关市场的集中度;(4)本次交易将进一步提高相关市场的进入壁垒;(5)本次交易将对其他有关经营者产生一定影响。

商务部评估认为,交易方提交的最终救济方案缺少相应的法律依据和可信服的证据支持,不能解决集中产生的不利影响;此项经营者集中形成了交易方紧密型联营,在亚洲—欧洲航线集装箱班轮运输服务市场可能具有排除、限制竞争效果。参与集中的经营者不能证明该集中对竞争产生的有利影响明显大于不利影响或者符合社会公共利益。故而商务部决定禁止此项经营者集中。

微评:交易各方在商务部审查过程中曾提出过抗辩。他们认为,整合后可以提高效率、降低运费等,并提出剥离网络中心的方案。但这只是一个构想,他们没有向商务部提供具备法律约束力的文件来证明这个构想可以实现和操作。反垄断法的规制需要考虑短期功能和长期功能。商务部认为,新形成的垄断企业将击垮所有的竞争者,将来如果它提价,任何企业对它都没有制约力。鉴于此,商务部最终禁止了该交易。

第三节 经营者集中控制的程序制度

一、事先申报制度

目前世界上几乎所有制定了反垄断法的国家都确立了经营者集中的申报制度,只不过存在自愿申报与强制申报、事先申报与事后申报的区别。[①] 各国反垄断实践证明,小规模的经营者集中不仅无害于竞争,相反还能通过竞争提高经济效率并给消费者利益带来诸多益处;只有较大规模的经营者集中才可能产生排

---

① 大多数国家和地区实行了事先申报制度,如美国、欧盟、德国、加拿大和中国等;有些国家同时实行了事先申报和事后申报制度,如日本、韩国、俄罗斯和阿根廷等;还有一些国家实行的是自愿申报制度,如英国、澳大利亚、新兰西和印度等;少部分国家实行单纯的事后申报制度,如西班牙、希腊和印度尼西亚等。张穹:《反垄断理论研究》,中国法制出版社2007年版,第200页。

除、限制竞争的效果。有鉴于此,并出于有效使用执法资源的考虑,没有一个国家会要求所有经营者集中均向执法部门申报,只有当经营者集中达到较大规模时,才要求实施集中的相关经营者向执法部门申报。所谓较大规模,各国均根据其国情作出规定,该规定即为申报标准;凡达到该标准的经营者集中必须申报并进行审查,未达到该标准的经营者集中一般无须申报,也不进行审查,故申报标准实际上就是一国对经营者集中进行规制的"门槛"。

我国《反垄断法》采用了事先强制申报制度。根据《国务院关于经营者集中申报标准的规定》第3条的规定,我国经营者集中申报采用的是"营业额"标准,即经营者集中达到下列标准之一的,经营者应当事先向国务院商务主管部门申报,未申报的不得实施集中:(1)参与集中的所有经营者上一会计年度在全球范围内的营业额合计超过100亿元人民币,并且其中至少两个经营者上一会计年度在中国境内的营业额均超过4亿元人民币;(2)参与集中的所有经营者上一会计年度在中国境内的营业额合计超过20亿元人民币,并且其中至少两个经营者上一会计年度在中国境内的营业额均超过4亿元人民币。此外,考虑到银行、保险、证券、期货等特殊行业、领域的实际情况,商务部会同国务院有关部门共同制定了《金融业经营者集中申报营业额计算办法》。根据该办法,银行业金融机构、证券公司、期货公司、基金管理公司和保险公司等金融业经营者集中申报营业额的计算公式为:营业额=(营业额要素累加-营业税金及附加)×10%。在各国实践中,除了营业额标准外,市场份额或市场占有率、资产额、收入额、利润额、经营者在相关市场排名等指标也可能被采纳作为申报标准。

经营者集中达到上述申报标准的,经营者应当事先向国务院反垄断执法机构申报,未申报的不得实施集中。但是,考虑到有些经营者集中活动事实上是企业集团的内部交易,对市场竞争不会产生重要影响,按照我国的规定,有下列情形之一的,可以不向国务院反垄断执法机构申报:(1)参与集中的一个经营者拥有其他每个经营者百分之五十以上有表决权的股份或者资产的;(2)参与集中的每个经营者百分之五十以上有表决权的股份或者资产被同一个未参与集中的经营者拥有的。

B 公司与株式会社日立制作所新设合营企业案①

2013 年 3 月 15 日,B 公司与日立制作所及其子公司日立(中国)有限公司(以下简称"日立中国")签署协议,拟设立合营企业从事轨道交通信号系统业务。B 公司、日立制作所和日立中国分别持股 51%、39%和 10%,并委派了相应董事和管理人员。2014 年 3 月 28 日,合营企业取得营业执照。

经查,B 公司与日立制作所设立合营企业,符合《反垄断法》第 20 条的规定,属于经营者集中。按照经营者集中申报的计算标准,B 公司和日立制作所 2013 年在中国境内的营业额均超过 4 亿元人民币,且合计超过 20 亿元人民币,达到了《国务院关于经营者集中申报标准的规定》第 3 条规定的申报标准,属于应当申报的情形。2014 年 3 月 28 日,合营企业取得营业执照,在此之前未向反垄断执法部门申报,违反了《反垄断法》第 21 条,构成未依法申报的经营者集中。

反垄断执法部门考虑到合营企业设立后,B 公司与日立制作所主动进行了补报,且能积极配合调查,根据《反垄断法》第 48 条、第 49 条和《未依法申报经营者集中调查处理暂行办法》第 13 条的规定,决定对 B 公司和日立制作所分别处以 15 万元人民币罚款的行政处罚。

微评:据不完全统计,未依法申报被处罚的经营者集中案件皆是以审查后不具有排除、限制竞争效果,进而遭受罚款结束,而罚款的最高额也是不高于法定的 50 万元人民币。该罚款额度规定原本是为了制裁集中交易者,但现实经济发展的客观情况可能引导经营者走向另一面:先实施经营者集中行为,如果事后没有被查处,即可省去了集中申报成本;如果事后被执法机构发现并处罚,最高罚款金额也不过是 50 万元人民币。如果罚款金额低于申报成本,那么企业更有不依法实行申报的动机。所以,对于未依法申报的经营者集中的反垄断责任,需要更加完善的设置,至少要将最高罚款额提高到具有威慑力的程度。

---

① 商务部行政处罚决定书(商法函〔2016〕175 号)。

二、经营者集中的审查程序

经营者集中的反垄断审查一般要经历如下步骤：第一，在界定相关市场的基础上，确定参与集中的经营者的市场份额和市场集中度；第二，评估经营者集中的反竞争效果；第三，分析经营者集中的抗辩事由；第四，对经营者集中的反竞争效果和抗辩事由进行权衡，得出同意（包括附条件同意）或者禁止集中的决定。

我国关于经营者集中的反垄断审查程序分为两个阶段，主要在《反垄断法》第25条和第26条进行了规定。第一阶段，根据第25条规定，反垄断执法机构自收到经营者提交的符合规定的全部文件、资料之日起30日内，对申报的经营者集中进行初步审查，作出是否实施进一步审查的决定，并书面通知经营者。第二阶段，根据第26条第1款，反垄断执法机构决定实施进一步审查的，应自决定之日起90日内审查完毕，作出是否禁止经营者集中的决定，并书面通知经营者；作出禁止经营者集中的决定，应当说明理由；审查期间，经营者不得实施集中。第26条第2款还规定，有下列情形之一的，国务院反垄断执法机构经书面通知经营者，可以延长前款规定的审查期限，但最长不得超过60日：(1) 经营者同意延长审查期限的；(2) 经营者提交的文件、资料不准确，需要进一步核实的；(3) 经营者申报后有关情况发生重大变化的。

上述关于审查期的规定有很多优点，特别是两阶段审查期可以使绝大多数对市场竞争有利或者对市场竞争无害的经营者集中早日得到批准。即这种情况下，大部分经营者集中可在第一审查期的30天内得到批准。30天内没有被告知得到批准的合并，只要没有被通知进入第二审查期，也被视为得到了批准。这就使绝大多数于市场竞争有利或者于市场竞争无害的经营者集中早日得到批准。因为经营者集中的审查期间是企业组织结构最不稳定的时期，缩短审查期，尽快使那些于市场竞争无害的经营者集中得到批准，这对于稳定企业组织结构和促进企业生产经营活动有重要的意义。

诺基亚收购阿尔卡特朗讯股权案[①]

2015年4月21日,中华人民共和国商务部(以下简称"商务部")收到"诺基亚收购阿尔卡特朗讯股权案"的经营者集中反垄断申报。经审核商务部决定对此项经营者集中实施进一步审查。经进一步审查后商务部认为,此项经营者集中对通信标准必要专利许可市场可能具有排除、限制竞争效果,决定延长进一步审查期限。在审查过程中,商务部依法分析了集中双方在无线网络接入设备、核心网络系统设备、网络基础设施服务市场存在的横向重叠。与此相关,还考察了集中后诺基亚持有的通信标准必要专利可能引发的竞争问题。与此同时,商务部征求了相关政府部门、行业协会和相关企业的意见,调查了相关市场界定、市场结构、行业特征、未来发展前景等方面的信息,并对申报方提交的文件、资料的真实性、完整性和准确性进行了审核。最终,商务部认为,"诺基亚收购阿尔卡特朗讯股权案"对无线通信标准必要专利许可市场可能具有排除、限制竞争效果,决定附加限制性条件批准此项经营者集中,并按要求依法监督其履行其承诺。

微评: 此案中商务部实施了两个阶段的审查。基于双方合并的主要障碍并不是来自设备市场的份额问题,而是专利对于竞争的巨大影响。因此,商务部进行了实质性阶段的审查。在审查中,诺基亚与商务部进行了多轮交涉,最后批准诺基亚、阿朗合并的附加前提是,诺基亚承诺改变其专利收费策略,包括就禁令、标准必要专利的转让等问题的相应承诺,以减少对中国通信设备企业、手机企业潜在竞争的威胁。此案的妥善解决说明我国有关经营者集中审查的反垄断立法规定,包括《反垄断法》第25、26条和商务部发布的《经营者集中审查办法》等规定的审查程序已在实践中趋近成熟。

三、行政调查制度和司法审查制度

行政调查程序包括反垄断执法机构对必要信息的调查取证、对于当事人表达意愿的听证等。美国联邦贸易委员会有权签发调查令和自行调查相关证据和

[①] 中华人民共和国商务部公告〔2015〕年第44号。

证人证言。美国司法部反托拉斯局也可以组织调查获取相关证据。欧盟则赋予欧盟委员会广泛的调查权力，包括进入任何场所和运输工具检查文字记录和商业记录，要求当事人现场解释调查中的问题等。

除了调查以外，听证制度也是经营者集中控制的一项重要制度。在美国，听证是由行政法官组织，在欧盟则由专门的听证官组织。听证的内容不仅包括程序方面的问题，也包括实体方面的问题。听证在美国的经营者集中控制中起着十分重要的作用，以确保当事人受到法律公平公正的规制。在美国，如果经过听证后当事人不提起诉讼，反垄断执法机构就以此作出是否禁止集中的正式决定。欧盟虽然只是把听证结果作为参考，但是听证在程序方面对保护当事人的抗辩权和知情权有着十分重要的作用。

司法审查制度是对反垄断执法机构针对经营者集中所作决定的司法救济制度。比如，《欧盟运行条约》明确授予了欧盟法院对欧盟委员会所作行政决定进行合法性审查的权力，如果经营者集中的当事人以及与欧盟委员会的决定相关的第三人对欧盟委员会的决定表示不服，有权向欧盟法院提起诉讼。

思考题

1. 纵向集中和横向集中存在哪些区别？
2. 实质减少竞争标准和严重妨碍有效竞争标准存在哪些区别？
3. 简述我国经营者集中的类型。
4. 简述我国经营者集中的审查标准。
5. 简述我国经营者集中的抗辩事由。
6. 简述我国经营者集中的审查程序。

第九章　行政性垄断及其法律规制

【学习要点】
1. 掌握行政性垄断的主要表现形式
2. 理解行政性垄断的成因
3. 了解行政性垄断治理的模式
4. 掌握行政性垄断的事前规制和事后规制

政府及其所属部门滥用行政权力排除、限制竞争的现象在反垄断法理论中被称为"行政性垄断"。虽然行政性垄断在经济体制转轨时期的国家和地区表现得十分明显，但是它也具有普遍性。包括美国在内的发达国家都客观存在行政性垄断，这些国家的反垄断法也逐步将之纳入规制范畴。社会的客观情况需要反垄断法来对行政性垄断加以适当规制。

第一节　行政性垄断概述

虽然行政性垄断在各国实践中出现的频率存在差异，且各国对它的认识并不完全相同，但是各国对于行政性垄断的本质及其危害性的认识基本一致。

一、行政性垄断的概念

在我国的《反垄断法》中，行政性垄断被定义为"滥用行政权力排除、限制竞争"，并且"滥用行政权力排除、限制竞争"的主体被限定为"行政机关以及法律、法规授权的具有管理公共事务职能的组织"。因此，严格来看，反垄断法中所谓的行政性垄断专指行政权对市场竞争的限制。国际上则常用"政府反竞争行为"（government anti-competitive conducts）的概念。这里的"政府"是大政府，包括立法、行政和司法机关。因此，从理论上看，除了"行政机关以及法律、法规授权的具有管理公共事务职能的组织"之外，立法机关和司法机关排除、限制竞争的行为也属于行政性垄断。行政性垄断不仅表现为具体的政府行为，还更多地表现为垄断性的制度安排。

从表面上看,行政性垄断存在两种情况:一种是没有市场主体的介入,只有政府单方面故意实施限制竞争的行为,如某一地方政府为保护本地的支柱产业限制其他地区的相关企业进入本地市场;另一种是政府与市场主体共谋,共同实施垄断行为,如政府通过制定政策,指定某一市场主体独家经营某一商品或服务。但是,实际上,"凡是行政性垄断肆虐的地方和部门,就一定存在政府庇护下的利益集团私利的膨胀,行政性垄断作为一种公权力与私权利结合谋取不当利益的反竞争行为,肇始于私权获取垄断利益的需要,却借助了公权的力量得以实现"①。因此,行政性垄断具有双重属性,是公权力和私权利相互结合的产物。公权力属性源于政府拥有对市场进行干预(包括限制竞争)的权力,私权利属性则源于私人具有要求政府干预市场(包括限制竞争)的权利。前者是市场经济条件下政府应对市场缺陷的必然要求,后者则是一个国家的公民和企业享有的向政府请愿的自由权利的具体体现。

国家质检总局行政垄断案②

2008年8月1日,北京四家防伪企业将国家质检总局诉至北京市第一中级人民法院,请求确认国家质检总局强制要求企业对产品赋码交费加入中国产品质量电子监管网(简称"电子监管网")的行政行为违法。四家企业诉称,从2005年4月开始,国家质检总局不断推广一家名为中信国检信息技术有限公司的企业经营的电子监管网的经营业务,要求生产企业在所生产的产品的包装上加印监管码。消费者可通过短信、电话、上网等方式,向电子监管网查询监管码的有效性,从而确定所购产品是否为假冒的。加入电子监管网的企业需交纳数据维护费,消费者查询需支付查询信息费和电话费。国家质检总局单独或联合其他国家机关挂名,发布了近百个文件,同时还多次召开现场会、片区会,督促各地企业对产品赋码加入电子监管网,供消费者向该网站查询。

---

① 徐士英:《政府干预与市场运行之间的防火墙——〈反垄断法〉对滥用行政权力限制竞争的规制》,载《法治研究》2008年第5期。
② 叶逗逗:《质检总局被诉行政垄断始末》,载《财经》2008年第19期。

此后,四家京外企业也对国家质检总局提起了行政诉讼。2008年8月11日,上海中网网络有限公司、江苏南大数码科技有限公司两家防伪企业,以同样的事实和理由,向北京市第一中级人民法院提起诉讼。诉讼请求同样为要求国家质检总局停止强制推行电子监管网的行为,要求认定其行政行为违法。8月17日,深圳市倍诺通讯技术有限公司与贵阳高新华美龙技术有限公司两家防伪企业,以国家质检总局涉嫌行政垄断为由,向北京市第一中级人民法院提起诉讼。

2008年10月7日,多家防伪企业的代理律师正式上书国务院反垄断委员会,呼吁纠正相关部门的行政垄断行为。

微评:在《反垄断法》实施的第一天,国家质检总局就被诉滥用行政权力,排除、限制竞争,可以说是"意料之外,情理之中"。说是"意料之外",是因为人们预测我国的"反垄断第一案"可能是某跨国互联网企业或者某工业产权大户滥用市场支配地位。说是"情理之中",是因为虽然我国已经开始实行社会主义市场经济,但是历史遗留的行政命令式监管模式仍将长期存在。国家质检总局被诉行政垄断便是最好的例证。虽然国家质检总局遭受的一系列反垄断诉讼中没有一起进入实质反垄断审理程序,但这些诉讼的意义是重大的,意味着我国市场主体自由竞争意识的觉醒,也为行政机关敲响了警钟:若是再有滥用行政权力以致排除、限制竞争的行为,经营者可以拿起维护自身利益和市场秩序的法律武器。

二、行政性垄断的主要表现形式

行政性垄断主要有地区垄断、部门垄断、行政性强制交易和行政性限制竞争协议等表现形式。

地区垄断是指地方政府或政府授权机构通过行政权力设置市场壁垒,妨碍商品在地区之间的自由流通的行为。其具体表现为:禁止一个区域的经济实体到另一个区域进行交易,或者在其他方面限制区域间的交易,以保护本区域内企业免受竞争的压力,维护本区域资源和利益。为达到此目的,政府及其所属部门往往采用各种手段禁止外地商品流入本地市场,提高对方的经营成本。具体可表现为:对外地商品设定歧视性收费项目,实行歧视性收费标准或规定歧视性价格；对外地商品规定与本地同类商品不同的技术要求、检验标准，或者对外地商品采取重复检验、重复认证等歧视性技术措施，限制外地商品进入本地市场；采取专门针对外地商品的行政许可，限制外地商品进入本地市场；在道路、车站、港口、机场或者行政区域边界设置关卡或者采取其他手段阻碍外地商品进入或者本地商品运出；以设定歧视性资质要求、评审标准或者不依法发布信息等方式，排斥或者限制外地经营者参加本地的招标投标活动；以采取与本地经营者不平等的待遇等方式，排斥或者限制外地经营者在本地投资或者设立分支机构等。

部门垄断是政府行政部门，特别是行业主管部门利用其合法拥有的权力资源（如行政许可、生产要素的分配、投资审批等）限制企业竞争的行为。部门垄断还表现为把行政职能与经济实体结合起来，在无法律依据的情况下将行政权力和职能授予企业形成行政性公司的形式。行政性公司采用了公司的形式，但兼具行政权和经营权。这些公司政企不分、官商合体，享有诸多特权，在市场竞争中处于绝对优势地位，极易产生限制市场竞争的行为。

行政性强制交易指行政性垄断主体直接以行政权力为根据而发生的经营行为，包括政府及其所属部门限定他人与其指定的市场主体进行交易，通过行政命令要求对特定经营者优先供应商品或优先签订合同等行为。这种行为使得某些经济实体在相关市场中取得与其他经济实体相比更加优越的特权地位。

行政性限制竞争协议是指行政性垄断主体与其他的行政机关或者经营实体签订控制价格、划分市场范围、限制其他经济实体进入市场或将其排除在市场之外的任何形式的协议，或者行政性垄断主体通过行政手段强制经济实体签订限制竞争的协议。由于采用了行政的方法，该种协议要比企业签订的协议更加"权威"，对市场竞争的危害也就更加严重。

第二节　行政性垄断的成因与危害

一、行政性垄断的成因

行政性垄断产生的直接原因是行政权力的滥用，但是它有着深层次的根源。我国目前有关行政性垄断成因的研究成果比较丰富。这些研究表明我国的行政性垄断主要由以下几方面原因造成：

一是政府干预主义影响。政府的干预可以分为恶意干预和良性干预。良性干预是政府的法定职责。反垄断法所关注的政府干预显然是恶意干预。这种政府干预主义的行政意识由来已久,其根源是传统的计划经济体制。在这种体制下,政府大包大揽,对经济的干预"无微不至",甚至取代了诸多经济组织的职能,结果是政府的"大政府小社会"意识得到加强。① 改革开放以后,国家对经济生活的垄断管理从根基上被动摇。首先,国家的行政权力和企业的国家所有权从合并行使变为分别行使,政企开始分离,政府对经济的直接管理逐步向宏观调控过渡。其次,所有制结构发生变化,单一的公有制不再存在,代之以公有制为主体、多种经济成分并存的所有制结构。最后,市场经济体制得以确立。但是,政府干预和行政权力的影响根深蒂固。由于长期以来企业是政府的附属物,政府对于管理企业驾轻就熟,企业对于政府依赖成性。因此,有问题找"市长"不找"市场"的惯性在相当一部分企业中仍然存在。政府的"有力干预"与企业的"自愿服从"为行政性垄断的产生提供了坚实的思想基础。

　　二是利益多元化影响。经济体制改革需要形成一种国家宏观调控,地方、部门分级负责,企业自主经营的多层次的有效管理模式。权利的分享意味着义务的分担。多层权利、多种义务形成了多元化的利益。地方政府有地方利益,部门行政机构有部门利益,企业有经营利益,同时企业利益又与地方、部门利益息息相关。其中,地方利益包括两部分:一是财政收入,二是业绩表现。财政收入往往成为衡量地方业绩的一个重要指标。地方企业是地方政府财政收入的重要支持者。为了增加地方财政收入,地方政府便会张开羽翼,将地方企业置于地方行政权力保护之下,采取种种"优惠"政策,帮助本地企业占领市场,限制外地企业和商品的进入。② 同样,行政部门也会为了实现本部门的利益设置本行业市场的限入条件。应该看到,利益多元化是形成行政性垄断的重要原因,但并不是必然原因。行政性垄断的产生仅仅是对改革的错误理解和行政机关片面追求局部利益的结果。消除行政性垄断并不是要取消利益分化、权力分层的改革政策,而是要纠正行政机关在改革中的错误做法,还权于企业,使企业真正拥有自主经营的权利和自我承担风险的能力,使企业成为真正的市场主体,使不同市场主体的利益追求形成有活力的竞争。

　　三是权力寻租。公共选择学派的代表人物詹姆斯·布坎南和戈登·图洛克认为,政府运用法律或行政手段对财富进行再分配或对经济活动实施管制时,就会人为地造成"权力"稀缺而形成"租金",寻租就是对这种租金予以寻求的活动。

---

① 李茂华:《我国行政性垄断的成因及制止措施探析》,载《湖湘论坛》2003年第6期。
② 李黎:《行政性垄断的成因与规制研究》,载《新闻月刊》2003年第6期。

我国长期实行的是政府主导型经济，政府对经济生活干预频繁。政府干预并不必然导致寻租，但是政府干预却是寻租活动产生的一个必要条件。从政府干预的范围来看，政府干预应尽量限于公共事务领域。我国政府是一个全能政府，不仅干预公共事务，也干预私人经济活动。政府对产品价格的管制和对进入特定行业的准入限制，往往是基于特定领域的资源稀缺或有着丰厚的利润，亦即存在巨大"租金"。正因为这样，寻租者不惜一切代价来进行寻租。问题的关键是，政府是否对寻租者的寻租活动存在"响应"。在我国经济体制转型时期，体制内部本身存在着矛盾，最令人担忧的是行政权力并没有退出经济领域。政府对产权的分配不是采取市场机制而是依行政手段来进行。行政机关无法可依、有法不依现象严重，导致行政机关的行为带有很大的随意性。[①] 为了促进自身利益，行政机关和官员就会利用自己所控制的权力来进行产权安排，以谋求比较狭隘的局部利益。

四是法律制度不够完善。改革开放以来，我国各个方面的法律制度趋于健全和完善。但是，不应忽视的是，我国现行的法律对政府的约束力是非常有限的。在诸多已颁布的法律中，政府都不是行为的主体。现行法律对政府的行为模式、法律责任的规范不足，对于政府滥用职权、发布垄断命令等行为缺乏必要的监督和惩治措施。一些政府部门不能起到守法的模范作用。现行法律规范的不足为某些政府部门凌驾于法律之上实施行政性垄断提供了客观条件。

二、行政性垄断的危害

行政性垄断本质上是公权力在市场管理中异化的产物，它不仅直接侵害当事人的合法权益，更严重损害市场竞争机制。行政性垄断的危害主要体现在以下几个方面：

一是扭曲市场机制。行政性垄断大多是为了本地区、本部门的利益，运用行政权力人为地设置障碍，肢解和割裂市场，导致无法形成统一开放的市场体系。这种行为必定扭曲市场机制的有效运转，使市场失去应有的调节功能，降低资源配置效率。

二是违背公平竞争原则。行政性垄断通过不正当行使行政权力，在市场上人为地制造出地位不平等的竞争者，对特定企业的经营或加以特别保护，或进行

---

① 周书会：《行政垄断之成因分析》，载《湖北社会科学》2004 年第 2 期。

强制干预,或滥用行政权力强制企业从事限制竞争的行为。这不仅与公平竞争理念相悖,从本质上抹杀了市场竞争的精神,也使企业的利益受到侵害。

三是削弱企业的竞争能力。行政性垄断表面上看似乎可以维护局部的利益,但这种做法恰恰忽视了利益产生的根源——企业竞争机制的培育。它是以牺牲整体利益、长远利益为代价的。有了政府的保护或者压制,企业在市场上失去了竞争的压力或动力,创新机制减弱,腐朽力量增加,影响社会经济的可持续发展。

四是背离WTO原则。通过政府行为实施的地方保护、差别对待等做法与WTO的"国民待遇原则""透明度原则"相背离。随着我国加入WTO,遵守WTO原则,减少国家对经济活动的行政干预和保护已经成为一项重要的义务。破除地方保护主义,建立社会主义统一市场,是我国落实WTO基本原则的具体表现。

第三节 行政性垄断的法律治理

一、关于行政性垄断治理模式的争论

伴随着我国市场经济的发展与体制改革进程的加速,社会各界对行政性垄断的治理呼声日益高涨。虽然社会各界对行政性垄断加以治理的要求基本一致,但是就如何治理行政性垄断这一问题则存在很大分歧。总体而言,有关治理行政性垄断的方案可以分为三类,即体制改革论、法律控制论和综合治理论。[①]

体制改革论认为行政性垄断是体制性产物,必须通过深化体制改革特别是政治体制改革才能彻底解决,法律手段难以有效解决行政性垄断问题。"行政性垄断是我国体制转轨时期的特殊产物,其最终解决无疑需要深化经济体制和政治体制改革。"[②]从中央与地方的关系看,要强化中央权威和财力,弱化地方利益,这是建立全国统一市场的前提条件;一般性竞争部门中的现有中央部委应逐步转变成行业管理协调机构,不再直接担负经济管理职能,同时加强职能部委机构和市场监督管理机构。从政府与企业的关系看,除了由国家(中央和地方政府

[①] 杨品兰:《行政垄断问题研究述评》,载《经济评论》2005年第6期。
[②] 王先林:《略论我国反垄断立法中的禁止行政性垄断制度》,载《安徽大学学报(哲学社会科学版)》2005年第6期。

分级管理)垄断经营的部门和领域外,要通过建立现代企业制度实行政企彻底分离,现在可行的方式是建立跨地区、跨部门的企业集团,逐步打破地区和部门割据封锁的超经济行政垄断和竞争限制。①

法律控制论充分肯定法律在治理行政性垄断中的作用,但在如何以法律手段解决行政性垄断的问题上仍然存在分歧,主要有反垄断法规制论、行政法或者宪法规制论、多种法律控制论三种观点。

反垄断法规制论认为,反垄断法对行政性垄断的规制是必要且可行的。比如,张守文教授指出,"把行政垄断作为反垄断的控制对象,确系中国反垄断法之特色,这是一种依乎国情的必然选择。因为,在传统的计划体制下形成的行政垄断,不可能再用行政手段去消除,而只能依靠法律手段,能担此重任的法律只能是反垄断法"②。王晓晔教授指出,通过反垄断法解决行政性垄断问题也是其他许多国家的做法,并列举了欧共体、俄罗斯、乌克兰、匈牙利等国家或地区通过反垄断法规制行政性垄断的实例,以及我国在《反不正当竞争法》和其他有关规定中对行政性垄断的限制说明反垄断法控制行政性垄断的可行性。

行政法或者宪法规制论认为,行政性垄断不能由反垄断法来控制。"反垄断法虽然冠以反垄断这个名称,但并非反对所有垄断。反垄断法一般只反对私人的经济垄断,不反对国家或行政垄断。经济转轨国家(包括我国)的一些学者错误地根据反垄断法的名称而将行政垄断置于反垄断法的调整范围之内,显然无益于反垄断法的制定和完善以及对行政权力的限制……认为反垄断法案具有防止、限制、消除行政垄断的作用的观点是不符合法律规律的。"③这种观点认为,反垄断法虽然可能与行政法在限制滥用行政权力上有一定的适用重合,但是反垄断法对行政权力的限制是有限的、间接的,决定行政权力的范围和合法性的法律不是反垄断法,而是一国的宪法和行政法。因此,对待行政性垄断,应从政治改革、转换政府职能和完善行政法入手,而不应将政治问题用属于经济法的反垄断法来解决,这无益于我国法制建设的健康发展。

多种法律控制论认为,行政性垄断的成因复杂,除了反垄断法,还必须运用行政法、宪法等综合法律手段。"规制行政垄断不能单靠某一部法律,需运用多种法律手段综合治理。反垄断法、行政程序法、财税法、宪法等法律制度都可在

---

① 张燕:《健全市场规则 实现公平竞争》,载《山东经济》1996 年第 1 期。
② 张守文、于雷:《市场经济与新经济法》,北京大学出版社 1993 年版,第 357—358 页。
③ 沈敏荣:《反垄断法的性质》,载《中国法学》1998 年第 4 期。

规制行政垄断方面发挥重要作用。由于规制行政垄断的各项法律制度难以同时建立、同时完善,因此,不必拘泥于治标也治本的原则,可采取标本兼治,甚至先治标后治本、由标及本的方式,抓住机会,成熟一个,制定一个。"①

综合治理论认为,在我国转型时期,行政性垄断问题复杂,需要从体制改革、引入竞争机制、健全法制等多方面入手,否则难以达到预期的效果。比如,有学者认为,解决行政性垄断问题必须:第一,限期实现政企分开,废除阻碍垄断行业市场准入和全国统一市场形成的规章制度。政企不分是行政性垄断的根源。第二,引入竞争机制,构筑多元化产权格局与市场竞争格局,对那些不具有自然垄断属性的行业或生产环节要建立竞争性市场,不允许垄断。第三,重新界定政府规制的内容和范围,加速反垄断立法,强化监管职能。第四,规范垄断利益集团的政治行为和商业行为,限制它们的政治特权和经济特权。第五,改革决策机制和程序,实行社会参与、信息公开的改革方式。②

二、反垄断法规制行政性垄断的必要性

通过反垄断法规制行政性垄断与通过其他法律(特别是行政法)规制行政性垄断存在本质不同。在很大程度上,由于"行政法思维"主导了我国《反垄断法》中有关行政性垄断的法律条文的制定及其实施,导致原本应该成为指导思想的"反垄断法思维"在规制行政性垄断方面悄然隐退。不管是从反垄断法规制垄断行为的内在逻辑出发,还是从世界各国规制行政性垄断的实践来看,在行政性垄断的性质、认定和责任方面,有必要从行政法思维转向反垄断法思维。

首先,我国《反垄断法》将行政性垄断界定为"滥用行政权力排除、限制竞争",将行政性垄断的主体确定为"行政机关和法律、法规授权的具有管理公共事务职能的组织",实际上是用行政法上的"行政行为"与"行政主体"来解释反垄断法上的"行政性垄断行为"与"行政性垄断主体"。但是,反垄断法视野下的行政性垄断是一种"经济人行为"而非"公务员行为"。③ 排除、限制竞争的行为不论主体是谁,只要是为了私益而非公益而实施的,就应该视为"私行为"而非"公行为",从而应该受规范市场行为的反垄断法的约束,也应当承担反垄断法而非行

---

① 郑鹏程:《论法律对行政垄断的综合规制》,载《求索》2003 年第 1 期。
② 胡鞍钢、过勇:《从垄断市场到竞争市场:深刻的社会变革》,载《改革》2002 年第 1 期。
③ 这里所指的经济人行为是从理性人的角度出发为了私益而实施的行为,公务员行为是从代理人的角度出发为了公益而实施的行为。

政法意义上的法律责任。同理,反垄断法视野下行政性垄断的主体不是"政府",而是"经营者"。在许多国家,只要政府实施了反竞争的行为,都会被视为"经营者",从而可以如私人垄断一样被审查和起诉。① 相比之下,我国尚未有将行使公权职能的行政机关界定为经营者的先例。② 对"经营者"这一概念的界定只重其形式而不重其实质,将行政主体完全排除于"经营者"的范围之外,导致了行政性垄断的行政执法和司法审查都困难重重。

其次,由于行政法思维主导行政性垄断的立法和实施,当前我国判断行政性垄断是否违法的标准也是判断行政行为是否违法的标准,即"合法性标准"。所谓合法性标准,是指依据行政法上的"依法行政原则",行政行为取得合法性的唯一条件是行政行为符合法律的规定。但是,一旦将合法性标准适用于行政性垄断行为,却会产生意想不到的后果。由于严格遵循"是否符合法律规定"的合法性标准,实施行政性垄断的公权力机关很容易借助于所谓的"程序合理性"否定"实质合理性",将大量形式上符合要求的行政性垄断排除在法律规制之外。相比之下,反垄断法判断一项行为是否违法的标准是"结果标准",即看该行为是否可能会导致排除、限制竞争的结果。行政性垄断作为以公权力为手段、以市场垄断为结果的反竞争行为,也理应依据结果标准来判断其合法性。

最后,目前我国行政性垄断引发的法律责任最普遍的就是"由上级机关责令改正"和"行政处分",不足以起到威慑作用。即便加上国家赔偿以及在此基础上针对公务员个人的行政追偿,在体制与现实的双重制约下,行政性垄断的法律责任也难以兑现。在反垄断法明确规制行政性垄断的情况下,行政性垄断的法律责任不应仅仅限于"行政法责任",还应该扩展至"经济法责任",即跳过国家赔偿及行政追偿,直接追究实施了行政性垄断的公权力机关工作人员的经济法责任。随着经济法作为独立学科的认同度不断提升,有关经济法责任的研究不断深入,单独的经济法责任不仅在学界被广泛承认,在现实中也已经普遍存在。作为一类法律责任,经济法责任与民事责任和行政责任的最大区别在于:它在内容上具有"社会整体利益性",不以个人或国家为本位,而以社会整体利益为本位。与此相对,经济法责任不仅具有补偿性,更具有惩戒性。以美国为代表的"三倍损

---

① 美国反托拉斯法中虽然没有"经营者"的概念,但是《谢尔曼法》的适用范围为"任何人",这里所指的任何人包括"在诉讼中作为被告的市政机关和政府官员"。焦海涛:《论〈反垄断法〉中经营者的认定标准》,载《东方法学》2008年第5期。

② 叶卫平:《司法审查与行政性垄断规制》,载《法学》2009年第1期。

害赔偿",就是典型的经济法责任。它的功能不仅在于对受害者提供补偿,更在于通过对违法者实施惩戒,对潜在的违法者进行威慑。

在以上反垄断法思维的指导下,还需认识到:要缓解行政性垄断对市场竞争机制造成的不利影响,严格实施反垄断法(包括公共实施和私人实施)是一种有效方式,但并不是唯一方式。因为执法行为或司法救济都只是一种事后措施,一般在行政性垄断产生了较为严重的后果之后才会适用。与此相反,通过开展防止行政性垄断发生的"预防性"的事前措施,更能对行政性垄断形成有效制约。因此,在国际上,对行政性垄断进行规范的基本思路是事前措施和事后措施一并进行,并且越来越倚重事前措施的开展。下面对这两种方式进行重点介绍和评析。

三、行政性垄断的事后规制

规范行政性垄断的事后措施主要表现为两个方面:一是反垄断执法机构对行政性垄断的反垄断审查;二是司法机关针对行政性垄断的司法救济。

(一) 反垄断执法

针对行政性垄断的反垄断执法是各国规范行政性垄断的主要方式,但是该方式作为一种事后救济措施存在一定局限性。

首先,审查范围仅限于反垄断法明确规定的情形,无法对所有行政性垄断予以规制。比如我国《反垄断法》第32条至第37条仅列举了指定交易、地区封锁、强制交易等行政性垄断形式。另外,尽管《反垄断法》规定"行政机关不得滥用行政权力,制定含有排除、限制竞争内容的规定",但是反垄断执法机构既没有权力对这样的规定进行审查,法律也没有赋予其提出修改建议的权力。

其次,即便存在对行政性垄断是否"违法"的审查,依据的标准一般也是行政机关是否合法地行使了自己的权力,而不是行政行为是否造成了限制竞争的效果。行政法上的"合法性标准"与反垄断法上的"结果主义标准"之间,存在着不协调的情况。这就意味着,单纯的合法性审查会将很多行政性垄断视为当然的合法行为,因为这些行为都可能具有合法依据(比如是法律或行政法规、规章授权的行为)。

最后,在我国,行政性垄断的法律责任比私人限制竞争行为的责任要轻得多,而在其他国家,通常是通过专门法律的形式对行政性垄断进行单独规制。比如,日本对政府招投标中的行政性垄断制定了《关于防止政府部门等参与投标合谋的法律》，规定"法院可以依据该法对主要责任人（包括上述政府部门或法人的一把手）作出刑事判决，最高刑期为 5 年监禁和 250 万日元的罚金"①。相比之下，《禁止私人垄断和确保公平交易法》对私人垄断的最高处罚不过是 3 年监禁和 500 万日元的罚金。这意味着，对于行政性垄断，日本施加了比私人限制竞争行为更为严厉的法律责任。尽管通过罚款的方式对行政性垄断施加处罚不太可行，但是对于实施行政性垄断的主要负责人施加刑罚却是可以做到的。

某公安厅滥用行政权力排除限制竞争案②

2013 年 4 月 23 日，某公安厅印发了关于推广使用新型防伪印章的实施方案，直接指定 G 公司统一负责全区新型防伪印章系统软件的开发建设。在执行过程中，某公安厅采取各种措施强制各盟市公安机关和刻章企业卸载正在使用的、经公安部检测通过的系统软件，统一安装 G 公司开发的系统软件，并要求刻章企业向 G 公司购买刻章设备和装有加密电子芯片的硬质章材。

国家市场监督管理总局认为，某公安厅的上述做法排除和限制了印章治安管理信息系统软件市场以及刻章设备、章材市场的竞争，侵犯了各盟市公安机关和刻章企业的自主选择权，人为增加了企业刻章生产成本，不合理地抬高了印章价格。相关行为违反了《反垄断法》第 8 条的规定，属于《反垄断法》第 32 条和第 37 条所列的行为。但是，某公安厅并未按照国家市场监督管理总局的相关整改建议，开展实质性整改工作。

国家市场监督管理总局依据《反垄断法》第 51 条的规定，建议政府责令该公安厅改正相关行为。

微评：本案是反垄断执法机构"三合一"后，国家市场监督管理总局公布的首例行政性垄断案件。反垄断执法是我国反垄断法运行的主要动力，其执法效果直接决定了我国市场竞争秩序的发展状况。在反垄断执法"三驾马车"并行的时代，对反垄断案件的查处亦有序进行，但多数研究认为，顺应国际化趋势，组建统一的反垄断执法机构，有利于更好地实现反垄断法的立法目的。事实证明，国家市场监督管理总局在成立后的三个月之内便公布两起行政性垄断案件和两起垄断协议案件，履行职责之快速有效是显而易见的。

---

① 于立、吴绪亮：《产业组织与反垄断法》，东北财经大学出版社 2008 年版，第 178—179 页。
② 《市场监管总局办公厅关于建议纠正内蒙古自治区公安厅滥用行政权力排除限制竞争有关行为的函》市监价监函〔2018〕412 号。

（二）司法救济

对于行政性垄断的司法救济，不同的国家有不同的处理方式。普通法国家普遍不将行政性垄断作为特殊行为看待，而是与私人限制竞争行为一样受普通法院的管辖。即便在德国这样的大陆法国家，行政性垄断案件也并非在行政法院审理，而是由普通法院的卡特尔法庭来审理，[①]并且将参与市场竞争的政府视为"经营者"，与私人适用同样的反垄断法规则。在我国当前的司法体制之下，对行政性垄断发起反垄断诉讼是作为行政诉讼来处理的。由此产生的一个问题是：以经济法之社会本位为基本理念的反垄断法，在司法实施中如何与行政法和行政诉讼法的理念相互协调？单纯的行政诉讼的缺陷在于，将行政性垄断视为行政关系进行处理，而忽略其可能导致的市场经济效果。

我国针对行政性垄断开展司法救济的瓶颈主要体现在以下四个方面：

一是受案范围的有限性。我国行政诉讼的受案范围仅限于"具体行政行为"，现实中的行政性垄断却往往涉及两个环节：先行制定垄断性规范文件——抽象行政垄断，而后再进行具体行政行为——具体行政垄断，从而形成所谓的"混合型行政垄断"。在混合型行政垄断之下，针对具体行政垄断提起的行政诉讼就不得不涉及导致其产生的抽象行政垄断的合法性问题，而这无疑将突破现有行政诉讼的受案范围的限制。

二是原告资格的模糊性。根据《中华人民共和国行政诉讼法》（以下简称《行政诉讼法》）和最高人民法院司法解释的相关规定，在我国提起行政诉讼需具有"法律上的利害关系"。但是，何为法律上的利害关系，在反垄断行政诉讼中并不清晰：受行政性垄断行为侵害的经营者显然具有法律上的利害关系，但是受行政性垄断影响的消费者是否具有法律上的利害关系并不明确。

三是司法审查对象的隐蔽性。行政性垄断在我国从未被视为一种"市场行为"，行政性垄断主体从未被视为一个"市场主体"。这使得行政性垄断的司法救济只能借助于阻力重重的行政诉讼，而不能像西方国家那样将其纳入民事诉讼程序加以解决。

四是司法审查标准的单一性。严格的"合法性审查"标准排除了依据反竞争效果对行政性垄断予以认定和规范的空间，从而使得司法救济的有效性大打折扣。

[①] 蒋岩波：《我国反垄断法的司法制度构想》，载《法学家》2008年第1期。

某省教育厅滥用行政权力排除、限制竞争案①

2014年4月22日，X公司状告某省教育厅在2014年全国职业院校技能大赛某省选拔赛"工程造价基本技能赛项"比赛中，指定使用G公司的软件程序。G公司被列为此次诉讼的第三人。

一审法院认为，根据《反垄断法》第32条，省教育厅"指定独家参赛软件"的行为符合构成行政垄断的要素条件，指定G公司软件为独家参赛软件的行为违法；至于"滥用行政权力"，法院依据《行政诉讼法》中"行政机关应对自己的具体行政行为负有举证责任"的规定，认定省教育厅对自己"指定独家参赛软件"的行为不能提供证据证明其合法性，因此教育厅的行为构成"滥用行政权力"。

二审法院认定，某省教育厅以教育部在国赛中先行指定使用G公司软件为由提出抗辩，但是教育部下发的国赛赛项规程虽然明确要求在国赛中独家使用G公司软件，却并未强制规定各省选拔赛应独家使用G公司软件。某省教育厅独家"指定"使用G公司软件，排除了其他软件供应商（包括X公司）作为合作方参与竞争提供赛项软件的权利，影响了其他公司的公平竞争权。同时，此行为也可导致参赛学校师生形成相应的使用习惯，对于提高G公司的市场声誉有极佳效果，从而提高了G公司软件在相关市场上的占有份额，最终导致X公司等同类竞争者的产品市场占有份额下降，进而损害市场公平竞争秩序，产生排除、限制竞争的效果。最终，二审法院判决驳回省教育厅的上诉请求，维持原判。

微评：该案是我国《反垄断法》颁布实施以来首个行政性垄断诉讼案件，以"民赢官输"而告终。本案的争议焦点在于：(1) 对"规范性文件、政策"等抽象行政行为是否可以提起反垄断诉讼；(2) 行政机关发布的各种"文件""通知"能否作为行政诉讼起诉对象；(3) "指定独家参赛软件"属于"不可诉"的抽象行政行为，还是"可诉"的具体行政行为。作为首个进入实质司法审理程序的行政性垄断诉讼案件，无论是对于本案当事人，还是对于法院，都没有前期案例可作参考，其中很多法律问题都考验着法官理解并运用法律进行裁判的水平和能力。

---

① 广东省高级人民法院行政判决书(2015)粤高法行终字第228号。

四、行政性垄断的事前规制

规范行政性垄断的事前措施主要是指通过事先的竞争审查制度对行政性垄断可能产生的公益效果以及反竞争效果进行评估和权衡，在确实存在实施行政性垄断的必要性的情况下，将行为可能产生的反竞争效果降到最低。目前，各国采纳的事前规制措施主要包括竞争审查制度和国家援助控制制度。我国也于2016年建立了公平竞争审查制度。

（一）竞争审查制度

所谓竞争审查，是指在政府立法之前或之后，由竞争主管机关对相应的法律草案或已颁布实施的法律、法规按照竞争法的理念进行审查或评估，以观其是否存在限制竞争的内容。一般来说，竞争评估的适用范围不仅包括法律、法规的草案，也包括已经生效的法律、法规。竞争评估的目的在于确定法律、法规可能对竞争造成的负面效果，并寻求更少竞争危害的替代性措施。在国际层面，并无统一的竞争审查标准。比如，在审查的对象上，有些国家（如澳大利亚）选择对全部现行政府管制进行竞争评估，有些国家或地区（如美国和欧盟）选择对部分重点领域的现行政府管制进行竞争评估，还有一些国家（如日本）选择对现行和拟议的政府管制均进行竞争评估。在竞争审查的实施主体上，澳大利亚设立了独立的审查委员会，新加坡主要通过管制机构进行自我审查，日本和韩国则由管制机构和竞争主管机关共同负责。在竞争审查的内容和方式上，大多数国家借鉴了经合组织于2007年推出的《竞争评估工具书》，比如通过制定本国的"竞争核对清单"(Competition Checklist)和"初始评估＋全面评估"两步走的方式具体实施。在有些国家，如英国，可能并不存在强制性的竞争审查制度，但是通过赋予竞争主管机关开展"市场研究"以及据此向上级政府提交法律建议的权力，也同样能够间接地起到预防行政性垄断的效果。

（二）国家援助控制

国家援助是指政府通过财政、税收、金融和补贴等形式给予特定企业优惠措施。国家援助很可能导致企业获得不公平的竞争优势。许多国家和地区都建立了以促进竞争为导向的国家援助控制制度。比如，《欧盟运行条约》第107条第1款至第3款将欧盟层面的国家援助分为"与共同体市场相抵触的国家援助""可能与共同体市场相抵触的国家援助"和"与共同体市场相协调的国家援助"三大类。对于与共同体市场相抵触的国家援助一律禁止，对于可能与共同体市相抵触的国家援助则需由欧盟理事会或欧盟委员会来认定是否可以享有豁免，对于与共同体市场相协调的国家援助，则直接予以放行。再比如，俄罗斯《保护竞争法》第20条规定：国家权力机构和地方自治机构如果计划提供国家或地方自治体优惠，必须按照联邦反垄断机构规定的程序，向反垄断机构提出相应申请。反垄断机构在审查之后可以作出同意、不同意或附加限制性条件同意的决议。

欧盟要求苹果公司返还爱尔兰政府税款案①

2016年8月，欧盟委员会裁定美国苹果公司在爱尔兰非法逃税153亿美元，苹果公司必须要将这部分税金返还给爱尔兰政府。

对于该裁决，爱尔兰政府和苹果公司均表示不满，认为苹果公司享受的税收优惠待遇符合爱尔兰和欧盟的法律规定。为此，爱尔兰政府和苹果公司均对这一裁决提起了上诉。

虽然已提起上诉，但爱尔兰政府和苹果公司也不得不临时执行欧盟的裁决，爱尔兰政府从2018年开始陆续接受苹果公司支付的税款。

爱尔兰政府强调，自己只是被动地临时接受这笔税款，对此仍有抵触情绪。爱尔兰财长多诺霍称："苹果公司所享受的税收政策适用于所有企业，并不是专门为苹果公司而定制的。因此，苹果公司并未违反欧盟或爱尔兰的法律。"

由于爱尔兰政府未能如期收回苹果公司需要补缴的税款，欧盟委员会于2017年10月将爱尔兰政府告上欧盟最高法院——欧洲法院。

另外，除了爱尔兰以外，欧盟委员会还对比利时、荷兰、卢森堡等国家作过类似调查。结果显示，这些国家向星巴克、菲亚特克莱斯勒等公司提供不同程度的税收优惠，但是因为调查结果还没有最终确定，只是不排除提起上诉的可能。

微评：依据《欧盟运行条约》第107条第1款规定，除《欧盟运行条约》与《欧盟条约》另有规定外，由一成员国提供的或通过无论何种形式的国家资源

---

① 《欧盟法院下半年审理苹果153亿美元税款上诉案》，http://tech.sina.com.cn/it/2018-04-24/doc-ifzqvvsa7255002.shtml，2018年6月25日访问。

给予的任何援助,凡通过给予某些企业或某些商品的生产以优惠,从而扭曲或者威胁扭曲竞争,只要影响到成员国之间的贸易,均与内部市场不符。基于对该条款的分析可知,如果一项欧盟成员国措施同时符合以下四个条件,即构成《欧盟运行条约》第107条第1款意义上应予禁止的国家援助:(1)欧盟成员国做出国家资助行为;(2)一家企业因此获得利益;(3)资助行为导致或可能导致竞争机制的扭曲;(4)资助行为可能损害、妨碍欧盟内部市场的贸易。欧盟正是根据该成立要件判断爱尔兰政府对苹果公司的税收优惠政策违反了欧盟的国家援助控制制度。

(三) 我国的公平竞争审查制度

依照《反垄断法》的规定,对于抽象行政性垄断的约束,只能通过事后行政执法或在已经发生的行政诉讼案件中附带审查抽象性行政行为的方式来进行,而事后修正效率低、难度大,且依照我国《行政诉讼法》的规定,附带性审查无法审查规章以上的规范性文件,已经严重阻碍了全国统一的公平竞争市场的形成。

在此背景下,2016年6月1日,国务院发布《国务院关于在市场体系建设中建立公平竞争审查制度的意见》(以下简称《意见》),建立了我国的"公平竞争审查制度"。《意见》要求行政机关和法律、法规授权的具有管理公共事务职能的组织以及行政法规、国务院制定的其他政策措施、地方性法规的起草部门(以下统称"政策制定机关"),在制定市场准入、产业发展等涉及市场主体经济活动的规章、规范性文件和其他政策措施时,必须进行公平竞争审查。《意见》从市场准入和退出、商品和要素自由流动、影响生产经营成本、影响生产经营行为四个方面,明确了"18个不得"的公平竞争审查标准。"18个不得"并非穷尽列举,《意见》为此设置了兜底条款,规定"没有法律、法规依据,各地区、各部门不得制定减损市场主体合法权益或者增加其义务的政策措施;不得违反《反垄断法》,制定含有排除、限制竞争内容的政策措施"。所有标准全部服务于维护全国统一市场和公平竞争的目标。政策制定机关自我审查时,认为"不具有排除、限制竞争效果的,可以实施;具有排除、限制竞争效果的,应当予出台,或调整至符合相关要求后出台"。

另外,《意见》还设置了例外规定,即当某些政策措施对实现特定政策目的不可或缺、虽具有排除和限制竞争的效果但不严重时,可以实施。特定的政策目的包括：涉及国家经济安全、文化安全及国防建设的目的，扶贫开发、救灾救助等社会保障目的，节约能源资源、保护生态环境等社会公共利益目的，以及法律、行政法规规定的其他目的。

在审查的方式上，我国的公平竞争审查制度以政策制定机关自我审查为主，同时积极推动竞争主管部门会同有关部门负责建立健全工作机制，指导公平竞争审查制度实施工作，并及时总结成效和经验，推动制度不断完善，在条件成熟时组织开展第三方评估。但是，在制度覆盖的范围方面，我国的制度要大大超过上述这些主要经济体。西方国家的竞争审查主要是针对"管制措施"展开的，而我国的竞争审查对象涉及所有可能影响竞争的政策措施。这在很大程度上凸显了我国改革的决心。

当然，制度实施的效果还有待观察。特别是，考虑到西方国家的竞争审查通常建立在历史悠久的"管制评估"和"竞争政策优先"的理念基础之上，我国要在短时间内对所有可能妨碍竞争的政策措施予以审查，难度可想而知。这也是我国的公平竞争审查制度目前暂以"自我审查"为主的原因之一。

但无论如何，公平竞争审查制度的实施将促使我国在市场经济领域从"形式法治"迈向"实质法治"——不仅看政策措施是否"合法"（有无上位法依据），还要看是否"合理"（是否可能具有排除、限制竞争的效果）。毫无疑问的是，公平竞争审查制度将促进国内经济改革，形成公平竞争市场，并推动对接高标准的国际规则，促进我国对外开放。

思考题

1. 简述行政性垄断的主要表现形式。
2. 简述行政性垄断的成因与危害。
3. 反垄断法规制论和行政法规制论存在哪些区别？
4. 行政性垄断的事前规制和事后规制存在哪些区别？二者分别包含哪些措施？
5. 试论述反垄断法规制行政性垄断的必要性。

第十章　知识产权滥用及其法律规制

【学习要点】
1. 了解知识产权滥用的概念与危害
2. 理解知识产权法与反垄断法之间的关系
3. 掌握知识产权滥用的表现形式
4. 理解传统法律对知识产权滥用的规制
5. 把握反垄断法对知识产权滥用的规制

随着市场竞争的日趋激烈,知识产权在传统的法律保护框架内逐步出现滥用倾向。知识产权滥用不仅打破了传统法律的权利保护与权利制约的均衡局面,也严重影响了市场竞争秩序。因此,世界上很多国家开始建立相关法律制度对知识产权滥用行为加以适度规制。

第一节　知识产权滥用概述

知识产权本身是知识专有权和知识共享权相互制约的统一体和平衡体。在打破对知识产品的专有与共享的利益平衡的情况下,知识产权滥用在所难免。

一、知识产权滥用的概念

知识产权是以知识财产为基础,通过法律拟制而抽象出来的一种财产权利。随着经济的发展和科技的进步,在全球竞争中,知识产权发挥的作用越来越重要,几乎深入到国际经济关系中的各个层面和领域。虽然知识产权也担负着促进整个社会科学技术发展和文学艺术繁荣的使命,但是知识产权源自个人的创造性智力劳动,本质上是一种私权,在立法方式上是通过赋予一定的专有垄断权以保护私有的智力劳动成果。随着现代科技、文化的飞速发展和市场竞争的日趋激烈,知识产权被不恰当地行使,超出合理、合法的限度,成为限制竞争的工具。在法律适用的过程中,知识产权保护与维护竞争秩序的冲突就凸现出来。

知识产权滥用是相对于知识产权的正当行使而言的,是指知识产权的权利人在行使其权利时超出法律所允许的范围或者正当行使的界限,导致对该权利的不正当利用损害他人利益和社会公共利益的情形①。

二、知识产权滥用的危害性

知识产权滥用对社会产生的负面影响是多方面的,归纳起来主要表现在以下三个方面:

第一,损害消费者的福利。不管何种形式的知识产权滥用行为,最终都将会侵害消费者的利益,其最为严重的结果可能是导致人的生命被剥夺。例如,世界上有数千万艾滋病患者急需"鸡尾酒疗法"的救治,但由于知识产权掌握在他人手中,绝大多数人不能负担高额的药物费用。

第二,扰乱市场正常的竞争秩序。滥用知识产权的目的可能是扰乱或者限制竞争对手。例如,许多跨国公司热衷于专利申请,有时候它们取得这些专利的目的只是防止被他人利用,从而对自己的产品构成替代性竞争;很多跨国公司凭借收购、合资等方式取得或控制他人的知识产权后将其打入"冷宫",从而达到消灭商业竞争对手的目的。

第三,影响知识的传播与发展。这在拒绝合理条件下的许可方面表现得尤为明显。虽然知识产权权利人可以利用自己所拥有的专有权,拒绝将相关技术许可给竞争对手使用,以达到排除竞争对手、巩固和加强自身垄断地位的目的,但是这在客观上阻碍了相关知识的传播与发展。这对于人类社会整体的技术进步非常不利,不仅导致了知识产权诉讼的增加,而且导致了资源的重复投入,严重妨碍了社会整体技术的发展。

三、知识产权法与反垄断法的关系

在传统的法律体系中,知识产权法和反垄断法是两个不同的法律分支。知识产权法传统上是作为民法的特别法,通过确认所有权,赋予专利权人、商标权人和著作权人专有性、排他性的私权利,以鼓励革新和促进经济增长。反垄断法作为现代经济法的核心,则在一定程度上限制权利人的专有权、排他权,消除市场中的反竞争行为,以维护自由市场机制。从性质上看,知识产权尽管也有一定

---

① 王先林:《知识产权与反垄断法》,法律出版社2001年版,第92页。

程度的公益性,但主要是为了私益目标,因而被认为是私权;反垄断法则以社会为本位,以"公"的因素为主导,主要是为了实现社会公益目标。两者的关系实质上反映了个体权利与社会整体利益之间在特定情况下可能存在的冲突。

最初,私法领域的知识产权法和公法领域的反垄断法几乎处于相互敌视的状态。知识产权持有人认为,反垄断法的执行妨害了权利人自由使用和许可使用权利的独占性,减少了权利人的预期利益,并导致知识产权革新动力的不足。支持反垄断法的人则认为,反垄断法试图维持竞争经济的生命力,知识产权法的过度保护却妨碍了竞争,因而阻碍了反垄断法目标的实现。但是,随着理论研究和法律实施的深入,人们越来越认识到,知识产权法和反垄断法在价值取向上并不矛盾。可以说,效率是知识产权法和反垄断法的共同价值目标。

知识产权作为特定的知识财产创造者依法获得的一定的垄断权,实际上是国家通过相应的法律制度以避免出现无偿利用他人智力成果的"搭便车"行为。没有知识产权保护,科技、文化的创造与革新就成为一种公共产品。知识产权保护就是将公共产品转变为私人物品,从而增加创造与革新,提高社会效率。正如波斯纳所认为的,如果生产厂商预见到无法补偿其发明成本,他一开始就不会去从事发明;如果他不能收获,他就不会播种。[①] 但是,任何垄断都会影响市场竞争的格局,阻碍其他企业的进入,知识产权垄断也不例外。过度的垄断会抑制垄断企业和其他相关企业进一步开发研究的动力,从而在整体上造成社会效益下降。为了总体效率,有时不得不牺牲某些市场主体的经济利益,而这些经济利益从个体的角度来看似乎是合理的。因此,反垄断法通过保护自由、公平的竞争,推动社会整体经济效益的提高。

第二节 知识产权滥用的表现形式

知识产权滥用行为的表现形式多种多样,不过总体上可以分为四大类型:涉及知识产权的垄断协议、涉及知识产权的滥用市场支配地位行为、涉及知识产权的经营者集中和涉及知识产权的其他情形。

[①] 〔美〕理查德·A.波斯纳:《法律的经济分析》(上),蒋兆康译,林毅夫校,中国大百科全书出版社1997年版,第47页。

一、涉及知识产权的垄断协议

（一）联合研发

联合研发是指经营者就技术、产品等共同开展研发及利用研发成果的行为。联合研发行为有助于整合研究资源，促进科学技术创新，但是也可能产生同其他垄断协议一样的限制竞争效果。因此，对于联合研发需要进行合理分析，特别是分析联合研发是否存在以下情形：第一，是否限制经营者在与联合研发无关的领域独立或者与第三方合作进行研发；第二，是否限制经营者在联合研发完成后进行研发；第三，是否限定经营者在与联合研发无关的领域研发的新技术或者新产品所涉知识产权的归属和行使。反垄断法原则上禁止约定不允许被许可人与第三方联合在授权专利基础上进行研发活动，因为研发不等于使用，专利法允许社会上任何人自由地对专利技术进行研发，只要其不进行商业利用。但是，反垄断法原则上豁免约定禁止被许可人与第三方联合在技术秘密基础上进行研发活动。这是因为不论被许可人以何种形式与第三方联合研发，都极有可能泄露该技术秘密，甚至导致技术秘密的公开，直接危及许可人的权利行使乃至权利的存在。仅仅约定被许可人的保密义务和利用技术秘密的领域都不足以排除这种泄密的危险。

（二）交叉许可

交叉许可是指经营者将各自拥有的知识产权相互许可使用。交叉许可协议有助于促进技术之间的优势互补，可以减少交易成本，增强技术的传播和应用，通常有利于竞争。但是，许可人禁止被许可人向任何第三方发放许可，可能构成封闭式的交叉许可，具有排斥其他竞争者或者潜在竞争者的性质。分析交叉许可对相关市场竞争产生的排除、限制影响，可以考虑以下因素：第一，是否为排他性许可；第二，是否构成第三方进入相关市场的壁垒；第三，是否排除、限制下游相关市场的竞争。

（三）独占性回授

回授是指被许可人将其利用被许可的知识产权所作的改进或者通过使用被许可的知识产权所获得的新成果授权给许可人。如果仅有许可人或者其指定的第三方有权实施回授的改进或者新成果，这种回授是独占性的。通常情况下，独占性回授对相关市场竞争产生排除、限制影响的可能性更大。分析独占性回授对相关市场竞争产生的排除、限制影响，可以考虑以下因素：第一，许可人是否就独占性回授提供实质性的对价;第二,许可人与被许可人在交叉许可中是否相互要求独占性回授;第三,独占性回授是否导致改进或者新成果向单一经营者集中,使其获得或者增强市场控制力;第四,独占性回授是否损害被许可人进行改进的积极性。如果许可人要求被许可人将上述改进或者新成果转让给许可人,或者其指定的第三人,分析行为的反竞争影响时,同样考虑上述因素。

(四) 不质疑条款

不质疑条款是指在与知识产权许可相关的协议中,许可人要求被许可人不得对其知识产权的有效性提出异议条款。被许可人在实施知识产权过程中容易了解该技术是否具有知识产权所要求具备的条件,因而最可能成功地提出异议。限制被许可人任意提出异议,有促进权利人许可他人实施知识产权积极性的作用。但是,该条款有可能被许可人利用,将失效的或有重大瑕疵的知识产权许可给他人使用,借以垄断市场和获取非法竞争优势。分析不质疑条款对相关市场竞争产生的排除、限制影响,可以考虑以下因素:第一,许可人是否要求所有的被许可人不质疑其知识产权的有效性;第二,不质疑条款涉及的知识产权许可是否有偿;第三,不质疑条款涉及的知识产权是否可能构成下游相关市场的进入壁垒;第四,不质疑条款涉及的知识产权是否阻碍其他竞争性知识产权的实施;第五,不质疑条款涉及的知识产权许可是否具有排他性;第六,被许可人质疑许可人知识产权的有效性是否可能因此遭受重大损失。

(五) 标准制定

标准制定是指经营者共同制定在一定范围内统一实施的涉及知识产权的标准。具有竞争关系的经营者共同参与标准制定可能排除、限制竞争,具体分析时可以考虑以下因素:第一,是否排除其他特定经营者;第二,是否排斥特定经营者的相关方案;第三,是否约定不实施其他竞争性标准;第四,对行使标准中所包含的知识产权是否有必要、合理的约束机制。

(六) 其他限制

经营者许可知识产权,还可能涉及下列限制:第一,限制知识产权的使用领域;第二,限制利用知识产权提供的商品的销售渠道、销售范围或者销售对象;第三,限制经营者利用知识产权提供的商品数量;第四,限制经营者使用具有竞争关系的技术或者提供具有竞争关系的商品。分析上述限制对相关市场竞争产生的排除、限制影响,可以考虑以下因素:(1)限制的内容、程度及实施方式;(2)利用知识产权提供的商品的特点;(3)限制与知识产权许可条件的关系;(4)是否包含多项限制;(5) 如果其他经营者拥有的知识产权涉及具有替代关系的技术,其他经营者是否实施相同或者类似的限制。

二、涉及知识产权的滥用市场支配地位行为

(一) 以不公平的高价许可知识产权

具有市场支配地位的经营者可能滥用其市场支配地位,以不公平的高价许可知识产权,排除、限制竞争。分析经营者是否构成滥用市场支配地位,可以考虑以下因素:第一,许可费的计算方法及知识产权对相关商品价值的贡献;第二,经营者对知识产权许可作出的承诺;第三,知识产权的许可历史或者可比照的许可费标准;第四,导致不公平高价的许可条件,包括限制许可的地域或者商品范围等;第五,在一揽子许可时是否就过期或者无效的知识产权收取许可费。分析经营者是否以不公平的高价许可标准必要专利,还可考虑符合相关标准的商品所承担的整体许可费情况及其对相关产业正常发展的影响。

(二) 拒绝许可知识产权

拒绝许可是经营者行使知识产权的一种表现形式。许可或者不许可他人使用其权利客体,是知识产权权利人的一项专有权。通常情况下,知识产权权利人拒绝他人使用其权利客体并不违法。[①] 但是,具有市场支配地位的经营者,尤其是其知识产权构成生产经营活动的必需设施时,没有正当理由拒绝许可知识产权,可能构成滥用市场支配地位,排除、限制竞争。具体分析时,可以考虑以下因素:第一,经营者对该知识产权许可作出的承诺;第二,其他经营者进入相关市场是否必须获得该知识产权的许可;第三,拒绝许可相关知识产权对经营者进行创新的影响及程度;第四,被拒绝方是否缺乏支付合理许可费的意愿和能力等;第五,拒绝许可相关知识产权是否会损害消费者利益或者社会公共利益。

(三) 涉及知识产权的搭售

涉及知识产权的搭售,是指知识产权的许可、转让,以经营者接受其他知识产权的许可、转让,或者接受其他商品为条件。搭售的本质是将某一市场支配地位扩大到被搭售的产品市场上,从而不公平地限制这些产品或服务的竞争,使其他企业无法进入某一市场或者无法凭借竞争实力扩大其业务。知识产权的一揽子许可也可能是搭售的一种形式。分析涉及知识产权的搭售是否构成滥用市场

---

① 徐士英:《论知识产权保护与竞争法实施的协调》,载《时代法学》2006 年第 1 期。

支配地位,与分析涉及其他商品的搭售一般考虑相同的因素。

（四）涉及知识产权的附加不合理交易条件

具有市场支配地位的经营者可能在涉及知识产权的交易中附加下列交易条件：第一，要求交易相对人进行独占性回授，即权利人要求被许可人在对合同标的技术有所改进或取得新的知识产权时向许可人报告、让与或授权使用。回授可以使合同双方共担风险，促进当事人在原技术基础上作进一步的研究投入。但是，这种回授如果是排他性的，就剥夺了被许可人向第三方转让新技术的自由，维持了许可人对新技术的垄断优势，从而削弱了创新市场中的竞争。第二，禁止交易相对人对其知识产权的有效性提出质疑，或者禁止交易相对人对其提起知识产权侵权诉讼。第三，限制交易相对人利用具有竞争关系的技术或者商品，即规定被许可人不得从其他来源获得与合同标的类似的技术或与之相竞争的同类技术，或者限制被许可人与相关企业就相互竞争的产品在研究、开发和生产上的竞争。第四，对期限届满或者被宣告无效的知识产权主张权利。第五，在不提供合理对价的情况下要求交易相对人交叉许可。第六，迫使或者禁止交易相对人与第三方进行交易，或者限制交易相对人与第三方进行交易的条件。分析经营者的上述行为是否构成滥用市场支配地位，与分析附加其他不合理交易条件一般考虑相同的因素。

（五）涉及知识产权的差别待遇

在涉及知识产权的交易中，具有市场支配地位的经营者可能对条件实质相同的交易相对人实施不同的许可条件，排除、限制竞争。分析经营者实行的差别待遇是否构成滥用市场支配地位，可以考虑以下因素：第一，交易相对人的条件是否实质相同，包括相关知识产权的保护范围、不同交易相对人利用相关知识产权提供的商品是否存在替代关系等。第二，许可条件是否实质不同，包括许可数量、地域和时间等。除分析许可协议条款外，还需综合考虑许可人和被许可人之间达成的其他商业安排对许可条件的影响。第三，该差别待遇是否对被许可人参与相关市场竞争产生显著不利影响。

三、涉及知识产权的经营者集中

维护合理的市场结构，防止市场力量过度集中，是维护竞争的基本方式之一。在经营者集中时，知识产权作为一种重要资产在不同主体之间发生转移或重新组合。控制重叠的或互补的知识产权的经营者，往往能够更迅速、更有效地进行创新。但是，在参与集中的一方或各自拥有某项关键知识产权或者实施独占性许可的情况下，其他经营者进入该市场的可能性就大大降低。[1]因此，有时拥有关键知识产权的经营者之间的集中可能提高其他经营者进入市场的障碍，限制相关市场上的竞争。比如，在美国"瑟巴-格基与桑多兹合并案"中，合并双方控制了使基因治疗产品商业化所必需的关键知识产权，美国联邦贸易委员会认为潜在的挽救生命疗法的竞争性发展因企业合并而受到阻碍。[2] 在合并方同意将基因治疗技术、技术秘密和专利权一揽子许可给第三方，使其他企业能够与合并企业进行竞争后，美国联邦贸易委员会才批准了该合并。

当经营者通过知识产权的转让和排他性许可能够取得对其他经营者的控制权或者能够对其他经营者施加决定性影响时，涉及知识产权的交易构成经营者集中。涉及知识产权的经营者集中有一定特殊性，主要体现在构成经营者集中的情形、审查的考虑因素和附加限制性条件等方面。

默克公司收购安智电子材料公司案（经营者集中案）[3]

2013 年 12 月 20 日，默克公司（以下简称"默克"）发出公告，计划以公开要约的方式收购安智电子材料公司（以下简称"安智"）全部已发行及将发行的股本。交易后，安智将从伦敦证券交易所退市，成为默克间接控制的全资子公司。

中华人民共和国商务部（以下简称"商务部"）对相关市场份额、市场控制力、市场进入等因素进行了评估，并结合经济学分析和行业调查问卷情况，认为本次集中完成后，默克具有利用相邻产品关系将液晶和光刻胶进行捆绑销售或交叉补贴的能力，可能损害市场竞争。

根据默克向商务部作出的承诺，商务部决定附加限制性条件批准此项经营者集中，默克应当履行如下义务：（1）不得进行任何形式的捆绑销售，直接或间接迫使中国客户同时购买默克和安智的产品，包括不对默克液晶产品和安智光刻胶产品之间进行任何形式的交叉补贴。（2）当默克许可液晶专利

---

[1] 王先林：《知识产权与反垄断法》，法律出版社 2001 年版，第 325 页。

[2] Robert Pitofsky, Antitrust and Intellectual Property: Unresolved Issues at the Heart of the New Economy, https://www.ftc.gov/public-statements/2001/03/antitrust-and-intellectual-property-unresolved-issues-heart-new-economy, visited on 2019-11-2.

[3] 中华人民共和国商务部公告 2014 年第 30 号。

时,基于非排他性的、不得转许可的条款实施。所有条款均将遵守商业上合理的、非歧视性的原则。(3)每半年向商务部报告上述义务的履行情况;如果默克在中国签订任何液晶的专利许可协议,将事先通知商务部。

微评:从本案来看,在我国反垄断执法机构对涉及知识产权问题的经营者集中案件进行审查的过程中,基本遵循《反垄断法》对经营者集中审查的一般分析框架,重点考察《反垄断法》第 27 条所规定的因素,同时兼顾具体交易所涉知识产权独有的特点,从相关产品市场、相关地域市场、相关时间市场以及相关技术市场等众多方面加以考察。另因知识产权包含标准必要专利问题,故使相关分析更加复杂化。

四、涉及知识产权的其他情形

涉及知识产权的其他情形主要是指专利联营、禁令救济、著作权集体管理组织以及标准必要专利垄断等可能构成不同类型的垄断行为或可能涉及特定主体的形式,需要根据个案情况进行分析。

(一)专利联营

专利联营是指两个或者两个以上经营者将各自的专利共同许可给联营成员或者第三方。专利联营各方通常委托联营成员或者独立第三方对联营进行管理。联营具体方式包括达成协议,设立公司或者其他实体等。专利联营能够将互补性技术组合起来,促进权利人之间的技术交流,减少交易成本,可能有利于竞争。但是,因为联营各方彼此间具有竞争关系,如果联营对参加者施加了关于技术研究开发领域,专利产品的销售价格、生产量、销售渠道,或者许可对象、许可方式等限制,将实质性限制相关市场的竞争。

(二)禁令救济

禁令救济是指拥有知识产权的经营者请求法院或者相关部门颁发限制使用相关知识产权的命令。禁令救济是标准必要专利权人依法享有的维护其合法权利的救济手段。但是,拥有市场支配地位的标准必要专利权人利用禁令救济申请迫使被许可人接受其提出的不公平的高价许可费或者其他不合理的许可条件,可能排除、限制竞争。

(三)著作权集体管理组织

著作权集体管理组织是指为著作权权利人的利益依法设立,根据权利人授权,对权利人的著作权或者与著作权有关的权利进行集体管理的社会团体。著作权集体管理通常有利于单个著作权人权利的行使,降低个人维权以及用户获得授权的成本,促进作品的传播和著作权保护。但是,著作权集体管理组织在开展活动过程中,有可能滥用知识产权,排除、限制竞争。具体分析时,可以根据行为的特征和表现形式,认定可能构成的垄断行为并分析相关因素。

(四)标准必要专利垄断

标准必要专利(Standard Essential Patents,SEP)是指实施一项技术标准所必须采用的专利。当一项专利被纳入某个标准后,相关行业的生产者为了使其产品符合标准要求,不可避免地需要使用该专利,并且除了该专利外没有其他选择,因此标准必要专利与普通专利相比具有更强的垄断力。因为标准的开放性,与标准必要专利相关的技术许可具有公共性,涉及社会公共利益。[①] 但是,标准必要专利也是专利持有人的私有财产,若为了公共利益要求持有人以较低的价格许可给使用人,会在一定程度上打击人们进行创新和研发新技术的积极性,不利于技术的进步,最终也会损害公共福利。因此,标准组织通常会要求标准必要专利持有人按照 FRAND 原则对标准必要专利实施许可。FRAND 是 Fair, Reasonable, and Non-Discrimintory 的简称,其含义简单来说就是标准必要专利持有人在许可其专利时应当遵照公平、合理、无歧视的原则。FRAND 原则已经被世界各国广泛接受,各国在司法实践中都会以 FRAND 原则为指导,判断标准必要专利许可人是否存在滥用专利权的行为。在实践中,滥用标准必要专利权的行为表现为收取不公平的高价专利许可费、搭售和附加不合理条件等多种形式。"美国高通公司滥用市场支配地位案"是近年来此领域较为著名的典型案件。

美国高通公司滥用市场支配地位案[②]

中华人民共和国国家发展和改革委员会(以下简称"国家发改委")于 2013 年 11 月依法对美国高通公司滥用无线通信标准必要专利许可市场及基带芯片市场的支配地位,实施垄断行为进行立案调查。

---

① 王晓晔:《标准必要专利反垄断诉讼问题研究》,载《中国法学》2015 年第 6 期。
② 国家发展和改革委员会行政处罚决定书发改办价监处罚〔2015〕1 号。

依据高通公司在相关市场占有100%的市场份额、高通公司具有控制无线标准必要专利许可市场的能力、无线通信终端制造商对高通公司的无线标准必要专利组合许可高度依赖、其他经营者进入相关市场难度较大等因素，国家发改委认定高通公司在无线标准必要专利许可市场具有市场支配地位。

依据高通公司在相关市场的市场份额均超过1/2，高通公司具有控制相关基带芯片市场的能力，主要无线通信终端制造商对高通公司的基带芯片高度依赖，基带芯片市场进入门槛高、难度大等因素，国家发改委认定当事人在基带芯片市场具有市场支配地位。

在此情况下，高通公司实施了以下三种滥用市场支配地位的行为：(1)高通公司滥用在无线标准必要专利许可市场的支配地位，收取不公平的高价专利许可费，包括对过期无线标准必要专利收取许可费，要求被许可人将专利进行免费反向许可。(2)高通公司滥用在无线标准必要专利许可市场的支配地位，在无线标准必要专利许可中，没有正当理由搭售非无线标准必要专利许可。具体来说，高通公司在进行专利许可时，不对无线标准必要专利与非无线标准必要专利进行区分，不向被许可人提供专利清单，而是采取设定单一许可费并进行一揽子许可的方式，将持有的非无线标准必要专利进行搭售许可。(3)高通公司滥用在基带芯片市场的支配地位，在基带芯片销售中附加不合理条件。高通公司将签订和不挑战专利许可协议作为被许可人获得当事人基带芯片的条件。如果潜在被许可人未与当事人签订包含不合理许可条件的专利许可协议，当事人则拒绝与该潜在被许可人签订基带芯片销售协议并拒绝向其供应基带芯片；如果已经与当事人签订专利许可协议的被许可人与当事人就专利许可协议产生争议并提起诉讼，则当事人将停止向该被许可人供应基带芯片。

依据《反垄断法》第47条、第49条的规定，国家发改委责令高通公司停止滥用市场支配地位的违法行为并对其处2013年度销售额8%的罚款。

微评： 高通公司在通信领域的垄断已经遭到日本、韩国、欧盟等国家和地区的调查和处罚。韩国首尔大学经济学院教授李相承认为，虽然日本和韩国的反垄断执法机构都曾对高通公司商业模式中以整机而不是芯片收取专利费的销售模式提出质疑，但只是对垄断行为进行查处，并没有触动高通公司

> 这一专利收费模式。国家发改委对高通公司的处罚中虽然要求高通公司对中国境内销售手机由按整机售价收取专利费改成收取整机售价65%专利许可费,也仍未改变高通公司的专利收费模式。移动互联网的迅猛发展使高通公司在遭遇反垄断查处的同时,仍然强硬地实施不合理的专利收费模式。这不单单是市场经营者之间的比拼,已经发展成为国家与国家之间的较量。我们需要给予国内芯片厂商更大的自由竞争和创新的空间,以提升研发实力,增加市场份额,增强国际竞争力。

第三节 传统法律对知识产权滥用的规制

一、民法对知识产权滥用的规制

WTO框架下的《与贸易有关的知识产权协定》(以下简称"TRIPS协定")在前言中明确提出"承认知识产权为私权"的原则。作为一种民事权利,知识产权的行使也极易与民法上的公平、诚实信用和公序良俗等基本原则发生背离。所以,知识产权滥用也受到民法的规制。民法上对权利滥用的规制,重点是考虑权利人与相对人双方的利益衡量,它"要求民事活动的当事人在行使权利及履行义务的过程中,实现个人利益与社会利益的平衡"[①]。实际上,在私法领域,为了实现个人权利与社会公共利益的平衡,特别是实现公益性目标,很早就确立了禁止权利滥用原则。目前,大多数国家的私法都确立了限制所有权的权利不得滥用的原则。虽然在知识产权法中很少明文规定这一原则,但是民法上的权利不得滥用原则对知识产权的行使同样具有约束力。

二、知识产权法对知识产权滥用的规制

知识产权法本身在赋予知识产权垄断权的同时,也对其使用规定了相应的制约措施,从而对垄断权进行限制,以期达到私人利益与社会利益的平衡,从而实现以技术进步为基础的社会经济的发展。这些规则主要包括以下三个方面:

---

① 徐国栋:《民法基本原则解释——成文法局限性之克服》,中国政法大学出版社1992年版,第90页。

一是时间限制原则。"没有合法的垄断就不会有足够的信息生产出来,但是有了合法的垄断又不会有太多的信息被使用。"①因此,在赋予知识财产垄断权的基础上,考虑到知识财产的历史延续性和后续利用的成本效率,知识产权法特别规定了知识产权的保护期限,使知识财产拥有的垄断权成为一种相对的、有限制的垄断权。各国知识产权法对专利权、商标权、著作权都规定了一定的保护期限,在法定保护期限届满之后,原权利人就丧失了对其专利、商标、著作的专有权利(商标权利人依法申请续展除外),该专利、商标、著作就进入公共领域,任何人都可以在不经原权利人许可的情况下使用、改进该专利、商标、著作。

二是强制许可原则。知识产权只有用于实际的生产和生活才能推动技术进步,促进经济发展。为了防范知识产权权利人不使用知识产权,知识产权法安排了强制许可制度。例如,在专利法中,多数国家都规定,在一定条件下,未经专利权人同意,国家专利主管机关可以依法准许其他单位或他人实施专利权人的专利权。再如,很多国家在商标法中规定,在取得商标权后的连续若干年未使用商标的,国家商标主管机关有权注销该商标。

三是合理使用原则。这是指知识产权权利人以外的第三人在符合某些条件的前提下,可以在未经知识产权权利人同意的情况下,直接使用知识产权,而不受知识产权权利人的追索。这样,可以防止知识产权权利人无条件地制止他人利用知识财产,降低知识的传播和利用速度,从而损害社会公共利益,使权利人在某些特定的条件下对其拥有垄断权的知识财产不具有绝对的垄断权。合理使用原则可解决公共利益和私人利益之间的矛盾,在既不损害公共利益又不影响私人利益的基础上,实现有效分配资源的最理想状态。

第四节 反垄断法对知识产权滥用的规制

一、反垄断法规制知识产权滥用的意义

反垄断法对知识产权滥用的规制与传统法律不同,主要是从维护公平竞争秩序的目的出发,而不是从权利滥用本身出发,即对滥用行为进行规制的基础是考虑到该行为损害了市场竞争机制。

---

① 〔美〕罗伯特·考特、托马斯·尤伦:《法和经济学》,张平等译,上海三联书店、上海人民出版社1994年版,第185页。

知识产权的行使本身就是对竞争和市场的一种限制，这是一种合法的垄断。但是，当知识产权权利人行使这种权利将导致新的市场主体进入市场受到不正当限制，阻碍社会的创新机制继续发挥作用时，即知识产权权利人利用知识产权法定的垄断属性，图谋限制正当竞争的利益而损害社会利益时，知识产权即从法定的垄断权转化为反垄断法所规制的不合法的垄断行为。虽然知识产权法本身也含有重要的公共利益目标，但鉴于其私法性质和调整方式的局限，对该领域公共利益的维护程度是比较弱的，还需借助于公法的介入。反垄断法作为一种以实现公共利益为目标的公法，从维护社会整体的公共利益目标出发，对超出知识产权合法垄断范围的行为加以禁止，显示出其在规制知识产权滥用方面特别的功效和作用。

二、国际知识产权制度中的竞争规则

当与知识产权有关的贸易跨越国界时，经济竞争在国际范围内展开，发达国家利用知识产权垄断优势，在国际贸易中限制竞争的行为引起国际社会的关注。为了规范国家之间的商业竞争，维护国际竞争秩序，具有国际法效力的竞争制度在知识产权领域得到适用，推动和促进了各国经济利益的协调和发展。

世界知识产权组织（WIPO）制定的《保护工业产权巴黎公约》虽主要是针对保护工业产权的，但它把反不正当竞争行为与保护工业产权联系起来，对不正当竞争行为作出禁止性规定，使其远远超出了工业产权保护的范围。该公约对各国知识产权的竞争法保护有重要的指导意义，使未注册的驰名商标、未取得专利权的技术秘密及其他商业秘密等能够带来竞争优势的无形财产获得竞争法的保护。该公约还规定了强制许可制度，并强调滥用专利权亦是违反国际法准则。[①]

WTO框架下的TRIPS协定是WTO加强知识产权保护的重要法律规范，也是规制知识产权限制竞争行为的重要法律规范。TRIPS协定的基本原则是，保护和实施知识产权的管制行动应当以"有利于社会和经济福利的方式……有利于促进技术革新、转让和传播技术，对生产者和使用者互利，以及促进权利义务的平衡"，它要求成员采取适当措施防止"权利人滥用知识产权"[②]。作为目前世界上关于知识产权的最权威和最广泛的协定，TRIPS协定具有以下特点和内

[①] 郑成思：《关贸总协定与世界贸易组织中的知识产权——关贸总协定乌拉圭回合最后文件〈与贸易有关的知识产权协议〉详解》，北京出版社1994年版，第290页。
[②] 同上书，第181页。

容:(1) TRIPS 协定是从贸易角度构建知识产权保护体系。(2) TRIPS 协定包含专门的处理知识产权与竞争政策关系的方式,一是通过强制许可的方式救济反竞争行为造成的不利影响,二是容许成员限制具有反竞争效果的知识产权许可行为。[①] TRIPS 协定特别列举了三种应予制止的限制性商业行为,即独占性回授条件、禁止有效性质疑和强制一揽子许可。(3) TRIPS 协定在保护知识产权的同时,也考虑到了权利人的社会责任和义务,力图规制权利的滥用,其中也涉及知识产权政策与竞争政策的平衡问题。

三、发达国家和地区反垄断法对知识产权滥用的规制

为防止知识产权的滥用,一些国家和地区采取了包括反垄断法在内的控制措施。其中,美国司法部和联邦贸易委员会于 2017 年联合发布的《知识产权许可的反托拉斯指南》(以下简称《指南》)和欧盟委员会 2014 年公布的关于技术转移协议的反垄断新规极具代表性。

(一)美国反垄断法对知识产权滥用的规制

《指南》集中反映了该领域的法律原则。具体而言,《指南》就知识产权许可可能引起的反垄断法问题,系统地说明了反垄断执法机构在执法中将采取的一般态度、分析方法和法律适用原则。《指南》首先明确界定了知识产权法和反垄断法的关系,指出两者具有共同的目的,那就是促进创新和增进消费者福利。《指南》提出了处理两者关系的三个一般原则:(1) 在确认是否触犯反垄断法时,反垄断执法机构将知识产权与其他财产同样对待;(2) 反垄断执法机构并不首先假定知识产权产生反垄断意义上的市场支配力,即知识产权作为垄断权本身并不直接使权利人具有市场支配力;(3) 反垄断执法机构承认知识产权的许可行为可让企业将各种生产要素整合起来,因而一般是有利于竞争的。鉴于这些一般原则的前提规定,如果一项知识产权许可可能对现有的或者潜在的商品或者服务的价格、质量、数量、多样性产生不利影响,就存在是否触犯反垄断法的问题,会受到美国反垄断执法机构的关注。

在判断知识产权许可是否违反反垄断法时,美国反垄断执法机构一般在进行如下分析和评估后才得出是否进行规制的结论:第一,分析和评估许可合同可能影响的市场领域;第二,分析和评估许可合同当事人之间的关系;第三,分析和

[①] 罗昌发:《WTO 发展方向及台港经贸关系》,元照出版公司 1997 年版。

评估许可合同限制条款的原则架构。

在知识产权滥用规制中,美国区别不同的行为适用不同的司法原则。对于那些通过许可合同限定价格、分配市场或者顾客、在知识产权过期或者无效后仍要求对方支付提成费等比较严重的滥用行为,原则上适用本身违法原则;而对于其他不正当运用知识产权的行为,则适用合理原则。不过,在适用合理原则时,《指南》指出了反垄断执法机构对知识产权许可合同进行分析和评估时的一般考虑因素,包括:市场结构状况、协同和排他、涉及排他的许可安排、效率与正当理由、反垄断的"安全区"等。《指南》还对许可合同中常会遇到的一些限制性条款进行了具体分析与说明,主要涉及横向限制、维持转售价格、搭售协议、排他性交易、交叉许可与联营协议、回授以及知识产权的取得等条款。

(二) 欧盟竞争法对知识产权滥用行为的规制

欧盟早在 1996 年就颁布了关于技术转移协议的反垄断规定,并于 2004 年进行过修订。2014 年,欧盟委员会公布了关于技术转移协议的反垄断新规,主要包括两部分:一是《技术转让集体豁免条例》(Technology Transfer Block Exemption Regulation,TTBER)[1],它为一些特定类型的专利许可协议规定了"安全港"制度,但是落入"安全港"的技术许可协议不能包含一些被禁止或排除的条款,并且协议方需为市场力量有限的企业;二是《技术转让指南》(Technology Transfer Guidelines)[2],它包括反垄断法适用于技术转让行为的基本原则、TTBER 的适用、未被 TTBER 涵盖的技术转让行为的反垄断规制等部分。

欧盟竞争法在长期的实践中确立和发展了关于运用知识产权的基本规则。欧盟法院曾在判例中指出,《欧共体条约》(现为《欧盟运行条约》)所保护的知识产权只是知识产权所有权的"存在"形式,而对所有权的"使用"则应受到条约有关禁止性规范的约束。[3] 欧盟法院还在知识产权运用中确立了"同源原则"。根据该原则,如果两个或者两个以上位于不同成员国的企业合法地持有商标专有权,而且这些商标均来自同一渊源,任何一个企业都不得利用其商标专有权阻止

---

[1] Commission Regulation (EU) No. 316/2014 of 21 March 2014 on the Application of Article 101 (3) of the Treaty on the Functioning of the European Union to Categories of Technology Transfer Agreements Text with EEA Relevance, https://eur-lex.europa.eu/legal-content/EN/TXT/? uri=uriserv:OJ. L_. 2014.093.01.0017.01. ENG, visited on 2019-3-8.

[2] Communication from the Commission—Guidelines on the Application of Article 101 of the Treaty on the Functioning of the European Union to Technology Transfer Agreements, https://eur-lex.europa.eu/legal-content/EN/TXT/? uri=uriserv:OJ. C_. 2014.089.01.0003.01. ENG, visited on 2019-3-8.

[3] 阮方民:《欧盟竞争法》,中国政法大学出版社 1998 年版,第 282—283 页。

另一个企业的产品进入本国市场。①

目前,我国对知识产权保护的立法水平基本达到了发达国家水平,但有关知识产权滥用的规制立法还比较滞后。这种知识产权保护与反垄断法规制失衡的局面对我国经济发展是不利的,应引起全社会的高度重视。实践中,我国已经出现越来越多知识产权滥用的案例。《反垄断法》第 55 条明确规定:"经营者依照有关知识产权的法律、行政法规规定行使知识产权的行为,不适用本法;但是,经营者滥用知识产权,排除、限制竞争的行为,适用本法。"

H 公司与 I 公司滥用市场支配地位案②

在本案中,原告 H 公司诉称,根据我国《反垄断法》的规定,被告在 3G 无线通信标准必要专利许可市场中具有市场支配地位。与苹果、三星等公司相比,被告对其标准必要专利的许可使用费存在过高定价和歧视性定价行为;被告还要求原告将原告全球所有的专利无偿许可给被告,这属于附加不合理交易条件的行为;被告提出将其标准必要专利和非标准必要专利、2G、3G 和 4G 标准必要专利、全球专利打包许可,这属于搭售行为;在双方谈判过程中,被告突然在美国联邦法院和美国国际贸易委员会同时起诉原告。据此,原告诉请被告立即停止垄断民事侵权行为,并连带赔偿原告经济损失人民币 2000 万元。

一审法院认为,基于 3G 标准中每一个必要专利的唯一性和不可替代性,被告在 3G 标准中的每一个必要专利许可市场均拥有完全的份额,具有阻碍或影响其他经营者进入相关市场的能力;应依法认定被告在原告界定的相关市场中具有市场支配地位。

必要专利许可合同交易的实现,依赖于必要专利权人在合同签订、履行时均应遵循公平、合理、无歧视(FRAND)的原则。将被告授权给苹果、三星等公司的专利许可条件与被告向原告发出的要约条件进行比较,无论是按照一次性支付专利许可使用费为标准,还是按照专利许可使用费率为标准,被告拟授权给原告的专利使用费均远远高于苹果、三星等公司。被告还强迫原

---

① 王晓晔:《欧共体竞争法中的知识产权》,载《环球法律评论》2001 年第 2 期。
② 广东省高级人民法院(2013)粤高法民三终字第 306 号。

告给予其所有专利的免费许可,使之可以获得额外的利益,这表明被告存在过高定价和歧视性定价的行为。由于原告在与被告的谈判中一直处于善意状态,被告在美国提起诉讼的目的在于逼迫原告接受过高专利许可交易条件,这属于逼迫原告接受过高专利许可交易条件之手段的行为。被告利用其必要专利授权许可市场条件下的支配地位,将必要专利与非必要专利搭售,属于滥用市场支配地位的行为。

因此,法院判决被告立即停止针对原告实施的过高定价和搭售的垄断民事侵权行为,并连带赔偿原告经济损失人民币2000万元。

2013年10月21日,终审法院判决:驳回上诉,维持原判。

微评:本案属于新技术条件下的重大疑难复杂案件,被业界称为"中国标准必要专利反垄断纠纷第一案",在国内外均产生了广泛的影响。法院认为,在无线通信技术标准中,每一个标准必要专利许可市场均构成一个独立的相关商品市场;专利权具有地域性,每一个主权国家中的标准必要专利许可市场又是一个独立的相关地域市场。基于标准中每一个标准必要专利的唯一性和不可替代性,标准必要专利权人在相关市场中具有市场支配地位。如果标准必要专利权人在标准必要专利使用费谈判中违反公平、合理、无歧视的原则,如实施过高定价、歧视性定价、搭售等滥用市场支配地位的行为,将被认定为构成垄断,承担相应的民事法律责任。

思考题

1. 简述知识产权法与反垄断法之间的关系。
2. 简述涉及知识产权的垄断协议。
3. 简述涉及知识产权的滥用市场支配地位。
4. 简述涉及知识产权的经营者集中。
5. 列举其他滥用知识产权的行为。
6. 传统法律与反垄断法对知识产权滥用的规制存在哪些区别?
7. 简述反垄断法规制知识产权滥用的异议。
8. 美国反垄断法与欧盟竞争法对知识产权滥用的规制各有哪些特征?

第十一章　垄断行为的法律责任

【学习要点】
1. 掌握垄断行为所承担的行政、民事与刑事责任
2. 掌握行政性垄断的特殊法律责任

纵观世界各国的反垄断法，针对垄断行为普遍存在行政责任、民事责任与刑事责任三种法律责任形式。我国反垄断法主要规定了行政责任与民事责任，其中行政责任主要体现为行政罚款，民事责任主要体现为损害赔偿。

第一节　行政责任

我国《反垄断法》第 46 条至第 49 条规定了垄断行为的行政责任，主要包括责令停止违法行为、没收违法所得和处以行政罚款三种类型。此外，针对行业协会组织本行业的经营者达成垄断协议的情况，还存在撤销登记的行政责任；对于经营者集中，还存在限期处分股份或者资产、限期转让营业以及采取其他必要措施恢复到集中前的状态等行政责任。

责令停止违法行为是要求违法者通过实施一定作为或不作为消除违法行为。根据我国《反垄断法》，经营者达成并实施垄断协议、滥用市场支配地位、违法实施经营者集中，反垄断执法机构均可责令停止违法行为。美国反垄断执法机构则主要通过签发停止令，责令当事人停止违法行为或者修正正在实施的行为。对于违反停止令的，美国联邦贸易委员会可以处以每日一万美元的程序性罚款。

没收违法所得是通过剥夺经营者实施垄断协议或滥用市场支配地位所获得的不当利益的方式对违法者进行惩罚。这是我国行政处罚的传统方式之一。但是，世界上大多数国家的反垄断法中并无此规定，而主要通过行政罚款的方式实施制裁。

行政罚款是各国反垄断法普遍采用的行政处罚方式。比如，日本《禁止私人

垄断和确保公平交易法》规定,对于垄断协议,最高可处以相关商品或服务销售额 10% 的课征金;对于累犯,还可提高 50% 的处罚额度。韩国《规制垄断与公平交易法》规定,可以命令违法者缴纳不超过总统令规定的销售额 5% 的课征金,无销售额的缴纳不超过 10 亿韩元的课征金。根据我国《反垄断法》,对于达成并实施垄断协议和滥用市场支配地位行为,可以处上一年度销售额 1% 以上 10% 以下的罚款;尚未实施所达成的垄断协议的,可以处 50 万元以下的罚款;违法实施经营者集中的,可以处 50 万元以下的罚款。经营者主动向反垄断执法机构报告达成垄断协议的有关情况并提供重要证据的,反垄断执法机构可以酌情减轻或者免除对该经营者的处罚。行业协会组织本行业的经营者达成垄断协议的,反垄断执法机构可以处 50 万元以下的罚款;情节严重的,社会团体登记管理机关可以依法撤销登记。

M 公司、T 公司、W 投资中心先后收购 C 公司股权案[①]

2014 年 11 月,M 公司与 C 公司全体股东签署《关于 C 公司之股份转让协议》,约定 M 公司分步收购 C 公司 100% 股份。2014 年 12 月,M 公司、C 公司股东、Q 投资中心等签订《〈股份转让协议〉的修订协议》,Q 投资中心收购 C 公司 27.78% 股份。2015 年 2 月,Q 投资中心与 M 公司签订股份转让协议,M 公司从 Q 投资中心收购 C 公司 27.78% 股份并完成股权变更登记。2015 年 11 月,T 公司与 C 公司股东、M 公司等签订《〈股份转让协议〉的补充协议》,T 公司受让 C 公司 68.4% 股份并完成股权变更登记。2016 年 4 月,T 公司将 C 公司 36.11% 股权转让给 W 投资中心并完成工商变更登记。2016 年 5 月,M 公司与 C 公司全体股东(除 M 公司外)签署协议,拟购买 C 公司 72.22% 股份,交易完成后,M 公司及其子公司将合计持有 C 公司 100% 股份。该项交易尚未实施,并主动申报。

商务部根据《反垄断法》《未依法申报经营者集中调查处理暂行办法》(以下简称《暂行办法》)和相关举报,依法进行了调查,认定交易方构成未依法申报违法实施的经营者集中,但不具有排除、限制竞争的效果。

---

① 中华人民共和国商务部行政处罚决定书(商法函〔2017〕206 号)。

基于调查情况和评估结论,并考虑以下因素:第一,在本案的经营者集中过程中,M公司及其实际控制人对交易过程发挥主导作用,M公司是签署《股份转让协议》约定收购C公司100%股份的主体,同时在交易过程的各步骤担任了签约方、交易受益方、控制权取得方以及知情者;T公司和W投资中心根据M公司的指定,过渡性购买和持有C公司股份;M公司在《股份转让协议》签署时尚不存在。第二,本案为第三方举报案件。第三,M公司及其关联企业在调查过程中能够配合调查,M公司收购C公司72.22%股权的交易尚未实施,且M公司进行了主动申报。根据《反垄断法》第48条、第49条和《暂行办法》第13条规定,商务部决定对M公司处以30万元罚款的行政处罚。

微评:行政罚款是传统的行政处罚方式,也是反垄断法对经济性垄断的普遍性罚则。从《反垄断法》第46条至第49条可以看出,与对经营者滥用市场支配地位和达成并实施垄断协议的罚款以上一年度销售额为基数不同,对经营者集中的罚款采用最高额(50万元)以下罚款模式,并且反垄断执法机构在综合考虑违法行为的性质、程度和持续的时间等因素之后确定具体罚款数额。在实际案例中,我们经常能看到的是,经营者未依法申报而实施集中,并且经审查不具有排除、限制竞争的效果的,会被适当处以50万元以下的罚款。

历史上还曾经存在分拆企业的行政处罚方式,即反垄断执法机构可以根据具体情况将涉嫌具有市场支配地位的企业分拆成若干个小企业,使分拆后的企业没有能力实施滥用市场支配地位的行为。这种行政处罚方式在当前已属罕见。

此外,各国针对垄断行为还存在其他若干颇具特色的行政责任。根据《欧盟运行条约》第102条的规定,欧盟委员会可宣告垄断协议自始无效。受到损害的经营者可主张从协议订立之日起获得的损害赔偿。美国司法部可与违法当事人通过谈判达成和解协议,经联邦法院审查后签发"同意令"。根据和解协议,涉嫌对象可以停止涉嫌行为,修正自己的行为以符合执法机关要求。日本公平交易委员会在认为有违反本国反垄断法的行为时,可以劝告涉嫌对象采取适当措施加以矫正。接受劝告的人必须立即向公平交易委员会告知是否承诺接受该劝告。

最后,针对经营者集中,还存在一些特殊的行政责任。如果经营者集中得不到反垄断执法机构的认可,那么相关经营者将面临禁止集中的后果。比如,德国法律规定,如果可以预见因企业合并将出现市场支配地位或加强市场支配地位,那么反垄断当局就可以禁止此合并。一旦作出禁止合并的决定,企业就不得完成该合并,其他人也不得参与完成该合并。如果可以通过附加一些条件的方式消除反垄断执法机构的疑虑,则可获得附条件同意集中的后果。附条件的方式主要有结构性救济、行为性救济和综合性救济三种。结构性救济主要是指将企业资源的控制权剥离给独立第三方,包括资产和人员的剥离,其中资产包括有形资产、无形资产(包括知识产权)、政府特许权、对企业有价值的长期协议及客户、债权等。行为性救济是指开放网络或平台等基础设施、许可关键技术(包括专利、专有技术或其他知识产权)、终止排他性协议等行为性条件。综合性救济是指同时结合结构性条件和行为性条件的救济措施。

拜耳股份公司收购孟山都公司股权案[①]

本案收购方为拜耳股份公司(以下简称"拜耳"),被收购方为孟山都公司(以下简称"孟山都")。根据交易协议,拜耳拟以每股 128 美元收购孟山都全部股权。集中完成后,孟山都成为拜耳的全资子公司。

中华人民共和国商务部(以下简称"商务部")根据《反垄断法》第 27 条规定,从相关市场的市场集中度、参与集中的经营者在相关市场的市场份额及对市场的控制力、对市场进入和技术进步的影响、对消费者和其他有关经营者的影响等方面,深入分析了此项经营者集中对市场竞争的影响,认为此项集中对中国非选择性除草剂市场,中国长日照洋葱种子、经切削加工销售胡萝卜种子、大果番茄种子等蔬菜种子市场,全球玉米、大豆、棉花、油菜性状市场及数字农业市场,具有或可能具有排除、限制竞争效果。

鉴于此项经营者集中具有或可能具有排除、限制竞争效果,根据申报方向商务部提交的限制性条件建议最终稿,商务部决定附加限制性条件批准此项集中,要求拜耳、孟山都及集中后实体履行如下义务:

(1) 在全球范围内剥离拜耳的蔬菜种子业务,剥离内容包括相关设施、人员、知识产权(包括专利、专有技术及商标)及其他有形与无形资产。

[①] 中华人民共和国商务部公告〔2018〕年第 31 号。

> （2）在全球范围内剥离拜耳的非选择性除草剂业务（草铵膦业务），剥离内容包括相关设施、人员、知识产权（包括专利、专有技术及商标）及其他有形与无形资产。
>
> （3）在全球范围内剥离拜耳的玉米、大豆、棉花、油菜性状业务，剥离内容包括相关设施、人员、知识产权（包括专利、专有技术及商标）及其他有形与无形资产。
>
> （4）在拜耳、孟山都及集中后实体的商业化数字农业产品进入中国市场之日起5年内，基于公平、合理、无歧视条款，允许中国所有农业软件应用程序开发者将其数字农业软件应用程序连接到拜耳、孟山都及集中后实体在中国应用的数字农业平台，允许中国所有用户注册使用拜耳、孟山都及集中后实体的数字农业产品或应用程序。
>
> 商务部有权通过监督受托人或自行监督检查申报方履行上述义务的情况。申报方如未履行上述义务，商务部将根据《反垄断法》相关规定作出处理。
>
> **微评：**对具有排除、限制竞争效果的经营者集中采取附条件的结构性救济和行为性救济措施是平衡交易需要和市场竞争秩序的重要措施。结构性救济包括资产剥离、产能剥离等方式，行为性救济包括准许接入、承诺作为或者不作为等方式。其中，每一种方式又具有不同的实施程式。整改方案是在经营者与反垄断执法机构的不断磋商过程中实现的。

第二节 民事责任

大多数国家都规定，由于垄断行为受到损害的，可以提出损害赔偿诉讼。有的国家还规定了惩罚性赔偿制度。比如，根据美国《谢尔曼法》第7条的规定，任何因反托拉斯法所禁止的事项而遭受损失的人，不论损失大小，都可提起三倍损害赔偿诉讼。但是，绝大多数国家并未引入惩罚性赔偿制度。比如，德国就拒绝引入惩罚性赔偿制度，原因是这一方面可能增加"滥诉"的风险，另一方面可能影响"宽大政策"的实施。[①]

---

① 王晓晔：《反垄断法》，法律出版社2011年版，第376页。

我国《反垄断法》也只规定了"补偿性"而非"惩罚性"的损害赔偿责任。《反垄断法》第50条规定："经营者实施垄断行为，给他人造成损失的，依法承担民事责任。"《最高人民法院关于审理因垄断行为引发的民事纠纷案件应用法律若干问题的规定》第14条规定："被告实施垄断行为，给原告造成损失的，根据原告的诉讼请求和查明的事实，人民法院可以依法判令被告承担停止侵害、赔偿损失等民事责任。根据原告的请求，人民法院可以将原告因调查、制止垄断行为所支付的合理开支计入损失赔偿范围。"第15条规定："被诉合同内容、行业协会章程等违反反垄断法或其他法律、行政法规的强制性规定的，人民法院应当依法认定其无效。"

第三节　刑事责任

并不是所有国家都对垄断行为施以刑事责任，且那些施以刑事责任的国家主要对价格固定协议、市场划分协议以及联合抵制等"核心卡特尔"实施刑事制裁，制裁方式主要包括监禁和罚金。比如，美国法院可以对公司处以最高1亿美元以下的罚金，对个人处以最高100万美元以下的罚金或10年以下的监禁。德国联邦卡特尔局对违反《反限制竞争法》的责任人最高可处100万欧元的罚金，对企业最高可处上一营业年度营业总额10%的罚金。这是德国《反限制竞争法》中比欧盟竞争法严格的一项规定，严格的法律责任在一定程度上提高了反垄断执法的威慑作用。2014年，德国联邦卡特尔局对21家香肠生产商和33位负责人因共同提高零售价格的共谋行为实施了总额高达3.38亿欧元的罚款。

我国《反垄断法》没有针对垄断行为规定刑事责任，但是针对经营者不配合反垄断调查的行为和执法机构人员的违法行为规定了刑事责任。根据《反垄断法》第52条，对反垄断执法机构依法实施的审查和调查，拒绝提供有关材料、信息，或者提供虚假材料、信息，或者隐匿、销毁、转移证据，或者有其他拒绝、阻碍调查行为，构成犯罪的，依法追究刑事责任。根据《反垄断法》第54条，反垄断执法机构工作人员滥用职权、玩忽职守、徇私舞弊或者泄露执法过程中知悉的商业秘密，构成犯罪的，依法追究刑事责任。

此外，《招标投标法》《中华人民共和国刑法》（以下简称《刑法》）等法律对某些限制竞争行为明确规定了刑事责任。比如，根据《招标投标法》第53条的规定，投标人相互串通投标或者与招标人串通投标的，投标人以向招标人或者评标委员会成员行贿的手段谋取中标,构成犯罪的,依法追究刑事责任。《刑法》第223条规定了串通投标罪,即投标人相互串通投标报价,损害招标人或者其他投标人利益,情节严重的,处三年以下有期徒刑或者拘役,并处或者单处罚金。

第四节 行政性垄断的特殊法律责任

行政性垄断的法律责任与经济性垄断的法律责任存在显著不同。行政性垄断有的是通过具体的行政行为实施的,如强制性交易、设置关卡等,但更多的是通过抽象行政行为实施的,如政府制定含有排除或者限制竞争内容的规章或"红头文件"。前者基本上可以通过行政法上的法律责任解决,而后者则相对复杂。

在美国,只有满足下列两个条件,州政府、州政府机构以及地方当局的限制竞争行为才可以豁免反托拉斯法的适用:第一,限制竞争的行为是依据"明确规定"的州政策作出的;第二,限制竞争的行为受到了州的"积极监督"。[1] 其中,第一个条件是为了证明限制竞争行为本身符合州的利益而非私人的利益,第二个条件是为了确保政府实施的限制竞争行为不至于对竞争机制造成过度扭曲。

在俄罗斯,不论是商业性组织还是联邦行政权力机构、俄联邦各部门的行政权力机构、市政当局以及公民,只要违反反垄断法的规定,都应当根据联邦反垄断当局的处理意见承担相应的法律责任。这些责任包括行政责任、刑事责任和民事责任。比如,联邦反垄断当局可以作出停止违法行为、责令改正、消除影响、上缴非法所得、宣告限制竞争协议无效、以分解的方式重组等决定,对于限制竞争行为的直接责任人员,情节严重,触犯刑法的,还可以追究其刑事责任,并对直接责任人员处以罚金。[2] 匈牙利《禁止不正当竞争法》还规定,如国家行政机构的决议损害了竞争自由,竞争主管机构可以作为一方当事人请求法律救济。

我国《反垄断法》第五章专门规定了对"滥用行政权力排除、限制竞争"行为的反垄断法规制。将行政性垄断纳入《反垄断法》的规制范畴是一个巨大的胜利。但是,"专章"规定也导致对行政性垄断的"特殊对待",即在对行政性垄断的性质、认定和责任方面,都实施与私人垄断不同的规则。

我国《反垄断法》对行政性垄断只规定了有限的法律责任。《反垄断法》第51条规定:"行政机关和法律、法规授权的具有管理公共事务职能的组织滥用行

---

[1] Cal. Retail Liquor Dealers Ass'n v. Midcal Aluminum, Inc., 445 U.S. 97, 105 (1980).
[2] 俄罗斯1995年《关于竞争和在商品市场中限制垄断活动的法律》第4条。尚明主编:《主要国家(地区)反垄断法律汇编》,法律出版社2004年版,第146页。

政权力,实施排除、限制竞争行为的,由上级机关责令改正;对直接负责的主管人员和其他直接责任人员依法给予处分。反垄断执法机构可以向有关上级机关提出依法处理的建议。法律、行政法规对行政机关和法律、法规授权的具有管理公共事务职能的组织滥用行政权力实施排除、限制竞争行为的处理另有规定的,依照其规定。"值得肯定的是,该条赋予反垄断执法机构"建议权",使其可以向上级机关提出依法处理的建议。

某市政府滥用行政权力排除限制竞争案①

2010年,某市政府召开了几次政府工作会议,明确指定X公司自行筹建的卫星定位汽车行驶监控平台为市级监控平台,要求该市其余几家GPS运营商必须将所属车辆的监控数据信息上传至X公司平台,并规定未将监控数据上传至该平台的车辆一律不予通过车辆年审。

一系列会议纪要引发了厂商的强烈不满。2011年1月26日,3家GPS运营商联名向省工商局投诉。省工商局调查发现,市政府不恰当的介入严重破坏了当地GPS运营商的市场竞争格局,违反了《反垄断法》的规定,构成行政机关滥用行政权力排除、限制竞争行为。

省工商局向省政府建议依法纠正该市政府滥用行政权力排除、限制竞争行为。2011年6月12日,省政府作出行政复议决定,撤销该市政府的具体行政行为。

某省交通运输厅等部门滥用行政权力排除限制竞争案②

2014年9月,国家发展改革委根据举报,对某省交通运输厅、物价局、财政厅对本省客运班车实行通行费优惠政策,滥用行政权力排除、限制相关市场竞争的案件进行了调查。调查发现,2013年10月,某省交通运输厅、物价局和财政厅联合下发《关于统一全省收费公路客运班车通行费车型分类标准的通知》,确定自2013年12月1日起,调整全省收费公路车辆通行费车型分

---

① 辛红:《反垄断法实施三年步入深水区 向行政垄断亮黄牌》,http://www.chinanews.com/fz/2011/12-29/3568753.shtml,2019年6月16日访问。

② 《国家发展改革委依法建议河北省人民政府纠正交通运输厅等部门违反《反垄断法》滥用行政权力排除限制竞争行为》,载《中国价格监管与反垄断》2014年第10期。

类，并对本省客运班车实行通行费优惠政策。客运班车通过办理高速公路ETC卡或者月票，按照计费额的50%给予优惠。2013年10月30日，交通运输厅下发《关于贯彻落实全省收费公路客运班车通行费车型分类标准有关事宜的通知》，进一步明确规定，优惠政策"只适用于本省经道路运输管理机构批准，有固定运营线路的客运班线车辆"。

某省有关部门对本省客运班车实行通行费优惠政策，其实质是对本省客运班车经营者按照通行费额给予经济补偿，使某省客运班车经营者的通行费成本大幅低于其他省份相关经营者，导致外省经营者处于不利的竞争地位。

某省有关部门的上述做法，损害了某省客运班车经营者与外省同一线路经营者之间的公平竞争，违反了《反垄断法》第8条"行政机关和法律、法规授权的具有管理公共事务职能的组织不得滥用行政权力，排除、限制竞争"的规定，属于《反垄断法》第33条第1项所列"对外地商品设定歧视性收费项目、实行歧视性收费标准，或者规定歧视性价格"行为。

国家发展改革委就相关问题与交通运输部进行了沟通确认，并依据《反垄断法》相关规定，向某省人民政府办公厅发出执法建议函，建议其责令交通运输厅等有关部门改正相关行为，对在本省内定点定线运行的所有客运企业，在通行费上给予公平待遇。通过改正相关行为，有利于保证所有客运企业之间的公平竞争。

微评： 反垄断执法机构的建议权是根据我国的行政体制特点而设立的较为独特的制度。被反垄断执法机构建议纠正的行政垄断案件一般都能得到有效的整改。但是，该建议权也常常被认为限制了反垄断执法机构对行政性垄断案件的执法权，不能有效地预防和制止行政性垄断行为。所以，大多数研究主张，在未来的《反垄断法》修改中，可以赋予反垄断执法机构直接的处罚权。这自然会涉及反垄断执法机构与实施垄断行为的政府机关之间地位与职权配置等方面的问题。如何使反垄断执法机构的执法更加具有权威性、科学性和正当性，是行政性垄断规制需要重点解决的问题。

思考题

1. 简述我国垄断行为行政责任的主要形式。
2. 简述我国垄断行为民事责任的主要形式。
3. 简述行政性垄断的特殊法律责任。

第十二章 反垄断法实施机制

【学习要点】
1. 理解反垄断法实施的模式
2. 掌握反垄断法实施的基本原则
3. 把握反垄断法的公共实施机制
4. 把握反垄断法的私人实施机制

第一节 反垄断法实施机制概述

一、反垄断法实施的模式

反垄断法的实施可以动用公共和私人两种资源。与此相对应,反垄断法的实施也有两种模式,分别为公共实施和私人实施。公共实施(public enforcement)是指通过反垄断执法机构对排除、限制竞争的行为予以规制。这里所指的"规制"既可以是对违法者处以罚款或命令违法者停止违法行为,也可以是通过向法院发起诉讼以执行反垄断法。公共实施的最主要特点是动用了公共财政和权力资源,其主要目的是为了维护公共利益。私人实施(private enforcement)是指私人市场参与者(经营者或消费者)通过发起诉讼的方式打击垄断行为的反垄断法实施方式。一般认为,私人基于利润最大化的理性选择决定投资和努力的程度,其主要目的是保护个体利益,通常也可以起到维护公共利益的作用。

反垄断法的公共实施还可以概括为两种模式:一是司法模式,如美国司法部执行《谢尔曼法》的模式;另一种是行政模式,如欧盟委员会执行欧盟竞争法的模式。美国反托拉斯法的执行基本采取司法模式,这主要是源于美国的法律文化。美国在一百多年前实施反托拉斯法的时候,完全没有可借鉴的外国经验。但是,美国法官的独立性以及他们解释和创造法律的职能已经被确立,法官在美国社会有极高的地位。在这种情况下,国会就有理由通过法官的经验以及他们对法律的认知,执行反托拉斯法。因此,《谢尔曼法》第4条明确规定,美国巡回(地区)法院被授予管辖权,以防止和限制违反本法的行为。相比之下,大多数国家或地区的反垄断法采取行政模式,如欧盟、德国、日本和韩国等。这些国家和地区的反垄断执法之所以被称为"行政模式",是因为执行反垄断法的行政机构不仅有权对案件进行调查和审理,而且有权像法官那样对案件作出裁决,包括在被告不执行裁决时有权实施行政制裁。这些行政机构在反垄断法的执行中充当了检察官和法官的双重角色。

导致世界上绝大多数国家和地区的反垄断法实施都以公共实施为主的原因,除了法律传统的因素之外,还在于人们普遍认为反垄断法的实施关乎"公共利益"问题,私人实施很难胜任。但是,经过多年的法律实践,以公共实施为主导的反垄断法实施体制已经越来越显示出弊端。尽管"公共执法者通常被视为社会福利最大化的典型代表",现实的情况却远非如此。[1] 政府的公益目标与政府工作人员的私人目标之间常常存在现实冲突。另外,执法机构掌握的资源和能力均有限,要实现既定的公益目标常常心有余而力不足。与此相对应,从20世纪90年代开始,世界范围内兴起了"振兴"私人实施的浪潮。

二、反垄断法实施的基本原则

反垄断法实施的基本原则是指在实施反垄断法过程中所应该遵循的基本指导思想,它对反垄断执法与司法都有根本性影响。反垄断法的实施主要有以下两个基本原则:

(一)本身违法原则(per se illegal)

本身违法原则是指法院在司法实践中根据市场行为本身判断其是否违法,而无须考虑该行为对市场是否造成实质性的损害。本身违法原则起源于18世纪中期英国的判例法。1414年,英国发生了一起著名案件,即"染匠案"[2]。在该案中,作为被告的染匠与该案的原告签订了一份合同。合同中有条款规定,染匠保证在半年内不在镇子里运用其手艺从事印染活动,否则将赔偿原告。染匠事后违背了竞业禁止条款。原告遂将其告上法庭,要求法院按照合同的约定责令被告赔偿原告。审理此案的英国法院认为,涉案的竞业禁止条款违反了普通法,不仅宣布其无效,而且愤怒地宣称:如果原告当时在场,还要将其关进监狱并科

---

[1] A. Mitchell Polinsky, Private Versus Public Enforcement of Fines, The Journal of Legal Studies, Vol. 9, No. 1, 1980.

[2] Dyer's Case (1414) 2 Hen. V, fol. 5, pl. 26.

以罚款。在这个判例中,英国法院所采取的立场被后人归结为"本身违法原则"。1899年,美国联邦第六巡回上诉法院在"艾迪斯顿管材和钢铁公司案"①中正式确认了这一原则。该案两被告签订了限定产品价格的协议。法院认定它们的行为是非法的,根据其恶意串通事实"本身"(未调查该事实对竞争的影响)就足以追究它们的责任。由此,形成了"本身违法"的审判原则。在随后的时间,本身违法原则得到了广泛的运用并由最高法院于1927年"美国诉特伦顿陶瓷公司案"②的判决中作了更详尽、更清楚的阐释。

本身违法原则仅要求法官从事实本身出发裁决行为是否违法,因此可以绕开大量效果考察与分析,简化判断标准,从而提高司法效率,降低司法成本。但是,它也存在明显的缺陷。比如,依本身违法原则确定违法性可能带来不公正的判决。因为与竞争相关的市场因素是多样的,市场份额或行为本身只是其中的一个因素,适用本身违法原则可以使问题简单化。由于本身违法原则的缺陷,它的适用范围被严格控制,通常仅适用于固定价格、限制产量以及分割市场等严重限制市场竞争的行为。20世纪70年代以来,该原则受到广泛的批评。美国法院对本身违法原则进行了一定的修正,同时对市场占有份额较小的卡特尔不适用本身违法原则,而适用合理原则。

(二) 合理原则(rule of reason)

合理原则的基本要义是,限制竞争行为有合理与不合理之分,在判断某种行为合理与否时,要全面考察与限制竞争行为有关的事实,如行为意图、行为方式、行为后果等。只有在经营者存在谋求垄断的意图并造成实质性限制竞争后果的情况下,其行为才构成违法。合理原则由美国最高法院在1911年"新泽西标准石油公司案"③的判决书中首次提出。

合理原则要求法院在审理反垄断案件时考虑下列两大因素:一是行为的目的,二是行为的效果。如果现在或者将来来自特定行为的促进竞争的好处超过了现在或者将来反竞争的影响,该行为将被认为是一种合理的限制竞争行为,因而无须反垄断法进行干预。行为当事人的市场力量或者经济力量通常是法院在衡量现在或者将来的反竞争后果时所考虑的重要因素。反竞争后果的确定常常是基于推测,并常常涉及表明过去、现在和将来的市场条件和所涉及的行为各方

---

① Addyston Pipe and Steel Co. v. United States, 175 U.S. 211 (1899).
② United States v. Trenton Potteries Co., 273 U.S. 392 (1927).
③ Standard Oil Co. of New Jersey v. United States, 221 U.S. 1 (1911).

关系的大量证据。合理原则通常适用于非价格垄断协议、滥用市场支配地位以及经营者集中等案件。

与本身违法原则相比,合理原则更具灵活性,它要求只有"不合理""不适当"的限制竞争行为才属于反垄断法禁止的范围。这就意味着限制竞争并不必然违法,需要综合考虑其他因素。例如,被指控的行为对竞争所具有的正反两方面的影响、市场的竞争结构、被指控企业的市场份额及市场力量、被指控企业限制竞争行为的历史情况及时间长短等。但是,合理原则也具有较大的不确定性。因为运用合理原则需要考虑的因素众多,所以依据合理原则开展反垄断调查成本更高、耗时更久,对法官的能力也提出较高的要求。另外,合理原则也使得企业在开展商业活动时面对更大的不确定性。

第二节 反垄断法的公共实施机制

反垄断法的公共实施是以反垄断执法机构为主导的,但是各国在机构设置、实施权限以及运行程序方面都存在诸多差异。

一、反垄断执法机构的设置

反垄断执法机构的设置是反垄断法得到有效实施的基础,机构设置是否科学关系到法律实施的有效程度。

(一)反垄断执法机构设置比较考察

因国情差异,各国反垄断执法机构的设置存在很多不同。总的来看,当前世界各国的反垄断执法机构设置可以分为三种类型,即二元行政主管型、行政主管与顾问机构型、专门单一机关型。

二元行政主管型是指存在两个行政执法机构共同负责反垄断法的公共实施的模式。根据两个行政执法机构之间的关系,这种模式又可以分为平行式与分工式。平行式以美国为典型。美国的反垄断执法机构包括司法部反托拉斯局和联邦贸易委员会。司法部反托拉斯局成立于1903年,联邦贸易委员会则是根据1914年《联邦贸易委员会法》设立的独立执法机构。两个机构相互平行,共同负责执行反垄断法,具体职责存在交叉。分工式以2009年以前的法国为典型。当时法国的反垄断执法机构包括经济部和竞争委员会,前者主管经营者集中案件,后者主管垄断协议和滥用市场支配地位案件。2009年以后,经济部和竞争委员会的反垄断职能合并,成立了新的"竞争执法当局"[①],法国的反垄断执法机构变成专门单一机关型。

行政主管与顾问机构型是指反垄断执法除了存在一个确定职权的行政机构外,还存在一个顾问机构的模式。这种模式以德国为典型。德国反垄断执法体系包括联邦经济部、联邦卡特尔局、州卡特尔局和反垄断委员会。联邦经济部是联邦政府中负责宏观经济管理的部门,其主要职责之一是制定包括反垄断政策在内的竞争政策。联邦经济部部长可以特别批准符合重大公共利益的经营者集中。联邦卡特尔局是负责实施反垄断法的主要机构,但是它在财政、预算、组织和结构上都隶属于联邦经济部。联邦卡特尔局的局长和副局长由联邦经济部部长提名,经内阁决议后由总统任命。联邦卡特尔局享有执法权、处罚权、批准权、监督权等。州卡特尔局主要负责本州范围内的卡特尔案件和滥用市场支配地位案件,经营者集中案件以及跨州的其他垄断案件仍然由联邦卡特尔局负责处理。反垄断委员会则是独立的咨询机构。该委员会有5名委员,由联邦政府提名,联邦总统任命,任期4年,可连任。它的主要职责是制作评估报告,不具有法律约束力,因此仅仅是咨询机构,而非执法机构。

专门单一机关型是指只存在唯一的反垄断执法机构,负责反垄断法的公共实施的模式。这种模式以日本和韩国为典型。比如,日本公平交易委员会是日本的反垄断执法机构,隶属于首相,独立行使职权;在实施反垄断法的过程中,具有准立法和司法机关的性质;采取委员会制,由主席和4个委员组成。韩国公平交易委员会也是韩国唯一的反垄断执法机构,隶属于国务院总理,独立处理事务。韩国公平交易委员会由委员长1人、副委员长1人及委员7人组成。

虽然不同国家的反垄断执法机构在设置方面存在很大差异,但是它们在法律上都具有非常强的独立性。这是由反垄断法实施的统一性和效率性要求客观决定的。反垄断法素有"经济宪法"之称,它是市场经济条件下统一的市场规则,是保证一个国家市场经济正常运行的基础性法律制度,需要有统一的执法机构通过统一的执法程序维护其严肃性。对反垄断法实施的效率方面的要求,也需要执法机构对各种形式的垄断行为作出迅速的判断,对受到损害或损害威胁的经营者和消费者提供迅速的救济。

[①] Bruno Lasserre, The New French Competition Law Enforcement Regime, Competition Law International, Vol. 5, No. 3, 2009, p. 15.

（二）我国反垄断执法机构设置

我国反垄断法的公共实施机制是一个"双层次"的实施机制。所谓"双层次"，是指存在反垄断委员会和反垄断执法机构的分工，其中反垄断委员会负责组织、协调、指导反垄断工作，反垄断执法机构负责具体的执法工作。我国反垄断执法机构的主要任务是发动反垄断调查程序、审理案件和对案件作出行政裁决。因此，我国反垄断执法机构是准司法机构。随着我国对社会主义市场经济体制建设认识的加深，反垄断法作为市场经济基础性制度的重要组成部分，加强和改进反垄断执法，加大执法力度，提高违法成本已经成为共识。①

根据《反垄断法》第9条的规定，国务院设立反垄断委员会，负责组织、协调、指导反垄断工作。设置反垄断委员会的主要目的在于保证反垄断执法的统一性、公正性和权威性。国务院反垄断委员会的职责主要包括以下几个方面：(1) 研究拟订有关竞争政策；(2) 组织调查、评估市场总体竞争状况，发布评估报告；(3) 制定、发布反垄断指南；(4) 协调反垄断行政执法工作；(5) 国务院规定的其他职责。

在2018年以前，我国的反垄断执法机构在中央层面包括国家发展与改革委员会（简称"国家发改委"）、国家工商行政管理总局（简称"国家工商总局"）、商务部三个部门。其中，国家发改委依法查处价格违法行为和价格垄断行为（包括与价格相关的垄断协议、滥用市场支配地位和行政性垄断）。国家发改委下设价格监督检查与反垄断局，负责《反垄断法》实施的相关具体工作。国家工商总局负责垄断协议、滥用市场支配地位、行政性垄断的反垄断执法工作（价格垄断行为除外）。国家工商总局下设反垄断与反不正当竞争执法局，负责《反垄断法》实施的相关具体工作。商务部负责经营者集中案件的反垄断执法工作，下设反垄断局，负责《反垄断法》实施的相关具体工作。

在《反垄断法》施行的第十年即2018年，伴随着国务院机构改革，我国反垄断执法机构实现了业界广为期待的"三合一"。国务院组建国家市场监督管理总局，作为国务院直属机构，将多年来分散在国家发改委、国家工商总局和商务部的反垄断执法机构合并，统一归属于国家市场监督管理总局。依据《反垄断法》设立的国务院反垄断委员会将继续保留，具体工作由国家市场监督管理总局承担。

---

① 《中共中央 国务院关于新时代加快完善社会主义市场经济体制的意见》。

二、反垄断执法程序

程序正义是现代执法的重要内容,反垄断执法机构在法定权限范围内必须按照法定程序进行执法。虽然很多国家先后制定了反垄断法,但是这些反垄断法整体上倾向于实体法内容,相关程序法比较薄弱。目前,美国、欧盟、日本的反垄断执法程序相对完善,下面作些简要介绍①。

(一)美国反垄断执法程序

美国的反垄断执法机构包括司法部反托拉斯局、联邦贸易委员会和各州政府所属的反垄断执法部门。具体实施途径包括:通过司法部反托拉斯局提起民事诉讼和刑事诉讼;通过联邦贸易委员会直接进行裁决或提起民事诉讼,但不能提起刑事诉讼;通过州总检察长执行州反托拉斯法(部分情况下,执行联邦反托拉斯法)。

美国司法部在机构设置和功能职责方面更接近中国的检察机关,司法部反托拉斯局就是一个起诉机关,没有裁判权。反托拉斯局局长由司法部一名助理部长担任,由总统提名,并经国会批准。司法部的反垄断执法基本按照下列程序进行:(1)调查阶段,包括预先调查和正式调查。预先调查属于资料收集,目的是为检察官提供相关的必要信息,以供他们判断是否有必要展开全面调查。如果在预先调查后发现有进一步调查的必要,司法部的相关部门负责人可以批准职员动用相关资源进行正式调查,并在综合相关信息的基础上决定是否采取进一步行动,即提起民事诉讼或者刑事诉讼。在提起刑事诉讼之前的调查阶段,反托拉斯局可以签发搜查令,以确保能够搜查企业的经营场所并扣押有关文件作为证据;还可以通过联邦大陪审团直接传唤当事人,责令其提供有关违法证据的文件。在民事诉讼准备阶段,反托拉斯局可以通过助理检察长签发"民事调查令",据此能够传唤当事人和获取文件,但不能进行搜查和扣押。(2)刑事或者民事程序。反托拉斯局可以依据《谢尔曼法》和《克莱顿法》提起反托拉斯民事诉讼。反托拉斯局提起民事诉讼的请求一般包括禁止继续违法,要求分拆垄断企业,赔偿损失甚至请求三倍损害赔偿金等。反托拉斯局是唯一有权就某些反托拉斯案件向联邦法院提起刑事诉讼的联邦机构。刑事诉讼主要针对损害他人利益、公共利益或者国家利益达到严重后果,依法应当承担刑事责任(可能被判处

---

① 有关反垄断执法程序问题,李国海教授作了比较详细的研究。李国海:《反垄断法实施机制研究》,中国方正出版社 2006 年版。

单位罚金、个人罚金或监禁)的垄断行为,通常为恶性卡特尔行为,即固定价格、串通投标以及分割市场等限制竞争行为。反托拉斯局提起刑事诉讼以及对案件作出判决的一审法院是联邦地区法院。联邦上诉法院有权修正或者推翻联邦地区法院的判决。联邦最高法院有权修正和推翻联邦上诉法院的判决。

与司法部反托拉斯局不同,联邦贸易委员会不附属于任何政府部门,但其工作受到众议院和参议院下设的商业委员会的监督。联邦贸易委员会在反垄断执法程序方面的特色主要体现在行政审判上,具体如下:(1)案件发动。发动的起因是多方面的,如私人投诉、委员会内部研究结果等。(2)提出指控前的调查。根据《联邦贸易委员会法》第6条规定,委员会拥有广泛的调查权。在正式提起指控前的调查阶段,委员会可以发出传票,要求有关人员接受调查。调查程序完成后,委员会再决定是否启动正式程序。如果决定启动正式程序,委员会将对违法行为人提出指控。被指控人对此作出的反应不同,后续程序也有所不同。如果被指控人寻求与委员会达成和解,由委员会发布同意令,则案件很快结束。否则,案件由行政法官[①]进行审理。(3)行政审判。委员会在经过调查后,如果认为存在违反反托拉斯法的行为,就可以开始行政审判程序,包括传唤当事人、审讯和裁决。(4)行政上诉与行政复审。如果当事人对此不服,则可以提起上诉或者申请复议。(5)司法复审。如果当事人对上述结果还不满意,则还可以要求司法复审。如果当事人没有进行上述行为或者上述行为被驳回,则委员会可以实施其裁决。

此外,州政府的反垄断执法与司法部和联邦贸易委员会的执法统属公共执法,州总检察长除可执行州反托拉斯法外,还可以在某些情况下,根据联邦反托拉斯法提起对继续违法行为发布禁令和损害赔偿的民事诉讼。州总检察长的起诉对象非常广泛,甚至可以起诉联邦政府。州政府的执法权与司法部反托拉斯局的执法权基本一致,主要包括调查权和起诉权,只是执法范围有所区别。州总检察长主要是将违反本州反托拉斯法的行为或在本州范围内造成损害后果的垄断行为诉诸法律。

(二)欧盟反垄断执法程序

欧盟的公共实施机制属于行政执法模式。欧盟竞争法的执行机构主要是欧盟委员会。欧盟委员会的委员由成员国提名,并经欧洲议会批准,但他们并不代

---

① 行政法官制度根据美国1946年《行政诉讼法》设立,旨在确保行政机构作出的裁决公平公正。行政法官在组织上隶属于行政机关,在职业上独立于所属行政机关。

表成员国的利益，而是各自负责实施一项或者几项欧盟政策。比如，负责执行欧盟委员会竞争政策的机构是竞争总局。除了局长，竞争总局还有几名副局长负责执行《欧盟运行条约》第101条和第102条、经营者集中控制和国家援助。作为一元化行政执法机构，欧盟委员会在处理市场竞争案件时享有很大的权力，集检察官和法官的功能于一体。即欧盟委员会不仅被授权对案件进行调查和检查，而且被授权对案件作出决定。在认定经营者从事违法行为时，或者在经营者不服禁令或在案件调查中不与其配合时，委员会还有权对经营者征收罚款。从程序和司法公正的角度出发，如果被告或者任何第三人对欧盟委员会的行政裁决不服，可以向欧洲法院提出上诉。随着欧盟和欧洲内部大市场的不断扩大，欧盟委员会近些年来改革了过去几十年在适用欧盟竞争法中的集权制度，即将部分权力下放给了欧盟成员国。这一改革的成果就是《欧盟理事会2003年第1号条例》。根据该条例，欧盟委员会和成员国竞争主管机构应在适用欧盟竞争法方面通力合作。成员国竞争主管机构根据欧盟竞争法采取行动时，应不迟延地以书面形式向欧盟委员会进行通报；在作出停止违法行为、接受承诺、撤销集体豁免等决定前的30日内，也应通告欧盟委员会。此外，成员国反垄断执法机构如果认为自己在执行欧盟竞争法方面的经验不足，还可向欧盟委员会进行咨询。

为了保证欧盟竞争法的统一适用，执行欧盟竞争法的重要权限几乎都在欧盟委员会的手中。当然，欧盟委员会在执行竞争法的过程中也受到法院的约束，如尽管其工作人员有权进入嫌疑人可能保存商业记录的任何地方，包括私人住宅，但这一权利的行使须得到司法机关的批准。从程序和司法公正的角度出发，对欧盟委员会裁决不服的当事人有权向法院提出申诉，请求修改或者推翻欧盟委员会的行政裁决。美国学者戴维·J.格伯尔曾从历史角度研究欧盟竞争法以及德国、法国等国反垄断执法机构采取行政模式的原因。他认为，欧洲倡导和推动竞争的力量往往不是来自法院，而是来自拥有较高行政职位以及广泛政治影响力的行政官员。行政执法模式较司法模式有很多优点，如执法成本较低；执法程序比较灵活，如政治或者经济形势不需要严格执行竞争法的时候，执法者可以随时放慢脚步。

（三）日本反垄断执法程序

日本反垄断法的公共实施机构是公平交易委员会，成立于1947年，是日本唯一的反垄断执法机构。在成立之初，公平交易委员会完全是参照美国的联邦贸易委员会设计的，但是嵌入日本体制和社会之后，逐渐形成了许多与西方国家执法机构不同的特征。为了确保公平交易委员会的委员长和委员们能够在其任职期间依法独立地行使其职权,日本设立了"合法身份保障制度"和"报酬保障制度"。[1] 即委员长和委员们在其任职期间除非遇到特殊法定事由,否则其合法身份不受罢免,亦不得违背本人意愿而减少其报酬或收入。与德国经济部部长、联邦卡特尔局、州最高机关的三级、双重管理模式不同,日本反垄断机构所建立的是中央和地方两级垂直领导体制,完全独立于省、都道、府、县,保证其独立执法不受干扰。[2] 上述这些措施,确保了隶属于行政系统的反垄断执法机构在行使与竞争法相关的事务时仍能保持较强的独立性。

日本公平交易委员会有一个特点,即除了拥有作为一个独立的行政机构应具备的职权以外,还拥有使内部条例生效的准立法权和执行听证程序的准司法权。就行政权而言,公平交易委员会有权独立进行有关案件的调查、提出劝告、签发申诉书并开始听证程序,直至最后作出正式的决定。就准立法权而言,公平交易委员会有权通过立法指定容许维持转售价格的商品范围,有权依法认定不公平的贸易做法,有权规定案件处理的程序和听证程序。就准司法权而言,公平交易委员会有权在听证程序结束后作出正式的决定。若对公平交易委员会的决定不服,当事人只能直接并排他性地向东京高等法院进行申诉。另外,公平交易委员会就反垄断刑事案件还享有"专属告发权",如果它不向总检察长进行检举,针对违法行为的刑事程序就无法启动。

日本公平交易委员会一般按照下列程序实施反垄断法:(1) 调查程序。发动调查程序的原因包括一般人员的举报和公平交易委员会的合理怀疑。调查方式有立案调查和任意调查,两者的区别在于是否涉及动用强制权。在调查结束后,审查机关必须制作审查报告书,经由审查局局长向公平交易委员会报告。公平交易委员会根据具体情况可以分别作出如下决定,即不予受理、劝告、启动审判程序。行政劝告是指公平交易委员会在确认存在违法行为后,可以劝告违法者采取适当措施的制度。对于某些案件,公平交易委员会如果认为有必要进行行政审判,则启动行政审判程序。(2) 行政审判程序。这一程序是"公平交易委员会在进行行政处分时,听取受处分方答辩的同时,为发现事实而进行的事前听

---

[1] 王为农、叶通明:《日本公正交易委员会:机构、权限与特性——对日本禁止垄断法主要实施机关的评价》,载《财经问题研究》2004 年第 1 期。
[2] 林志强:《日本与德国反垄断机构模式比较》,载《甘肃行政学院学报》2002 年第 1 期。

取的一种方式"①。审判活动参与人员包括公平交易委员会审查官、被审人以及其他人员。在经过法定审判程序后,公平交易委员会必须根据情况决定是否同意审决。(3) 审决。审决主要有三种,即劝告审决、同意审决和审判审决。审决根据公平交易委员会委员长及委员的合意形成,并以书面形式作出。审决本身具有执行力、不可变更力和不可争力。(4) 审决后措施。在审决后,公平交易委员会可以采取审决后调查措施,确定当事人是否会遵守因存在违反行为而作出的审决内容、维持该审决是否合适等。如果确定因为相关因素影响而使得继续维持审决将导致公共利益受到损害,公平交易委员会可以取消或者适当变更先前的审决,但是有损害于被审人的情形除外。(5) 法院紧急停止命令。法院在确认存在紧急必要的时候,可以根据公平交易委员会的请求,对被怀疑的某些违法行为者,命令暂时停止该行为、暂时停止行使表决权或者暂时停止公司干部执行业务。

三、反垄断法公共实施的特色制度

(一) 宽大制度

宽大制度(leniency program)是各国反垄断执法机构为了加强垄断协议执法而实施的一项重要制度。博弈论是宽大制度的基础理论。宽大制度的基本原理类似于"坦白从宽"原则在经典的"囚徒困境"中的作用,它通过向揭发垄断协议的经营者提供减免法律责任的宽大待遇,鼓励垄断协议成员和有关个人揭发垄断协议,从而促进对垄断协议的发现、调查和处理。

实践表明,严格的法律责任、优厚的宽大待遇、具体确定的宽大条件和透明便捷的宽大程序是宽大制度有效性的基础。宽大待遇是垄断协议成员主动揭发垄断协议的主要动因,最优厚的宽大待遇包括免除刑事责任和行政责任;宽大条件决定了宽大申请人获得宽大待遇的难易程度,一般涉及提出宽大申请的时间、提供的信息和证据、进行合作的要求等内容;宽大程序是宽大申请人申请宽大时程序上的要求,透明便捷的宽大程序有利于宽大政策的实施。

我国《反垄断法》第 46 条第 2 款对宽大制度进行了规定:"经营者主动向反垄断执法机构报告达成垄断协议的有关情况并提供重要证据的,反垄断执法机构可以酌情减轻或者免除对该经营者的处罚。"《禁止垄断协议暂行规定》对此予

---

① 〔日〕铃木满:《日本反垄断法解说》,武晋伟、王玉辉译,河南大学出版社 2004 年版,第 103 页。

以进一步明确:"重要证据是指能够对反垄断执法机构启动调查或者对认定垄断协议起到关键性作用的证据,包括参与垄断协议的经营者、涉及的商品范围、达成协议的内容和方式、协议的具体实施等情况";"对于第一个申请者,反垄断执法机构可以免除处罚或者按照不低于百分之八十的幅度减轻罚款;对于第二个申请者,可以按照百分之三十至百分之五十的幅度减轻罚款;对于第三个申请者,可以按照百分之二十至百分之三十的幅度减轻罚款"。

但是,由于《反垄断法》未对实施垄断协议的经营者规定刑事责任,导致法律制裁的威慑力不足和相关经营者提出宽大申请的动力不足,可能影响宽大制度作为打击垄断协议的重要政策工具在我国反垄断法实施过程中作用的充分发挥。国外的经验表明,成功的宽大制度一般都建立在严厉的违法处罚基础上,目的在于减少厂商合谋的预期利润,一旦合谋被发现,损失将非常巨大。在此基础上,设置非常慷慨的处罚减免规定,将使得经营者背离合谋且自首的预期收益增大,从而增强经营者的自首动机。

某省保险行业协会组织本行业经营者从事垄断协议案①

在某省保险行业涉嫌达成、实施价格垄断协议案中,国家发改委查明某省保险行业协会组织23家省级财产保险公司多次开会协商,约定新车折扣系数,并根据市场份额商定统一的商业车险代理手续费。某省保险行业协会的上述行为违反了《反垄断法》第16条"行业协会不得组织本行业的经营者从事本章禁止的垄断行为"的规定,涉案财产保险公司违反了《反垄断法》第13条禁止具有竞争关系的经营者达成"固定或者变更商品价格"的垄断协议的规定。

某省保险行业协会是本案价格垄断行为的主要策划者、组织者,财产保险公司的违法责任较轻。因此,国家发改委依法对负主要责任的某省保险行业协会处以50万元的最高额罚款,对负次要责任的涉案财产保险公司处以上一年度商业车险销售额1‰的罚款。

---

① 蓝澜:《浙江保险行业违反〈反垄断法〉 被处1.1亿元罚款》,http://cnews.chinadaily.com.cn/2014-09/02/content_18532039.htm,2020年1月27日访问。

本案中,第一家公司主动承认在某省保险行业协会组织下,各财产保险公司就相关车险保费费率及手续费率进行过反复讨论,固定费率标准,并提交了历次车险会议的情况说明,以及2009年5月以来历次集中商议车险手续费的详细情况,率先提供了关键证据。国家发改委对该公司免除罚款。

第二家公司主动提交了某省国寿财险参会情况等材料,为查明2009年7月22日讨论保费充足率的情况提供关键证据,对新车及高档车适用限定保险费率的情况作出完整描述。国家发改委对该公司处以2012年度商业车险销售额1%的罚款,并按照90%减轻处罚。

第三家公司主动提交关于车险行业自律有关情况的报告等材料,为本案调查提供关键证据。国家发改委对该公司处以2012年度商业车险销售额1%的罚款。

微评:宽大制度对于反垄断执法机构瓦解垄断协议、提高办案效率起到了极大的推动作用,但是在实践中尚需要进一步完善。对于垄断协议组织者是否适用和如何适用宽大制度,执法机构受理和审查宽大申请的程序等,在执法上,需要执法机构进一步明确执法态度,合理使用宽大制度赋予执法机构的自由裁量权。

(二) 承诺制度

承诺制度是指在反垄断法实施中,经营者作出"修正或终止垄断行为,并采取措施消除行为影响"的承诺,执法机构由此停止调查活动的一种执法制度。承诺制度能够克服正式执法所带来的执法缺口与执法困境,有利于执法效率的提高和主体间公平正义的维护。

我国《反垄断法》第45条对承诺制度作了相关规定:"对反垄断执法机构调查的涉嫌垄断行为,被调查的经营者承诺在反垄断执法机构认可的期限内采取具体措施消除该行为后果的,反垄断执法机构可以决定中止调查。中止调查的决定应当载明被调查的经营者承诺的具体内容。反垄断执法机构决定中止调查的,应当对经营者履行承诺的情况进行监督。经营者履行承诺的,反垄断执法机构可以决定终止调查。有下列情形之一的,反垄断执法机构应当恢复调查:(一)经营者未履行承诺的;(二)作出中止调查决定所依据的事实发生重大变化的;(三)中止调查的决定是基于经营者提供的不完整或者不真实的信息作出的。"

承诺制度本质上是一种和解制度,充分发挥承诺制度在反垄断实施中的积极作用,符合中国传统文化追求自然和谐的理想,有利于促进社会主义和谐社会的构建。但是,承诺制度也可能产生鼓励违法效应、透明度不足、适用成本过高、侵害第三人利益等风险,因此在重视承诺制度作用的同时应注意控制其风险。

某公立医疗机构药品集团采购联盟相关经营者垄断协议案①

本案中,某市医药卫生发展基金会发起某市部分医疗机构组建了某市药品集团采购联盟(GPO),形成了组织架构,制定了药品采购规则。某市 GPO 委托某市医健卫生事务服务中心提供第三方采购事务和技术支持服务。某市 GPO 以公立医疗机构在省级招标平台上可正常采购的药品为采购范围(含集中采购招标中标药品、挂网采购药品和自费药,已开展医保带量采购的药品、谈判采购的药品及定点生产药品除外),要求已入围阳光平台的参选企业再次申报药品结算价、预计供应链服务成本分担比例、市场占有率等材料,并进行专家遴选等程序,最终决定某市 GPO 药品采购目录。对于未入选 GPO 药品采购目录的企业,所有会员医院拒绝与之交易。

2017 年 12 月 5 日,当事人按照法律规定,提交了《关于申请中止调查的报告》。当事人承诺采取完善采购联盟工作规则、以充分体现联合采购公益性为目的的整改方案等整改措施。当事人还承诺,要完善工作规则和实施细则,加快制定对医疗机构提供的供应链服务进行统一管理的工作方案。

某市工商行政管理局认为,鉴于当事人的上述行为是对医改的初步探索,本身不存在主观恶性,试点阶段范围局限未对市场造成严重影响。另外,当事人的上述行为对降低药品的采购成本、压缩价格水份有一定的积极作用,且当事人在案件调查过程中积极配合调查,对存在的问题认识较为深刻,提出并积极予以落实的整改措施能够消除和挽回其行为造成的影响,达到了反垄断执法的目的。因此,某市工商行政管理局决定对本案中止调查。

微评:经营者通过对反垄断执法机构作出承诺的方式避免或者减少所应遭受的反垄断处罚。这不仅可以达到纠正经营者违法行为的目的,还在一定程度上节约了执法资源。如果经营者在承诺期限内完全履行了承诺内容,

---

① 沪工商案字[2018]第 000201710008 号、第 000201710009 号中止调查决定书。

> 反垄断执法机构将会终止调查,否则将恢复调查过程。目前,我国反垄断执法机构在考量是否接受经营者承诺时,主要考量其主观恶性、是否积极配合反垄断执法、是否初犯以及所属行业性质等因素,其中执法机关具有相当的自由裁量权。我们以为,在诸多的考量因素中,应当以承诺方案是否能够消除垄断行为产生的排除、限制竞争效果为主,并且以包含对他人损失的赔偿为必要。只有这样,才能真正消除垄断行为对竞争的影响,并且达到与反垄断执法终局相同的效果。否则,具体案件中承诺制度的随意实施将会引发经营者的道德危机:起初肆无忌惮地从事垄断行为,在遭到反垄断调查时作出承诺;在此过程中,经营者已经攫取了垄断利益而无须承担任何责任。

(三) 惩罚性赔偿制度

反垄断法的惩罚性赔偿肇始于美国,它的基本内容是:因垄断行为而受到损害的个人或者企业不仅有权要求法院发布作为或者不作为的命令,要求对自己受到的损害给予赔偿,而且有权要求三倍损害赔偿。根据美国《谢尔曼法》第7条的规定,任何因反托拉斯法所禁止的事项而遭受财产或营业损害的人,可向法院提起诉讼,不论损害大小,一律给予其损害额的三倍赔偿及诉讼费和合理的律师费。

三倍损害赔偿之诉是美国反托拉斯法诉讼的一个重要制度,它不是一般民法意义上的损害赔偿,而是具有维护社会公共利益的目的。[①] 三倍损害赔偿的规定带有一定惩罚性,既可以使企业感受到相当巨大的威慑力,又能使受害者的损失(包括有形的和无形的、直接的和间接的)得到比较充分的补偿。三倍损害赔偿之诉对不法经营者有着很强的威慑力,在维护市场竞争秩序和保护消费者合法权益方面发挥着巨大的作用。据统计,美国绝大多数反垄断案件是由私人提起诉讼,政府提起的诉讼只占很小一部分。同时,根据《美国联邦民事诉讼规则》第23(a)条的规定,在某些情况下,美国的私人原告还可以作为所有与自己处于相同地位的其他人的代理人,以集团的名义提起诉讼。此外,美国任何州政府都可以作为该州居民的"父母官",以其辖区内居民的名义提起三倍损害赔偿之诉,为他们因违反反垄断法的行为而受到的损害要求三倍损害赔偿。

[①] 王晓晔:《紧盯国际卡特尔——美国反托拉斯法及其新发展》,载《国际贸易》2002年第3期。

我国台湾地区借鉴了美国反托拉斯法中的惩罚性赔偿制度。根据我国台湾地区"公平交易法"的规定,法院对被害人的请求,如果是事业之故意行为,可依侵害情节,酌定损害额以上的赔偿,但是不得超过已证明损害额的三倍。可见,我国台湾地区虽然借鉴了美国的相关制度,但是也作了适当改造。比如,美国是法定三倍损害赔偿惩罚机制,我国台湾地区只是酌情最高限额三倍。

通过反垄断私人诉讼获得损害赔偿的威慑力是比较大的,但是过高的损害赔偿额同样会产生"威慑过度"的问题。基于这种考虑,现在除美国和我国台湾地区以外,其他国家和地区的反垄断立法基本上都没有规定这种三倍损害赔偿制度。① 我国《反垄断法》没有采取这种做法,只是规定了损害赔偿原则。

布伦斯威克公司案②

该案发生于1977年。原告是一家小型保龄球道生产企业的所有者,他诉称:被告布伦斯威克公司作为当时全美最大的保龄球设备制造商和最大的保龄球中心经营者之一,常常兼并那些无力清偿向它购买设备时拖欠款项的保龄球中心。布伦斯威克公司兼并丧失清偿能力的保龄球中心会显著地削弱竞争或倾向于产生垄断。如果布伦斯威克公司不干预破产公司,那么破产公司将退出市场,原告就可赚取较高的利润。因此,被告违反了《克莱顿法》第7条。

初审法院支持了原告的诉讼请求。

美国联邦最高法院裁定,原告要获得三倍损害赔偿,必须证明其损失与布伦斯威克公司的兼并行为存在因果联系。即该种损害或者反映违法行为的反竞争影响,或者反映违法行为可能产生的反竞争行为的反竞争影响。即使布伦斯威克公司的兼并行为违反了《克莱顿法》第7条,这种违反也不能当然地使原告获得损害赔偿。反垄断法的目的是保护竞争,而不是提供源于市场集中的获利机会。原告的损害不是"由反垄断法所禁止的行为"引起的。尽管原告的损失是因被告的非法兼并行为引起的,但是与非法兼并之间没有必然联系。法院还认为,即便是符合《克莱顿法》第7条的合法兼并行为,同

---

① 王健:《威慑理念下的反垄断法刑事制裁制度——兼评〈中华人民共和国反垄断法(修改稿)〉的相关规定》,载《法商研究》2006年第1期。

② Brunswick Corp. v. Pueblo Bowl-O-Mat, Inc., 429, U. S. 477, 489 (1977).

样会使原告遭受损失。所以,并不是所有的损害都可基于反垄断法而获得赔偿。

该案在美国反托拉斯法上的重要意义在于,它确立了三倍损害赔偿制度的"损害标准"。即原告要获得三倍损害赔偿,必须证明存在"反垄断损害",而不是一般的损害。

微评:我国《反垄断法》第50条规定:"经营者实施垄断行为,给他人造成损失的,依法承担民事责任。"这表明我国目前采用实际损害标准的传统民事赔偿原则。在未来《反垄断法》的修改中,是继续采用该标准,还是借鉴我国台湾地区的最高限额三倍标准,又或是参照美国的固定三倍赔偿标准,乃至建立新的赔偿标准,都需要进行认真考量和充分证立,尤其是以最大限度地保护市场竞争机制为根本宗旨。

第三节 反垄断法的私人实施机制

一、反垄断法私人实施的发展与影响

(一)反垄断法私人实施的发展

反垄断法的私人实施机制发端于美国。《谢尔曼法》第7条规定:"任何因反托拉斯法所禁止的事项而遭受财产或营业损害的人,可在被告居住的、被发现或有代理机构的区向美国区法院提起诉讼,不论损害大小,一律给予其损害额的三倍赔偿及诉讼费和合理的律师费。"《克莱顿法》第15条又对此作出了补充规定:任何个人、商行、公司、联营单位均有权对因违反反托拉斯法而存在的威胁性损失或损害,在对当事人有管辖权的法院提起诉讼,并取得禁令补救,以避免受到被告反托拉斯违法行为的进一步侵害。

在20世纪90年代以前,除了美国之外,世界上绝大多数国家的私人实施都不发达,案件数量也非常少。但是,在90年代以后,很多国家都开始学习美国的做法,推进私人实施机制的改革。近年来,反垄断法的私人实施已经成为国内外反垄断法研究者和实务工作者关注的重要课题。特别是最近30年以来,各国学者不断反思、检讨本土反垄断法私人实施制度的得失,对各国反垄断法私人实施制度的完善以及反垄断法的有效实施起了较大的推动、促进作用。随着各国反

垄断法的日趋成熟,而公共实施的资源和能力都有限,私人实施注定将扮演越来越重要的角色。

(二)反垄断法私人实施的影响

反垄断法私人实施的正面影响主要包括:第一,调动民众的反垄断力量。虽然行政执法通常是核心力量,但是执法人员、经费等资源的有限性在很大程度上制约了反垄断法的实施。因此,充分调动其他一切社会资源参与反垄断法实施是各国必然的选择。反垄断法民事诉讼机制则成为最好的选择。第二,可以给予潜在或者现实违法者足够的威慑。其中,惩罚性赔偿制度的威慑力最为明显。第三,可以使公共机构从最接近违法行为的私人主体那里获得信息,并对因懒散或者腐败引起的松弛、马虎的公共施政起到防护作用,在不增加公共机构开支的前提下提高反垄断法的整体实施水平。[①]

反垄断法私人实施的负面影响主要体现在诉权滥用上。由于反垄断案件的不确定性,对于许多行为的性质判断有很强的模糊性,私人诉讼很可能被其他的竞争者用作打击竞争对手的武器。私人主体通过这种方式,或对竞争对手的商誉造成影响,或使其陷于讼累,或直接得到对方为了避免麻烦而给予的一定好处。惩罚性赔偿制度有可能进一步加剧滥诉风险。还有人指出,私人实施也存在一些实践问题,诸如忽视反垄断调查环节,致使起诉的质量不高;频繁地提起无结果、无意义的诉讼,一方面浪费了宝贵的司法资源,另一方面也可能对正常的竞争秩序造成不良影响。正因为如此,有少数国家并不热衷于建立私人反垄断民事诉讼渠道。[②] 因此,必须采取适当措施避免私人实施在实践中走向制度的反面。

二、反垄断法私人实施的不同模式

当前,世界上典型的反垄断法私人实施模式主要有两种:一种是私人实施与公共实施同等重要的模式,以美国为代表;另一种是以公共实施为主、私人实施为辅的模式,绝大多数国家都选择了这种模式,这里以日本为典型予以介绍。

在原告资格方面,任何因反托拉斯违法行为遭受财产或营业损害的人都可以在美国提起反垄断诉讼。这里的"人"作广义理解,除了个人以外,还包括公

[①] 李国海:《反垄断法实施机制研究》,中国方正出版社2006年版,第206—207页。
[②] 刘宁元:《论反垄断法实施体制运作的推动力量》,载《时代法学》2006年第2期。

司、合伙以及其他商业实体、市政当局、州和外国政府,但不包括间接购买者。在日本,具有原告资格的人包括任何受到垄断行为损害的私人,包括间接购买者。

在管辖方面,美国任何普通法院对私人诉讼案件都有管辖权,联邦法院对在全国范围内有影响的或上诉的反垄断案件有管辖权,州或地方法院对本州或本地区有影响的反垄断案件有管辖权。在日本,反垄断损害赔偿之诉由东京高等法院专属管辖。

在救济程序方面,在美国,商业或财产利益受到损害的私人可以直接向法院提起反垄断法民事损害赔偿之诉或禁令之诉。在日本,私人首先得向公平交易委员会提出违法控告,在其作出行为违法的认定后才被允许向法院起诉。公平交易委员会常对涉案的公司采取非正式的手段,如警告、劝告等,造成起诉的机会非常少,使私人实施程序基本上得不到应用。

在损害赔偿方面,在美国,受害人可以向加害人请求三倍损害赔偿。在日本,受害人只能向加害人请求弥补损失的损害赔偿。

美国与日本在反垄断法私人实施方面存在着诸多不同,这些不同有其特定的制度和文化背景。比如,在程序设置方面,日本实行审决前置程序:其一,利用执法机构的专业性判断,增强私人实施的针对性,防止滥诉的发生;其二,设置审决前置程序避免诉累,能较好地权衡审判成本与效益的关系。美国采用两者并重的执行体制,主要与其司法体例渊源和美国人长期信奉的"私权"文化有关,认为私权是天赋的、神圣的,只有私人实施与公共实施并行,才能最大化地保障私权。

三、反垄断法私人实施的制度内容

(一) 构成要件

在美国,提起反垄断法上的损害赔偿诉讼一般要满足下列条件:(1)原告适格;(2)必须存在违反反托拉斯法的事实;(3)原告的企业或者财产必须已经受到直接损害;(4)违法行为与损害事实之间存在直接的因果关系;(5)原告所受损害必须事实上能够用金钱来衡量。在我国台湾地区,提起反垄断损害赔偿诉讼的构成要件除了当事人符合条件外,还包括:(1)侵害权益之行为;(2)违法性;(3)故意过失或者危险;(4)因果关系;(5)损害之存在。

在构成要件认定上,主体要件是一个比较复杂的问题。因为受到垄断行为侵害的对象范围非常广泛,不仅包括相关市场上的经营者,还有很多关联的消费者。受到侵害的经营者一般有权提起损害赔偿诉讼,这是各国普遍的做法。但是,对于哪些消费者可以提起反垄断诉讼,各国法律存在一定分歧。美国联邦法院通过"直接购买者规则"(也称"第一购买者规则"),排除了包括消费者在内的全部间接购买者的损害赔偿请求权;欧盟则承认全部间接购买者的诉讼主体资格;日本承认间接购买者的原告诉讼主体资格,但只限于消费者作为间接购买者的情形。美国法院采取该立场的原因在于担心造成重复赔偿。① 但是,直接购买者规则的适用也不是绝对的,在满足以下两个条件的基础上也可以获得赔偿:(1)因为事先存在数量确定、成本加利润的合同,使得直接购买者可以将过高要价转嫁给别人,同时不会使其销售额减少,因为客户有义务不计价格地购买确定数量的产品;(2)客户拥有或者控制直接购买者。实践中,这样的案例非常少。②

(二)程序性问题

私人实施还涉及是否有必要设立行政程序前置的问题。我国《反垄断法(草案)》曾经有一稿出现过这样的规定。虽然行政程序前置可以在一定程度上防止滥诉问题,但是也带来很多负面影响。由于行政诉讼程序的存在,在得到终局的行政裁决之前,可能要经历很长的一段时间。这样,私人诉讼也可能被长时间地拖延。同时,反垄断执法机构的裁决只确定相对人行为违法,而私人损害赔偿诉讼的损害数额和因果关系则仍由私人原告自己承担证明责任,拖延可能导致证据的灭失。因此,我国现行《反垄断法》没有对民事诉讼设置行政程序前置。

(三)公共实施与私人实施的分工合作

反垄断法的私人实施不仅是维护私人利益的方式,同时也是维护公共利益的重要途径。这是公共实施与私人实施有效合作的前提。首先,公共实施与私人实施所针对的违法行为有所不同:前者一般更为关注"公共利益",且执法资源有限,因此一般仅处理"重大案件";后者则倾向于那些容易被证明违法、容易获得赔偿的案件,即只要存在胜诉的可能性,不论案件大小,均可发动。据此,公共实施更多地集中于对核心卡特尔行为的处理,如价格卡特尔、产量卡特尔、串通招投标以及分割市场等;而私人实施主要集中于对市场参与者有显而易见的经

---

① 李国海:《反垄断法实施机制研究》,中国方正出版社 2006 年版,第 216—219 页。
② 〔美〕E. 吉尔霍恩、W. E. 科瓦西克:《反垄断法律与经济(第四版)》,王晓晔注、汤树梅校,中国人民大学出版社、West Group 2001 年版,第 468 页。

济影响的案件,如搭售、排他交易和拒绝交易占了美国私人反垄断诉讼案件的很大比重。① 其次,私人虽然很容易获得初步的垄断信息,但是要进一步获得违法的信息很难。因为很多案件需要根据合理原则进行审理,这意味着需要对行为的社会成本和收益进行比较,私人执行很难做到这一点。为此,可以建立投诉机制,鼓励拥有信息优势的私人向执法机构进行举报和申诉,再由执法机构根据自己的专业性对其进行调查和处理。与此同时,反垄断执法机构可以给私人诉讼提供证据支持,法院在审判过程中也可以要求反垄断执法机构移送相关信息。最后,通过"法庭之友"等方式为公共实施机关适度介入私人实施提供条件。比如,在美国司法实践中,法院认为,必要时可以委托联邦贸易委员会为"法庭之友"征询意见。德国《反限制竞争法》也规定,如果联邦卡特尔局局长认为有利于维护公告利益,可以从联邦卡特尔局的成员中任命一名代表;在法律纠纷涉及信贷或保险企业的情况下,也可以从监管机构中任命一名代表。该代表有权向法院发出书面请示,说明事实和证据,参加庭审,在庭审中作陈述并向当事人、证人和鉴定人提问。

(四)我国反垄断法的私人实施

我国《反垄断法》第 50 条规定:"经营者实施垄断行为,给他人造成损失的,依法承担民事责任。"这正式奠定了我国反垄断法私人实施的制度基础。但是,与美国、欧盟、日本等国反垄断法的私人实施一样,我国反垄断法的私人实施也面临受害人数众多、原告资格难以确认、被告违法行为难以证明、损害赔偿数额难以计算等诸多困难。竞争文化的缺失、法律工具主义的流行,可能使我国反垄断法的私人实施变得更为困难。为了促进反垄断法的私人实施,大多数国家制定了一些特殊规则,如在归责原则上实行推定过错原则;在证明责任上实行因果关系推定原则,减轻原告的举证责任;在法律责任方面建立惩罚性赔偿制度,制定专门的计算或估算经济损失的规则等。对此,我国最高人民法院于 2012 年 5 月 3 日颁布了《最高人民法院关于审理因垄断行为引发的民事纠纷案件应用法律若干问题的规定》(以下简称《反垄断民事诉讼司法解释》),自 2012 年 6 月 1 日起开始施行。《反垄断民事诉讼司法解释》的若干规定大大减轻了原告的举证责任。比如,第 7 条规定:"被诉垄断行为属于反垄断法第十三条第一款第(一)项至第(五)项规定的垄断协议的,被告应对该协议不具有排除、限制竞争的效果

---

① 王健、朱宏文:《构建公私协调的反垄断法执行体制——中国的问题及出路》,载李明发主编:《安徽大学法律评论》(2008 年第 1 辑),安徽大学出版社 2008 年版。

承担举证责任。"第9条规定:"被诉垄断行为属于公用企业或者其他依法具有独占地位的经营者滥用市场支配地位的,人民法院可以根据市场结构和竞争状况的具体情况,认定被告在相关市场内具有支配地位,但有相反证据足以推翻的除外。"第10条还规定:"原告可以以被告对外发布的信息作为证明其具有市场支配地位的证据。被告对外发布的信息能够证明其在相关市场内具有支配地位的,人民法院可以据此作出认定,但有相反证据足以推翻的除外。"这些规定都大大降低了原告的举证负担。此外,《反垄断民事诉讼司法解释》还明确了原告不必经过行政前置程序就可以直接起诉。当然,《反垄断民事诉讼司法解释》仍然存在一些有待进一步完善和明确之处。比如,可以进一步明确反垄断私人诉讼的主体资格,以及明确损害赔偿数额的计(估)算方法等。

W与S公司捆绑交易纠纷案①

原告W诉称:2012年5月10日,W前往S公司缴纳数字电视基本收视维护费得知,该项费用由每月25元调至30元。W遂缴纳了3个月费用90元,其中数字电视基本收视维护费75元、数字电视节目费15元。之后,W获悉数字电视节目应由用户自由选择,自愿订购。W认为S公司属于公用企业,在数字电视市场内具有支配地位,其收取数字电视节目费的行为剥夺了自己的自主选择权,构成搭售,故诉至法院,请求判令:确认被告2012年5月10日收取其数字电视节目费15元的行为无效,返还原告15元。

一审法院判决:(1)确认S公司2012年5月10日收取原告W数字电视节目费15元的行为无效;(2)S公司于本判决生效之日起10日内返还W15元。

二审法院判决:(1)撤销一审判决;(2)驳回W的诉讼请求。

W不服二审判决,向最高人民法院提出再审申请。最高人民法院判决:(1)撤销二审判决;(2)维持一审判决。

微评:反垄断法的私人实施本质上是诉讼制度在反垄断案件中的具体运用,通过司法机关的审理活动制裁垄断行为,从而达到保护市场公平竞争的目的。目前,我国反垄断法主要依靠行政执法运行,需要大量的人力、财力和

---

① 最高人民法院民事判决书(2016)最高法民再98号。

物力资源。反垄断法的私人实施由相关经营者通过向法院提起诉讼的程序进行,可以弥补我国反垄断执法的不足,节约行政力量。然而,我国反垄断法私人实施的现状不甚良好,主要表现之一便是举证困难。纵观我国当前的反垄断诉讼,原告胜诉的案件少之又少,这大多是因为原告与被告力量悬殊、信息不对称而搜集不到足以证明其主张的论据,进而得不到法院的支持。要解决这一问题,还需进一步完善立法,并且提高经营者反垄断私人实施的自觉性和积极性。

思考题

1. 公共实施模式与私人实施模式存在哪些区别?
2. 本身违法原则与合理原则存在哪些区别?
3. 简述我国反垄断执法机构设置。
4. 比较美国、欧美以及日本的反垄断执法程序。
5. 简述反垄断法私人实施的制度内容。
6. 简述我国反垄断法的私人实施机制。
7. 试述反垄断法公共实施机制中的惩罚性赔偿制度。

第三编　反不正当竞争法律制度

第十三章　反不正当竞争法理论概述

【学习要点】

1. 掌握不正当竞争行为的基本分类
2. 了解判断竞争行为的正当性标准
3. 理解不正当竞争行为的危害
4. 掌握反不正当竞争法的概念、地位、责任前提以及实施机制
5. 了解我国反不正当竞争法的发展历程

第一节　不正当竞争行为概述

一般认为,不正当竞争行为的界定有广义和狭义之分:广义的不正当竞争行为包括限制竞争行为和欺诈性竞争行为;狭义的不正当竞争行为仅指违反诚实信用、公平交易等原则的欺诈性竞争行为。这种区分最主要的意义在于指导一国竞争法的立法体例,即是采取合并式立法还是分立式立法。除开这一点考虑,在讨论不正当竞争行为时,这种概念宽窄之别并不影响竞争法学者之间的对话。因此,本书不打算在这一问题上多着笔墨,而采狭义的概念。

一、不正当竞争行为

(一) 不正当竞争行为的含义

不正当竞争行为是相对于市场竞争中的正当竞争手段而言的,泛指经营者在生产经营活动中为了争夺市场竞争优势,违反法律和公认的商业道德,采用欺诈、混淆等手段扰乱正常的市场竞争秩序,并损害其他经营者和消费者合法利益的竞争行为。

在激烈的市场竞争中,经营者为了争取有利的竞争地位和相对优势,会采取各种竞争手段为自己谋取利益。当这些竞争手段不仅损害了竞争对手的利益,而且对市场秩序的稳定带来严重影响时,就被认为是不正当的。早期,各国对不正当竞争行为进行规制采取的是民事法律中的侵权规则。但是,在司法实践中,仅依靠传统民法难以制止日益增多、形式多变的不正当竞争行为。"因为不诚实的商人凭借其聪明才智又会发明新的不正当竞争的方法,而这些方法没有被列入禁止的具体行为之中。因此,必须寻求一种既能包罗万象又能恰当表达的定义或概念涵盖其全部形式的方法。"[1]法律规则包含事实判断,明确而具体,但是有时候也会挂一漏万,不能及时反映社会实践的最新情况。作为对列举方法的替代性设置,一般条款的真正意义体现于立法技术领域,可以无漏洞地适应任何场合[2]。就立法而言,对不正当竞争行为的法律规制一般采取一般概括与列举相结合的立法模式,这已成为各国反不正当竞争法的主要立法模式。

1. 一般条款的概括界定

一般条款是法律原则的特殊形态[3],是认定法律中未列举行为的开放性依据。它既能够确保法律对于新发展和新需求的适应性,也可以确保法律调整的灵活性和及时性。法律的实施时间越长,社会经济情势变化越大,一般条款的适用空间越大。一般条款不是纯粹空洞抽象地行使裁量权的名目,而具有指引和约束裁量权行使的实质性内涵和要素。反不正当竞争法中的一般条款是针对法律中未列举的不正当竞争行为的认定所作的概括性规定,其适用模式是判断竞

---

[1] 这是1989年在北京召开的"亚洲地区反不正当竞争研讨会"上时任世界知识产权组织总干事鲍格胥(Bogsch)博士的讲话。转引自孔祥俊:《反不正当竞争法的适用与完善》,法律出版社1998年版,第7页。
[2] 〔德〕卡尔·恩吉施:《法律思维导论》,郑永流译,法律出版社2004年版,第148—154页。
[3] 谢晓尧:《一般条款的裁判思维与方法——以广告过滤行为的正当性判断为例》,载《知识产权》2018年第4期。

争行为正当性的最基本范式,承载、体现和贯彻着反不正当竞争和认定不正当竞争行为的基本理念、思维方式和构成要素[1]。

针对19世纪末欧洲各国出现的大量违反商业道德的竞争行为,如盗用他人良好的产品声誉、以虚假广告进行欺骗等行为,《保护工业产权巴黎公约》1900年的修订本首先对不正当竞争行为进行了概括性定义,这是对不正当竞争行为所作的最早的全面界定。该公约第10条之二第2款规定:"凡在工商业事务中违反诚实的习惯做法的竞争行为均构成不正当竞争行为。"这一定义首开对不正当竞争行为进行一般性界定的先例,对各国立法的影响很大。为此,各国开始制定专项法律,对不正当竞争行为进行规制。具体来说,可以从一般条款的地位、一般条款对竞争关系的保护、一般条款对消费者权益的保护以及一般条款在行政执法中的适用四个层面理解一般条款。

(1) 一般条款的地位

美国于1924年针对商业中的不正当竞争行为颁布了《联邦贸易委员会法》。该法第5条经1938年和1975年两次修正后,将不正当竞争行为界定为"在商业中或影响商业的不公平的竞争方法、不公平或欺骗性的行为和惯例"。该条本身就是一般条款的表述模式,整部法案也没有列举任何具体的不正当竞争行为,而是由联邦贸易委员会发布的指导规则对不正当竞争行为予以明确。可见,在美国,一般条款的地位是清晰的。德国于1896年颁布了《反不正当竞争法》,这是世界上第一部反不正当竞争的单行法律[2]。在该法1909年的修订中,将不正当竞争行为定义为"在营业中为竞争的目的采取违反善良风俗的行为",由此确立了一般条款的地位。在日本,一般条款的地位同样是明确的。日本《禁止垄断法》第2条第9款规定了不公正竞争行为的定义:"本法所称'不公正的交易方法',是指符合以下各项行为之一、可能对公平竞争带来妨碍、由公平交易委员会认定的行为……"该条列举了六项情形[3]。第19条规定,"事业者不得使用不公正的交易方法"。第2条第9款列举的六项情形都十分原则化,起到了一般条款

---

[1] 孔祥俊:《论新修订〈反不正当竞争法〉的时代精神》,载《东方法学》2018年第1期。
[2] 该法颁布至今,经过数次修订,本书依据的是1986年7月修订版。相关法条的内容可参见《各国反垄断法汇编》编选组编:《各国反垄断法汇编》,人民法院出版社2001年版。
[3] 六项情形分别是:(1) 不合理地歧视其他事业者的;(2) 以不合理的价格进行交易的;(3) 不合理地引诱或强制竞争者的顾客同自己进行交易的;(4) 以不合理地限制对方事业活动为条件进行交易的;(5) 不合理地利用自己在交易上的地位同对方进行交易的;(6) 不合理地妨碍自己是股东或干部的公司与国内处于竞争关系的其他事业者同其交易对方进行的交易,该事业者为公司时,不合理地引诱、唆使或强制该公司的股东或干部,使该公司的股东或干部做出对公司不利的行为。

的作用。我国台湾地区"公平交易法"中,一般条款的地位也是明确的,其第 25 条规定:"除本法另有规定者外,事业亦不得为其他足以影响交易秩序之欺罔或显失公平之行为。"

(2) 一般条款对竞争关系的保护

日本《禁止垄断法》在定义不公正交易方法时,并不强调竞争关系。该法第 2 条第 9 款是公认的不正当竞争行为的定义条款,仅规定了一个要件,即"可能对公平竞争带来妨碍"。可见,日本没有将竞争关系强制作为认定不正当竞争行为的要件。此外,世界知识产权组织在 1996 年《反不正当竞争示范条款》中特别强调,竞争关系不是构成不正当竞争行为的要件,反不正当竞争法适用于当事人之间没有直接竞争关系的情形;即使当事人的行为不是指向竞争对手的,若据此获取了竞争优势或者增强了其自身的竞争能力,也是影响竞争的行为[①]。

(3) 一般条款对消费者权益的保护

德国 1896 年《反不正当竞争法》"在原初意义上是为竞争者提供侵权法保护的",但是"在 1909 年《反不正当竞争法》设立一般条款,尤其是 1930 年帝国法院开始强调保护公众利益之后,必须以竞争者的绝对权利作为保护客体的理论受到了质疑。取而代之的是反不正当竞争法的社会法思想:它保护包括竞争者、消费者和公众在内的多种主体的利益,而且不需要这些利益的权利化"[②]。到了 2008 年修订《反不正当竞争法》时,德国将"竞争者、消费者以及其他市场参与者"统统纳入立法保护的范围,并将享有请求权的主体从竞争者扩展至相关团体。《反不正当竞争法》在消费者保护运动的强大影响下,已经从单纯地保护竞争者利益发展为同时保护商业利益、消费者利益以及市场整体利益[③]。在日本,由于《禁止垄断法》第 2 条第 9 款对不正当竞争行为下定义时并未强调竞争关系的要求,因此十分有利于对消费者利益的保护。此外,重视消费者利益的保护已经在世界上大多数国家和地区的竞争法中获得支持,并成为一种趋势。欧盟、加拿大、澳大利亚、芬兰、波兰、匈牙利、韩国以及我国台湾地区等都将保护消费者利益作为竞争法的立法目标之一。没有在立法上规定立法目标的国家如美国,

---

① The International Bureau of WIPO, Model Provision on Protection Against Unfair Competition, Articles and Notes, 1.06.
② 范长军:《德国反不正当竞争法研究》,法律出版社 2010 年版,第 59—60 页。
③ Rogier W. de Vrey, *Towards a European Unfair Competition Law*, Martinus Nijhoff Publishers, 2006.

在竞争执法机关的指南和司法实践中,也对消费者利益给予大量的关注[①]。

(4) 一般条款在行政执法中的适用

在日本,《禁止垄断法》第 2 条第 9 款可以适用于行政执法。该法第 72 条授权公平交易委员会根据第 2 条第 9 款的规定,指定不公正交易方法的具体表现,并予以告示。第 20 条则规定,公平交易委员会对不公正交易方法可采取调查程序,并作出责令停止行为、删除合同条款、排除措施等命令。需要注意的是,日本公平交易委员会对不正当竞争行为进行指定的权力不是无限的。1953 年,该法进行修改时,对第 2 条第 9 款作了调整:原先允许公平交易委员会在该款列举的情形之外,将违反公共利益行为指定为不公正交易行为;而修改后,删除了这一规定,公平交易委员会只能对第 9 款列举的六项情形作出解释和细化[②]。也就是说,第一,公平交易委员会必须通过制定规范性文件的形式认定不正当竞争行为,然后才能在以后的案件中予以查处,而不是在个案执法中直接认定;第二,公平交易委员会只能在《禁止垄断法》对不正当竞争行为所列举的范围内,对不正当竞争行为的具体表现形式进行细化,而不能超出法律规定的范围。美国《联邦贸易委员会法》第 5 条对不正当竞争行为作了原则性规定。同时,该法规定了联邦贸易委员会的调查程序,对违反第 5 条所列的行为规定了明确的法律责任。可见,在美国,一般条款也可以在行政执法中适用。德国《反不正当竞争法》通过民事诉讼途径实施,因此不存在一般条款在行政执法中的适用问题。

通过对不同国家和地区反不正当竞争法中的一般条款进行考察和对比,可以大致得出以下四个结论:第一,反不正当竞争法中的一般条款之地位,以明确规定的居多,这有利于平衡法律的确定性与滞后性;第二,反不正当竞争法中的一般条款并不十分强调对竞争关系的保护,这有利于拓展反不正当竞争法所保护法益的范围,将消费者权益保护纳入反不正当竞争法保护,这与第三个结论息息相关;第三,反不正当竞争法中的一般条款大多强调对消费者利益的保护,这似已成为反不正当竞争法未来的发展趋势;第四,在反不正当竞争法中规定行政执法程序的国家,大多允许执法部门在查处案件中适用一般条款。

---

① 应品广:《经营者集中反垄断控制的福利标准——类型化之研究及我国的选择》,载《兰州商学院学报》2010 年第 4 期。

② 〔日〕村上政博:《日本禁止垄断法》,姜姗译,法律出版社 2008 年版,第 4 页。

H公司诉B公司案[①]

H公司为网络用户提供商户信息、消费评价、优惠信息、团购等服务。H公司网站的注册用户可以对商户进行评论,评论通常包括环境、服务、价格等内容,并可附上照片。消费评价信息为其核心竞争优势。

H公司诉称,自2012年以来,B公司未经许可,在未付出相应劳动以及支出相应成本的情况下,在B公司地图软件和软件X上大量抄袭、复制H公司网站的点评信息,直接向用户提供内容。B公司由此迅速获得用户和流量,攫取了H公司的市场份额,削减了H公司的竞争优势及交易机会,给H公司造成了巨额损失。B公司的行为违背了公认的商业道德和诚实信用原则,构成不正当竞争。

B公司辩称,B公司使用H公司网站的信息并不构成不正当竞争。第一,B公司地图软件作为生活服务平台,通过对行业深度信息的抓取、整合,为用户提供餐饮等生活服务信息,属于垂直搜索服务。第二,B公司地图软件通过蜘蛛机器人访问各个网站,至于特定内容可否抓取,搜索引擎将根据网站Robots协议的内容判断。B公司的抓取行为完全符合H公司网站的Robots协议。第三,B公司仅有限地展现来自H公司网站的用户点评信息,而且设置了指向H公司网站的链接,不会给H公司造成损失。

法院认为,B公司地图软件在为用户提供商户信息和点评内容的服务模式上与H公司近乎一致,双方存在直接竞争关系。B公司地图软件大量使用H公司网站的用户点评信息,替代其向网络用户提供信息,会导致H公司网站的流量减少。与此同时,B公司地图软件又推介自己的团购等业务,攫取了H公司网站的部分交易机会。软件X直接向用户提供来自H公司网站的点评信息,将一些想获取点评信息的网络用户导流到了软件X上。

H公司网站的用户点评信息是H公司的核心竞争资源之一,具有商业价值。B公司大量或全文使用涉案点评信息,实质替代H公司网站向用户提供信息,对H公司造成损害,构成不正当竞争。法院同时指出,本案中,B公司的搜索引擎抓取涉案信息并不违反Robots协议,但这并不意味着B公

[①] 上海市浦东新区人民法院(2015)浦民三(知)初字第528号民事判决书、上海知识产权法院(2016)沪73民终242号民事判决书。

司可以任意使用上述信息，B公司应当本着诚实信用的原则和公认的商业道德，合理控制来源于第三方网站信息的使用范围和方式。

微评：本案判决时，2017年《反不正当竞争法》尚未生效，因此法院适用了不正当竞争行为的一般条款加以认定。一审法院从双方是否存在竞争关系、H公司是否因B公司的竞争行为而受到损害以及B公司的行为是否具有不正当性三个方面加以分析，认定B公司的数据抓取行为合法，但是其使用方式不合法，侵害了H公司的利益。2017年《反不正当竞争法》实施后，该行为可能被列入"其他妨碍、破坏其他经营者合法提供的网络产品或者服务正常运行的行为"。

2. 列举式补充界定

为了有效制止特别严重的不正当竞争行为，各国法律在概括式规定以界定不正当竞争行为的一般特征和基本内涵之外，还通过列举的方式补充对不正当竞争行为的概括式界定，为重点惩治那些危害突出的不正当竞争行为提供更准确、更具体的法律依据。正是因为市场竞争风云变幻，不正当竞争行为随时可能翻新花样，单独采用列举的技术难免挂一漏万，所以不少国际组织和国家采用一般概括与列举相结合的立法模式对不正当竞争行为加以界定[1]。例如，《保护工业产权巴黎公约》特别规定了"能够引起营业机构、商品或商业活动发生混乱的虚伪主张、标记"的行为；德国《反不正当竞争法》专门规定了欺诈广告、混淆商业标志、泄露商业秘密等十种不正当竞争行为的特别条款；日本在1934年颁布的《不正当竞争防止法》中也规定了虚假表示和混淆行为等六种不正当竞争行为。我国在1993年《反不正当竞争法》立法之初即采纳此种立法模式，2017年修订时对此进行了进一步完善[2]。

3. 我国关于不正当竞争行为的法律界定

我国在1993年《反不正当竞争法》立法之初即对不正当竞争行为进行了定义，即第2条第2款规定："本法所称的不正当竞争，是指经营者违反本法规定，

---

[1] 种明钊主编：《竞争法（第三版）》，法律出版社2016年版，第85页。
[2] 2017年《反不正当竞争法》第2条规定："经营者在生产经营活动中，应当遵循自愿、平等、公平、诚信的原则，遵守法律和商业道德。本法所称的不正当竞争行为，是指经营者在生产经营活动中，违反本法规定，扰乱市场竞争秩序，损害其他经营者或者消费者的合法权益的行为。本法所称的经营者，是指从事商品生产、经营或者提供服务（以下所称商品包括服务）的自然人、法人和非法人组织。"

损害其他经营者的合法权益,扰乱社会经济秩序的行为。"但是,当时关于该款的立法本意是,"违反本法规定"特指违反该法第二章的具体规定,不正当竞争行为只限于第二章列明的各项,不允许执法机关随意认定①。例如,"所谓违反本法规定,是指经营者有《反不正当竞争法》第二章规定的不正当竞争行为"②。当时并未将该款作为开放性规范意义上的一般条款。后来,因为实践的需求,法院在裁判中赋予其一般条款的地位。2017年修订的《反不正当竞争法》正式确立了该款作为一般条款的地位,即第2条第2款规定:"本法所称的不正当竞争行为,是指经营者在生产经营活动中,违反本法规定,扰乱市场竞争秩序,损害其他经营者或者消费者的合法权益的行为。"该款在修订后增加了行为构成要素。这一界定不仅是一种定义性规范,也是可以援引的一般条款,即法院可据以开放性认定未列举不正当竞争行为的条款③。此外,2017年《反不正当竞争法》在第二章对法定的不正当竞争行为进行了列举,主要有以下几类:经营者实施的引人误认为是他人商品或者与他人存在特定联系的混淆行为;经营者采用财物或者其他手段贿赂特定单位或者个人,以谋取交易机会或者竞争优势的商业贿赂行为;经营者对其商品的性能、功能、质量、销售状况、用户评价、曾获荣誉等作虚假或者引人误解的商业宣传,欺骗、误导消费者,以及通过组织虚假交易等方式,帮助其他经营者进行虚假或者引人误解的商业宣传行为;经营者以不正当方式侵犯不为公众所知悉、具有商业价值并经权利人采取相应保密措施的技术信息、经营信息等商业秘密的行为;经营者以不正当方式进行有奖销售的行为;经营者编造、传播虚假信息或者误导性信息,损害竞争对手的商业信誉、商品声誉的商业诋毁行为;经营者利用技术手段,通过影响用户选择或者其他方式,实施妨碍、破坏其他经营者合法提供的网络产品或者服务正常运行的不正当竞争行为等④。

(二) 不正当竞争行为的特征

1. 不正当竞争行为的主体是经营者

在社会生活中,竞争无处不在。反不正当竞争法规制的主要是经营者的竞争行为,而不涉及非市场性竞争行为,如政治竞选等。美国《联邦贸易委员会法》

---

① 孔祥俊:《论反不正当竞争法修订的若干问题——评〈中华人民共和国反不正当竞争法(修订草案)〉》,载《东方法学》2017年第3期。
② 全国人大常委会法制工作委员会民法室编著:《〈中华人民共和国反不正当竞争法〉讲话》,法律出版社1994年版,第40页。
③ 孔祥俊:《论新修订〈反不正当竞争法〉的时代精神》,载《东方法学》2018年第1期。
④ 2017年《反不正当竞争法》第二章第6—12条。

规制的是"在商业中或影响商业的不公平的竞争方法、不公平或欺骗性的行为和惯例"。德国《反不正当竞争法》规制"营业中"的竞争行为。因此,不正当竞争是经营者之间为争夺交易机会和经济利益而开展的"商战"。我国《反不正当竞争法》更加明确地指出其规制对象是"经营者在生产经营活动中,违反本法规定,扰乱市场竞争秩序,损害其他经营者或者消费者的合法权益的行为"。

2. 不正当竞争行为者的目的是争夺市场优势

实施不正当竞争行为的经营者的主观动机就是获得竞争优势,在市场中占有一席之地并不断发展壮大。当遇有比自己强大的对手时,这些经营者就会采取不道德的手段。在这些手段中,既有侵犯特定对手正当权利的侵权行为,也有违反与合作者的约定义务的违约行为,都是出于竞争的目的。还有一些行为虽然与侵权、违约不能直接挂钩,但是对他人的利益或社会公共利益造成损害,如不正当低价销售、虚假广告等,这些行为造成了市场秩序的混乱。因此,判断不正当竞争行为的重要依据之一就是竞争动机的存在。经营者为了竞争的目的采取不正当手段,对市场竞争秩序产生了不良影响,即可作为不正当竞争行为予以制止。

3. 不正当竞争行为是违背公认的商业道德的行为

商业道德是在漫长历史中逐渐形成的符合交易各方利益的行为规范。平等、自愿、诚实信用、公平竞争等都是社会经济生活中公认的商业道德。商业道德是社会秩序得以维持的最基本的环境条件之一。不正当竞争行为说到底就是违背了这些行为规范,而由于其多样性,法律不可能列项加以详细规定。这就为一些经营者以合法形式从事竞争行为提供了法律空间,他们采取似是而非、混淆真伪的手法,造成市场秩序混乱。因此,以违反商业道德概括不正当竞争行为是较为贴切和全面的,将此作为一般条款涵盖已发生的和潜在的不正当竞争行为,有利于对一切不正当竞争行为进行规制。

4. 不正当竞争行为是损害市场秩序的行为

各国之所以对不正当竞争行为进行规制,是出于维护市场秩序的目的。从早期的民法规制到专门制定反不正当竞争法规制,就证明了这一点。有些行为虽也表现为侵犯经营者和消费者的合法权益,但更重要的是对市场秩序的损害。不正当竞争行为对消费者产生误导,导致劣质产品"鸠占鹊巢",内幕交易盛行,贿赂成风,造成市场交易秩序混乱。认清不正当竞争行为的本质特征,意义十分重要。这能使我们把不正当竞争行为与一般的民事侵权行为和违约行为等区别开来,在对不正当竞争行为进行规制时,突破侵权行为的责任模式和制裁方式,以更有效的手段对之进行规制。

综上所述,在实践中判断不正当竞争行为时,要进行特征分析,具体可以从以下四个方面进行:第一,行为人与行为所指向的他人之间是否存在竞争利害关系;第二,行为人是否出于竞争的目的;第三,行为人采取的手段是否不正当,即是否违背善良风俗和商业道德;第四,行为人的行为结果是否损害了市场秩序。

二、不正当竞争行为的种类

根据我国《反不正当竞争法》所作的划分,不正当竞争行为主要有:混淆行为、虚假宣传行为、侵犯商业秘密行为、不正当有奖销售行为、商业贿赂行为、商业诋毁行为以及互联网不正当竞争行为。

(一)混淆行为

混淆行为是指经营者通过假冒、模仿等手段伪装自己的商品或服务,使之与被混淆的商品或服务在外观上不易区分,从而达到令消费者错误购买自己的商品或服务的目的的行为。

日本《不正当竞争防止法》[①]主要把混淆行为分为与他人商品的混淆和与知名商品的混淆。对于与他人商品相混淆的行为,该法禁止将他人广为人知的对商品等的表示(指有关他人业务上姓名、商号、商标、徽章,商品的容器或包装,以及其他对商品和经营的表示,下同),作为相同或者类似的商品等的表示使用,或者将使用这种表示的商品予以转让、交付,或者为转让、交付目的而展览、输出或输入,产生与他人商品或经营混同的行为[②]。该法1993年的修正案还将符合法律规定的"商品形态"作为禁止混淆的保护对象[③]。例如,禁止将模仿他人商品(自最初销售之日起超过三年者除外)形态[④]的商品予以转让、出租,或者为转让、出租目的而展览、输出或输入的行为[⑤]。对于与知名商品相混淆的行为,该

---

① 日本于1934年首次颁布《不正当竞争防止法》,现行《不正当竞争防止法》于1993年颁布,本书主要依据1993年版本。

② 日本《不正当竞争防止法》第2条第1款第1项。

③ 但是,该法对这种"商品形态"作了比较严格的限制,如模仿者与被模仿者必须具有竞争关系,被模仿的商品要具有市场价值,被模仿的商品从最初销售起至被模仿时不超过三年等。宋锡祥、俞敏:《论日本〈不正当竞争防止法〉的最新修正》,载《外国经济与管理》1998年第6期。

④ 与该他人商品为同种商品(如果不是同种商品,则指与他人商品在性能、效用上相同或相似的商品)通常所具有的形态除外。

⑤ 日本《不正当竞争防止法》第2条第1款第3项。

法禁止对自己的商品使用与他人知名商品等的表示相同或者类似表示的行为，或者将使用这种表示的商品予以转让、交付，或者为转让、交付目的而展览、输出或输入的行为①。

世界知识产权组织发布的《反不正当竞争示范法》同样把混淆行为作为一项重要的不正当竞争行为进行规制。该法第2条规定："(1) 在工商业活动中，与他人的企业或者其活动，尤其是该企业提供的产品或服务，产生或者可能产生混淆的任何行为或做法，构成不正当竞争行为。(2) 混淆尤其是在下列事项上发生：(i) 商标，不论是否注册；(ii) 商号；(iii) 商标或者商号以外的商业标识；(iv) 产品的外观；(v) 商品或者服务的表述；(vi) 知名人士或者众所周知的虚构形象。"《保护工业产权巴黎公约》②第10条之二第3款第1项也把具有以任何手段地对竞争者的营业所、商品或工商业活动产生混淆性质的一切行为视为不正当竞争行为的重要表现形式。此外，《发展中国家商标、商号和不正当竞争行为示范法》等国际条约和公约也对混淆行为作了规定。我国法定的混淆行为的主要表现形式有：(1) 经营者擅自使用与他人有一定影响的商品名称、包装、装潢等相同或者近似的标识的行为；(2) 经营者擅自使用他人有一定影响的企业名称（包括简称、字号等）、社会组织名称（包括简称等）、姓名（包括笔名、艺名、译名等）的行为；(3) 经营者擅自使用他人有一定影响的域名主体部分、网站名称、网页等的行为；(4) 其他足以引人误认为是他人商品或者与他人存在特定联系的混淆行为。经营者实施混淆行为的目的是以不正当的方式掠夺他人的市场竞争优势，其结果是使得优秀企业的商誉受到侵害，这些损失有时是永远都不能弥补的。更为严重的是，混淆的产品大多为低质产品，对消费者利益十分有害③。因此，混淆行为是一种典型的不正当竞争行为，对其必须加以惩治。

（二）虚假宣传行为

虚假宣传行为是指经营者在商业宣传中发布不真实、不完全的信息，欺骗、迷惑消费者，企图以此令消费者做出有利于广告发布者而不利于其竞争对手的

---

① 日本《不正当竞争防止法》第2条第1款第2项。
② 该公约于1883年3月20日签署于巴黎，后于1900年、1911年、1925年、1934年、1958年和1967年分别修订，于1979年修正。我国加入的《保护工业产权巴黎公约》是1967年斯德哥尔摩文本。1984年12月19日，我国政府向世界知识产权组织总干事交存加入书，加入书中声明：中国不受公约第28条第1款的约束。
③ 徐士英：《竞争法论》，世界图书出版公司2007年版，第132页。

购买决策的行为①。

德国《反不正当竞争法》将此种行为称为"误导性商业行为"。该法第 5 条第 1 款规定:行为人通过相关的误导性商业行为,使消费者或其他市场参与人作出其本不会作出的商业决定,该行为即为不正当;如果交易行为包含虚假说明,或者包含其他的对有关情形作使人误解的说明,即视为误导性商业行为,并列举了七种引人误解的情形。该条第 2 款和第 4 款进一步规定:当在有关商品或服务的营销中,包含与其他商品或服务的比较广告,或包含与竞争者的商标或其他商业标志的比较广告,而此类比较广告具有混淆可能性时,该商业行为也具有误导性;如果仅在不合理的短期内宣传降价,则推定该降价具有误导性。日本《不正当竞争防止法》将此种行为称为"虚假宣传行为",该法禁止在商品或者服务,或者其广告,或者在交易使用的文书或信函上,对产品的产地、品质、内容、制造方法、用途或数量,或者对服务的性质、内容、用途、数量,作引人误认的虚假表示,或者将该种表示的商品予以转让、交付,或者为转让、交付目的而展览、输出或输入,或者做虚假表示提供服务的行为②。

世界知识产权组织的《反不正当竞争示范法》将此种行为称为"误导公众",该法第 4 条规定:"(1) 在工商业活动中,对某个企业或者其活动,尤其是其所提供的产品或服务的误导或者可能误导公众的任何行为或做法,构成不正当竞争行为。(2) 误导可能产生于广告或者促销活动,尤其是有关下列事项:(i) 产品的制造过程;(ii) 产品或者服务对特定目的的适合性;(iii) 产品或者服务的质量、数量或其他特性;(iv) 产品或者服务的地理来源;(v) 对产品或者服务所承诺或提供的条件;(vi) 产品或者服务的价格或者价格的计算方法。"

《保护工业产权巴黎公约》第 10 条之二第 3 款第 3 项将虚假宣传行为定义为:在经营商业中,使用会使公众对商品的性质、制造方法、特点、用途或数量易于产生误解的表示或陈述。现代社会的消费动机越来越多是由经营者的商业宣传引发的,因此利用广告销售成为商业竞争的主要手段。如果提供商品的经营者对其商品的性能、功能、质量、销售状况、用户评价、曾获荣誉等作虚假或者引

---

① 消费者在市场中选购商品的基准是商品的质量、价格、性能、售后服务以及其他优惠条件等信息。对于一个理性的消费者而言,只有某一种商品在上述信息上达到了最佳组合时,他才会选择购买。因此,广告宣传就成为商家推销商品的重要手段。为了吸引消费者关注某一种商品,广告宣传多采取突出该产品的优势的手段,这是一种合理的推销策略。如果消费者从广告中产生了进一步了解该产品的想法并已经着手向商家询问,商家就应当提供全面、真实的信息。

② 日本《不正当竞争防止法》第 2 条第 1 款第 10 项。

人误解的商业宣传,欺骗、误导消费者,或者通过组织虚假交易等方式,帮助其他经营者进行虚假或者引人误解的商业宣传,以此利用消费者的心理弱点(如贪小便宜),从而达到销售商品的目的,就构成不正当竞争。虚假宣传行为是不正当竞争行为中较为多见的,其危害面甚广,不仅对于同行业的竞争者会造成伤害,造成不公平的竞争状态,而且会对虚假宣传的接受者造成直接的影响,轻者由于误解造成财产损失,严重者受到人身伤害或者巨额财产的损失①。

(三) 侵犯商业秘密行为

侵犯商业秘密行为是指经营者以盗窃、贿赂、欺诈、胁迫、电子侵入或者其他不正当手段获取权利人的商业秘密,或者披露、使用或者允许他人使用以上述手段获取的权利人的商业秘密,或者违反保密义务或者违反权利人有关保守商业秘密的要求,披露、使用或者允许他人使用其所掌握的商业秘密,以及明知或者应知以上所列违法行为,仍获取、披露、使用或者允许他人使用该商业秘密的行为。

德国《反不正当竞争法》第17条对侵犯商业秘密的行为有相应的规定:(1)企业的职员、工人或学徒将因工作关系而得知的营业或企业秘密在工作关系存续期间内未经授权即为竞争目的或个人打算,或存心伤害企业主的目的,私自向他人透露者,处以三年以下徒刑或罚金;(2)为竞争目的或个人打算,私自利用或向他人透露因工作关系而得知的营业或企业秘密,或因违法活动或违反善良风俗的活动而得知的关于营业秘密和企业秘密的消息,处以与前款相同的刑罚。日本《不正当竞争防止法》第2条第1款对商业秘密行为有较为详细的规定:以盗窃、欺诈、胁迫和其他不正当手段获取商业秘密的行为(以下称为"不正当获取行为"),以及对获取的商业秘密的使用、披露行为(包括在保守秘密的同时向特定的人披露,以下同);知道或者因重大过失未能知道有关商业秘密已经存在不正当的获取行为,但是仍然获取该商业秘密的行为,以及对该商业秘密的使用或者披露行为。在取得有关商业秘密之后,知道或者因重大过失未能知道该商业秘密已经存在的不正当获取行为,而使用或者披露该商业秘密的行为;对保有商业秘密的经营者(以下称为"保有者")所示的商业秘密,出于谋求不正当竞业或谋求其他不正当利益目的,或者出于对保有者加以损害目的,予以使用或者披露的行为;知道或者因重大过失未能知道对方是不正当披露商业秘密(包括前项规定的披露行为,以及违反应该保密的法律上的义务而披露商业秘密的行

---

① 徐士英:《竞争法论》,世界图书出版公司2007年版,第132页。

为,以下同),或者其商业秘密已经存在不正当披露,而获取该商业秘密的行为,以及对该商业秘密的使用或者披露行为;在取得商业秘密之后,知道或者因重大过失未能知道对方是不正当披露商业秘密,或者其商业秘密已经存在不正当的披露,而使用或者披露该商业秘密的行为①。

世界知识产权组织《反不正当竞争示范法》将此种行为归于有关秘密信息的不正当竞争行为,该法第6条规定:"(1)在工商业活动中,未经合法占有秘密信息的人同意以及以有悖诚实商业行为的方式,导致秘密信息的披露、获得或被他人使用的任何行为或做法,构成不正当竞争行为。(2)他人未经权利人同意披露、取得或使用秘密信息,尤其产生于:(i)工业的或者商业的间谍;(ii)违反合同;(iii)违反信任;(iv)引诱违反(i)—(iii)中的任何一种行为;(v)第三人知道或因重大过失不知存在(i)—(iv)中的行为而取得秘密信息。"我国法定的侵犯商业秘密的主要表现形式有:(1)以盗窃、贿赂、欺诈、胁迫、电子侵入或者其他不正当手段获取权利人的商业秘密;(2)披露、使用或者允许他人使用以上述手段获取的权利人的商业秘密;(3)违反保密义务或者违反权利人有关保守商业秘密的要求,披露、使用或者允许他人使用其所掌握的商业秘密。第三人明知或者应知商业秘密权利人的员工、前员工或者其他单位、个人实施以上所列违法行为,仍获取、披露、使用或者允许他人使用该商业秘密的,视为侵犯商业秘密。侵犯他人商业秘密是一种严重的掠夺竞争优势的不正当竞争行为。在现代社会,随着"商战"的日益激烈,商业秘密在竞争中占据着重要地位,侵犯他人商业秘密的行为给权利人造成的损害有时是毁灭性的②。

(四)不正当有奖销售行为

不正当有奖销售行为是指经营者以谎称有奖或者故意让内定人员中奖的欺骗方式进行有奖销售,或者利用有奖销售的手段推销质次价高的商品,以及最高奖的金额超过一定数额的有奖销售行为。

我国法定的不正当有奖销售行为的表现形式主要有三种:(1)所设奖的种类、兑奖条件、奖金金额或者奖品等有奖销售信息不明确,影响兑奖;(2)采用谎称有奖或者故意让内定人员中奖的欺骗方式进行有奖销售;(3)抽奖式的有奖销售,最高奖的金额超过五万元。从表面上看,这些有奖销售行为似乎是经营者的正当营销手段,有些甚至对消费者并无不利。但是,这些行为在市场中泛滥的

---

① 日本《不正当竞争防止法》第2条第1款第4—9项。
② 徐士英:《竞争法论》,世界图书出版公司2007年版,第133页。

结果可能是扭曲真实的供求信息,挤压合法经营者的交易空间,使整个市场竞争秩序变得混乱,理应成为反不正当竞争法规制的对象①。

(五) 商业贿赂行为

商业贿赂行为是指经营者通过贿赂交易对方的代理人或者其他能够对交易对方的决策产生实质性影响的人,从而获得交易机会的行为。

早在1896年,德国《反不正当竞争法》就将商业贿赂作为一种典型的不正当竞争行为进行规制。1909年修订的该法第12条将商业贿赂区分为商业行贿和商业受贿。该条对商业贿赂的规定如下:在商品交易中,行为人以竞争为目的,对某企业的职员或其受托人提供、允诺或给予好处,而使自己或第三者以不公正的方式在货物或劳务方面获得竞争优势的,应处以一年以下徒刑或罚金。该条对商业受贿的界定如下:企业的职员或者受任人,在商业交易中要以要求、使他人允诺或接受利益为条件,以不正当方法使他人在购买商品或营业上的竞争中得到优待的。现行德国法主要是通过刑法规制商业贿赂,商业贿赂条款已经淡出《反不正当竞争法》的文本。1997年德国修改《刑法典》时,加入第二十六章"限制竞争行为"。该章第299条规制商业受贿和商业行贿,第300条规定商业贿赂罪的加重情节。第299条第1款对商业受贿规定如下:"企业的员工或者代理人,在商业交易中以要求、使他人允诺或接受利益为条件,以不正当方法使他人在购买商品或营业上的竞争中得到优待的,处以三年以下徒刑或并处罚金。"第299条第2款对商业行贿规定如下:"在商业交易中,以竞争为目的,对企业的员工、代理人提供、允诺或授予一定的利益,以使其以不正当的方法使自己或他人在购买商品或营业上得到优待的,承担同前款的刑事责任。"第299条第3款规定:"第1款和第2款也适用于在外国竞争中的行为。"第300条规定,当"涉及重大利益或者行为人以此为职业或者作为为继续实施此等行为而成立的团伙成员实施的"等情节时,对行为人加重处罚。我国《反不正当竞争法》对被商业贿赂的主体、商业贿赂的行为要件以及商业贿赂的除外情形进行了较为详细的规定。具体而言,经营者不得采用财物或者其他手段贿赂下列单位或者个人,以谋取交易机会或者竞争优势:(1) 交易相对方的工作人员;(2) 受交易相对方委托办理相关事务的单位或者个人;(3) 利用职权或者影响力影响交易的单位或者个人。经营者在交易活动中,可以以明示方式向交易相对方支付折扣,或者向中间人支

---

① 徐士英:《竞争法论》,世界图书出版公司2007年版,第133页。

付佣金。经营者向交易相对方支付折扣、向中间人支付佣金的,应当如实入账。接受折扣、佣金的经营者也应当如实入账。经营者的工作人员进行贿赂的,应当认定为经营者的行为。但是,经营者有证据证明该工作人员的行为与为经营者谋取交易机会或者竞争优势无关的除外。

(六) 商业诋毁行为

商业诋毁行为是指经营者在生产经营活动中捏造、散布虚假事实,损害竞争对手商誉,从而削弱其竞争力的行为。

德国《反不正当竞争法》第4条规定:不正当交易是指,行为人贬低或者诋毁某一竞争参与者的标志、商品、服务、活动或者人身的或交易的关系;声称或者散布关于某一竞争参与者的商品、服务或其企业,抑或声称或者散布关于其企业家或者企业领导成员的事实,而此行为足以损害其企业经营或者经营者的信用,但以这些事实没有被证实为限;如行为人涉及机密通报,且通报的通知者和接收者有其合理的利益,则仅在声称或者散布的实事不符真相时,其行为才构成不正当。日本《不正当竞争防止法》对商业诋毁行为作出这样的认定:告知或者散布损害有竞争关系的他人经营上信用的虚假事实的行为[①]。世界知识产权组织《反不正当竞争示范法》对商业诋毁行为从损害他人的信誉或者名声和损害其他企业或者其活动的信誉两个方面进行规制。对于损害他人的信誉或者名声的,该法第3条第1款规定:"在工商业活动中,损害或者可能损害其他企业的信誉或者名声的任何行为或者做法,不论是否引起混淆,构成不正当竞争行为。"对于损害其他企业或者其活动的信誉的,该法第5条第1款规定:"在工商业活动中,任何虚假的或者不合理的陈述,损害或者可能损害其他企业或者其活动的信誉,特别是损害此类企业提供的商品或者服务的信誉的,构成不正当竞争行为。"

《保护工业产权巴黎公约》第10条之二第3款第2项将商业诋毁行为定义为:在经营商业中,具有损害竞争者的营业所、商品或工商业活动的信用性质的虚伪陈述。商业诋毁行为包括在公开宣传中就竞争对手的商品或服务的声誉、贸易关系等发表或散布不真实的或引人误解的信息,引起社会公众对该竞争对手的不满或误解,导致其信誉或实际利益受损的各种行为;也包括利用比较性广告,将自己的活动、服务和产品公开与他人作比较,而这种比较建立在不可类推和不可比较的基础上,且具有贬低他人明显意图的行为[②]。经营者的这种编造、

---

① 日本《不正当竞争防止法》第2条第1款第11项。
② 徐士英:《竞争法论》,世界图书出版公司2007年版,第132—133页。

传播虚假信息或者误导性信息的行为,可能严重损害竞争对手的商业信誉、商品声誉,有的可能构成对竞争对手的人身攻击和对人格权的侵犯。这种行为比其他不正当竞争行为更为直接,因而其危害市场竞争秩序的程度更甚,必须加以规制。

(七)互联网不正当竞争行为

互联网不正当竞争行为是指经营者利用技术手段,通过影响用户选择或者其他方式,实施的妨碍、破坏其他经营者合法提供的网络产品或者服务正常运行的行为。

对于互联网不正当竞争行为的法律规制,国外成文法国家比较多的做法是在既有立法的范围内对涉及互联网的不正当竞争行为进行规制。在我国,相比实体经济,作为"舶来品"的互联网产业本身是在竞争比较充分的基础上形成和发展的。这个市场的地域开放性、透明性意味着,只有不断更新技术、产品,才能维持在行业中的生命力。同时,为了获取竞争优势,反竞争行为也频繁出现。在我国互联网产业快速发展且势头迅猛而法律之治付之阙如的背景下,规范互联网企业的竞争行为已成为一项紧迫的任务[①]。我国《反不正当竞争法》有关互联网不正当竞争行为的条款就是在这一背景下产生的。在我国,经营者利用网络从事生产经营活动,应当遵守法律的各项规定。经营者不得利用技术手段,通过影响用户选择或者其他方式,实施下列妨碍、破坏其他经营者合法提供的网络产品或者服务正常运行的行为:(1)未经其他经营者同意,在其合法提供的网络产品或者服务中,插入链接、强制进行目标跳转;(2)误导、欺骗、强迫用户修改、关闭、卸载其他经营者合法提供的网络产品或者服务;(3)恶意对其他经营者合法提供的网络产品或者服务实施不兼容;(4)其他妨碍、破坏其他经营者合法提供的网络产品或者服务正常运行的行为。学界未对设立互联网不正当竞争行为条款这一问题达成共识,因为互联网产业中的不正当竞争行为大部分可以归入既有的诸多不正当竞争行为之中进行规范。但是,在当下市场经济的发展中,这一立法仍有其现实必要性。技术发展总是超前于法律规则的制定,在尚未看清技术进步的走向时,我们还是应该考虑对其直接进行法律定性的风险,因为错误的定性将对整个产业造成不良影响,甚至会影响社会的发展[②]。

[①] 刘继峰、刘丹:《竞争法学》,中国政法大学出版社2017年版,第254页。
[②] 黄武双、傅鼎生、谢晓尧、罗莉、邹晓晨、兰磊、李哲:《网络技术创新、用户权益维护与不正当竞争的边界》,载《知识产权法研究》2017年第1期。

三、竞争行为的正当性

市场经济的生命力在于市场主体之间的竞争,竞争是市场经济的灵魂。竞争之于经济犹如阳光之于生命①。"灵魂"是个超验的范畴,难以理解和把握。相比之下,"竞争行为"是实实在在的。因此,竞争行为可以说是市场经济的一个比较实在的根基。如果客观地描述市场经济的发展过程,我们会发现,竞争行为本身并没有正当与不正当之分②,它们都是从市场经济中衍生出来的。但是,反不正当竞争法理论与实践体系的诞生为"竞争行为"这个本来客观、中立的概念披上了一件价值判断的"外衣"。基于此,一些竞争行为被认为是"正当的",而另一些竞争行为被认为是"不正当的"。那么,反不正当竞争法在对竞争行为作出"正当与否"的判断时所依据的价值标准是什么?这个问题也就成为我们在学习整个反不正当竞争法理论前不能回避的问题。

为了更好地理解上述问题,让我们先回顾一个更为基础的问题:法律制度体系或者说法学理论体系在作出基本的价值判断时所依据的标准是什么?我们会发现一个有趣的现象,即无论在古代还是近现代,法律也好,法学也罢,其本身并没有衍生出一套特别的价值体系去评价社会现象。法学家常说的正义、公平、平等、自由这些价值,追根溯源,分别归属于道德、伦理范畴,而效率价值则归属于经济范畴。秩序价值虽然可以说是真正归属于法律范畴的,但是剥离了实质判断的单纯的秩序价值对于评价一种具体的行为来说没有任何意义。法律追求的秩序价值所要体现的,是一种经调整后的状态性价值。法律是手段,而不是目的。因此,我们在面对反不正当竞争法对于某类具体竞争行为的评价标准时,必须考察标准背后价值的根源——它最初来自伦理观念,然后来自经济规律。

(一) 正当竞争行为的伦理基础

市场经济作为一种经济形态,与资本主义制度基本产生于同一时代。西欧及北美资本主义的诞生体现为资产阶级与封建制度抗争③。因此,可以认为,市

---

① 徐士英:《竞争之于经济犹如阳光之于生命》,载《上海法治报》2012年9月26日第B06版。
② 本章只讨论反不正当竞争法语境下的竞争行为,因此广义上的限制竞争行为、垄断行为不在此之列。
③ 北美没有本土封建制度,其资本主义的建立直接源于西欧特别是英国的移民,而当时的"移民潮"很明显地带有新兴资产阶级逃离传统封建势力迫害的色彩。因此,我们也可以认为北美资本主义的诞生同样体现为与封建制度抗争。

场经济是诞生于封建制度的土壤之中的。作为市场经济根基的竞争行为也很难摆脱源于传统社会的各种因素的影响,尤其是相对于制度环境来说独立性非常强的文化因素,这些因素的影响至今也没有完全消失。

在资本主义产生之前,封建制度下的人类无法脱离社会伦理观念和宗教,宗教掌握着人类的思想。以上所述文化因素主要应该是那些从宗教观念中发展出来的社会伦理观念。简单的商品经济正是在这些包含着"禁欲""出世""寻求解脱"等色彩的观念中缓慢发展的,直至资本主义以及市场经济产生之后,仍然没有将其完全抛弃。因为对于每一个具体的从事商业活动的个人来说,他的思想不可能真空般地游离于周围的环境之外。真实的情况是,很多人在从商谋利的同时,又信仰着各自的宗教。于是,社会伦理观念对宗教的"突破"不可避免,在西方国家是新教的产生[1],在日本是佛教、儒教的改革[2]。这类改革基本上遵循同一个路径,即在解放被高度压抑的商人追求利润的欲望的同时,利用传统伦理遏止盲目追求金钱所可能带来的道德沦丧,约束商品市场的经济行为,使资本主义市场经济能健康发展。例如,新教反对基督教"浮华奢侈"的宗教仪式而提倡"节俭"的思想,实际上是指导商人从节约成本上追逐合理利润。日本僧人石田梅岩提出,商人对消费者要诚实,要真心服务于消费者,反对奢侈的消费观念,从

---

[1] 新教早期的教派路德宗以及加尔文宗所信奉的教义都带有明显的突破传统色彩,它们力图使有组织的劳动不再成为"苦力",而是一份等同于"修行"的职业,但是同时决不抛弃宗教伦理对职业行为的约束。在加尔文宗的教义中,职业依然是用作"荣耀上帝"的工具,它所精心设计的"上帝预选"论极大程度地将潜藏在人们内心的道德标准"逼迫"出来,以作为自觉约束他们职业行为的标准。〔德〕马克斯·韦伯:《新教伦理与资本主义精神》,于晓、陈维刚等译,陕西师范大学出版社2006年版。

[2] 关于日本的佛教、儒教的变化,我们重点考察德川幕府时期,因为这一时期的宗教伦理和社会伦理是此后明治时期以及近现代日本社会商业伦理形成的渊源。当时的知名僧人铃木正三(1579—1655,中年后出家成为佛教禅宗教徒)始终关心政治和社会,"欲以佛法治世",产生了"禅宗社会伦理"的设想,提出了人们应该怎样生活的具体方法。他首先把各种谋生手段都视为高尚的行为,认为劳动本身就是佛行。他指出,任何职业皆为佛行,人人恪守其业即可成佛,而佛行之外并无成佛之道,商人的"买卖之业,乃人道所授"。同时,他也指出,商人成佛的原则"在于其心而非在于其业",即商业本身不是目的,关键在于是否把它作为佛教之行善而尽心尽业,只要是以善为目的的,那么作为修行结果的利润也可以得到肯定。但是,他又指出,经商的目的绝不是单纯地追求利润。所以,他告诫商人要守正知之道,还要"耻于徒为大富,终成真挚之向佛之心,于行走坐卧之间达乎禅定"。这种宗教情结深远地影响了日本人的职业观念。在老一代日本人那里,工作还被认为不单纯是经济行为。

石田梅岩(1685—1744)继承了铃木正三的思想,为武士转变成企业家提供了"精神上的依托"。这种商人伦理感召、教化了日本无数的中小贸易商和制造商的宗教性,最终形成了所谓的"日本式经营"。在德川时代、明治时代以及近现代,日本官方尤其强调勤俭节约的治国方针,使石门心学的节俭思想演变为社会风气,渗透在日本人的行为方式和生活习惯之中,化为近现代日本民族的人格力量,产生了巨大的社会经济效益。赵泽洪、淳于森泠、骆兰:《日本的商业伦理及其现代化进程》,载《渝州大学学报(社会科学版)》2001年第5期。

而达到人格升华。这种观点正好与提倡商人通过向消费者提供优质服务而获得合理利润的买卖双方双赢的思想相契合。此外，无论是西方国家还是日本，这一时期的社会伦理观念都继承了传统观念中"诚信行为"的观点，反对商人通过对消费者所为的不诚实行为获取利益。近现代的商业伦理最初就是源于对这种传统伦理观念的继承及其演变，因而社会上最初对于竞争行为的评判标准也产生于这种伦理观念。

(二) 正当竞争行为的经济基础

传统伦理观念在资本主义经济产生初期起到了一定的稳定经营秩序的作用，但是这些观念原本就不是为了资本主义经济制度而设计的。对于某一种具体的竞争行为正当与否的评价必然会随着社会的发展而发展。随着市场经济发展程度的提高，越来越多的诸如成本、效率等经济方面的因素被纳入社会价值体系之中，成为评价竞争行为正当与否的新标准。

博弈论尤其是动态博弈理论的产生，为我们认识上述观念的发展提供了理论基础。若我们把社会经济活动看作一场博弈，那么根据博弈者的策略选择，可以把他们大致分成两个类型：C 类型(自私型的"骗子"，英文为"selfish cheat")的"直接理性最大化"的无道德感的人与 H 类型(自利型的"诚实人"，英文为"egoistic honest")的有道德约束的理性最大化者。在广义的多人"囚徒困境"的社会博弈中，与所有人都选择 H 类型策略相比，所有人(或大多数人)都选择 C 类型策略将导致每个人"景况更差"。但是，选择 C 类型策略是每个人的"占优策略"，即不管他人选择什么样的策略，自己最优的策略选择是 C 类型策略(包括背叛、不合作、不守信、不履约等)[①]。

商品经济的发展在很大程度上依赖于商品交换的频繁发生。通常认为，要实现这种"频繁"，一般基于两种潜在的假设：(1) 市场中每个个体都意图长期参与商品交易；(2) 在长期的交易过程中，选择不合作策略的交易个体会被甄别、强制赔偿甚至被从体系中剔除。然而，在一个多数人都选择不合作策略的社会中，实现商品交换频繁发生的这两个假设就被否定了。因此，商品交换的过程必须被附加一系列严格的条件，诸如拒绝信用工具、及时检验等，而这些条件恰恰都不利于商品交换的频繁发生。也就是说，在前述博弈论模型中看似个人占优的策略对于整个社会来说却是一个不利的选择，类似集体非理性的事例在股市

---

① 韦森：《从文化传统反思东西方市场经济的近代形成路径》，载《世界经济》2002 年第 10 期。

博弈中也很常见。因此,经济立法的目的之一就是避免这种基于个人理性选择造成的集体非理性结果。包含反垄断法和反不正当竞争法在内的竞争法对不利于商品经济发展的竞争行为予以否定的过程,其实就是帮助恪守前述两个假设,也正是竞争行为正当与否之评价标准的经济基础。

(三) 正当竞争行为的法律基础

法律制度体系一直缺乏一个独立的价值体系。古今中外,凡是有法律存在的地方,其法律制度都表现出一定的价值取向。这是因为法律制度体系或者法学理论体系接纳了其所在社会中的价值体系,如上文所述的伦理观念、经济规律等。这种对社会价值体系的接纳能力正是法律科学与其他社会科学所不同的地方。回顾西方法理学的发展历程,除了在罗马法复兴前期盛极一时的概念法学派之外,以追求单纯的形式逻辑严密为主要学术主张的法学流派从来都不是主流。相比之下,那些将一个时代内稳定化的社会价值(正义观、公平观)作为法学理论追求的价值目标,并将其制度化到法律体系中去的学术流派才是大多数,如自然法学派、历史法学派、新自然法学派等。古代中华法系的立法实践对待儒家经典的态度更是这一特点的佐证。一个不可回避的问题是:法律体系接纳社会价值体系的工具是什么? 王保树教授的回答是"法益"[1],我们表示赞同。

王保树教授曾撰文指出,利益先于法益而存在,它是指在一定的社会形式中满足社会成员生存、发展需要的客观对象。但是,利益并非都是法益,只有当某些利益成为一定法的目的并受法律保护时才成为法益。利益先于法益而存在。每个法律部门凸显一种利益目标,并由多种利益目标组成利益保护结构。这种不同的法益结构对把握不同法律部门的功能及其本质、判断行为的违法性有着不可忽视的意义[2]。这里提到的"利益"与上文提到的"社会价值体系"具有基本相同的范畴。法律正是通过"法益"对社会价值体系的肯定而接纳后者的。

对反不正当竞争法的法益结构,应当分两个层次理解:第一,最为核心的法益应当是消费者利益,即保障消费者能够从市场竞争中获得福利。市场经济越发达,消费者所获得的福利也应越多。第二,市场竞争中的正常秩序和市场竞争参与者的竞争利益[3]。前者是保障核心法益的手段、措施,后者是在保障消费者利益持续增加的同时所必然达到的客观效果,这两个层次的法益正是反不正当

---

[1] 王保树:《论经济法的法益目标》,载《清华大学学报(哲学社会科学版)》2001年第5期。
[2] 同上。
[3] 徐士英:《互联网行业竞争行为的法律适用》,载《中国版权》2014年第3期。

竞争法所认可的竞争行为之正当性的含义。

四、不正当竞争行为的危害

竞争与不正当竞争总是相伴相生的。经过长期努力,中国特色社会主义进入新时代,我国经济已由高速增长阶段转向高质量发展阶段,正处在转变发展方式、优化经济结构、转换增长动力的攻关期,建设现代化经济体系是跨越关口的迫切要求和我国发展的战略目标。在这一转向过程中,市场结构不断细分,市场主体之间深入融合。但是,经营者之间伴随着激烈的市场竞争,产生大量的不正当竞争行为。这不仅会损害经营者和消费者的利益,对市场竞争秩序也会产生严重干扰,如不加以有效管控,甚至可能危害社会主义市场经济的健康有序发展。

(一) 损害诚实守法的经营者的正当利益

在生产经营活动中,一些经营者为了谋取不正当利益而实施不正当竞争行为,诚实守法的经营者会因此受到诸多损害。经营者实施不同的不正当竞争行为,对其他诚实守法的经营者造成的损害是不同的。第一,在混淆行为中,为了取得有利的市场地位,谋取不正当利益,经营者实施引人误认为是他人商品或者与他人存在特定联系的混淆行为。无论该经营者主观上是否有损害的意愿,该行为客观上都将使得被混淆的经营者的商业信誉和商品声誉受到严重损害,相应地,后者的财产利益很可能受到损失。第二,在侵犯商业秘密行为中,经营者实施的侵犯商业秘密的行为可能严重损害拥有该商业秘密的经营者的合法权益。商业秘密一般是经营者投入一定时间、资金和精力,经过艰苦的研究和劳动获得的,旨在以此获得竞争上的优势和经济利益。一旦商业秘密被不正当地获取、泄露或使用,就会给拥有该商业秘密的经营者的合法权益带来严重损害。例如,我国最早开发 15 频道无绳按键电话的惠州市电子通讯工业总公司所属天云集团 TCL 王牌电信有限公司的几个技术人员在新产品开发成功并取得客观经济效益时,盗走技术资料并不辞而别。这项产品的无形资产经评估达 688 万元。如果不是公安机关大力追捕,造成的损失将难以想象。仅在短短的几天内,这些技术人员已经将该技术卖给几家生产同样产品的企业。在市场竞争日益激烈的情况下,只要错过一段时间,就足以造成难以弥补的损失。第三,在商业诋毁行为中,经营者损害竞争对手的合法权益,不仅会给竞争对手的名誉造成损害,而且会给竞争对手带来经济上的损失。商誉是通过经营者参与市场竞争的连续性活动而逐渐形成的,是经营者经过大量艰苦的市场研究、技术开发、广告宣传和公关活动等建立起来的商业信誉。对经营者商业信誉、商品声誉的任何诋毁或贬低,都可能对其正常经营活动造成消极的影响,甚至可能使其遭受严重的经济损失,如失去交易伙伴和消费者,造成资金和原材料供应的困难或产品的滞销,损失大量的利润和市场竞争的优势地位,乃至破产或被迫转产等。第四,在不正当有奖销售行为中,容易形成强势企业对弱势企业的不公平竞争。有奖销售往往采取诱惑性宣传,使商品质量、价格的比较被忽视,从而使经营者之间的商品竞争演变成诱惑性宣传之争,造成竞争结构失衡。由于有奖销售一般都是大企业所为,中小企业一般不具备条件与之竞争,因此会对中小企业的发展壮大产生不利的后果。第五,在商业贿赂行为中,大量的回扣交易行为对诚实守法的经营者也构成直接的威胁,造成"劣币驱逐良币"的不正常现象。第六,在互联网不正当竞争行为中,经营者实施的不正当竞争行为对其他诚实守法的经营者的损害更为直接。基于互联网传播速度快和使用频率高等特点,很多时候,这种不正当竞争行为会在短时间内对被侵害的经营者造成巨大的损害后果。

W 公司诉 M 公司案①

W 公司经营的 A 平台,既是社交媒体网络平台,也是向第三方应用软件提供接口的开放平台。T 公司经营的 B 应用是一款移动端的人脉社交应用,在上线之初和 A 平台合作,用户可以通过 A 平台账号和个人手机号注册并登录 B 应用。用户注册时,还要向 B 应用上传个人手机通信录。W 公司后来发现,大量非 B 应用用户直接显示有 A 平台用户头像、名称、职业、教育等信息。

后双方终止合作,W 公司提起诉讼,认为 T 公司存在非法抓取、使用 A 平台用户信息,非法获取、使用 B 应用注册用户手机通信录联系人与 A 平台用户的对应关系等不正当竞争行为。

2016 年 4 月,一审结案,法院认定 B 应用非法抓取、使用 A 平台用户信息等行为构成不正当竞争。此后,B 应用提起上诉。2016 年 12 月 30 日,终审判决,驳回上诉,维持原判。

---

① 北京市海淀区人民法院(2015)海民(知)初字第 12602 号民事判决书、北京知识产权法院(2016)京 73 民终 588 号民事判决书。

> **微评**：B 应用的经营模式是通过抓取平台数据并对数据进行再加工，制成自己的产品后再出售。法官认为，A 平台用户的职业信息、教育信息等是 A 平台重要的商业资源和竞争优势，这些数据的"产权"属于 A 平台，B 应用非经允许不得擅自使用。
>
> 从保护用户合法权益的角度，法院提出获取数据的"三重授权"原则，即平台收集数据应获得用户授权，一个平台获得另一个平台所收集的数据需要获得该平台的授权，这个授权获得数据的平台要使用数据还需要获得用户的再次授权。

（二）损害消费者的合法权益

经营者和消费者都是市场主体。经营者之间相互竞争，直接目的都是争夺消费者，因为只有拥有更多的消费者，才可能实现获取利益的最终目的。经营者实施的不正当竞争行为在损害其他诚实守法的经营者正当利益的同时，在大多情况下亦会损害消费者的合法权益。第一，经营者实施混淆行为生产的商品往往是质量低劣或者物所不值的产品，有的甚至根本不具备正常的使用价值，消费者在购买这些混淆产品之后遭受到的损失难以计算。特别是一些与人们生命健康密切相关的劣质混淆品，可能严重危害消费者的生命安全和身体健康。第二，不正当有奖销售行为可能使消费者难以判断商品的实际价格。经营者利用有奖销售形式推销商品时，很多时候实际上已经把赠品和奖品的价值计入商品的总成本之中。因此，对消费者来说，可能实际上最终并没有收到无偿的赠品或者低价的产品。有些经营者还以有奖销售中的奖品为诱饵，通过提高销售价格进行有奖销售，不仅没有使消费者从该有奖销售中实际获益，反而给大多数消费者增加了负担。这种行为如被其他竞争者仿效而普遍采用，将会提高这种产品的社会平均成本，可能对更多消费者造成不利后果。有的经营者还利用有奖销售推销劣质产品，这对消费者利益造成的侵害更为严重。第三，在商业贿赂行为中，由于贿赂者可以通过回扣等手段使贪图利益的经营者接收假冒伪劣产品，而这些产品显然最终会由消费者来买单，消费者利益会因此而受到损害。第四，在互联网不正当竞争行为中，消费者利益非常容易受到损害。作为消费者，互联网产品之间的兼容最有利于消费者利益的最大化。在现实的市场环境中，互联网产品的兼容符合消费者的合理预期，不兼容情形属于意外。所以，消费者在预装软件或接受其他网络服务时,一般是以产品的兼容作为前提条件的。但是,一些经营者为了谋取在互联网市场中的不当利益,采取欺骗、诱导、胁迫等方式,在用户的设备中实施不兼容操作,或胁迫用户作出不兼容选择。消费者面对这类情形时,经常显得无能为力,其利益容易受到严重侵害[①]。值得注意的是,在一些情形下,消费者利益在短期内可能并非处于受损的状态。因为现实中的确存在一些竞争行为,虽然导致竞争者利益受损,但是于消费者而言并无害处,至少在一定时间内是无害的。例如,在侵犯商业秘密行为中,竞争者获取技术型商业秘密后用于产品生产,更可能降低产品价格,消费者可从中直接获取好处而并非遭受损害[②]。又如,在互联网不正当竞争行为中,广告拦截软件对视频网站广告的拦截屏蔽行为。毫无疑问,赞助商的广告被屏蔽会给视频网站造成经济损失,但是消费者确实会因此获益。当然,如果经营者遭受经济损失后不再从事该经营行为,并最终导致消费者无视频可看,则可能使消费者的长期利益受损。但是,该结果是否真正出现是不确定的。从短期利益出发,消费者并非一定从不正当竞争行为中受到损害[③]。

(三)损害市场竞争秩序,阻碍社会主义市场经济健康发展

不正当竞争行为除了会对诚实守法的经营者和消费者造成直接或者间接的损害外,如果不及时制止,还会对市场竞争秩序造成损害,甚至会影响社会主义市场经济的健康发展。

1. 破坏公平竞争的市场秩序

市场经济是竞争的经济。市场经济的健康发展需要公平竞争的市场环境。经营者要在市场上获得竞争优势,必须付出艰辛的努力。经营者应当通过采用先进技术、改善经营管理、提高产品和服务质量等正当竞争的方式参与市场竞争,以此取得良好的企业和产品信誉。以混淆行为为例,这是经营者以虚假的信息扭曲正常的商业竞争,使原本可以获利的诚实守法的经营者在付出巨大代价后得不到利益的行为。实施混淆行为的经营者将因此获取不当利益而不必花费相应的成本。有的经营者甚至因此取得比诚实守法的经营者更大的竞争优势。这就使得竞争的结果与竞争机制背道而驰,有的经营者不再具有开发创新的动

[①] 李阁霞:《互联网不正当竞争行为分析——兼评〈反不正当竞争法〉中"互联网不正当竞争行为"条款》,载《知识产权》2018 年第 2 期。

[②] 焦海涛:《不正当竞争行为认定中的实用主义批判》,载《中国法学》2017 年第 1 期。

[③] 程子薇:《〈反不正当竞争法〉修订视野下的消费者保护研究——以消费者诉权为线索》,载《南京大学学报(哲学·人文科学·社会科学)》2018 年第 1 期。

力,反而追求不劳而获的捷径。公平竞争秩序被破坏,社会发展就会延缓。侵犯商业秘密作为一种不正当竞争行为,将会对市场竞争形成极大的妨碍。这种掠夺他人的竞争优势而侵害他人利益的行为,将会导致竞争的变质,使社会资源的配置受到影响。正如美国一名法官在1982年审理一个雇员使用原公司的商业秘密与之开展业务竞争的案件时所说,虽然竞争一直为法律所扶持和鼓励,但是该案中的竞争是违法的,因为它违反了商业道德,是违反诚实信用的不公平竞争,是为法律所不允许的[①]。在商业诋毁行为中,恶意诋毁、贬低他人商誉的诽谤行为,包括损人利己、尔虞我诈,不惜以诽谤他人商誉的非法手段挤垮竞争对手而牟取暴利,不但损害了竞争对手的合法权益,而且欺骗了其他经营者和消费者,最终必然会破坏市场公平竞争的正常秩序。不正当竞争行为除了可能破坏整个市场的公平竞争秩序外,还可能对一些具体行业的运行秩序造成影响。以虚假宣传行为为例,该行为可能扰乱正常的商业宣传秩序。在现代社会中,由于商业的发达和技术的进步,广告已经越来越成为人们消费的重要依据和参考。虚假宣传行为以虚构不实的宣传进行引诱,极易引起消费者误认和误购产品或接受服务。消费者依赖广告的程度使得经营者在商业宣传上大做文章,发布欺诈性广告(如谎称有10天可以增高的增高器、8天可以换肤的换肤霜),使消费者产生错误的认识而购买产品。由于多数消费者缺乏甄别真假广告的能力,或者这种甄别的成本往往过高,当这类商业宣传行为开始泛滥时,广大消费者最直接的选择就是不再相信商业宣传行为,只相信自己的直接经验。这种不得已的情绪一旦在全社会蔓延,就必然会使人们对商业宣传行为普遍失去信心。如果一个国家的商业运行失去了信息传递机制的支持,那么无论是商家还是消费者,都将不得不独自承担每一次交易时的搜索成本,正常的商业宣传制度的价值也就无从发挥了。

2. 不利于市场发挥对资源配置的决定性作用

如果不正当竞争行为长期在大范围内得不到及时有效的治理,很可能使市场基于错误的信息而不能有效发挥对资源配置的决定性作用。不正当竞争行为会导致市场供求信息的失实,阻碍市场发挥对资源配置的决定性作用。例如,长期在大范围内存在的不正当有奖销售行为可能危害商业秩序乃至整个宏观经济秩序。不正当有奖销售行为会传递错误的市场信息,诱发错误的购物导向。在

---

① 徐士英:《竞争法论》,世界图书出版公司2007年版,第189页。

奖品的诱惑下,一些消费者不再考虑价格、质量、性能以及是否需要等本应考虑的因素,而是由于有可得的额外好处才去购买。消费者可能购买自己不需要或暂时不需要的商品,从而导致市场不能如实反映实际需求,造成市场需求的不平衡。错误的信息有时会使厂家盲目扩大生产,造成产品积压,甚至还可能导致国家宏观经济管理决策的失误,浪费社会资源,阻碍经济发展。例如,商业贿赂行为会造成市场效益的净损失。在商业贿赂行为发生时,受贿者以传递误导信息为条件换取贿金,在此基础上达成的交易必然不是资源最优配置的形式。如果商业贿赂行为长期固定地存在于一定范围内的市场中,那么这个市场中的主体在进行交易时必然要多承担一笔交易成本,那就是"贿金"。这部分投入被受贿者团体以一种制度化的形式吞噬掉了,因而是不带来产出的,却要由交易双方承担。于是,这部分效益也被损失掉了。还有一种损失来自利益受损者。在商业贿赂行为中,企业所有者与经营执行者之间进行着多重博弈。企业所有者不可能长期被蒙蔽,因此必然会选择加大对经营执行者的制约,具体表现为加大监督力度、削弱经营执行者的权力、减少经营执行者的数量等。很显然,这些措施要么加大了企业的投入,要么降低了企业的效率。同时,这部分投入不会增加企业的积极效益,只会减少企业效益。因此,从投入产出的意义上讲,这部分投入也可以被认为是损失掉了。

商业贿赂行为引发的贿赂消费会扰乱市场供求信息,由商业行贿而引起消费行为的可能性是非常大的,甚至有很多商业行贿就体现为消费行为。因此,我们暂且将此类消费行为称为"贿赂消费"。第一,贿赂消费的发生是不稳定的。何时能够得到贿赂并没有非常确定的规律。于是,贿赂消费可能在某一时段激增,也可能长时间消逝。因此,贿赂消费带来的需求信息具有波动性,会扰乱正常的市场需求信息。第二,贿赂消费是不理智的。根据马克思主义政治经济学理论,劳动者所获得的合法收入应当对应于一定量的社会劳动。进一步而言,劳动者在消费时会将消费金额与背后的社会劳动相联系,从而判断某一项消费是否值得自己付出相应的社会劳动。然而,得到贿金是不需要付出劳动[①]的,受贿者在进行消费时自然也就不会将其与社会劳动联系起来,这种消费就完全是个人不受约束的物欲使然。很显然,贿赂消费完全无法体现任何市场需求意义上的有效信息,反而会成为误导生产者的信息[②]。不幸的是,贿赂消费的外在表现

---

① 此处的"劳动"指马克思主义政治经济学上的"社会必要劳动"。
② 徐士英、向立力:《反商业贿赂凸显法律缺位》,载《上海经济》2007年第11期。

形式与正常的消费行为别无二致。于是，贿赂消费就堂而皇之地"混"入正常消费行为，成为供求信息的一部分。其他类型的不正当竞争行为或多或少会造成市场供求信息的失实，如混淆行为会使得被混淆的经营者无法清晰把握市场的实际需求，虚假宣传行为会误导消费者产生一些错误的消费需求，侵犯商业秘密行为和商业贿赂行为会使得一些产品以不正当的方式进入市场流通，商业诋毁行为会使得被诋毁的经营者正常的市场需求变得无法预测，互联网不正当竞争行为会人为制造互联网市场的"围墙"而阻碍市场需求的正确反映等。不正当竞争行为除了会错误地反映市场供求信息外，甚至会阻碍技术进步和信息产业的发展。以侵犯商业秘密行为为例，当今时代已进入知识经济时代，作为一种信息资源，商业秘密在经济发展中所起的作用越来越大。如果侵犯商业秘密行为得不到有力制止，将会挫伤人们进行科学研究、积累经营经验的积极性，对开发、研究和发展知识产权是极为不利的。

3. 不利于形成健康的商业道德

健康的商业道德应当是在崇尚正当竞争、抵制不正当竞争的基础上建立起来的。不正当竞争行为其实是一系列违反商业道德行为的集中体现。打击不正当竞争行为、崇尚正当竞争行为的过程就是树立健康的商业道德的过程。不正当竞争行为会煽动不良的商业营销文化。商品营销文化是在市场经济条件下推进商业文化传播的有效手段，也是商品与文化对接的有效途径和桥梁。商品营销文化的功能和作用包含但不仅限于商品的促销，其经营、推广、促销、引导等功能是相互促进而统一的[①]。如果竞争者都采取虚假宣传的不正当手段促销，那么也许在一定程度上可以获取一些眼前利益。但是，从长久来看，这是一种损害健康的商业营销文化的行为。进一步讲，先进的商业文化是以商品营销文化为手段的，它对商品经济的发展有着重要的影响。损害商业营销文化的行为最终必然会损害全社会的商业文化氛围和商业道德基础。不正当竞争行为会严重败坏社会风气。商业贿赂行为还容易引发其他领域的贿赂行为，成为吏治腐败的重要原因之一。经济领域的犯罪行为大多与商业贿赂有密切关系，成为当前突出的社会问题，如不加以严厉打击，势必严重危害社会主义市场经济秩序，甚至不利于整个社会秩序的稳定。同时，不正当竞争行为会损害公共传播媒体的公信力。例如，虚假宣传行为一旦形成风气，它的损害效果就不仅限于扰乱广告正常

---

① 刘建湖：《再论商业文化的内涵》，载《商业文化》2006年第10期。

的信息传播功能,而是会进一步扩散到宣传行为的载体即公共传播媒体上去。公共传播媒体也是现代社会公共信息的主要载体。政府公告、社会公益信息以及人们基本的信息传播都需要依靠公共传播媒体发挥作用,一旦这一平台的公信力被大量的虚假宣传行为损坏,再要建立一个替代机制将是十分困难的。

综上可知,不正当竞争行为的损害效果是一个层层递进的显现过程[1]。从微观之处看某一不正当竞争行为,其危害止于对所涉及的竞争者等其他诚实守法的经营者正当利益的损害以及对消费者福利的损害。从中观之处将不正当竞争行为作为一种市场行为看待,其危害会进一步扩展至破坏市场竞争秩序。从社会整体宏观之处将不正当竞争行为作为一种经济行为看待,其危害会深入到对整个市场经济健康发展的损害,进而损害社会整体利益。"疾在腠理,汤熨之所及也;在肌肤,针石之所及也;在肠胃,火齐之所及也;在骨髓,司命之所属,无奈何也。……故良医之治病也,攻之于腠理。"[2]规制不正当竞争行为好比医治社会之疾,自然应当遵循"圣人早从事"的原则,尽量把它抑制在早期,以免危害到社会整体利益。

第二节 反不正当竞争法概述

一、反不正当竞争法的基本理解

(一)反不正当竞争法的含义

反不正当竞争法是调整国家对经营者违反商业道德、扰乱经济秩序的竞争行为进行规制的过程中所发生的社会关系的法律规范的总和。它与反垄断法共同组成竞争法律制度体系。本书所称的"反不正当竞争法",不仅仅是法典意义上的反不正当竞争法,还包含其他各类法律、行政法规、部门规章和地方性法规中所有规范不正当竞争行为的条文。

(二)反不正当竞争法的特征

1. 反不正当竞争法是政府对经营者竞争行为的规制

在现实生活中,不正当竞争行为的表现形式多种多样,很多不正当竞争行为与正当的商业促销行为难以区分。一般来讲,在市场经济条件下,企业有自主交易、自由竞争的权利,法律应当保护这种权利。但是,企业的竞争行为直接关系

---

[1] 徐士英:《互联网行业竞争行为的法律适用》,载《中国版权》2014年第3期。
[2] 《韩非子·喻老》。腠(còu)理,皮肤表面的纹理。

到市场秩序,关系到大多数人的利益。因此,政府应当限制经营者的某些行为,这种限制体现了竞争法的基本精神。我国《反不正当竞争法》第3条规定:"各级人民政府应当采取措施,制止不正当竞争行为,为公平竞争创造良好的环境和条件。国务院建立反不正当竞争工作协调机制,研究决定反不正当竞争重大政策,协调处理维护市场竞争秩序的重大问题。"由此可以看出,政府对经营者的竞争行为依法进行适当干预是反不正当竞争法的重要特征。如美国的联邦贸易委员会、日本的公平交易委员会等,同样具有法定权力对市场中的不正当竞争行为依法进行直接的禁止、处罚和警告。

2. 反不正当竞争法调整的范围具有外延性

正如前文提到的,反不正当竞争法的规制对象是违反诚实信用、公平、自愿交易等商业道德的行为,这表明不正当竞争行为的外延具有不确定性。随着社会经济的发展,人们的生活习惯不断变化,商业道德的含义和形式也在变化,列举式的规定是不足以囊括所有不正当竞争行为的。因此,以违反商业道德补缺立法上的局限性就有一定的合理性。我国《反不正当竞争法》第2条把违反商业道德进一步具体化为"扰乱市场竞争秩序,损害其他经营者或者消费者的合法权益的行为"。这就使法律能更具针对性、更有效地制止不正当竞争行为,体现立法的宗旨。从世界各国的立法实践来看,当一种新的竞争行为出现而法律无明文规定时,要考虑其是否违反公认的商业道德,是否构成不正当竞争行为。当然,确定行为性质与承担法律责任必须符合法律规定是不矛盾的。当一种行为构成不正当竞争行为时,就应对其予以制止或处罚;如果符合民法、刑法上的侵权或犯罪要件,则还应承担相应的民事、刑事责任。

3. 反不正当竞争法具有与其他法律的竞合性

在对不正当竞争行为进行规制时,常常会发生同一法律事实由多个法律或行政法规加以规制的现象。例如,反不正当竞争法在对假冒他人注册商标行为进行规制时,可能与商标法的一些条款发生竞合;在规制虚假广告时,可能与广告法发生竞合。这种同一事实符合数个法律规定的构成要件的情况被称为"法条竞合"。此外,在法律责任方面,行为人实施的违法行为符合数个法律规定的构成要件,从而在法律上产生多种责任形式,形成责任竞合。法律竞合问题使反不正当竞争法成为一个外延广泛的法律集合,可以从不同角度保护市场竞争秩序和经营者、消费者的合法权益,但是也给适用反不正当竞争法带来一定的困难。因此,在适用法律时,应当遵循"特别法优于普通法,新法优于旧法,高位阶法优于低位阶法"的原则。

4. 反不正当竞争法保护的法益具有社会性

我国《反不正当竞争立法》第1条开宗明义地规定："为了促进社会主义市场经济健康发展,鼓励和保护公平竞争,制止不正当竞争行为,保护经营者和消费者的合法权益,制定本法。"这就从宏观上勾勒出《反不正当竞争法》的立法目的,即促进建立一个健康的竞争环境。正如前文在讨论不正当竞争行为的损害时提到的,不正当竞争行为对一个社会的危害会呈现出由表及里的结果。因此,反不正当竞争法虽从具体行为着手进行立法,但其根本目的是保护社会整体利益。这一特点明显不同于民事立法,因为后者旨在调整平等的个体之间的权利义务关系,并且这种调整的目的是实现个体之间的公正。

换一个角度,我们也许更容易理解这种差异性。民事违法行为发生后,其损害效果往往被限制在发生民事法律关系的个体所组成的一个封闭的体系内,如侵害所有权的行为损害的就是所有权人的合法权益,违反合同义务的行为侵害的就是合同相对方基于合同而享有的期待权。然而,不正当竞争行为发生后,其损害效果不局限于那个相对闭合的影响范围。例如,商业贿赂行为发生后,不仅使得原本交易对方可以得到的利益被转移到受贿者手中,还使得今后在此类交易中形成必须交付贿金的"潜规则",从而加大整个行业的交易成本。因此,不正当竞争法所要保护的法益并非单纯地归属于某一个具体的经营者,而应当归属于作为一个整体的"市场"。

(三) 反不正当竞争法的宗旨

竞争是效率的源泉,但是并不必然使效率最优化和长久化。经营者在为获取竞争利益而开展竞争的同时,也有可能损害市场秩序和竞争机制。竞争的这种"外部性"是客观存在且无法自行消除的,必须通过法律清除或削弱之。立法宗旨是指制定一部法律的立法价值与目标。反不正当竞争法作为一部兼有私法特征的公法,其立法宗旨在立法之初就为参与立法者所释明："经营者的合法经营受许多法律的调整,各个法律从不同角度保护合法的经营者。反不正当竞争法对合法经营者的保护,不是建立在对实体权利保护的基础上,而是建立在对市场经济秩序予以维护的基础上,故反不正当竞争法亦被称为维护市场经济秩序的法律。凡与诚信营业惯例相悖的行为,反不正当竞争法均予以禁止"[①];反不

---

① 河山、肖水:《民事立法札记》,法律出版社1998年版,第82页。

正当竞争法"既然是竞争法,所调整的行为自然主要是竞争行为,侧重保护的是竞争对手的利益,以至最终达到维护公平竞争秩序的目的。公平竞争的秩序是竞争法的根本性目的,保护消费者实际上只是本法的副产品。甚至保护竞争对手的利益,也是竞争法的副产品。乍一看,竞争法中处处写着保护经营者和消费者,似乎把私益作为保护的对象,但这不能改变竞争法保护公益的基本性质。保护私益是为保护公益服务的,如不保护私益,公益也很难进行保护,但目的是保护公益"[1]。虽然这些观点中关于保护消费者和竞争对手的说法有失偏颇,因为是否损害消费者和竞争者的正当权益已经发展成为判断不正当竞争行为的实质性因素和立法宗旨之一[2],但是关于公平竞争秩序的保护这一反不正当竞争法立法宗旨的重要组成部分的论述是准确的,这也是立法目的的集中体现。我国《反不正当竞争法》第1条对该法的立法宗旨作了如下表述:"为了促进社会主义市场经济健康发展,鼓励和保护公平竞争,制止不正当竞争行为,保护经营者和消费者的合法权益,制定本法。"由此可见,反不正当竞争法的立法宗旨应当体现在以下三个层面:

1. 宏观层面:保障市场经济健康发展[3]

竞争是市场经济最基本的运行机制,是市场经济活力的源泉。经营者实施不正当竞争行为,不当地夺取交易机会或者破坏其他经营者的竞争优势,往往会阻碍甚至是扭曲市场配置资源的基础性作用的发挥,影响市场经济的健康发展。反不正当竞争法的首要目的,就是通过对不正当竞争行为的规制,保障市场机制正常有效运行,促进市场经济长期健康发展。从实际范围来看,凡是实行市场经济的国家,都把反不正当竞争方面的法律作为规范市场经济关系、促进市场经济健康发展的基本法律之一。

2. 中观层面:维护市场公平竞争秩序[4]

诚实信用的商业惯例历来为我国所推崇,见利忘义的不道德行为也一直被人们唾弃。在建立市场经济体制的过程中,我国政府鼓励竞争、保护竞争,同时又对大量不正当竞争行为进行法律规制。因此,我国《反不正当竞争法》也就承担了培育市场和规范市场的双重任务。从宏观上讲,反不正当竞争法与反垄断

---

[1] 孙琬钟主编:《反不正当竞争法实用全书》,中国法律年鉴社1993年版,第26—27页。
[2] 孔祥俊:《论新修订〈反不正当竞争法〉的时代精神》,载《东方法学》2018年第1期。
[3] 王瑞贺主编:《中华人民共和国反不正当竞争法释义》,法律出版社2018年版,第2—3页。
[4] 徐士英:《竞争法论》,世界图书出版公司2007年版,第138—139页。

法一起构成现代竞争法,在市场经济国家被称为"经济宪法"。反不正当竞争法不同于专以保护民事权利为目标的民事侵权法律,它的任务是预防和制止不正当竞争行为,保障市场经济发展的基本动力——有效竞争,从而实现维护市场竞争秩序的目的。由此可见,维护市场竞争机制,创造公平的市场竞争环境,保障和促进社会主义市场经济健康发展,是我国《反不正当竞争法》的最终目标,这与《宪法》规定一脉相承,是宪法精神的延伸和具体化。

3. 微观层面:保护经营者和消费者的合法权益

反不正当竞争法主要调整竞争关系,为经营者依据相同的规则开展竞争提供制度供给。反不正当竞争法对经营者的保护是直接的,既体现为在依照反不正当竞争法处理竞争纠纷时,维护涉案经营者的合法权益,也体现为通过反不正当竞争法维护公平竞争的市场秩序,使经营者在公平竞争的市场环境中取得经营收益。同时,反不正当竞争法也保护消费者的合法权益,主要体现为通过维护公平竞争的市场秩序,降低经营者的经营成本和消费者购买商品时的选择成本,提高消费者福利,维护消费者权益[1]。作为一部市场竞争规制法,制止不正当竞争行为,保护经营者和消费者的合法权益,是反不正当竞争法的直接目标。反不正当竞争法根据经营者的行为对社会的影响程度、社会公众对这些行为的容忍程度,调整法律制约原则,从而确定行为构成要件、法律责任以及处罚措施[2]。市场秩序是公共利益的代名词,具体表现为保护消费者利益。传统的反不正当竞争法通过保护经营者利益的方式间接或反射性地保护消费者利益。后来,随着经济的不断发展和消费者保护运动的兴起,立法者认识到消费者是"转嫁"竞争损失的"终端",竞争行为表面上看损害了竞争对手的利益,但是对竞争对手利益的损害仍会通过各种途径最终落到消费者身上[3]。因此,在市场竞争日益激烈的情况下,要维护好公平的市场竞争秩序,就应当更加明确对消费者利益的保护,让消费者成为最终受益者,这正是反不正当竞争法的根本价值所在。

二、反不正当竞争法的地位

西方发达国家的经济发展历史无不揭示出这样的真理:竞争是市场繁荣的

---

[1] 王瑞贺主编:《中华人民共和国反不正当竞争法释义》,法律出版社2018年版,第4页。
[2] 宋锡祥:《祖国大陆与台湾地区竞争法律制度之比较》,载《上海大学学报(社会科学版)》2006年第2期。
[3] 孙颖:《论竞争法对消费者的保护》,载《中国政法大学学报》2008年第4期。

基础,正是自由的竞争机制缔造了经济的繁荣。同样,这也提醒我们,不正当竞争对一国经济的毁灭效应不亚于它可能带来的繁荣。所以,亚当·斯密在提出"经济人"假设时不忘作出限制,即"经济人"要有"良好的法律和制度"保证,只有追求个人利益最大化的行动才会无意识地、卓有成效地增进社会公共利益[①]。因此,必须有"良好的法律和制度"确保利益的分配,才能弥补市场的不足。另一位经济学家科斯从不同的角度论证了"良好的法律和制度"的必要性。著名的"科斯第二定律"[②]告诉我们,当交易费用达到一定程度时,不同的权利配置会带来完全不同的资源配置效率。因为这里的交易费用难以内化到具体的交易个体之中,所以被称为"外部性"。可以说,人类社会的制度建设有很大一部分是在有意识地营造能够尽量避免"外部性"的干扰而产生最大化成果的"良好的法律和制度",反不正当竞争法就是其中之一。

反不正当竞争法的地位还可以通过与其他法律的关系予以体现。

(一)反不正当竞争法与经济法的关系

反不正当竞争法是经济法的重要内容,它与反垄断法共同构成竞争法律体系,从而成为现代经济法的核心。反不正当竞争法与其他相关经济法的关系主要体现为有共同的价值和立法宗旨,如消费者权益保护法、产品质量法、价格法等。其中,反不正当竞争法与消费者权益保护法的关系更为密切。一方面,不正当竞争行为也是侵害消费者利益的行为,如欺骗性行为使消费者上当,固定价格

---

① 沈明:《法治和市场经济的契合与互动——一个以人性为视角的考察》,载高鸿钧主编:《清华法治论衡(第二辑)》,清华大学出版社2002年版,第57—72页。

② 在科斯所撰的《社会成本问题》一文中,有这样一个例子:一个制糖商与一个医生相邻而居。医生向法院起诉,说隔壁生产糖果的机器发出噪音,使他无法使用听诊器给病人做检查,因此要求制糖商停止生产。法院支持了他的请求。但是,科斯认为这种裁决并不合适。他指出,假如制糖商停止生产要损失300美元,而搬迁到别的地方只需100美元,医生迁移诊所只要200美元,那么最经济的方案就是制糖商搬走。这样,整个社会只用损失100美元,而不是300美元。科斯就此作了正反两种假设:一是制糖商有权在原地继续生产,如果医生对噪音忍无可忍,要么自己搬走,要么请制糖商搬走。医生会发现,请制糖商搬走只要100美元,比自己搬走合算,所以只要制糖商要价不超过200美元,他就乐意掏腰包。制糖商只要得到的钱不少于100美元,也乐意搬走。二是医生有权在此行医,如果制糖商想让医生搬走,就必须付200美元,这将比他自己搬走多100美元,所以他会自己主动搬走。可见,无论政府作出怎样的权利配置,只要双方的交易费用为零,最后的结果都是一样的,这就是"科斯定律"。然而,交易费用为零的假设是一种不切实际的假想。于是,科斯作出进一步推理:在制糖商和医生这个案例中,只要交易费用大于100美元,交易双方就会望而却步。因为如果制糖商有权在此生产,那么医生要想让他搬走,就得付100多美元,再加上100美元的交易费用,就超过了200美元,还不如自己搬走。如果医生有权在此行医,制糖商就会自己花100美元搬走。也就是说,当交易费用大于零时,不同的权利安排会有不同的资源配置效率。这就是所谓"科斯第二定律"。我们可以把交易费用看作市场活动的一种"外部性",市场规律在其影响下无法达到资源的最佳配置,此时就必须依靠经济立法有效地配置资源。

使消费者失去选择权利,搭售行为使消费者违背意愿进行交易等。因此,打击不正当竞争行为,实际上就是保护消费者的合法权益。有效运用竞争法律,消除市场交易中的限制竞争和不正当竞争行为,由此形成自由公平的竞争秩序,使消费者的合法权益得到更好的保护。另一方面,保护消费者的合法权益使维护市场竞争秩序更加有效,配置资源更加合理。消费者如有不满,可以对劣质产品进行评价和制裁。保障消费者的这种权利,可以使经营者的竞争行为受到制约。美国学者马歇尔·霍华德的论述表明了这一点:"竞争完全是一个需要完善的过程,在这个过程中,对消费者在某种条件下进行保护是合乎需要的。对消费者进行保护的目的在于制止卖主的过失或违约行为以及改变买主缺乏产品知识的状况。这将有助于消费者作出更为合理的决策,进行更好的资源分配。"[1]由此可见,反不正当竞争法作为经济法的典型法律制度,突出地显示了现代经济法的立法价值取向:维护自由公平的竞争秩序,保障经济资源的有效配置。

(二) 反不正当竞争法与行政法的关系

反不正当竞争法与行政法的关系十分密切,这可以从以下三个方面加以理解:第一,反不正当竞争法是专门针对不正当竞争行为制定的,这些不正当竞争行为对市场经济的危害十分严重,必须及时进行打击。但是,对它们的调查、取证十分困难。因此,反不正当竞争法设有大量的行政法规范,通过行政处罚措施,对不正当竞争行为进行直接的规制;同时,还要对行政复议、行政诉讼进行相应的规定。第二,在市场竞争中,行政机关对竞争的影响甚大,有些不正当竞争行为直接是政府及其所属部门实施的,如滥用行政权力对市场主体的竞争施加影响等。因此,必须通过制定对行政机关进行规制的法律规范,明确行政机关的职责、权利和义务。第三,要对不正当竞争行为的行政监督检查部门即行政部门的权限(行政处分等)进行具体的规定。反不正当竞争法律规范中含有众多的行政规范,这是其特征之一。但是,正如经济法不等于行政法一样,反不正当竞争法与行政法的区别是显然的,执法机关对经济主体行为的干预并不等同于行政法律关系。

(三) 反不正当竞争法与反垄断法的关系

反不正当竞争法与反垄断法是保护公平竞争的两个重要法律,二者相互配

---

[1] 转引自陶广峰:《消费者权益保护与各国反垄断法的发展——兼谈对中国反垄断法的启示》,载《学习与探索》2008年第6期。

合、相互补充,分别从不同的角度保障和促进公平、自由、高效的市场竞争。反不正当竞争法通过制止不正当竞争行为,避免有失诚信的不正当竞争行为对经营者和消费者造成危害,以维护市场竞争秩序的稳定①。反垄断法通过对垄断和限制竞争的规制,防止出现少数经营者控制和操纵市场、限制竞争的现象,保障市场上的自由、有效竞争,为经营者创造良好的外部竞争环境②。反不正当竞争法本质上仍以维护竞争自由为目的,它通过制止不公平行为的方式实现竞争自由。反不正当竞争法首先体现为对公平的维护,而深层次的价值取向是竞争自由。这是反不正当竞争法与反垄断法既有共性又有差异的原因所在,而差异是通过规制行为的界限体现出来的。反垄断法旨在维护竞争自由,禁止消除或者限制竞争自由的行为。若只限制具有市场支配地位的经营者的滥用行为,即同样的行为仅可以由普通的经营者实施,则属于自由竞争的范畴。反不正当竞争法与反垄断法应当保持适当的距离,给竞争自由留下相应的空间③。反不正当竞争法相较于反垄断法来说,更多体现了私法性质,侧重于维护微观的竞争秩序④,追求局部和个案的公正,以至于不少人将其归为民事侵权法的范畴。但是,现代反不正当竞争法已经逐渐演变为以公法色彩为主的法律,工商行政执法部门在反不正当竞争法的实施中扮演着重要角色。反不正当竞争法与反垄断法一样,都属于经济法的范畴⑤。

从各国立法来看,两个法律的联系日益密切:其一,立法形式上的交叉或合并。许多国家的反垄断法中交织着反不正当竞争条款,如我国《反不正当竞争法》中也存在反垄断条款;有的国家将制止反不正当竞争行为与垄断行为统一立法,有的国家则分别制定反不正当竞争法和反垄断法。其二,许多国家以统一的机构实施两个法律,如美国的联邦贸易委员会、日本的公正交易委员会、英国的公平贸易委员会等都集反垄断和反不正当竞争职能于一身。其三,从法律责任来看,传统的不正当竞争问题主要通过私人诉讼解决,损害赔偿是主要责任形式,而反垄断则属于公共政策领域。但是,随着反不正当竞争法的发展以及法律执行机构的统一,对不正当竞争和垄断的制裁方式趋于一致,既有私法领域惯用

---

① 张世明、胡洁:《反垄断法与反不正当竞争法关系论》,载《内蒙古师范大学学报(哲学社会科学版)》2015年第2期。
② 种明钊主编:《竞争法(第三版)》,法律出版社2016年版,第94—95页。
③ 孔祥俊:《论新修订〈反不正当竞争法〉的时代精神》,载《东方法学》2018年第1期。
④ 王先林:《反不正当竞争法的修订与竞争法体系的协调与衔接》,载《中国市场监管研究》2017年第12期。
⑤ 王先林:《竞争法学(第二版)》,中国人民大学出版社2015年版,第77页。

的损害赔偿责任,又适用公法领域的刑事监禁和罚金①。

(四)反不正当竞争法与民事侵权法的关系

从产生的历史来看,反不正当竞争法与民法有着难以割舍的渊源。世界各国早期对竞争行为朴素的调整措施都是来自民法的。在19世纪的法国,"法官为了保护诚实的商人,创造性地将1804年的《拿破仑民法典》第1382条和第1383条中关于侵权法的一般规定用于制止经济生活中的不正当行为"②,民事法律从此开始介入市场竞争行为的调整过程,填补了竞争立法的真空。英美法系国家延续了一贯的做法,以普通法与衡平法传统处理不公平的商业行为。早期的仿冒、虚假广告、诋毁以及违反信任关系等行为多被定性为侵权行为,采取民事救济措施③。德国受社会化思潮和法律理性主义传统的影响,采取创制新法典的形式,于1896年制定了世界上第一部专门的《反不正当竞争法》,以矫正自"营业自由"以来令人失望的市场秩序④。但是,这部法律只规定了几类特定的不正当竞争行为,严格规定构成要件的民事立法思路仍然难以全面覆盖变化多样的市场竞争行为。德国1909年对《反不正当竞争法》的修订标志着这部法律与传统民法划清了界限。修订后的《反不正当竞争法》通过"一般条款"的形式避免了列举式立法的挂一漏万,其第1条规定:"行为人在商业交易中以竞争为目的而违背善良风俗,可向其请求停止行为和损害赔偿。"新的"一般条款"中引入"善良风俗"这一开放性、回应性的理念,使《反不正当竞争法》对竞争行为的判断体现出社会公益对个人自由的挤压、限制。随着社会道德体系的变化,一切虽处在变动中,但违背了当时的商业伦理的竞争行为都有可能被视为非法,从而使反不正当竞争法"有了摆脱近代侵权法权利法定之倾向"。

由反不正当竞争法与民法之间关系的历史演变,我们可以发现反不正当竞争法与民法渊源深厚。民法作为调整平等主体之间财产关系和人身关系的法律,是市场经济法律制度的基础性法律。毫无疑问,民法首先是反不正当竞争法的基本法,民法中的"自由""平等""公平""诚实信用"等原则是判断不正当竞争行为的重要依据。此外,反不正当竞争法与民法中的侵权责任法存在诸多共同

---

① 杨紫烜主编:《经济法(第五版)》,北京大学出版社、高等教育出版社2014年版,第173页。
② 韦之:《论不正当竞争法与知识产权法的关系》,载《北京大学学报(哲学社会科学版)》1999年第6期。
③ 孔祥俊:《反不正当竞争法新论》,人民法院出版社2001年版,第32—38页。
④ 何勤华、任超:《德国竞争法之百年演变——兼谈对中国竞争法之借鉴意义》,载《河南省政法管理干部学院学报》2001年第6期。

点,如主要都是对侵权行为所设定的法律规则,都要承担一定的侵权责任等。换句话说,任何不正当竞争都是侵权行为,而侵权行为不一定属于不正当竞争行为①。反不正当竞争法与民事侵权法所调整的对象存在本质上的区别。民事立法以肯定的形式,通过确认主体的基本权利和禁止侵权行为的方式调整社会关系。反不正当竞争法以明确的禁止性方式对不正当竞争行为进行规制,借助国家的行政权力维护市场竞争机制的有序运行,属于公法范畴;而民事侵权法则是典型的私法。反不正当竞争法把市场经济中依民法原则和民事侵权责任规则不易规制的不正当竞争行为直接以否定的形式,通过设定强制性义务明确其违法性质,并要求行为人承担以行政责任为主的法律责任;而民事侵权法则侧重于侵权责任的划分。反不正当竞争法所调整的不正当竞争行为除了会损害作为一般民(商)事主体的经营者和消费者的合法权益外,还会直接破坏市场中的公平竞争机制;而民事侵权法的调整对象则仅限于一般民事侵权行为②。因此,民事侵权法与反不正当竞争行为在调整对象和侵权行为的认定方式上可能存在一定重叠。但是,这并不影响我们对两法的区分,因为民事侵权法旨在维护特定的、个别的民事权利,而反不正当竞争法的侧重点在于维护市场竞争秩序和社会整体利益③。

(五) 反不正当竞争法与知识产权法的关系

知识产权是人们依法对自己的特定智力成果、商誉和其他特定相关客体等享有的权利④。知识产权法主要调整平等主体之间,包括公民之间、法人(其他组织)之间、公民与法人(其他组织)之间,围绕智力成果、商业标识和其他非物质成果形式形成的财产关系,而且这种财产关系建立在等价有偿、意思自治的私法原则的基础之上。尽管知识产权与其他民事权利相比有其自身的特殊之处,但是适用于知识产权的基本法律原则和制度都来自民法⑤。知识产权是特定主体对知识财产享有的一种专有权。基于专有性即法定垄断性这一特性,知识产权在形式上可被视为一种合法的垄断权。但是,知识产权的"使用"如果构成滥用行为,就会受到反不正当竞争法的制裁。反不正当竞争是经营者遭受利益损害

---

① 黄武双、傅鼎生、谢晓尧、罗莉、邹晓晨、兰磊、李哲:《网络技术创新、用户权益维护与不正当竞争的边界》,载《知识产权法研究》2017年第1期。
② 王先林:《竞争法学(第二版)》,中国人民大学出版社2015年版,第77页。
③ 徐士英:《竞争法论》,世界图书出版公司2007年版,第140页。
④ 王迁:《知识产权法教程(第五版)》,中国人民大学出版社2016年版,第3页。
⑤ 同上书,第10—11页。

时得以请求救济的权利。反不正当竞争法对知识产权的保护只是其法律调整功能的有效部分,受该法规制的许多不正当竞争行为与知识产权并不存在联系。反不正当竞争法对知识产权具有一定的补充保护功能,所保护的调整对象中包括知识产权的主要内容,即对于侵犯著作权、专利权、商标权的不正当竞争行为予以法律制裁。保护知识产权是反不正当竞争法的重要任务之一。但是,也要考虑反不正当竞争法自身的承载能力。过多的补充保护不但会破坏反不正当竞争法固有的关系型结构,也容易使现有知识产权专门制度中所蕴含的政策目标落空①。

  反不正当竞争法与知识产权法的关系不是等同关系,不能相互替代,而是要相互配合、补充,共同发挥法律功能②。两者的保护思路不同:知识产权保护是"守成",即对于已有权利的静态保护;反不正当竞争则是维护破旧立新的动态市场竞争机制,以行为对于市场竞争机制的损害性为判断标准③。反不正当竞争法与知识产权法是从不同层面平行保护智力成果和工商业成果的角色④。反不正当竞争法在对知识产权提供保护时与专门的知识产权制度有所不同:专门制度是"基本权利法",即以专有权利为中心,形成主体、客体、内容、取得、行使、限制以及救济的规范体系;而反不正当竞争法是"行为规制法",即以维护市场竞争秩序为核心,将各种利用知识产权的行为作为市场行为进行规范,构建了一个"不正当竞争行为"与"反不正当竞争行为"的规范体系⑤。反不正当竞争法突出保护的是竞争秩序和公共利益。在认定不正当竞争行为时,竞争秩序和公共利益是首要考量的两个因素,具有明显的公法色彩,这与知识产权法在基本理念、思维方式和判断模式上有根本区别。反不正当竞争法首先是竞争法,虽然有保护知识产权的内容和功能,但是以竞争法的方式实现对知识产权的保护⑥。例如,反不正当竞争法没有采取专有权(绝对权)的保护思路,而采取遏制行为的方式;对竞争行为正当性的判断需要以竞争法的理念和思维,进行多元化的利益衡量。反不正当竞争法对知识产权的补充保护功能其实是有限的。在司法实践

---

  ① 杨红军:《反不正当竞争法过度介入知识产品保护的问题及对策》,载《武汉大学学报(哲学社会科学版)》2018 年第 4 期。
  ② 种明钊主编:《竞争法(第三版)》,法律出版社 2016 年版,第 95—96 页。
  ③ 孔祥俊:《论反不正当竞争的基本范式》,载《法学家》2018 年第 1 期。
  ④ 郑友德、王活涛:《新修订反不正当竞争法的顶层设计与实施中的疑难问题探讨》,载《知识产权》2018 年第 1 期。
  ⑤ 吴汉东:《论反不正当竞争中的知识产权问题》,载《现代法学》2013 年第 1 期。
  ⑥ 孔祥俊:《论反不正当竞争法的竞争法取向》,载《法学评论》2017 年第 5 期。

中,应防止把本只应根据知识产权专门法决定是否予以保护的问题纳入反不正当竞争法中进行保护,把本不该保护的情形当成合法权益进行保护,把本属自由竞争的领域当成不正当竞争①。

第三节 反不正当竞争法的实施

一、不正当竞争行为的法律责任

不正当竞争行为早期在民事侵权法的规制范围之内,通过请求停止侵害、损害赔偿等多种民事救济方式对经营者进行法律保护。随着市场竞争的进一步发展,不正当竞争行为不仅具有侵犯他人民事权益的性质,而且具有危害社会公共利益、破坏市场竞争机制的多重危害性,因而传统民事侵权法律已经不足以规制不正当竞争行为。这就决定了反不正当竞争法必须是具有行政、民事和刑事规定的综合性法律规范。与其他国家大致相同,我国《反不正当竞争法》也运用各种责任方式规制不正当竞争行为。

(一) 行政责任

反不正当竞争法的行政责任,是指违反法律规定的行为必须承担的由竞争法行政主管机关实施的行政制裁措施的责任。不正当竞争行为发生在经济生活领域,扰乱了市场经济秩序,再加上公民、法人的法律意识有待提高,仅靠民事责任手段远不能制止愈演愈烈的不正当竞争行为。因此,国家必须运用行政力量主动干预,通过规定不正当竞争行为的行政责任,使行政机关能够以快速、简便的行政手段制止不正当竞争行为。我国《反不正当竞争法》用大量的条款规定行政手段,是其一大特色。

行政责任的具体方式可以分为以下几类:

(1) 责令停止违法行为。监督检查部门责令违法的经营者立即停止实施不正当竞争行为,以防止损害后果的扩大。不正当竞争行为对市场竞争秩序的损害首先源于它的持续性,只有及时责令经营者停止违法行为,才能尽可能降低不正当竞争行为对市场竞争秩序的损害。我国《反不正当竞争法》第18条规定:"经营者违反本法第六条规定实施混淆行为的,由监督检查部门责令停止违法行

---

① 孔祥俊:《论新修订〈反不正当竞争法〉的时代精神》,载《东方法学》2018年第1期。

为,没收违法商品。违法经营额五万元以上的,可以并处违法经营额五倍以下的罚款;没有违法经营额或者违法经营额不足五万元的,可以并处二十五万元以下的罚款。情节严重的,吊销营业执照。经营者登记的企业名称违反本法第六条规定的,应当及时办理名称变更登记;名称变更前,由原企业登记机关以统一社会信用代码代替其名称。"

(2) 罚款与没收违法所得。民事赔偿为侵权人设定了其对被侵权人的责任,但是不正当竞争行为的损害不只反映在被侵权人身上,受到损害的还有整个市场竞争秩序,单一的民事赔偿难以准确反映这种社会成本。因此,我国《反不正当竞争法》规定对行为人没收违法所得,并根据情节处以最高不超过500万元的罚款。

(3) 吊销营业执照。这是对不正当竞争行为人主体资格的彻底剥夺,一般在不正当竞争行为情节严重时才适用。任何经营者从事商品生产、经营或者提供服务都需要取得营业执照。吊销营业执照对于公民个人来说,意味着他不能再从事营业执照所列的经营范围内的业务;对于法人来说,意味着其法人资格的丧失,即丧失了法人的权利能力和行为能力①。

(二) 民事责任

这是各国法律对不正当竞争行为设定法律责任的主要形式。反不正当竞争法诞生以前,不正当竞争行为在民法原理中被认为是侵权行为,因此其民事责任的形式和内容主要是行为人停止侵权行为并依法作出损害赔偿。反不正当竞争法诞生以后,对不正当竞争行为的规制理念摆脱了民法理论的束缚,而法律责任的设定则没有必要有所突破。因为法律的调整手段不外乎民事、行政和刑事三种,相应地,法律责任的种类也是如此。

我国《反不正当竞争法》第17条第1、2款规定:"经营者违反本法规定,给他人造成损害的,应当依法承担民事责任。经营者的合法权益受到不正当竞争行为损害的,可以向人民法院提起诉讼。"不正当竞争行为与一般民事侵权行为不同,它的损害波及面较大,损害效果具有一定的隐蔽性,难以在短时间内精确计算。鉴于此,我国《反不正当竞争法》在设定民事责任时规定,因不正当竞争行为受到损害的经营者的赔偿数额,按照其因被侵权所受到的实际损失确定;实际损失难以计算的,按照侵权人因侵权所获得的利益确定。赔偿数额还应当包括经

---

① 王瑞贺主编:《中华人民共和国反不正当竞争法释义》,法律出版社2018年版,第64页。

营者为制止侵权行为所支付的合理开支。经营者违反法律上有关混淆行为和商业秘密的规定时,权利人因被侵权所受到的实际损失、侵权人因侵权所获得的利益难以确定的,由人民法院根据侵权行为的情节判决给予权利人500万元以下的赔偿。此外,《中华人民共和国商标法》(以下简称《商标法》)第63条第3款规定:"权利人因被侵权所受到的实际损失、侵权人因侵权所获得的利益、注册商标许可使用费难以确定的,由人民法院根据侵权行为的情节判决给予五百万元以下的赔偿。"这种规定减轻了原告在主张赔偿数额时的举证负担,有利于保护各类市场主体的合法权益。

"王老吉"商标纠纷①

1995年,作为"王老吉"商标的持有者,广州医药集团有限公司(以下简称"广药集团")将红罐"王老吉"的生产销售权租给了加多宝集团(以下简称"加多宝"),而自己则生产绿色利乐包装的"王老吉"凉茶。1997年,广药集团又与加多宝的母公司香港鸿道集团签订了商标许可使用合同。2000年,双方第二次签署合同,约定鸿道集团对"王老吉"商标的租赁期限截至2010年5月2日。2001年至2003年,鸿道集团董事长陈鸿道多次向广药集团原副董事长李益民行贿共计300万港元,使得双方再签补充协议,将"王老吉"商标租期延长至2020年。

2010年,两家公司的纷争开始浮出水面。这一年,广药集团向鸿道集团发出律师函,申诉李益民签署的补充协议无效。2011年,广药集团正式向中国国际经济贸易仲裁委员会提出仲裁请求并提交相关材料。2012年5月11日,广药集团收到中国国际经济贸易仲裁委员会的裁决书。中国国际经济贸易仲裁委员会裁决广药集团与加多宝的母公司鸿道集团签订的《"王老吉"商标许可补充协议》和《关于"王老吉"商标使用许可合同的补充协议》无效,鸿道集团能够合法使用"王老吉"商标的最终期限为2010年5月1日,并裁决

---

① 广东省高级人民法院(2014)粤高法民三初字第1号民事判决书;《广州白云山医药集团股份有限公司关于"王老吉"商标法律纠纷诉讼结果的公告》,http://www.sse.com.cn/disclosure/listedinfo/announcement/c/2018-07-28/600332_20180728_1.pdf,2018年8月18日访问。

鸿道集团停止使用"王老吉"商标。2012年5月27日,加多宝向北京市第一中级人民法院提起撤销先前仲裁裁决的申请并获立案。2012年,北京市第一中级人民法院终审裁定加多宝禁用"王老吉"商标。

2014年5月7日,广药集团针对广东加多宝饮料食品有限公司向广东省高级人民法院提起诉讼,要求广东加多宝饮料食品有限公司赔偿在2010年5月2日至2012年5月19日期间因侵害"王老吉"注册商标造成广药集团经济损失人民币10亿元,浙江加多宝饮料有限公司、加多宝(中国)饮料有限公司、福建加多宝饮料有限公司、杭州加多宝饮料有限公司、武汉加多宝饮料有限公司承担连带赔偿损失责任。2015年1月22日,广药集团将诉讼请求的金额变更为人民币293015.55万元。

根据2018年7月27日广药集团控股的广州白云山医药集团股份有限公司发布的公告,广药集团已收到广东省高级人民法院(2014)粤高法民三初字第1号民事判决书,判决广东加多宝、浙江加多宝、加多宝中国、福建加多宝、杭州加多宝、武汉加多宝赔偿广药集团经济损失及合理维权费用共计人民币144055.72万元。

对此,加多宝表示将提起上诉,这场长达数年的商标纠纷仍是"难舍难分",持续发酵。

微评:本案涉及共同侵权问题。对于共同侵权,要依据《中华人民共和国民法典》(以下简称《民法典》)中关于侵权责任的规定与原理进行判断。六被告尽管按照《中华人民共和国公司法》等法律的相关规定,属于独立法人,但是由于它们之间存在相同的法定代理人等具有高度关联性的因素,一审法院又结合六被告各自行为的相同表象等因素,将六被告的行为认定为共同侵权行为。本案中法院对于共同侵权行为认定的思路,值得借鉴。

(三)刑事责任

刑事责任是责任体系中最为严厉的,适用于严重危害国家、社会以及其他经营者的合法权益,情节恶劣的行为。世界各主要市场经济国家都对严重破坏经济秩序的不正当竞争行为规定了较为严厉的刑事处罚。例如,日本《不正当竞争防止法》规定,"对于符合法定条件的不正当竞争行为人,处3年以下有期徒刑、20万日元以下罚金"。

我国《刑法》对不正当竞争行为的刑事责任亦有规定，如对假冒行为规定了"生产、销售伪劣商品罪"，对侵犯他人商业秘密行为规定了"侵犯商业秘密罪"。此外，《刑法》对利用广告作虚假宣传、损害他人的商业信誉、强制买卖商品、强迫他人提供或者接受服务、伪造他人注册商标标识等都规定了相应的罪名。《反不正当竞争法》第 30 条规定："监督检查部门的工作人员滥用职权、玩忽职守、徇私舞弊或者泄露调查过程中知悉的商业秘密的，依法给予处分。"《刑法》第 397 条规定了滥用职权罪与玩忽职守罪的定义和法律后果："国家机关工作人员滥用职权或者玩忽职守，致使公共财产、国家和人民利益遭受重大损失的，处三年以下有期徒刑或者拘役；情节特别严重的，处三年以上七年以下有期徒刑。本法另有规定的，依照规定。国家机关工作人员徇私舞弊，犯前款罪的，处五年以下有期徒刑或者拘役；情节特别严重的，处五年以上十年以下有期徒刑。本法另有规定的，依照规定。"对于监督检查部门的工作人员滥用职权、玩忽职守、徇私舞弊或者泄露调查过程中知悉的商业秘密，构成犯罪的，应当依照《刑法》第 397 条等规定追究其刑事责任[①]。这说明，我国对破坏竞争秩序行为的刑事打击力度已经大大增强，同时也促使《反不正当竞争法》的专门规定尽快适应《刑法》的规定，做到相互协调。

（四）民事责任、行政责任和刑事责任的适用规则[②]

民事责任、行政责任和刑事责任的适用在实践中不是无序的。我国《反不正当竞争法》第 27 条规定："经营者违反本法规定，应当承担民事责任、行政责任和刑事责任，其财产不足以支付的，优先用于承担民事责任。"该条规定了经营者的财产应当优先用于承担民事责任的规则。《民法典》第 187 条规定："民事主体因同一行为应当承担民事责任、行政责任和刑事责任的，承担行政责任或者刑事责任不影响承担民事责任；民事主体的财产不足以支付的，优先用于承担民事责任。"可见，《反不正当竞争法》第 27 条与《民法典》第 187 条的规定是一致的，即民事责任优先。通常情况下，民事责任、行政责任和刑事责任独立存在，互不影响。但是，在经营者的财产不足以同时承担民事赔偿责任与缴纳罚款、罚金等行政责任、刑事责任时，三种责任就发生了冲突，由此产生了哪一种责任优先的问题。民事责任优先原则就是解决此类问题的法律原则。

确立民事责任优先原则主要有三方面原因：第一，实现法的价值的需要。民

---

① 王瑞贺主编：《中华人民共和国反不正当竞争法释义》，法律出版社 2018 年版，第 81 页。
② 同上书，第 76—78 页。

法、行政法和刑法虽各有不同的调整范围,但保护自然人、法人和非法人组织的合法权益是它们共同的目标和任务。在经营者的财产不足以同时承担民事赔偿责任与缴纳罚款、罚金等行政责任、刑事责任时,如果先缴纳罚款、罚金,权利人的合法权益就难以得到有效保护。国家和个体在承受财产损失方面的能力差别很大,在不足以同时承担两种以上的责任时,履行缴纳罚款、罚金等行政责任、刑事责任,不会使国家经济出现困难。但是,如果不履行民事责任,则可能使个体陷入极大的困境。民事责任优先原则体现了三个部门法在保护自然人、法人和非法人组织的合法权益方面的一致性,也更能体现法律的主要价值,即人道和正义。第二,维护市场经济秩序和交易安全的需要。经营者在生产经营活动中依法取得的权利应当具有法律保障。如果一方对另一方依法享有的民事赔偿请求权因另一方的财产承担了行政责任、刑事责任后丧失赔偿能力而无法实现,必然导致经营者在以后的生产经营活动中耗费相当的精力调查核实对方是否存在违法或者犯罪行为,不仅会影响双方进行交易的速度和信心,也不符合交易安全乃至市场经济秩序应当具有法律保障的要求。民事责任优先原则可以有效克服这一弊端。第三,民事责任与行政责任、刑事责任的目的和功能不同。在经营者的财产不足以同时承担两种以上的责任时,若不承担民事责任,民事责任的目的就无法实现。行政责任、刑事责任涉及人身和财产,除了财产性的罚款、罚金外,还可以对责任主体进行人身制裁。因此,在三种责任发生冲突时,经营者应当优先承担民事责任。

民事责任优先原则的适用也是有条件的:第一,经营者所承担的民事责任必须合法有效,其产生的依据或是基于约定,或是基于法律规定;第二,只有在经营者的财产不足以同时满足民事责任、行政责任和刑事责任时,才可适用民事责任优先原则。

二、境外不正当竞争行政执法体制

(一)德国

德国 2016 年修订的《反不正当竞争法》主要通过民事手段实施。竞争者、竞争者团体、消费者团体、工商业公会和手工业公会可以主张不作为与排除妨碍请求权[1];

---

[1] 德国《反不正当竞争法》第 8 条第 1、第 3 款。

竞争者可以主张损害赔偿请求权[①];团体可以主张利润返还请求权[②]。德国法没有规定行政机关的监督检查权。近几年,在法政策层面,德国各界也在讨论是否应授予联邦卡特尔局对互联网的管控权限[③]。

(二) 美国

美国《联邦贸易委员会法》授权联邦贸易委员会对不公正竞争行为进行调查和处罚。联邦贸易委员会作为联邦政府机构,其调查行为和处罚行为类似于我国的行政检查和行政处罚。此外,《联邦贸易委员会法》对其适用范围作了除外规定,根据第5(a)(2)条的规定,对银行以及其他依据联邦信贷法律从事吸储和借贷的机构实施的行为、航空公司旅客运输行为,以及依据《牲畜饲养场和肉类加工法》(Packers and Stockyards Act)的规定由农业部管辖的行为,联邦贸易委员会无执法权限。但是,这并不是说整个行业的执法权限都被排除了。例如,《牲畜饲养场和肉类加工法》关于管辖权的第227(b)条就明确规定,"联邦贸易委员会对任何不正当竞争行为享有管辖权,除本款明确规定由农业部执法的之外"。也就是说,联邦贸易委员会所拥有的对不正当竞争行为的执法权限,并没有全行业的例外规定,而仅有针对特定行为的例外规定。

(三) 日本

日本有两部法律涉及对不正当竞争行为的规制:一是《不正当竞争防止法》,没有规定行政执法制度。根据该法的规定,对一般违法行为,由当事人通过民事诉讼途径解决;对重大的违法行为,如侵害商业秘密,则规定了刑事责任,检察官可依法提起刑事检控程序。二是《禁止垄断法》,规定了行政执法程序。日本公正交易委员会作为行政执法部门,对该法规定的不正当竞争行为负有调查、审理和处罚(征收课征金,类似于我国的行政罚款)的职责。此外,《禁止垄断法》并未规定对特定行业的执法,这由公平交易委员会之外的其他行政主管部门实施。

(四) 韩国

韩国2001年修订的《防止不正当竞争及保护营业秘密法》第7条、第8条和第9条,分别规定了行政机关对不正当竞争行为的调查和处理措施。为此,韩国还专门制定了《防止不正当竞争及保护营业秘密法执法规范》。但是,在这两个

[①] 德国《反不正当竞争法》第9条。
[②] 德国《反不正当竞争法》第10条。
[③] 〔德〕安斯加尔·奥利:《比较法视角下德国与中国反不正当竞争法的新近发展》,范长军译,载《知识产权》2018年第6期。

法律文件中,均没有将一个行业或者某类行为的执法权限授予公平交易委员会之外的其他行政部门的规定。

（五）我国台湾地区

我国台湾地区"公平交易法"第 26 条规定,公平交易委员会对于"涉有违反本法规定,危害公共利益之情事,得依检举或职权调查处理"。这其中就包括"公平交易法"第 21 条至第 25 条规定的不正当竞争行为。依据该法第 42 条的规定,公平交易委员会对于违反相关规定之事业,"得限期令停止、改正其行为或采取必要更正措施,并得处新台币五万元以上二千五百万元以下罚款;届期仍不停止、改正其行为或未采取必要更正措施者,得继续限期令停止、改正其行为或采取必要更正措施,并按次处新台币十万元以上五千万元以下罚款,至停止、改正其行为或采取必要更正措施为止"。这些措施均与大陆的行政执法机制相当。

另外,台湾地区"公平交易法"没有明确将某个行业的执法权授予其他主管部门。但是,在发生法律关系竞合时的法律适用问题上,"公平交易法"第 46 条规定:"事业关于竞争之行为,优先适用本法之规定。但有其他法律另有规定且不抵触本法立法意旨者,不在此限。"这条规定包含两层意思:第一,当其他法律中对竞争行为有明确规定时,考虑到特别法与一般法的关系,优先适用其他法律的规定。第二,前一适用规则需满足一个前提,即其他法律的规定不得与"公平交易法"相抵触。这是因为,"公平交易法"是保护竞争规则的"基础性法律"的地位不容动摇。这一设计比较科学地划分了"竞争法"与"相关法律"的关系,对大陆确立反不正当竞争法的执法体制具有启发意义。

三、反不正当竞争法的执法程序

反不正当竞争法的执法程序,是指具有反不正当竞争执法权的行政机关在监督检查和处理不正当竞争行为中应当遵循的法定权限、法定方式、法定时限和法定时序的统称[①]。

（一）反不正当竞争执法主管机构

反不正当竞争执法主管机构,又称"反不正当竞争法的执行机构",是指政府系统中具有监督检查和处理不正当竞争行为权力的部门。反不正当竞争执法主管机关及其职权主要是一个实体问题,同时也是一个程序问题。一些国家为了

---

① 《经济法学》编写组编:《经济法学》,高等教育出版社 2016 年版,第 355—356 页。

保证包括反不正当竞争法在内的竞争法实施的统一性和权威性,设置了专门的竞争执法主管机关,并赋予其在执行竞争法方面的行政权、准立法权和准司法权。美国的联邦贸易委员会、日本和韩国的公平交易委员会等,就属于这种竞争执法主管机关。

我国《反不正当竞争法》第 4 条规定:"县级以上人民政府履行工商行政管理职责的部门对不正当竞争行为进行查处;法律、行政法规规定由其他部门查处的,依照其规定。"这一规定意味着,县级以上人民政府工商行政管理部门是反不正当竞争执法主管机关,承担反不正当竞争的主要职责;按照法律、行政法规的规定,某些特殊行业的不正当竞争(如金融行业、律师行业的不正当竞争)和特定类型的不正当竞争(如非法利用他人专利的不正当竞争)由其他有关部门查处,这些部门也是承担一定反不正当竞争职能的反不正当竞争执法主管机关。对于我国这种反不正当竞争多头执法的格局,学界有不少异议。按照《反不正当竞争法》的规定,反不正当竞争执法主管机关对不正当竞争行为行使监督检查权和行政处罚权。

(二) 反不正当竞争执法的管辖

按照我国《反不正当竞争法》的规定,除法律、行政法规另有规定的以外,不正当竞争行为由行为发生地的县级以上工商行政管理机关管辖。对于由工商行政管理机关负责查处的不正当竞争行为,我国工商行政执法实践中的管辖分工是:县(区)、市(地、州)工商行政管理机关依职权管辖本辖区内发生的案件;省、自治区、直辖市工商行政管理机关依职权管辖本辖区内发生的重大、复杂案件;国家市场监督管理总局依职权管辖应当由自己实施行政处罚的案件及全国范围内发生的重大、复杂案件;对利用广播、电影、电视、报纸、期刊、互联网等媒介发布违法广告的不正当竞争行为实施行政处罚,由广告发布者所在地工商行政管理机关管辖,广告发布者所在地工商行政管理机关管辖异地广告主、广告经营者有困难的,可以将广告主、广告经营者的违法情况移交广告主、广告经营者所在地工商行政管理机关处理。此外,反不正当竞争执法中出现管辖权冲突、争议的处理以及无管辖权案件的移送等,适用我国《行政处罚法》等行政程序立法的相关规定。

(三) 反不正当竞争执法的程序

除法律、行政法规另有规定的以外,反不正当竞争执法的程序主要包括以下几个环节:

1. 立案

反不正当竞争执法主管机关依据监督检查职权,或者通过投诉、申诉、举报、其他机关移送、上级机关交办等途径发现不正当竞争行为,并在相关法律规定的期间内决定是否立案。

2. 调查取证

对于决定立案的不正当竞争行为,反不正当竞争执法主管机关应当及时进行调查,收集、调取证据。我国《反不正当竞争法》第13条规定:"监督检查部门调查涉嫌不正当竞争行为,可以采取下列措施:(一)进入涉嫌不正当竞争行为的经营场所进行检查;(二)询问被调查的经营者、利害关系人及其他有关单位、个人,要求其说明有关情况或者提供与被调查行为有关的其他资料;(三)查询、复制与涉嫌不正当竞争行为有关的协议、账簿、单据、文件、记录、业务函电和其他资料;(四)查封、扣押与涉嫌不正当竞争行为有关的财物;(五)查询涉嫌不正当竞争行为的经营者的银行账户。采取前款规定的措施,应当向监督检查部门主要负责人书面报告,并经批准。采取前款第四项、第五项规定的措施,应当向设区的市级以上人民政府监督检查部门主要负责人书面报告,并经批准。监督检查部门调查涉嫌不正当竞争行为,应当遵守《中华人民共和国行政强制法》和其他有关法律、行政法规的规定,并应当将查处结果及时向社会公开。"

3. 审查认定

在调查取证终结后,反不正当竞争执法主管机关应当对当事人的行为是否构成不正当竞争行为进行审查认定。在审查认定中,应当充分听取当事人的陈述、申辩意见。反不正当竞争执法主管机关作出责令停产停业、吊销许可证或者执照、较大数额罚款等行政处罚决定之前,应当告知当事人有要求举行听证的权利;当事人要求听证的,反不正当竞争执法主管机关应当组织听证。

4. 作出决定

根据调查取证、审查认定的不同情况,反不正当竞争执法主管机关分别作出如下决定:(1)确有应受行政处罚的不正当竞争行为的,根据情节轻重及具体情况,作出行政处罚决定;(2)有主动消除或者减轻违法行为危害后果等法定情形的,依法从轻或者减轻行政处罚;(3)不正当竞争行为情节轻微并及时纠正,没有造成危害后果的,不予行政处罚;(4)不正当竞争事实不能成立的,不得给予行政处罚;(5)不正当竞争行为已构成犯罪的,移送司法机关。监督检查部门在法定范围内拥有一定程度的自由裁量权,这有助于其根据不同案件的实际情况,较为灵活地运用自己的权力。监督检查部门在具体运用这一权力时,必须遵循公正原则以及行政处罚与违法行为相适应的原则。

5. 记入信用记录并公示

我国《反不正当竞争法》第 26 条规定:"经营者违反本法规定从事不正当竞争,受到行政处罚的,由监督检查部门记入信用记录,并依照有关法律、行政法规的规定予以公示。"该条是关于将从事不正当竞争行为并受到行政处罚的经营者记入信用记录并依法予以公示的规定。随着国家信用管理体系的不断完善,信用记录在惩戒失信行为人方面将发挥越来越重要的作用。经营者违反《反不正当竞争法》规定,从事不正当竞争,受到行政处罚的,除依法追究其法律责任外,还应当由监督检查部门记入信用记录并依法予以公示,以发挥信用约束作用,惩戒失信行为[①]。

四、反不正当竞争诉讼制度

反不正当竞争诉讼包括民事诉讼、行政诉讼和刑事诉讼。在我国,这三种诉讼分别适用《民事诉讼法》《行政诉讼法》和《中华人民共和国刑事诉讼法》。同时,在《反不正当竞争法》和反不正当竞争的司法实践中,仍然针对其中的民事诉讼和行政诉讼作了一些特别规定。

(一)反不正当竞争民事诉讼的特别规定

1. 反不正当竞争民事诉讼原告的特别规定

《反不正当竞争法》第 17 条第 1、2 款规定:"经营者违反本法规定,给他人造成损害的,应当依法承担民事责任。经营者的合法权益受到不正当竞争行为损害的,可以向人民法院提起诉讼。"该法并没有按照第 1 条确立的立法目的,为受到不正当竞争行为侵害的消费者提供民事诉讼救济。此外,按照《民事诉讼法》关于"原告是与本案有直接利害关系的公民、法人和其他组织"的规定,以及民法关于侵权责任构成要件的规定,仅仅是正当竞争权受到侵害的经营者,以及与实施不正当竞争行为的经营者没有竞争关系但经营受到不正当竞争行为消极影响的经营者,很难根据《反不正当竞争法》第 17 条的规定寻求民事诉讼救济。根据《民事诉讼法》第 55 条的规定,对侵害众多消费者合法权益等损害社会公共利益的行为,法律规定的机关和有关组织可以向人民法院提起诉讼。这在一定程度

[①] 王瑞贺主编:《中华人民共和国反不正当竞争法释义》,法律出版社 2018 年版,第 75 页。

上弥补了《反不正当竞争法》关于民事诉讼规定的不足。

2. 反不正当竞争民事第一审案件级别管辖的特别规定

《反不正当竞争法》规定的下列不正当竞争行为所引发的民事第一审案件，一般由中级人民法院管辖：(1) 欺骗性标识行为，具体包括：假冒他人注册商标的行为，仿冒知名商品特有名称、包装、装潢的行为，擅自使用他人的企业名称或者姓名的行为，欺骗性质量标志行为；(2) 引人误解的虚假宣传行为；(3) 侵犯商业秘密的行为；(4) 损害他人商誉的行为。考虑到随着市场竞争的日趋激烈，不正当竞争民事案件可能增加，为了减轻相关中级人民法院审理案件的压力，同时也方便当事人诉讼，我国相关司法解释规定，各高级人民法院根据本辖区的实际情况，经最高人民法院批准，可以确定若干基层人民法院受理不正当竞争民事第一审案件，已经批准可以审理知识产权民事案件的基层人民法院，可以继续受理。此外，对于涉及知识产权保护的其他不正当竞争案件，应参照上述级别管辖的规定办理①。

3. 侵犯商业秘密民事诉讼的特别规定②

第一，侵犯商业秘密的举证责任分配。当事人指称他人侵犯其商业秘密的，应当对其拥有的商业秘密符合法定条件、对方当事人的信息与其商业秘密相同或者实质相同以及对方当事人采取不正当手段的事实负举证责任。其中，商业秘密符合法定条件的证据包括商业秘密的载体、具体内容、商业价值和对该项商业秘密所采取的具体保密措施等。

第二，商业秘密的被许可人的诉讼主体资格。在以下三种情况下，商业秘密的被许可人对于侵犯商业秘密行为，可以和权利人共同提起或者单独提起侵权诉讼：(1) 独占使用许可合同的被许可人可以向人民法院起诉；(2) 排他使用许可合同的被许可人可以和权利人共同起诉，或者在权利人不起诉的情况下，自行提起诉讼；(3) 普通使用许可合同的被许可人可以和权利人共同提起诉讼，或者经权利人书面授权，单独提起诉讼。

(二) 反不正当竞争行政诉讼的特别规定

《反不正当竞争法》第 29 条规定："当事人对监督检查部门作出的决定不服的，可以依法申请行政复议或者提起行政诉讼。"监督检查部门对经营者的不正

---

① 蒋志培、孔祥俊、王永昌：《〈关于审理不正当竞争民事案件应用法律若干问题的解释〉的理解与适用》，载《法律适用》2007 年第 3 期。
② 《经济法学》编写组编：《经济法学》，高等教育出版社 2016 年版，第 357—359 页。

当竞争行为作出处理决定后,经营者应当认真履行有关处理决定。但是,如果经营者认为该决定与事实不符或者适用法律不当,法律也赋予其必要的救济途径。根据《中华人民共和国行政复议法》和《行政诉讼法》的规定,公民、法人或者其他组织认为具体行政行为侵犯其合法权益的,有权向行政机关提出行政复议申请,也有权向人民法院提起行政诉讼,但是法律规定行政复议决定为最终裁决的除外。监督检查部门依据《反不正当竞争法》作出决定属于具体行政行为,该行政行为的相对人以及其他与该行政行为有利害关系的公民、法人或者其他组织,对监督检查部门作出的决定不服的,可以依法申请行政复议或者提起行政诉讼[①]。

五、社会监督

社会监督是社会组织和社会成员依照反不正当竞争法和其他有关法律对不正当竞争行为实施的监督。社会监督的意义在于,造成强大的社会舆论,给行政机关、司法机关提供违法行为的线索和证据。所以,我国《反不正当竞争法》第5条第1、2款规定:"国家鼓励、支持和保护一切组织和个人对不正当竞争行为进行社会监督。国家机关及其工作人员不得支持、包庇不正当竞争行为。"社会监督具有监督主体广泛(包括民主党派、其他社会团体、消费者)、监督形式多样(举报、控告、揭发、申诉等)、监督后果不确定等几个方面的特征。在当前社会物质基础不够强大、执法和司法力量不足的情况下,广大群众的社会监督无疑是切实维护市场经济秩序、保护消费者合法权益的重要力量。社会监督最显著的功效就在于使不正当竞争行为者直接暴露在社会公众面前。社会公众可以及时认识、发现不正当竞争行为,并可以及时通过一定的渠道帮助打击不正当竞争行为,更好地推动《反不正当竞争法》的实施[②]。

不正当竞争行为举报制度是《反不正当竞争法》在2017年修订中新增的内容,集中体现于第16条:"对涉嫌不正当竞争行为,任何单位和个人有权向监督检查部门举报,监督检查部门接到举报后应当依法及时处理。监督检查部门应当向社会公开受理举报的电话、信箱或者电子邮件地址,并为举报人保密。对实名举报并提供相关事实和证据的,监督检查部门应当将处理结果告知举报人。"该条规定的内容也是《反不正当竞争法》第5条有关社会监督原则的具体制度落实。举报制度是我国各级国家机关一直实行的一种有利于加强同人民群众的联

---

① 王瑞贺主编:《中华人民共和国反不正当竞争法释义》,法律出版社2018年版,第79页。
② 徐士英:《竞争法论》,世界图书出版公司2007年版,第143页。

系,充分发挥人民群众对违法行为监督作用的行之有效的制度。维护公平、有序的市场竞争秩序需要全社会的共同参与,建立举报制度是一种十分有效的监督方式。对于反不正当竞争监督检查部门来说,可以充分利用群众监督、舆论监督等社会监督的作用,及时掌握不正当竞争行为的情况、线索,以便于开展进一步的调查、处理工作。通过法律的形式确立这一制度,可以使不正当竞争行为举报工作制度化、法定化。不正当竞争是复杂的社会经济现象,对不正当竞争行为的监督,除了依靠相关监督检查部门外,还需要发挥社会监督的作用。反不正当竞争监督检查部门作为行政管理机关,在日常的监督检查活动中,应当最大限度地依靠社会、依靠公众,才能做好监督检查工作[①]。

第四节 我国反不正当竞争法的发展

受市场经济体制发展进程的影响,我国反不正当竞争的立法进程比较缓慢,从1949年中华人民共和国成立至1993年《反不正当竞争法》颁布实施,在此期间一直没有一部真正意义上的反不正当竞争法。1980年,邓小平同志作了《目前的形势和任务》的讲话,我国的市场经济建设可以说就是始于这个时期。从那时至今,我国的反不正当竞争立法经历了从"政策法规调整"到"法律调整"的实质转变。

一、政策法规调整阶段(1980—1993年)

这一时期,我国缺乏真正意义上的竞争立法,所有关于市场秩序的调整都依赖于中央政策、行政法规以及一些部门规章、法规或规范性文件。

20世纪80年代初,国务院集中制定了一批规制市场秩序的行政法规。例如,1982年颁布的《广告管理暂行条例》集中规定了广告经营者资格、广告发布的程序及审查标准、广告中不允许出现的内容等,《工商企业登记管理条例》规定了工商企业登记的条件、程序以及登记名称的审查标准等,《商标法》就商标注册的程序、审批标准以及商标侵权的保护作了规定;1983年颁布的《城乡集市贸易管理办法》规定了上市物资和参加集市人员的活动范围、集市设置与管理以及对违章行为的处理等。

[①] 王瑞贺主编:《中华人民共和国反不正当竞争法释义》,法律出版社2018年版,第55—56页。

但是,只有这些条块分割的行政法规并不能从整体上有效遏制市场机制建立之初层出不穷的扰乱市场秩序的行为。为此,国务院于1987年发布了《国务院关于整顿市场秩序加强物价管理的通知》(以下简称《通知》),提出了综合各个职能部门的职责,共同整顿市场秩序的要求。《通知》指出:"今年以来我国工业生产增长迅速……市场繁荣……不少无照商贩和有些个体工商户不遵守国家的规定,套购紧俏商品,倒买倒卖,哄抬物价,强买强卖,欺行霸市……有的单位和个人甚至违法生产、销售假冒伪劣商品和不符合卫生标准的商品,坑害群众。这些行为严重破坏市场秩序……各级人民政府和工商行政管理、物价、税务公安等部门,必须依靠和发动群众,加强对市场和物价的监督管理,坚决打击投机倒把活动,维护市场秩序"。《通知》中明确禁止的集中扰乱市场秩序的行为有不亮照经营、不明码标价、掺杂使假、短尺少秤、投机诈骗等,还包括把国家计划内的生产资料转为计划外,议价出售的行为。《通知》中规定的主要调整手段是,组织工商行政管理、物价、税收、公安等部门具体部署,用一至两个月的时间,对市场进行整顿,具体方法如对价格加强检查、对无照商贩进行清理等。

此后一段时间,各地工商行政管理部门认真贯彻《通知》的精神,市场秩序得到了一定程度的好转。国务院在市场秩序管理方面的工作中也开始逐步加大对工商行政管理部门的倚重。1990年,国务院办公厅转发了《国家工商行政管理局关于加强工商行政管理工作的报告》,对全国的工商行政管理工作作出部署。该报告指出,下一步要进一步依法加强对生产资料市场的监督管理,查处各种违法违章行为;凡是有形市场和各种生产资料的交易、订货会,工商行政管理部门都应依法进行监督管理,逐步摸索一套行之有效的监督管理办法;切实加强对个体、私营经济的监督管理;严肃查处制造、经营伪劣商品和刊播虚假广告的行为;依法保护注册商标专用权,促使企业自觉地执行商标法规,依法关心和保护自己的商标权益。

在以上这些工作的基础上,我国对市场竞争秩序重要性的认识逐步加深,工商行政管理机关在工作中也积累了一定的管理市场秩序的经验,于是进行真正意义上的竞争秩序立法被提上议事日程。1992年,《国家工商行政管理局关于改进工商行政管理工作促进改革开放和经济发展的意见》发布。该意见指出,在加快改革开放的过程中,要加强工商行政管理法制建设,认真清理治理整顿期间的法规和规范性文件,及时予以修订或废止。更重要的是,该意见提出了"按照要求重点搞好《制止不正当竞争法》的起草工作"的要求,并明确要力争在1992

年完成这项工作。

除了国家层面的这些政策、行政法规之外,一些市场机制发展较快的地方和行业主管部门在这一时期也先后出台了一些针对市场秩序的法规和规范性文件。例如,1987年9月,上海市人民政府根据《通知》精神和本市实际情况,制定了《上海市人民政府关于整顿本市市场秩序加强物价管理的若干规定》,对《通知》中的一些原则性规定进行细化。又如,1991年6月,《中国人民银行上海市分行关于制止在证券发行业务中进行不公平竞争的通知》发布。该通知规定,各证券经营机构在发行有价证券中,如发生业务交叉等"撞车"情况时,须在友好合作的前提下,进行公开、公平竞争;任何证券经营机构不得依靠银行优势(如信贷优势、结算优势等),向企业施加各种形式的压力,强行代理发行企业的有价证券;严禁各证券经营机构在手续费和其他有关发行费用上采取降低收费标准或变相减少收费的不正当竞争手段来争揽发行业务。同时,该通知对违反上述规定的行为规定了相应的处罚机制。

二、1993年《反不正当竞争法》颁布实施后的成就与不足(1993—2017年)

1993年颁布实施的《反不正当竞争法》,是我国确定市场经济体制目标之后第一部规范市场竞争基本秩序的重要法律,由此开始了具有中国特色的竞争立法历程。当时的中国正进入改革开放新时期,正式确立了建立社会主义市场经济体制的目标,独立的市场经营主体经过十多年的培育和发展已展现出应有的活力。然而,繁荣并没有掩盖其背后混乱的市场经营秩序,尤其是竞争秩序成为当时阻碍我国市场经济进一步健康发展的"绊脚石"。为建立良好的市场经济秩序,也为了对美国、欧洲等发达国家和地区因中国市场中存在的"不正当竞争行为"产生的强烈不满作出应答,1993年,我国在各方面条件不完全成熟的情况下制定了《反不正当竞争法》。

《反不正当竞争法》自颁布实施至今,在规范市场秩序方面取得了巨大的成就,不仅在促进我国市场经济健康发展方面发挥了重要作用,对鼓励和保护公平竞争也发挥了重要作用[1],还在世界范围内对我国政府力行市场经济改革的魄力和决心起到了良好的宣示作用。随着我国市场经济的发展,新的业态、商业模

---

[1] 张茅:《关于〈中华人民共和国反不正当竞争法(修订草案)〉的说明——2017年2月22日在第十二届全国人民代表大会常务委员会第二十六次会议上》,载《中华人民共和国全国人民代表大会常务委员会公报》2017年第6期。

式不断出现,现行法存在一些不适应的地方,具体表现为:

第一,对实践中新出现的扰乱竞争秩序、具有明显不正当竞争性质的行为,现行法未作列举。同时,现行法列举的不正当竞争行为,其特征也在发生变化,反不正当竞争的执法依据显得不够充分。在《反不正当竞争法》颁布后的二十多年间,随着科技的发展和行为人对现行法规避"经验"的积累,新出现了很多不正当竞争行为。例如,恶意对其他经营者合法提供的网络产品或者服务实施不兼容操作,屏蔽视频广告,胁迫网络用户在不同网络产品中进行选择等。这些行为对竞争秩序危害甚大,严重损害了社会公共利益。司法部门在针对新型不正当竞争行为的《反不正当竞争法》适用过程中作出了许多努力,并形成了许多典型的案例。但是,法律适用的灵活性不能代替法律本身的权威性,唯有通过补充完善有关条款才能更好地维护市场的公平竞争秩序。在传统的不正当竞争行为中,同样出现了新情况,导致法律适用的不畅。例如,在1993年《反不正当竞争法》的规定中,混淆行为的客体过于狭窄,不能应对变化多样的侵害行为。对混淆行为的规制重在防止行为人通过滥用商业标识的行为,掠夺该标识的合法持有人的市场竞争优势。因此,混淆行为的客体应当包含广泛的商业标识,这样才能适应不断发展的市场经济的需要。那么,1993年《反不正当竞争法》第5条第2、3款的列举能否穷尽混淆行为?答案不言自明。在商业贿赂行为中,存在类似问题。在1993年《反不正当竞争法》的规定中,商业贿赂行为主体认定的外延缺漏、内涵矛盾。在1993年《反不正当竞争法》的立法中,对商业贿赂行为是笼统概括,即不区分"商业行贿"与"商业受贿"行为。在这种情况下,对商业贿赂主体的界定只能勉强从贿赂双方的共性上入手,即从事市场活动的经营者。这种具有单一性的提炼导致"主体"外延的不周延。实际上,行贿主体比较单一,是为了获得交易机会的经营者。但是,受贿主体是复杂的,既包括一般的代理者,又包括一些中介机构,还可能包括国家公务人员。立法者难以从这种复杂的主体中简单提炼出共同的名词并冠以总称的。由于把行贿主体也笼统地归入"经营者"这个概念,并成为法律规定的商业贿赂的主体要件,因此主体的外延存在严重的缺漏。这种立法上的偏差从一开始就注定了1993年《反不正当竞争法》对于商业贿赂行为的规制效果会产生与立法者原意的巨大差距。如果说立法层面的这种偏差还只是体现为逻辑审视上的问题,那么一旦遭遇司法和执法实践中的尴尬,其弊端就更加明显了①。

第二,对不正当竞争行为的规制和治理机制还不够完善,民事损害赔偿制度在治理不正当竞争行为中的作用有待进一步加强,行政查处措施有待进一步创新,需要根据加强事中、事后监管的要求,完善民事责任和行政处罚有机联系并以承担刑事责任为最后惩戒手段的法律责任体系。在1993年《反不正当竞争法》中,缺乏有效的行政执法手段。该法第三章集中规定了执法主体的职责、权限和执法手段,但是这种规定显得不够具体,而且限制太多。最明显的不足就是缺乏强有力的行政强制措施和调查取证手段:授予监督检查机关的监督检查权力仅包括询问权、查询复制权和责令说明权等,并没有规定任何强制措施。这使得行政执法机关难以有效实施监督检查,难以获取有效证据,也难以执行行政处罚,从而无法有效遏制不正当竞争行为。在1993年《反不正当竞争法》中,法律责任体系不完善,缺乏威慑力,如罚则未与分则条款相对应。该法规定的罚则并没有为分则中列举的每一种不正当竞争行为设定处罚,如低价倾销、诋毁商誉和搭售等行为就没有相应的罚则,从而给竞争执法带来了很多不确定因素。此外,民事责任的规定对消费者的保护力度不够,未能体现民事责任在法律责任竞合而不能完全履行的情形下应当优先适用的原则。1993年《反不正当竞争法》对不正当竞争行为的民事责任只规定了损害赔偿责任,与其他法律保护的多种责任方式相比显然是不够的。另外,在诉权的授予方面,1993年《反不正当竞争法》仅规定经营者享有向法庭提起"反不正当竞争诉讼"的权利,却忽视了消费者的诉权。既然该法明确强调既要保护经营者的合法权益,也要保护消费者的合法权益,那么理应赋予消费者保护自己合法权益的权利和途径。

第三,现行法施行以后,又制定了《反垄断法》《招标投标法》等法律。现行法与这些法律存在交叉重叠甚至不一致的内容,需要予以修改,以保持法律规定的协调一致。目前,世界各国在竞争立法领域采取的立法例有两种:反垄断法与反不正当竞争法分立以及两者的混合立法。采前一种立法例的典型国家如德国、日本②,采后一种立法例的典型国家如法国等③。我国已经于2008年8月1日正式实施《反垄断法》。1993年《反不正当竞争法》中有大量本应属于《反垄断

---

① 徐士英、向立力:《谈商业贿赂主体》,载《中国工商管理研究》2006年第7期。
② 例如,德国颁布了《反限制竞争法》和《反不正当竞争法》,日本颁布了《禁止私人垄断与维护公平竞争法》以及一系列的反不正当竞争立法(如《不公正交易方法》《不当赠品及不当表示防止法》)等。
③ 例如,法国颁布了《公平交易法》等。

法》调整范围的关于限制竞争行为和行政垄断行为的规制内容,在一定程度上分散了其本身对不正当竞争行为的规制力度,从而不利于集中完成其立法意图。除了与《反垄断法》的重叠外,1993年《反不正当竞争法》还涉及与《中华人民共和国广告法》(以下简称《广告法》)、《商标法》的竞合。《反不正当竞争法》与这两个部门法是一般法与特别法的关系,所起的是兜底保护的作用,因而在其条文中不能也没有必要出现与特别法相重复的内容,以免浪费立法资源。在考虑修改《反不正当竞争法》时,应当首先明确"建立一个清晰、纯粹的市场竞争秩序规制一般法"的立法思路。

三、《反不正当竞争法》的修订(2017—2019年)

2017年修订的《反不正当竞争法》对旧法进行了较大幅度的增、删、修改和优化,其中有新观念的创立、新制度的创新以及对原法律规定的增、删、细化。2017年《反不正当竞争法》强化了问题意识和操作性取向,吸收了一系列反不正当竞争法的现代理念和现代元素,实现了法律制度的除旧布新、继往开来和与时俱进;肯定了一般条款的开放性和适用性,并完善了其构成元素,尤其是突出了对"扰乱市场竞争秩序"优先性和保护消费者合法权益的考量,强调一般条款的适用既有必要又要适度和受限制;完善了各类不正当竞争行为,其中增设了具有时代特色的"互联网专条"。准确适用2017年《反不正当竞争法》,必须深入理解其精神实质和深层理念,尤其要统筹协调好对公共利益、经营者权益和消费者权益的多元保护,着重体现市场取向和效率取向,既强化对市场竞争的必要干预,又保持干预的有限和有度,注重维护竞争自由。[①]

总的来说,2017年修订的《反不正当竞争法》相比原法,在立法技术、立法程序、立法手段和具体修订内容上都取得了较大进展。

(一)修订理念

1. 鼓励和保护竞争的原则

市场经济的效率来自市场主体之间的充分竞争,2017年《反不正当竞争法》的修订就是在鼓励和保护竞争的原则下进行的。为了倡导竞争,才规制竞争,为经营者的竞争行为设立一个规则和框架。在这种规则和框架之下,市场主体可以依自己对市场信息的把握展开自由的竞争,正常的市场行为将得到最大限度的

[①] 孔祥俊:《论新修订〈反不正当竞争法〉的时代精神》,载《东方法学》2018年第1期。

鼓励和保护。从竞争行为的角度看，所有市场主体之间享有充分自由。如果把市场竞争比作足球比赛，规制的目的是使比赛更加精彩，而不是捆住比赛者的手脚，令其失去活力。

1993年制定《反不正当竞争法》时，《反垄断法》尚未出台，立法者根据实际情况，在该法中除了对不正当竞争行为作出规制外，还对一些排除、限制竞争方面的行为作了禁止性规定，如具有独占地位的经营者排除、限制竞争，行政机关滥用行政权力排除、限制竞争，经营者以排挤竞争对手为目的低价销售商品，经营者违背购买者意愿附加不合理交易条件等。2017年修订的《反不正当竞争法》进一步厘清了与《反垄断法》的关系，删去了上述规定，更好地体现了保护公平竞争的立法精神和基本原则。① 这使《反垄断法》与《反不正当竞争法》之间的交叉和法律适用不确定的问题得到了解决。竞争法的两个重要组成部分在功能定位上更明确。《反不正当竞争法》侧重维护竞争的公平，《反垄断法》则侧重维护竞争自由，在规制范围上更合理明确，符合竞争法的内在逻辑。②

2. 强调行政权力审慎介入

这一原则是从保护竞争的精神中引申出来的，其基本含义是：只有对行政权力审慎授予、合理配置，才能达到保护市场主体行为自由的目的，因而行政权力介入市场秩序必须谨慎。在法律修改中，可以从两个方面考虑：一是行政权力的审慎授予。回顾一百多年来美国、德国等竞争法制发达的国家，其竞争法的共同特点就是合理配置行政权力，使国家干预力量和市场主体的自由行为能力之间达到均衡。我国2017年修订的《反不正当竞争法》在如何合理配置行政权力以及通过严格的程序性规定防止权力滥用方面有诸多创新。二是行政权力的审慎运用。在立法者谨慎授权的前提下，执法者要谨慎用权。行政权力天生的强力和迅捷的特性使得其对市场秩序的调整往往能够达到立竿见影的效果，这也正是反不正当竞争法的优势。但是，行政权力的"杀伤力"同样是很强的，它的一次不适当使用就会导致竞争力量的对比失衡，形成另一种意义上的不公平竞争。2017年修订的《反不正当竞争法》中，执法机构行使行政权力的目的是维护市场竞争秩序，而不是直接保护个别企业的民事权利，否则会把一般的民事侵权事宜变成动用国家公权力的规范对象，竞争法就失去了存在的意义。

---

① 王瑞贺主编：《中华人民共和国反不正当竞争法释义》，法律出版社2018年版，第3—4页。
② 王先林：《反不正当竞争法的修订与竞争法体系的协调与衔接》，载《中国市场监管研究》2017年第12期。

3. 强化消费者保护理念

竞争法追求实质公平，天然地承担着为弱者提供更多保护的责任，因此它必须对法律实施的社会效果进行考察，并以此作为调整自身发展方向的重要标准。2017年修订的《反不正当竞争法》中，消费者利益保护方面的理念得到了进一步的加强，符合近几十年来世界各国在反不正当竞争法立法中的发展趋势。① 德国在1896年实施的《反不正当竞争法》中并未突出以保护消费者为宗旨，2004年对该法进行修改时②，学界已形成一致的意见，即应当强化对消费者的保护。③ 德国2004年《反不正当竞争法》第3条明确规定："不正当竞争行为，如足以损害竞争者、消费者或其他市场参与人而对竞争造成并非轻微破坏的，则是非法的。"此次修法首次将消费者保护作为同等保护目标予以规定，将消费者法益保护作为其一般条款不可或缺的内容④；2008年修改时保留并强化了消费者保护的篇幅，2015年修改时又延续了这一趋势。欧盟《不正当商业行为指令》和澳大利亚、丹麦、瑞典等国的反不正当竞争法也体现了这一趋势。⑤

我国2017年修订的《反不正当竞争法》体现了这一世界立法潮流，主要有两个方面：一是对不正当竞争行为的概念界定，将之修改为"经营者在生产经营活动中，违反本法规定，扰乱市场竞争秩序，损害其他经营者或者消费者的合法权益的行为"。这就将损害消费者利益和损害经营者利益都作为认定不正当竞争行为的主要因素。二是突出了保护公众和其他市场参与者利益的规定，从而实现了从传统的单一保护经营者利益转向保护经营者、消费者、公众利益三元利益叠加保护的模式。

经营者在争夺竞争优势的过程中，既可能损害其他经营者的利益，也可能损害消费者利益。但是，既有的民事法律和消费者保护法律局限于个体权利保护的视角，不足以为消费者提供因市场竞争秩序而受到损害的充分保护。在此情况下，《反不正当竞争法》强化消费者保护理念是十分必要的。

---

① 肖江平：《新反不正当竞争法的主要进步》，在《中国市场监管研究》2017年第12期。
② 〔德〕安斯加尔·奥利：《比较法视角下德国与中国反不正当竞争法的新近发展》，范长军译，载《知识产权》2018年第6期。
③ 程子薇：《〈反不正当竞争法〉修订视野下的消费者保护研究——以消费者诉权为线索》，载《南京大学学报（哲学·人文科学·社会科学）》2018年第1期。
④ 〔德〕安斯加尔·奥利：《比较法视角下德国与中国反不正当竞争法的新近发展》，范长军译，载《知识产权》2018年第6期。
⑤ 肖江平：《新反不正当竞争法的主要进步》，载《中国市场监管研究》2017年第12期。

(二) 具体修订内容

1. 关于不正当竞争行为的定义

在这方面,2017 年《反不正当竞争法》有三项修改:一是将"市场交易"改为"生产经营活动",二是将"扰乱社会经济秩序"改为"扰乱市场竞争秩序",三是将消费者的合法权益加入损害认定范围之中。第二项修改限缩了秩序的范围,突出了竞争秩序,这对于在具体行为认定中突出"竞争法"的属性,使《反不正当竞争法》的"竞争法"属性更纯粹,具有十分重要的意义。第三项修改将消费者权益列入损害认定的范围,与立法宗旨对应起来。

L 浏览器屏蔽 Y 网视频广告案[①]

H 公司是 Y 网的经营者。B 公司是 L 浏览器官方发布平台 L 网站的经营人。J 公司是 L 浏览器的开发者、版权人。S 公司既是 L 浏览器的版权人,也是 L 网站的版权人。L 浏览器通过技术措施向终端用户提供"广告过滤"功能。当用户打开该功能访问 Y 网时,H 公司在视频中投放的广告会被过滤。据此,H 公司认为前述三公司通过 L 浏览器所实施的行为构成不正当竞争,故将三公司诉至法院。

H 公司诉称,自 2012 年起,L 浏览器通过技术手段恶意拦截视频网站合法贴片广告,侵害了视频网站及其广告客户的正当权益并导致其巨大的经济损失;而 L 浏览器却凭借这项"卖点"迅速获益,吸引了海量的用户进行下载并使用,对 H 公司造成了极为恶劣的影响和巨大的经济损失。

法院认定,本案中,H 公司的商业模式具有正当性,但是并不意味着确认该商业模式已经对消费者权益保护作了充分考量。L 浏览器开发设置过滤视频广告软件,在一定程度上是为了迎合目前部分网络用户改变对 Y 网视频广告过多、过长的不良体验的需求。在现行法律、法规及司法实践对某项市场行为尚无明确法律评价的情况下,要求市场经营者对其就某项用户需求进行开发经营,在从决策到实施过程中能完全明晰其行为的法律定性,存在一定的现实困难。

[①] 北京市海淀区人民法院(2013)海民初字第 13155 号民事判决书、北京市第一中级人民法院(2014)一中民终字第 3283 号民事判决书。

> **微评：**第一，关于竞争关系的认定有所变化，不再局限于狭义的竞争关系。本案中，法院提出了"竞争利益说"。该说认为，对竞争关系的理解不应限定为某特定细分领域内的同业竞争关系，而应着重从是否存在竞争利益角度进行考察。竞争利益主要体现为在对客户群体、交易机会等市场资源的争夺中所存在的利益。本案中，二被告提供过滤Y网视频广告的L浏览器，影响了H公司的交易机会和广告收益，使两个原本可以在各自领域并行不悖发展的企业存在现实的竞争利益。因此，法院认为，H公司与二被告间存在竞争关系。第二，关于拦截或快进视频广告的行为，存在许多不同的类型和认定标准，也存在不同的学说观点：既有学者认为这种行为破坏了现有商业模式，对视频网站造成了损害，属于不正当竞争行为；亦有学者认为这种行为只是改变了原有的商业模式，有利于消费者福利的提升，不属于不正当竞争行为；还有学者认为可以从比例原则的角度分析这种行为合法与否。法院也持不同的观点，认为应当考虑到消费者的利益等。

2017年《反不正当竞争法》对商品或服务、经营者的形态进行了修改，与《反垄断法》《民法典》的规定相衔接。对于这样修改是否体现了经营者的法律属性，反映了过去竞争执法的经验和教训，需要作深入研究。如果将"经营者"理解为以营利为目的，提供商品或服务的组织或个人，或许能更好地反映经营者的特质。

2. 关于具体的不正当竞争行为

2017年《反不正当竞争法》将原有的11种不正当竞争行为减去五种，新添一种，构成七种不正当竞争行为：商业混淆、商业贿赂、误导性宣传、侵犯商业秘密、不正当有奖销售、商业诋毁和互联网不正当竞争。需要说明的是，这七种行为是不正当竞争行为的表现，而不是不正当竞争行为的分类。

第一，关于商业混淆行为。2017年《反不正当竞争法》在这方面的修改主要有：一是删除"假冒他人的注册商标"和"在商品上伪造或者冒用认证标志、名优标志等质量标志，伪造产地，对商品质量作引人误解的虚假表示"款项，与《商标法》《中华人民共和国产品质量法》（以下简称《产品质量法》）相衔接，也更突出了《反不正当竞争法》与知识产权法在规制上的区别。二是将商业性标识更明确地分为商品类标识、商号类标识和互联网标识（与前两者之间有交叉）三类，并细化了这三类标识的具体形式。这些修改体现了技术、经济发展的需要,也更有利于执法中对违法行为的认定。三是在行为认定中,除保留"擅自使用"外,将"知名的""特有的"改为"有一定影响的"。这样,将商业混淆界定为"擅自使用与他人有一定影响的"商品类标识"相同或者近似的"商品类标识,或者"擅自使用他人有一定影响的"商号类标识、互联网标识,以及"其他足以引人误认为是他人商品或者与他人存在特定联系"的行为。这些修改更好地界定了商业混淆的构成要件,也更好地体现了行为的竞争性特质。

第二,关于商业贿赂行为。2017年《反不正当竞争法》在这方面的修改主要有:一是将受贿人范围从"对方单位或者个人"改为"影响交易的单位或者个人",即从行为属性的角度界定受贿人:能够影响交易的人。这样规定,回归贿赂的本质,强调行为目的或效果的竞争性,矫正了过去由于规定不合理带来的执法上的困难,克服了逻辑上的矛盾带来的一系列不合理认定。这样规定,还可以很好地区分商业贿赂与部分垄断行为、非商业贿赂的其他贿赂行为。二是加重了商业贿赂的法律责任,使商业贿赂的违法成本有所增加。当然,如果采取"比例罚",可以更好地震慑违法犯罪行为。三是增加了一款关于商业贿赂行为的规定。不过,前半部分是表见代理的题中应有之义,后半部分完全可以从其他规定中推导出来。

第三,关于误导性宣传行为。2017年《反不正当竞争法》对误导性宣传的界定作了较大的修改:一是厘清了"引人误解"与"虚假"的关系,将这两种情形明确作为两种不同的表现形式;二是将"欺骗、误导消费者"明确作为目的或效果的要件;三是从表述上减少了关于质量这一具体因素的词语,逻辑更严谨。这些修改既解决了"引人误解"与"虚假"的关系问题,使行为的外延更明确,又较好地减少了《反不正当竞争法》与《产品质量法》的交叉,强化了"欺骗、误导"在构成要件上的作用。新增的一款规定将经营者为他人"组织虚假交易"的行为也作为误导性宣传行为予以禁止。该款所指的帮助进行误导性宣传的行为虽可以包含在其他条款界定的误导性宣传行为的范围内,但明确、具体地规定出来,更能突出本法的态度,执法上认定此类行为时也更便利,更适应规制电商等领域不正当竞争行为的需求。

第四,关于侵犯商业秘密行为。《反不正当竞争法》和《刑法》一道,形成了一套较好的保护商业秘密制度体系。2017年《反不正当竞争法》在这方面的修改主要有:一是对第三人明知或者应知侵犯商业秘密的情形予以进一步细化,即第

9条第3款规定的"商业秘密权利人的员工、前员工、单位或者其他单位、个人实施本条第一款所列违法行为";二是在不正当获取商业秘密的手段中增加了"欺诈";三是完善了商业秘密定义中"价值性"的表述;四是明确监督检查部门及其工作人员对调查过程中知悉的商业秘密负有保密义务。这些修改反映了二十多年来我国的执法、司法经验,保护力度总体上有所加大。

第五,关于不正当有奖销售行为。2017年《反不正当竞争法》在这方面的修改有:一是删除了"利用有奖销售的手段推销质次价高的商品"的规定,较好地反映了过去的执法实践,也与《产品质量法》《价格法》更好地衔接。二是新增"有奖销售信息不明确"的情形,与"谎称有奖或者故意让内定人员中奖"的情形一起,将误导性、欺诈性行为作为不正当有奖销售行为,更好地反映了其不正当的实质。三是将有奖销售的绝对额度从5000元提高到5万元,反映了二十多年来物价总水平的提高,同时可以抑制过高奖赠之弊。有奖销售行为是利弊互现的行为,只要禁止误导性、欺诈性行为,合理界定奖品和赠品的相对额度和绝对额度,就能很好地体现不正当竞争规制的绩效原则、合理原则。

第六,关于商业诋毁行为。2017年《反不正当竞争法》将"虚伪事实"改为"虚假信息或者误导性信息"。这一改动不仅在语言表述上更严谨,更重要的是将商业诋毁行为构成中的信息内容要件作了扩展,不以虚假信息为限。这样修改,强调该行为不正当性的重心在于"毁"而不是"诋"。相应地,将"捏造、散布"改为"编造、传播",与前一修改在语法上进行搭配。

第七,关于互联网不正当竞争行为。2017年《反不正当竞争法》在这方面新增了一条,专门规定禁止在互联网领域利用技术手段实施不正当竞争行为。第12条第1款明确了本法的立场:"经营者利用网络从事生产经营活动",不得实施不正当竞争行为。这一规定明确了互联网领域不正当竞争行为与传统不正当竞争行为的关系。第12条第2款对经营者利用技术手段,通过影响用户选择或者其他方式,实施妨碍、破坏其他经营者合法提供的网络产品或者服务正常运行的行为予以禁止,行为方式有三种:一是插入链接、强制进行目标跳转;二是误导、欺骗、强迫用户修改、关闭、卸载其他经营者合法提供的网络产品或者服务;三是恶意不兼容。与此同时,该条还保留对此类行为的兜底规定。从总体上看,新增这一条的积极意义十分明显,但是存在的问题也还需要配套规定、司法解释等予以弥补、解决。在配套规定没有制定出来时,执法部门对形式上符合第12

条特别是其第 2 款所规定行为的执法,要秉持审慎监管的原则。

2017 年《反不正当竞争法》在法律责任、执法体制、执法程序等方面也进行了幅度不等的修订。其中,在法律责任上,2017 年《反不正当竞争法》适度加重了行政责任,在责任承担上,采用民事责任优先原则,有利于提升行政执法效能,保障受害人受偿权的实现;在执法体制上,增加了对执法协调机制的规定,可以较好地解决执法权上的空白或冲突问题。

四、《反不正当竞争法》的修正(2019 年至今)

2019 年 4 月 23 日,第十三届全国人大常委会第十次会议通过《全国人民代表大会常务委员会关于修改〈中华人民共和国建筑法〉等八部法律的决定》,对《反不正当竞争法》作出修改。此次修正完善了我国对于侵犯商业秘密行为的有关规定,主要体现在以下五个方面:其一,进一步明确侵犯商业秘密的情形,在 2017 年《反不正当竞争法》增加"欺诈"手段的基础之上,增加了以"电子侵入"手段获取权利人的商业秘密,以及教唆、引诱、帮助他人违反保密义务的要求,获取、披露、使用或者允许他人使用权利人的商业秘密的情形;其二,扩大了侵犯商业秘密主体的范围,将经营者以外的其他自然人、法人和非法人组织纳入侵犯商业秘密主体的范围;其三,进一步完善商业秘密的定义,将"技术信息和经营信息"修改为"技术信息、经营信息等商业信息";其四,在第 17 条中增加"经营者恶意实施侵犯商业秘密行为,情节严重的,可以在按照上述方法确定数额的一倍以上五倍以下确定赔偿数额"的规定;其五,增加一条,作为第 32 条,对侵犯商业秘密的民事审判程序中举证责任的转移作出相关规定。

思考题

1. 简要论述竞争行为正当性的判断标准。
2. 试述我国《反不正当竞争法》实施中的不足,并提出完善意见。
3. 试述反不正当竞争法与经济法其他亚部门法的关系。
4. 举例说明我国与境外不正当竞争行政执法体制存在的联系与区别。
5. 简述社会监督对反不正当竞争法实施的影响。

第十四章　混淆行为及其法律规制

【学习要点】
1. 掌握混淆行为的含义和特征
2. 掌握混淆行为的表现形式
3. 掌握混淆行为的法律规制

第一节　混淆行为的含义和特征

一、混淆行为的含义

（一）学理含义

混淆行为，又称"仿冒行为"，是指生产者或经营者为了在市场竞争中取得有利地位，不正当地利用他人的商业信誉和商品或服务的声誉，为自己谋取利益的行为。广义的混淆行为包括产品混淆、质量混淆、广告混淆以及价格混淆等。狭义的混淆行为仅指经营者在其商品或商品包装上以他人的注册商标、包装、装潢、名称、质量标志、产地等作虚假的表示或标志，欺骗性地从事市场交易活动的行为。在市场竞争中，一些经营者通过长期的努力，创造了优秀的品牌，获得了广大消费者的信赖，从而也获得了市场竞争优势以及相当可观的利润。但是，有些经营者和生产者垂涎他人的经营业绩，却又不在提高产品或服务的质量上下功夫，而是想方设法分享他人的经营优势，采用假冒他人注册商标以及混淆他人知名商品的包装、装潢、名称或者各种质量标志的手段，掠夺他人的竞争优势。由于这些混淆行为，消费者难辨真假，市场秩序混乱，使本应属于经营者的利益转移至不正当竞争者手中。因此，混淆行为具有极大的社会危害性。

（二）国内外立法实践

1. 日本法

日本《不正当竞争防止法》使用了"混淆行为"的概念，以列举的方式规定了下列四种混淆行为：(1) 混淆商品主体的行为，主要指使用众所周知的他人的姓名、商号、商标、商品的容器包装等与他人的商品标记相同或类似的标记,或者销售、周转或出口使用这种标记的商品,而与他人的商品产生混淆的行为;(2) 混淆营业的行为,主要指使用上述标记致使与他人营业上的设施或活动产生混淆的行为;(3) 虚假表示原产地或生产地的行为;(4) 虚假表示商品质量的行为[①]。

2. 美国法

美国相关立法将混淆行为统称为"损害消费者利益的欺骗性竞争行为",包括欺骗性定价、欺骗性广告宣传和欺骗性销售行为。例如,《联邦贸易委员会法》第 5 条规定,"商业中或者影响商业的不公平竞争方法是非法的;商业中或者影响商业的不公平或欺骗性行为及惯例是非法的",其规制的范围相当广泛[②]。

3. 德国法

德国《反不正当竞争法》第 5 条规定的"误导性商业行为"这一概念与混淆行为相似:行为人通过相关的误导性商业行为,使消费者或其他市场参与人作出其本不会作出的商业决定,该行为即为不正当;如果交易行为包含虚假说明,或者包含其他的对有关情形作使人误解的说明,即视为误导性商业行为。

4. 国际立法

世界知识产权组织国际局 1996 年颁布的《反不正当竞争示范法》对混淆行为作了以下规定:"在工商业活动中,与他人的企业或者其活动,尤其是该企业提供的产品或服务,产生或者可能产生混淆的任何行为或做法,构成不正当竞争行为"[③];"决定一个行为是否构成不正当竞争行为时,无须考虑有没有混淆的故意(intent to confuse),而且也不必要求实际发生了混淆,因为混淆的可能性(the likelihood of confusion)足以成为主张不正当竞争行为的基础。混淆的可能性也具有损害后果。典型的是,商标、商号或其他商业标识越知名,混淆的可能性也越大"[④]。1883 年《保护工业产权巴黎公约》明确规定,各成员国应当对厂商的名称提供法律保护,采取有效措施制止擅自使用其他厂商名称的行为[⑤]。

5. 我国立法

我国 1993 年颁布实施的《反不正当竞争法》对产品混淆、质量混淆、包装混

[①] 日本《不正当竞争防止法》第 2 条。
[②] 美国《联邦贸易委员会法》第 12 条,《克莱顿法》第 2 条、第 3 条。
[③] 《反不正当竞争示范法》第 2 条"一般原则"。
[④] 《反不正当竞争示范法注释》第 2 条第 2 款。
[⑤] 《保护工业产权巴黎公约》(1967 年斯德哥尔摩文本)第 10 条之二、之三。

淆、名称混淆等混淆行为作了规定,但并未涉及其他更为广义的混淆行为。1995年原国家工商行政管理局发布的《关于禁止仿冒知名商品特有的名称、包装、装潢的不正当竞争行为的若干规定》规定,仿冒知名商品特有的名称、包装、装潢的不正当竞争行为,是指违反《反不正当竞争法》(1993年)第5条第2项规定,擅自将他人知名商品特有的商品名称、包装、装潢作相同或者近似使用,造成与他人的知名商品相混淆,使购买者误认为是该知名商品的行为。2007年公布的《最高人民法院关于审理不正当竞争民事案件应用法律若干问题的解释》进一步将混淆行为的客体扩大到"营业场所的装饰、营业用具的式样、营业人员的服饰等构成的具有独特风格的整体营业形象"以及"商品来源"等。2017年修订的《反不正当竞争法》对混淆行为的法律认定进行了完善,即第6条规定:"经营者不得实施下列混淆行为,引人误认为是他人商品或者与他人存在特定联系:(一)擅自使用与他人有一定影响的商品名称、包装、装潢等相同或者近似的标识;(二)擅自使用他人有一定影响的企业名称(包括简称、字号等)、社会组织名称(包括简称等)、姓名(包括笔名、艺名、译名等);(三)擅自使用他人有一定影响的域名主体部分、网站名称、网页等;(四)其他足以引人误认为是他人商品或者与他人存在特定联系的混淆行为。"

二、混淆行为的特征

混淆行为对人们的日常生活产生了很大影响,也是经济发展的严重阻碍,必须严加规范。一般来说,混淆行为具有以下三项基本特征:

(一)行为人具有主观故意

混淆行为一般是对质量好、知名度高、市场销售量大的商品进行混淆,其实质就是掠夺他人的经营优势,侵犯他人长期形成的无形资产。因此,混淆行为是一种故意的不正当竞争行为。市场上不存在无意识的混淆,即使经营者被允许生产同一种商标的商品,如果不注明产地,也是一种故意混淆的行为。因为通过产地的混淆就能达到占据竞争优势地位的目的,这也是"搭便车"的行为。混淆的故意一般很难确定,但是可以从行为上进行判断。例如,在同类商品中以"金凤"商标混淆他人的"凤凰"注册商标,就是一种攀附名牌的不正当竞争行为;把他人的著名商品特有的包装设计图案用作自己商品的宣传资料等,也是一种混淆行为。即使经营者在不同种类的商品上使用他人具有广泛社会知名度的外部标识,也应当依据受害方受损害的程度加以认定。

正因为混淆行为的主观状态难以证明,所以世界知识产权组织国际局颁布的《反不正当竞争示范法注释》中不要求混淆行为具有"故意性"。但是,我们认为,这是从执法认定方便的角度而言的,即不正当竞争诉讼中的原告在证明被告的产品与自己的产品存在混淆或混淆可能之后,无须再负担证明对方的主观状态为故意的举证责任。相应地,这一举证责任应当由被告承担。如果被告真能证明自己是无心之失,当然不能认定其行为构成不正当竞争,而只能根据各自权利的渊源裁量双方的权利义务。

(二)行为的客体指向具有特定性

由于混淆行为是对市场中经营优势的掠夺,因此总是发生在特定的、具有市场优势的经营者身上及其特定的商品上。混淆者通过对这些特定商品的商标、包装、企业名称等的精心模仿,造成混淆的后果。因此,认定混淆行为首先要确定被混淆的特定经营者和特定商品。对于假冒商标和企业名称的行为,只要发生假冒行为,被假冒的对象是立即可以确定的,因为这些权利是经过登记和注册的。对于混淆知名企业和知名商品的其他外部标识的行为,则应该有确认的条件。在我国实施《反不正当竞争法》的过程中,原国家工商行政管理局对混淆知名商品特有的名称、包装、装潢,引人误认为是他人的商品的行为,提出了认定的一般标准,即知名商品是指在市场上具有一定知名度,为相关公众所知悉的商品。所谓知名商品特有的名称、包装、装潢,是指商品的名称、包装、装潢非为相关商品所通用,并具有显著的区别性特征的商品名称,为识别商品以及方便携带、储运而使用在商品上的包装,为识别与美化商品而在商品或者其包装上附加的文字、图案、色彩及其排列组合。对于知名商品,原国家工商行政管理局作了以下规定:一是经国家主管部门认定的名优商品;二是在国内外或者本地区为用户、消费者所广泛知悉的商品;三是被实际假冒名称、包装、装潢的商品。《上海市反不正当竞争条例》对知名商品作了更为详细的规定:使用经认定的驰名商标或者著名商标的商品;经国家有关行政机关、行业总会认可的在国际评奖活动中获奖的商品;为相关消费者所共知、具有一定市场占有率和较高知名度的商品。

(三)行为具有足以造成市场混淆的效果

混淆者都不希望以自己的真实身份从事市场交易活动,其从事混淆行为的目的就是使交易对方对其提供的商品或服务产生混淆或误解,从而接受其商品或服务,以此获得竞争优势,牟取非法利润。因此,这种行为所导致的混淆并不要求必须已经现实地使人产生了混淆(即实际混淆),只要存在着极易产生混淆的可能性就足以认定混淆的成立①。混淆者总是故意缩小自己商品的标识,而以他人的商品形象出现在市场竞争之中,欺骗直接进行交易的对方以及不与之进行直接交易的其他消费者和经营者,以此占有竞争者现实的或者潜在的市场份额。

由此可见,对于混淆行为的认定,最关键的是该行为引人"误解",造成市场混乱。因此,如何理解"引人误解"是判断混淆行为的关键。按照大多数国家的法律规定,对混淆行为是否构成误解,根据"一般购买者施以普通注意力会发生误认等综合分析认定"。这主要指对商品的来源产生误认,包括误认为与知名商品的经营者具有许可使用、关联企业关系等特定联系②。"误解"的主体是"一般购买者",即相关领域中的普通大众。美国对此的解释是:依照常理,一位具有正常理解力和洞察力的人。"普通注意力"则是指非专业人员的注意或非特别的注意③。我国原国家工商行政管理局颁布的法规中也规定,混淆的产品可以"根据主要部分和整体印象相近",以"一般消费者"的理解不发生偏差为标准④。

第二节 混淆行为的表现形式

混淆行为的表现形式是多种多样的,而且随着经济生活和生产技术的发展不断变化。混淆行为实施者要达到使自己的产品与他人的产品相混淆的目的,必须以产品的特征为着力点,即让自己的产品在某一个突出的特征上与被混淆的产品极度相似,并且突出利用这一相似点,以达到使消费者误认的目的。我国《反不正当竞争法》第6条规定:"经营者不得实施下列混淆行为,引人误认为是他人商品或者与他人存在特定联系:(一)擅自使用与他人有一定影响的商品名称、包装、装潢等相同或者近似的标识;(二)擅自使用他人有一定影响的企业名称(包括简称、字号等)、社会组织名称(包括简称等)、姓名(包括笔名、艺名、译名等);(三)擅自使用他人有一定影响的域名主体部分、网站名称、网页等;(四)其他足以引人误认为是他人商品或者与他人存在特定联系的混淆行为。"对于假冒他人注册商标的行为,《商标法》已有相应规范。该法第58条规定:"将他人注册

---

① 谢海燕:《论商业混同行为——兼谈我国〈反不正当竞争法〉第五条的不足与完善》,载《贵州师范大学学报(社会科学版)》2004年第6期。
② 《最高人民法院关于审理不正当竞争民事案件应用法律若干问题的解释》第4条。
③ 徐士英:《竞争法论》,世界图书出版公司2007年版,第157—158页。
④ 《关于禁止仿冒知名商品特有的名称、包装、装潢的不正当竞争行为的若干规定》第5条。

商标、未注册的驰名商标作为企业名称中的字号使用,误导公众,构成不正当竞争行为的,依照《中华人民共和国反不正当竞争法》处理。"这也就更好地协调了《反不正当竞争法》与《商标法》的适用,可以更好地规制有关不正当竞争行为。

一、假冒他人的注册商标

《商标法》第57条规定:"有下列行为之一的,均属侵犯注册商标专用权:(一)未经商标注册人的许可,在同一种商品上使用与其注册商标相同的商标的;(二)未经商标注册人的许可,在同一种商品上使用与其注册商标近似的商标,或者在类似商品上使用与其注册商标相同或者近似的商标,容易导致混淆的;(三)销售侵犯注册商标专用权的商品的;(四)伪造、擅自制造他人注册商标标识或者销售伪造、擅自制造的注册商标标识的;(五)未经商标注册人同意,更换其注册商标并将该更换商标的商品又投入市场的;(六)故意为侵犯他人商标专用权行为提供便利条件,帮助他人实施侵犯商标专用权行为的;(七)给他人的注册商标专用权造成其他损害的。"根据《中华人民共和国商标法实施条例》(以下简称《商标法实施条例》)第75条,为侵犯他人商标专用权提供仓储、运输、邮寄、印制、隐匿、经营场所、网络商品交易平台等,属于《商标法》第57条第6项规定的提供便利条件。《商标法实施条例》第76条规定:"在同一种商品或者类似商品上将与他人注册商标相同或者近似的标志作为商品名称或者商品装潢使用,误导公众的,属于商标法第五十七条第二项规定的侵犯注册商标专用权的行为。"《最高人民法院关于审理商标民事纠纷案件适用法律若干问题的解释》第1条对《商标法》第57条第7项[①]进行列举,即下列行为属于给他人注册商标专用权造成其他损害的行为:(1)将与他人注册商标相同或者相近似的文字作为企业的字号在相同或者类似商品上突出使用,容易使相关公众产生误认的;(2)复制、摹仿、翻译他人注册的驰名商标或其主要部分在不相同或者不相类似商品上作为商标使用,误导公众,致使该驰名商标注册人的利益可能受到损害的;(3)将与他人注册商标相同或者相近似的文字注册为域名,并且通过该域名进行相关商品交易的电子商务,容易使相关公众产生误认的。

假冒他人的注册商标有广义、中义和狭义之分:广义的理解认为包括《商标法》第57条规定的所有七种情形;中义的理解认为包括《商标法》第57条规定的

---

① 2002年10月12日公布的该解释对应的是2001年修正的《商标法》第52条第5项。

前两种情形,即未经商标注册人的许可,在同一种商品或者类似商品上使用与其注册商标相同或者近似的商标;狭义的理解认为仅包括《商标法》第57条规定的第一种情形,即未经商标注册人的许可,在同一种商品上使用与其注册商标相同的商标。如果从"假冒"本身的含义来看,狭义的理解比较准确。但是,从《反不正当竞争法》的性质和功能来看,中义的理解更为合适,既包括假冒,也包括仿冒。

《反不正当竞争法》与《商标法》关系密切,前者补充保护后者没有涉及的商业标识。在我国,这两部法律保护的商标均是注册商标;对于未注册商标,如果受到他人仿冒并导致市场混淆,可以根据《反不正当竞争法》第2条的原则条款予以制止。《反不正当竞争法》第18条规定:"经营者违反本法第六条规定实施混淆行为的,由监督检查部门责令停止违法行为,没收违法商品。违法经营额五万元以上的,可以并处违法经营额五倍以下的罚款;没有违法经营额或者违法经营额不足五万元的,可以并处二十五万元以下的罚款。情节严重的,吊销营业执照。经营者登记的企业名称违反本法第六条规定的,应当及时办理名称变更登记;名称变更前,由原企业登记机关以统一社会信用代码代替其名称。"此条的内容与《商标法》第58条相呼应。可见,这两部法律并不是特别法与普通法的关系,而是相互配合、相互补充的关系。《商标法》第60条第1款规定:"有本法第五十七条所列侵犯注册商标专用权行为之一,引起纠纷的,由当事人协商解决;不愿协商或者协商不成的,商标注册人或者利害关系人可以向人民法院起诉,也可以请求工商行政管理部门处理。"

二、擅自使用他人有一定影响的商品名称、包装、装潢

原国家工商行政管理局在1993年《反不正当竞争法》实施以后,专门发布了《关于禁止仿冒知名商品特有的名称、包装、装潢的不正当竞争行为的若干规定》。最高人民法院也颁布了《最高人民法院关于审理不正当竞争民事案件应用法律若干问题的解释》,细化了关于"知名商品"和"特有"的解释。

根据《关于禁止仿冒知名商品特有的名称、包装、装潢的不正当竞争行为的若干规定》,知名商品,是指在市场上具有一定知名度,为相关公众所知悉的商品。特有,是指商品名称、包装、装潢非为相关商品所通用,并具有显著的区别性特征。知名商品特有的名称,是指知名商品独有的与通用名称有显著区别的商品名称。但是,该名称已经作为商标注册的除外。包装,是指为识别商品以及方

便携带、储运而使用在商品上的辅助物和容器。装潢,是指为识别与美化商品而在商品或者其包装上附加的文字、图案、色彩及其排列组合。对使用与知名商品近似的名称、包装、装潢,可以根据主要部分和整体印象相近,一般购买者施以普通注意力会发生误认等综合分析认定。一般购买者已经发生误认或者混淆的,可以认定为近似。

根据《最高人民法院关于审理不正当竞争民事案件应用法律若干问题的解释》的规定,在中国境内具有一定的市场知名度,为相关公众所知悉的商品,应当认定为"知名商品"。人民法院认定知名商品,应当考虑该商品的销售时间、销售区域、销售额和销售对象,进行任何宣传的持续时间、程度和地域范围,作为知名商品受保护的情况等因素,进行综合判断。原告应当对其商品的市场知名度负举证责任。在不同地域范围内使用相同或者近似的知名商品特有的名称、包装、装潢,在后使用者能够证明其善意使用的,不构成不正当竞争行为。因后来的经营活动进入相同地域范围而使其商品来源足以产生混淆,在先使用者请求责令在后使用者附加足以区别商品来源的其他标识的,人民法院应当予以支持。具有区别商品来源的显著特征的商品的名称、包装、装潢,应当认定为"特有的名称、包装、装潢"。由经营者营业场所的装饰、营业用具的式样、营业人员的服饰等构成的具有独特风格的整体营业形象,可以认定为"装潢"。认定与知名商品特有名称、包装、装潢相同或者近似,可以参照商标相同或者近似的判断原则和方法。商品的名称、包装、装潢属于《商标法》规定的不得作为商标使用的标志,当事人请求依照《反不正当竞争法》的规定予以保护的,人民法院不予支持。

保护商业标识是为了维护权利人的商业信誉,如果保护过度,则可能妨碍市场竞争。所以,各国法律通常规定除外条款。《最高人民法院关于审理不正当竞争民事案件应用法律若干问题的解释》第 2 条规定:"……有下列情形之一的,人民法院不认定为知名商品特有的名称、包装、装潢:(一) 商品的通用名称、图形、型号;(二) 仅仅直接表示商品的质量、主要原料、功能、用途、重量、数量及其他特点的商品名称;(三) 仅由商品自身的性质产生的形状,为获得技术效果而需有的商品形状以及使商品具有实质性价值的形状;(四) 其他缺乏显著特征的商品名称、包装、装潢。前款第(一)、(二)、(四)项规定的情形经过使用取得显著特征的,可以认定为特有的名称、包装、装潢。知名商品特有的名称、包装、装潢中含有本商品的通用名称、图形、型号,或者直接表示商品的质量、主要原料、功能、用途、重量、数量以及其他特点,或者含有地名,他人因客观叙述商品而正当使用的,不构成不正当竞争行为。"

反不正当竞争法对于商业标识的保护不以是否注册为条件,而立足于是否构成商业标识以及是否容易导致市场混淆。无论是未注册商标、企业名称和姓名还是域名等标识,只有具有实际的市场知名度,才能发挥识别商业来源的作用,也才可能导致市场混淆。因此,具有一定知名度是反不正当竞争法保护商业标识的前提条件。由于使用"知名商品"造成了一定的消极后果,2017年修订的《反不正当竞争法》借鉴《商标法》中"有一定影响的商标"的表述方式,用"有一定影响"来表达对于商业标识的知名度的要求。

"红罐王老吉凉茶"之争[①]

2012年7月6日,广州医药集团有限公司(以下简称"广药集团")与广东加多宝饮料食品有限公司(以下简称"加多宝公司")分别向法院提起诉讼,均主张享有"红罐王老吉凉茶"知名商品特有包装装潢的权益,并据此诉指对方生产销售的红罐凉茶商品的包装装潢构成侵权。广东省高级人民法院一审认为,"红罐王老吉凉茶"包装装潢的权益享有者应为广药集团,广州王老吉大健康产业有限公司(以下简称"大健康公司")经广药集团授权生产销售的红罐凉茶不构成侵权。由于加多宝公司不享有涉案包装装潢权益,故其生产销售的一面"王老吉"、一面"加多宝"和两面"加多宝"的红罐凉茶均构成侵权。一审法院遂判令加多宝公司停止侵权行为,刊登声明消除影响,并赔偿广药集团经济损失1.5亿元及合理维权费用26万余元。加多宝公司不服两案一审判决,向最高人民法院提起上诉。

2017年8月16日,最高人民法院对上诉人加多宝公司与被上诉人大健康公司、广药集团擅自使用知名商品特有包装装潢纠纷上诉两案进行了公开宣判。最高人民法院认定,广药集团与加多宝公司对涉案"红罐王老吉凉茶"包装装潢权益的形成都有重要的贡献,所以只要在不损害他人合法权益并遵循诚实信用原则以及尊重消费者认知的前提下,两家共同享有"红罐王老吉凉茶"包装装潢的权益。最高人民法院,广药集团申请再审。2018年7月31

[①] 最高人民法院(2015)民三终字第2、3号民事判决书,最高人民法院(2018)最高法民申2487号民事裁定书。

日,最高人民法院做出(2018)最高法民申 2487 号民事裁定书,驳回广药集团的再审申请,加多宝公司继续与广药集团共享"红罐王老吉凉茶"包装装潢的权益。"红罐王老吉凉茶之争"的五年"战役"就此落下帷幕。

微评:最高人民法院在终审判决中指出,知识产权制度在于保障和激励创新。劳动者以诚实劳动、诚信经营的方式创造和积累社会财富的行为,应当为法律所保护。知识产权司法保护应当以维护有序规范、公平竞争、充满活力的市场环境为己任,并为社会公众提供明确的法律预期。知识产权纠纷常产生于复杂的历史与现实背景之下,权益的分割和利益的平衡往往交织在一起。对这类纠纷的处理,需要我们充分考量和尊重纠纷形成的历史成因、使用现状、消费者的认知等多种因素,以维护诚实信用并尊重客观现实为基本原则,严格遵循法律的指引,公平合理地解决纠纷。

三、擅自使用他人有一定影响的企业名称、社会组织名称或者姓名

企业名称是一个企业区别于另一个企业的标志,实际上是一个企业的"姓名"。社会组织名称是一个社会组织区别于另一个社会组织的标志,也就是一个社会组织的"姓名"。在我国,姓名通常是指自然人的称呼,企业、社会组织的"姓名"称为"名称"。在竞争法领域,作为自然人的姓名,一般是指个体工商户、个人合伙或私营企业的字号。企业、社会组织名称由行政区划、字号、行业或者经营特点、组织形式构成,其中字号是企业名称中最具有特色、最引人注目的核心部分。企业、社会组织名称和姓名,与商标、商业名称、商品的包装和装潢一样,都属于区别性商业标识的范畴,因而是经营者无形资产和商业信誉的重要载体。未经权利人同意,任何人不得使用他人的企业名称或者姓名。《民法典》第 110 条规定:"自然人享有生命权、身体权、健康权、姓名权、肖像权、名誉权、荣誉权、隐私权、婚姻自主权等权利。法人、非法人组织享有名称权、名誉权和荣誉权。"第 1012 条规定:"自然人享有姓名权,有权依法决定、使用、变更或者许可他人使用自己的姓名,但是不得违背公序良俗。"第 1013 条规定:"法人、非法人组织享有名称权,有权依法决定、使用、变更、转让或者许可他人使用自己的名称。"第 1014 条规定:"任何组织或者个人不得以干涉、盗用、假冒等方式侵害他人的姓

名权或者名称权。"《企业名称登记管理规定》第27条规定:"擅自使用他人已经登记注册的企业名称或者有其他侵犯他人企业名称专用权行为的,被侵权人可以向侵权人所在地登记主管机关要求处理。登记主管机关有权责令侵权人停止侵权行为,赔偿被侵权人因该侵权行为所遭受的损失,没收非法所得并处以5000元以上、5万元以下罚款。对侵犯他人企业名称专用权的,被侵权人也可以直接向人民法院起诉。"

《最高人民法院关于审理不正当竞争民事案件应用法律若干问题的解释》第6条对"企业名称"和"姓名"进行了说明。具体而言,企业登记主管机关依法登记注册的企业名称,以及在中国境内进行商业使用的外国(地区)企业名称,应当认定为1993年《反不正当竞争法》第5条第3项规定的"企业名称"。具有一定的市场知名度、为相关公众所知悉的企业名称中的字号,可以认定为1993年《反不正当竞争法》第5条第3项规定的"企业名称"。在商品经营中使用的自然人的姓名,应当认定为1993年《反不正当竞争法》第5条第3项规定的"姓名"。具有一定的市场知名度、为相关公众所知悉的自然人的笔名、艺名等,可以认定为1993年《反不正当竞争法》第5条第3项规定的"姓名"。该解释第7条规定,在中国境内进行商业使用,包括将知名商品特有的名称、包装、装潢或者企业名称、姓名用于商品、商品包装以及商品交易文书上,或者用于广告宣传、展览以及其他商业活动中,应当认定为1993年《反不正当竞争法》第5条第2项、第3项规定的"使用"。

AX 公司诉 BX 公司企业名称混淆案[①]

AX公司自1998年6月8日成立起,一直以"X"作为企业字号进行经营活动,获得了国家级、省级、市级等诸多荣誉。多年来,AX公司对其企业名称及"X"字号长期持续、广泛使用,并以多种方式进行持续、广泛的宣传,其企业名称及"X"字号在哈尔滨市乃至黑龙江省百货销售行业具有一定的市场知名度,不仅为相关公众所知悉,也为普通社会公众所知悉,具有显著标识性。

---

① 哈尔滨中级人民法院(2013)哈知初字第5号民事判决书。

BX公司成立于2004年3月11日,注册登记时的企业名称为"CX公司",后于2011年变更为现用名,先后均使用了"X"字样。BX公司的注册登记时间晚于AX公司,与AX公司的经营范围均包括服装、鞋帽等百货商品销售,经营领域及商品相同或类似,且二者均位于哈尔滨市。AX公司以BX公司擅自使用AX公司的"X"字号,违反诚实信用原则,属于不正当竞争行为为由,将BX公司诉至法院。最终,法院判决BX公司于7日内停止使用带有"X"字样的企业名称,在经营活动中停止侵犯AX公司企业名称专用权的行为,在《新晚报》上刊登消除影响的启事,并赔偿人民币10万元。

微评: 近年来,因"X"知名度不断扩大,黑龙江省内多地出现傍"X"知名度的现象。BX公司的企业名称中使用"X"字号,在经营中使用"X商城"招牌,攀附AX公司"X"字号之商誉,搭AX公司"X"字号知名度之"便车",引人误认为其与AX公司有关联,造成混淆。这是典型的不正当竞争行为。除本案的BX公司外,AX公司亦通过诉讼制止了其他两家"李鬼"的混淆行为并获得胜诉,这对于当地市场与品牌秩序的维护具有典型意义。

四、擅自使用他人有一定影响的域名主体部分、网站名称、网页

为了更好地适应现代社会的发展,根据现阶段的发展实际,《反不正当竞争法》把网络活动中的一些特殊标识的混淆行为也纳入规制范围。网络混淆行为特指网络环境下的市场混淆行为,也被称为网络"商业抄袭"行为。随着互联网经济的发展,网络混淆行为越来越普遍,对社会经济秩序产生了很大影响。互联网经济也称"注意力经济"或"眼球经济",信奉的是"流量为王",即谁拥有流量,谁就拥有财富。因此,在网络时代,流量的争夺是永恒的主题。这一点通过近年来网络共享经济领域以及移动APP领域的"疯狂烧钱"等现象可以充分体会到。但是,流量的获得对于网络市场运营者来说似乎并不容易。特别是近年来,随着网络技术的进步与网络市场的高速发展,以及互联网本身所具有的"马太效应""黏性效应",使得"强者恒强,弱者恒弱"现象愈发明显。与此同时,网络市场总体架构的固化导致海量信息与有限的呈现窗口之间的矛盾更加突出,那些起步较晚、业务同质化的网络市场运营者"分得一杯羹"的希望变得渺茫。由此,出现了一些不思务实创新而只想进行所谓"弯道超车"的网络市场"仿冒者"与"抄袭

者",网络混淆行为随之产生。

网络混淆行为的表现形式多种多样,主要表现为对由数字化构成的互联网窗口或通道网络要素的完全或近似使用,包括域名、网站名称、特有信息、网站设计风格及布局、网页整体与局部等。一般来说,网络混淆行为易发区域有两部分:一部分是具有高度同质化竞争关系的市场竞争者之间的官方宣传网站。此类网站大都不具有网上交易功能,往往通过线上宣传、线下联络的方式进行,如教育培训、民营医疗、船代、货代、生产销售企业网站等。此类网站的混淆行为所涉及域名较为少见,其影响对象大都为特定人群,被仿冒的网站对业外人士来说知名度并不是很高。另一部分是交易或门户类网站。此类网站的仿制者大体会在域名、网站名称以及主页方面进行混淆。被仿冒的网站多在互联网领域具有较高知名度与较大影响力,而且大都有会员注册要求或网上支付接口。仿制者的真实目的往往与骗取用户信息、窃取商业秘密或欺诈等违法行为密切相关,如对大型商业银行或知名门户网站的仿冒等,即俗称的"钓鱼网站"①。

五、其他混淆行为

为了规范市场中可能出现的其他混淆行为,《反不正当竞争法》规定了兜底条款,即"其他足以引人误认为是他人商品或者与他人存在特定联系的混淆行为"。该法特别强调适用兜底条款应当慎重,即仅在该行为"足以"引人误认为是他人商品或者与他人存在特定联系时,才构成法律规定的混淆行为②。

需要特别注意的是,关于不正当竞争行为,经营者用于实施混淆行为的标识应当是用于生产经营活动的商业标识。但是,《反不正当竞争法》关于混淆行为的规定并未要求被混淆对象一定是商业标识,即经营者不但不能仿冒他人用于生产经营活动的、有一定影响的标识,也不得仿冒他人虽未用于生产经营活动但有一定影响的标识③。

---

① 戚辉:《金华适用新〈反不正当竞争法〉查处浙江首起网站混淆案》,载《中国工商报》2018年6月28日第A6版。
② 王瑞贺主编:《中华人民共和国反不正当竞争法释义》,法律出版社2018年版,第16页。
③ 同上。

第三节 混淆行为的法律规制

一、对混淆行为的认定

（一）被混淆的主体

行为人实施混淆行为的目的是使其提供的商品或服务被消费者误认为是另一产品,进而采取购买行为。但是,混淆行为的实施者并不会轻易承认实施了混淆行为,有时确实也是出于无意。因此,混淆行为的认定不能依从惯常的思维模式,即先确定行为人实施了混淆行为,再确定是如何实施的。反过来,应当先确定何种商品或服务成为混淆行为侵害的对象,再确定行为人是如何实施不正当竞争行为的。顺着后一种思路,很显然,会有两种结果:第一,但凡有人主张他的商品或服务被人混淆了,并且查证两种商品或服务确属相似,那么确定被举报者实施了混淆行为;第二,当有人主张商品或服务遭到混淆时,首先确定该商品或服务是否具有被混淆的可能,若答案是肯定的,再继续确定混淆行为是否成立。这体现了反不正当竞争法对于经济自由的基本尊重。反不正当竞争法尊重这样的巧合,即某一经营主体基于独立的思考而产生类似于其他经营者经营手段的主意。但是,反不正当竞争法又必须甄别出何种相似为巧合,何种相似为恶意的混淆。因此,它的假定是,当经营者的一种商品或服务足够知名,以至于相当多的其他经营者必然对其经营手段有所了解时,若其他经营者再实施类似于其经营手段的行为,就会被认定为混淆。

至于如何判断"知名",应当考虑商品的销售时间、销售区域、销售额和销售对象,进行任何宣传的持续时间、程度和地域范围,以及作为知名商品受保护的情况等因素,进行综合判断。

（二）被混淆的客体——有一定影响的商业标识

被混淆的客体,是指混淆行为所指向的具体对象,即商品或服务的特征性标识。例如,利用类似、近似的商标进行混淆时,被混淆的客体就是商标。除了商标、企业名称这两种有明确法律定义的标识之外,其他具有区别商品来源的显著特征的商品的名称、包装、装潢,都应当认定为《反不正当竞争法》第6条第1项规定的"有一定影响的商品名称、包装、装潢"。特别需要注意的是,那些由经营者营业场所的装饰、营业用具的式样、营业人员的服饰等构成的具有独特风格的整体营业形象,通常也可以认定为"装潢"。在商品经营中使用的自然人的姓名,应当认定为《反不正当竞争法》第6条第2项规定的"姓名"。具有一定的市场知名度、为相关公众所知悉的自然人的笔名、艺名等,也可以认定为"姓名"。"商业标识"是一个笼统的概念,包含"商标""企业名称"以及企业商品的"包装、装潢"等一切足以使该企业的商品或服务区别于其他同类商品或服务的特征。使用"商业标识"这一概念,可以概括一切在先使用的足以区别于他人的具有无形资产价值的企业或商品的特征性标识,有助于更好地适用法律。

(三)实施混淆行为的方式是"擅自使用"

第一,"擅自使用"是指未经权利人同意的使用。如果经权利人同意后使用,则不构成混淆行为。例如,通过签订协议取得商业标识使用权,通过赞助取得社会组织的冠名授权,请明星代言等。

第二,"擅自使用"不限于以相同或者近似的方式使用。例如,不仅将他人有一定影响的商品名称用作自己的商品名称可能构成混淆行为,将他人有一定影响的商品名称用作自己的字号也可能构成混淆行为[①]。

(四)混淆程度的认定

确定何种商品或服务可以被纳入法律保护的范畴、何种特征性标识可以被认定为混淆的客体之后,接下来要确定的就是当侵权商品或服务与被侵权商品或服务达到何种程度的相似时,将被法律认定为混淆,这就是《反不正当竞争法》规定的混淆程度。

一般认为,足以使相关公众对商品的来源产生误认,包括误认为与知名商品的经营者具有许可使用、关联企业关系等特定联系的,应当认定为《反不正当竞争法》第6条第1项规定的"擅自使用与他人有一定影响的商品名称、包装、装潢等相同或者近似的标识"。在相同商品上使用相同或者视觉上基本无差别的商品名称、包装、装潢,也应当视为足以造成和他人知名商品相混淆。除此之外,认定与知名商品特有名称、包装、装潢相同或者近似,可以参照商标相同或者近似的判断原则和方法。

二、混淆行为的法律责任

混淆行为对市场经济秩序的危害性特别严重,因此为各国和地区竞争法所

---

① 王瑞贺主编:《中华人民共和国反不正当竞争法释义》,法律出版社2018年版,第17页。

禁止,并要承担较为严厉的法律责任①。

(一) 民事责任

经营者从事混淆行为,应当承担损害赔偿责任。根据《反不正当竞争法》,因不正当竞争行为受到损害的经营者的赔偿数额,按照其因被侵权所受到的实际损失确定;实际损失难以计算的,按照侵权人因侵权所获得的利益确定。赔偿数额还应当包括经营者为制止侵权行为所支付的合理开支。经营者违反《反不正当竞争法》第6条、第9条规定,权利人因被侵权所受到的实际损失、侵权人因侵权所获得的利益难以确定的,由人民法院根据侵权行为的情节判决给予权利人500万元以下的赔偿。

《商标法》第63条规定:"侵犯商标专用权的赔偿数额,按照权利人因被侵权所受到的实际损失确定;实际损失难以确定的,可以按照侵权人因侵权所获得的利益确定;权利人的损失或者侵权人获得的利益难以确定的,参照该商标许可使用费的倍数合理确定。对恶意侵犯商标专用权,情节严重的,可以在按照上述方法确定数额的一倍以上五倍以下确定赔偿数额。赔偿数额应当包括权利人为制止侵权行为所支付的合理开支。人民法院为确定赔偿数额,在权利人已经尽力举证,而与侵权行为相关的账簿、资料主要由侵权人掌握的情况下,可以责令侵权人提供与侵权行为相关的账簿、资料;侵权人不提供或者提供虚假的账簿、资料的,人民法院可以参考权利人的主张和提供的证据判定赔偿数额。权利人因被侵权所受到的实际损失、侵权人因侵权所获得的利益、注册商标许可使用费难以确定的,由人民法院根据侵权行为的情节判决给予五百万元以下的赔偿。……"经营者擅自使用他人的企业名称或者姓名的行为给他人造成损害的,受害人还可以根据相关法律规定,要求行为人停止侵害,恢复名誉,消除影响,赔礼道歉,并可以要求赔偿损失。《民法典》第995条规定:"人格权受到侵害的,受害人有权依照本法和其他法律的规定请求行为人承担民事责任。受害人的停止侵害、排除妨碍、消除危险、消除影响、恢复名誉、赔礼道歉请求权,不适用诉讼时效的规定。"

---

① 例如,德国《反不正当竞争法》规定,对制造混淆的假冒或混淆行为,可以制止其使用;故意使用者,应负损害赔偿责任。《保护工业产权巴黎公约》将对他人企业、商品或工业活动造成混淆的行为确定为不正当竞争行为。日本《不正当竞争防止法》规定,使用被人广泛熟悉的他人的姓名、商号、商标、商品的容器包装及其他表明为他人商品(营业)的表示相同或类似者,或者将上述表示的商品进行贩卖、散布或出口,使之与他人商品或营业活动、设施相混淆的行为,除了追究其民事赔偿责任之外,还可以处以3年以下有期徒刑、20万日元以下罚金的刑事责任。

此外,仿冒商业标识行为也会损害消费者利益。因为这种行为是对消费者的明显欺诈,所以消费者不仅有权要求损害赔偿,而且有权要求仿冒者增加赔偿其受到的损失。《中华人民共和国消费者权益保护法》(以下简称《消费者权益保护法》)第55条规定:"经营者提供商品或者服务有欺诈行为的,应当按照消费者的要求增加赔偿其受到的损失,增加赔偿的金额为消费者购买商品的价款或者接受服务的费用的三倍;增加赔偿的金额不足五百元的,为五百元。法律另有规定的,依照其规定。经营者明知商品或者服务存在缺陷,仍然向消费者提供,造成消费者或者其他受害人死亡或者健康严重损害的,受害人有权要求经营者依照本法第四十九条、第五十一条等法律规定赔偿损失,并有权要求所受损失二倍以下的惩罚性赔偿。"

伊利公司诉蒙牛公司装潢混淆案[①]

伊利公司于2012年上市销售的"QQ星营养果汁酸奶饮品"是专为儿童设计的饮品,该产品有香蕉口味和草莓口味。该产品包装、装潢设计独特,是根据迪士尼卡通形象在国内首创的3D立体包装,自面世以来,获得多个奖项。经过广告投放与宣传,该产品获得了极高的知名度,市场占有率极高,是相关公众广为知晓的知名商品。

蒙牛公司于2015年4月上市销售"未来星营养果汁酸奶饮品",该产品也包括香蕉和草莓两种口味,包装、装潢以卡通形象为蓝本,也是3D立体形状,而且卡通形象与伊利公司产品类似。

作为同类产品,伊利公司与蒙牛公司的产品被并列摆放在货架上,造成消费者混淆和误认。

伊利公司认为,被控侵权产品的包装、装潢与伊利公司产品的包装、装潢在组成要素、设计风格等方面相同或近似,产品名称也近似,以相关公众的一般注意力为标准,极易产生对商品来源的混淆和误认。蒙牛公司的行为构成不正当竞争。伊利公司请求法院判令蒙牛公司停止销售该产品,并发表声明消除影响,赔偿经济损失200万元、合理支出100万元。伊利公司同时起诉了北京诚佳和商贸有限公司,要求其停止销售蒙牛公司的涉案产品。

[①] 北京知识产权法院(2017)京73民终203号民事判决书。

> 一审法院认为，蒙牛公司、北京诚佳和商贸有限公司的行为构成不正当竞争。一审法院判决后，蒙牛公司不服，向北京知识产权法院提起上诉。二审法院认为，一审判决认定事实和适用法律虽有所不当，但结论和判决结果并无不当。二审法院在对相关事实的认定和法律适用予以纠正的基础上，对一审判决予以维持。
>
> **微评**：本案涉及伊利、蒙牛两大乳品行业领军企业的知名商品的知识产权之争，法院通过判决，肯定了包装、装潢在识别商品来源上的独特作用，细化了对"擅自使用知名商品特有的包装、装潢"中"知名商品"与"特有的包装、装潢"等相关要素的认定标准，同时将市场调查报告作为判定事实的依据之一。
>
> 知名商品的包装、装潢这一民事权益理应归属于使该商品获得相关知名度的主体，即该商品的经营者所有。知名商品的经营者委托他人生产该知名商品的，该商品的具体生产者并不必然为该商品的经营者，对该商品的经营者仍然应当依据其生产、销售、宣传等环节由哪一主体掌控作出判断。
>
> 本案中，伊利公司产品的瓶身外形和瓶贴整体结合而形成的包装、装潢，与同类商品相比，在瓶盖、3D立体瓶型、图案、布局、色彩等构成元素及组合方面具有较强的显著性和美观性，能够吸引普通消费者的注意力。该包装、装潢经过长期、大量的宣传使用，已具有较高的知名度，已让相关公众认定其与伊利公司的"QQ星营养果汁酸奶饮品"这一产品产生对应关系，起到了标识商品来源的作用，故而构成知名商品特有的包装、装潢。

（二）行政责任

《反不正当竞争法》第18条规定："经营者违反本法第六条规定实施混淆行为的，由监督检查部门责令停止违法行为，没收违法商品。违法经营额五万元以上的，可以并处违法经营额五倍以下的罚款；没有违法经营额或者违法经营额不足五万元的，可以并处二十五万元以下的罚款。情节严重的，吊销营业执照。经营者登记的企业名称违反本法第六条规定的，应当及时办理名称变更登记；名称变更前，由原企业登记机关以统一社会信用代码代替其名称。"

根据《商标法》第61条的规定，对侵犯注册商标专用权的行为，工商行政管理部门有权依法查处。该法第60条规定，"工商行政管理部门处理时，认定侵权行为成立的，责令立即停止侵权行为，没收、销毁侵权商品和主要用于制造侵权商品、伪造注册商标标识的工具,违法经营额五万元以上的,可以处违法经营额五倍以下的罚款,没有违法经营额或者违法经营额不足五万元的,可以处二十五万元以下的罚款。对五年内实施两次以上商标侵权行为或者有其他严重情节的,应当从重处罚"。第 62 条规定:"县级以上工商行政管理部门根据已经取得的违法嫌疑证据或者举报,对涉嫌侵犯他人注册商标专用权的行为进行查处时,可以行使下列职权:(一)询问有关当事人,调查与侵犯他人注册商标专用权有关的情况;(二)查阅、复制当事人与侵权活动有关的合同、发票、账簿以及其他有关资料;(三)对当事人涉嫌从事侵犯他人注册商标专用权活动的场所实施现场检查;(四)检查与侵权活动有关的物品;对有证据证明是侵犯他人注册商标专用权的物品,可以查封或者扣押。工商行政管理部门依法行使前款规定的职权时,当事人应当予以协助、配合,不得拒绝、阻挠。在查处商标侵权案件过程中,对商标权属存在争议或者权利人同时向人民法院提起商标侵权诉讼的,工商行政管理部门可以中止案件的查处。中止原因消除后,应当恢复或者终结案件查处程序。"

根据《关于禁止仿冒知名商品特有的名称、包装、装潢的不正当竞争行为的若干规定》第 8 条,工商行政管理机关除了可以对侵权人进行处罚外,对侵权物品可作如下处理:(1)收缴并销毁或者责令并监督侵权人销毁尚未使用的侵权的包装和装潢;(2)责令并监督侵权人消除现存商品上侵权的商品名称、包装和装潢;(3)收缴直接专门用于印制侵权的商品包装和装潢的模具、印板和其他作案工具;(4)采取前三项措施不足以制止侵权行为的,或者侵权的商品名称、包装和装潢与商品难以分离的,责令并监督侵权人销毁侵权物品。第 9 条规定:"销售明知或者应知是仿冒知名商品特有的名称、包装、装潢的商品的,比照本规定第七条、第八条的规定予以处罚。"

《产品质量法》第 5 条规定:"禁止伪造或者冒用认证标志等质量标志;禁止伪造产品的产地,伪造或者冒用他人的厂名、厂址;禁止在生产、销售的产品中掺杂、掺假,以假充真,以次充好。"第 30 条规定:"生产者不得伪造产地,不得伪造或者冒用他人的厂名、厂址。"第 31 条规定:"生产者不得伪造或者冒用认证标志等质量标志。"第 37 条规定:"销售者不得伪造产地,不得伪造或者冒用他人的厂名、厂址。"第 38 条规定:"销售者不得伪造或者冒用认证标志等质量标志。"第 53 条规定:"伪造产品产地的,伪造或者冒用他人厂名、厂址的,伪造或者冒用认证标志等质量标志的,责令改正,没收违法生产、销售的产品,并处违法生产、销售产品货值金额等值以下的罚款;有违法所得的,并处没收违法所得;情节严重的,吊销营业执照。"

(三) 刑事责任

《反不正当竞争法》第 31 条专门规定了相应的刑事责任:"违反本法规定,构成犯罪的,依法追究刑事责任。"《商标法》第 67 条第 1 款规定:"未经商标注册人许可,在同一种商品上使用与其注册商标相同的商标,构成犯罪的,除赔偿被侵权人的损失外,依法追究刑事责任。"《刑法》第 213 条、第 214 条、第 215 条分别规定了"假冒注册商标罪""销售假冒注册商标的商品罪""非法制造、销售非法制造的注册商标标识罪"。未经注册商标所有人许可,在同一种商品上使用与其注册商标相同的商标,情节严重的,处三年以下有期徒刑或者拘役,并处或者单处罚金;情节特别严重的,处三年以上七年以下有期徒刑,并处罚金。销售明知是假冒注册商标的商品,销售金额数额较大的,处三年以下有期徒刑或者拘役,并处或者单处罚金;销售金额数额巨大的,处三年以上七年以下有期徒刑,并处罚金。伪造、擅自制造他人注册商标标识或者销售伪造、擅自制造的注册商标标识,情节严重的,处三年以下有期徒刑、拘役或者管制,并处或者单处罚金;情节特别严重的,处三年以上七年以下有期徒刑,并处罚金。

在对混淆行为进行规制的过程中,经常会出现法律竞合,即同一事实符合数个法律规定的构成要件,其中一个法律应优先适用的现象。法律竞合主要是法律责任的竞合。在我国,与混淆行为相关的法律有《商标法》《中华人民共和国专利法》《中华人民共和国著作权法》等知识产权法律和《反不正当竞争法》《消费者权益保护法》《产品质量法》等。在司法实践中,对混淆行为进行认定时,通常首先考虑适用知识产权法律。因为人们认为知识产权法律大多有较为明确的规定,操作也比较容易。如果知识产权法律不能适用,再适用《反不正当竞争法》。我们认为,为了更有效地维护市场秩序,对混淆行为适用法律应当体现市场经济的本质要求,既要公平,又要有效。对被混淆的企业的保护应当首先考虑适用《反不正当竞争法》。因为制裁混淆行为的《反不正当竞争法》的出发点并不完全是为了维护权利,更重要的是维护市场秩序。因此,适用该法在举证责任、损害赔偿、违法构成要件等方面都有利于抑制假冒行为。在适用该法确定性质以后,就可以用最严厉的措施进行处罚。特别是在权利人受到危害的是非法定权利时,如未注册商标、不同类别的注册商标、已过保护期的外观设计等,如果不及时加以保护,企业的利益就会受到损害,因而更加需要依靠《反不正当竞争法》对其进行保护。

> 思考题

1. 简述混淆行为的特征。
2. 试述混淆行为的主要表现形式。
3. 如何认定混淆行为?

第十五章 虚假宣传行为及其法律规制

【学习要点】

1. 掌握虚假宣传行为的含义和特征
2. 掌握虚假宣传行为的表现形式
3. 掌握虚假宣传行为的法律规制

第一节 虚假宣传行为的含义和特征

一、虚假宣传行为的含义

所谓宣传行为,是指商品经营者或者服务提供者承担费用,通过一定的媒介和形式直接或者间接地介绍自己所推销商品或者所提供服务的商业宣传行为。它包括利用报刊、广播、电视、路牌、橱窗、印刷品、霓虹灯等媒介,进行刊播、设置、张贴广告等。虚假宣传行为,是指经营者为获取市场竞争优势和不正当利益,对生产、经营的产品或者提供的服务进行虚假或者引人误解的商业宣传。虚假宣传行为往往通过巧妙的措辞暗示,或者故意隐瞒、遗漏一些对消费者进行判断或者决策至关重要的信息,使得消费者对经营者所宣传的事实作出错误的理解,从而产生背离其真实状况的市场效果。2007年《最高人民法院关于审理不正当竞争民事案件应用法律若干问题的解释》第8条规定:"经营者具有下列行为之一,足以造成相关公众误解的,可以认定为反不正当竞争法第九条第一款规定的引人误解的虚假宣传行为:(一)对商品作片面的宣传或者对比的;(二)将科学上未定论的观点、现象等当作定论的事实用于商品宣传的;(三)以歧义性语言或者其他引人误解的方式进行商品宣传的。以明显的夸张方式宣传商品,不足以造成相关公众误解的,不属于引人误解的虚假宣传行为。人民法院应当根据日常生活经验、相关公众一般注意力、发生误解的事实和被宣传对象的实际情况等因素,对引人误解的虚假宣传行为进行认定。"虚假宣传行为是违反"诚实信用"这一法律原则的不正当竞争行为,是对以平等自由、诚实经营为本质特征的商品经济的破坏。在竞争日趋激烈的现代社会,虚假宣传行为屡见不鲜,在市场经济不发达或者法律制度不够完善的发展中国家尤其严重。我国正处于社会主义市场经济转型发展阶段,这种违背"诚实信用"原则的虚假宣传行为并不鲜见,这是经济体制发展不完善、不健全的表现,会影响生产、流通、消费等各个环节,是我国在建立社会主义现代化经济体系过程中不能回避的市场竞争秩序问题之一。

虚假宣传是国际条约明确禁止的不正当竞争行为。《保护工业产权巴黎公约》第10条之二第3款第3项规定,"在经营商业中,使用会使公众对商品的性质、制作方法、特点、用途或数量易于产生误解的表示或陈述",应当予以禁止。世界知识产权组织对此作了进一步阐释:凡在工商业活动中对企业或其活动,尤其对由此种企业所提供的产品或服务,作出的误导或者可能误导公众的行为或做法,应构成不正当竞争行为。世界主要国家和地区大都有关于禁止虚假宣传的规定。例如,德国《反不正当竞争法》规定,商业行为包含关于商品或服务的主要特征(如规格样式、用途、优缺点、售货服务),销售的动机(如价格优惠、计价方式),企业的员工、性质或权利(如知识产权、奖章或荣誉),消费者的权利等的不真实或足以导致虚假宣传的,构成误导性的商业行为。加拿大《竞争法》规定,任何人不得为直接或间接促进某种产品的供应或使用,或者为直接或间接促成某种商业利益,以任何方式故意地或不计后果地向公众对有关该产品实质性内容进行虚假或误导性的陈述[1]。

我国1993年《反不正当竞争法》第9条对禁止虚假宣传作了规定。在该法2017年的修订中,主要作了以下修改:第一,删除了关于禁止虚假广告的内容,因为《广告法》对此已经作了专门规定。第二,针对电子商务领域通过虚假交易进行虚假宣传问题,特别强调经营者不得对其商品的"销售状况""用户评价"作虚假宣传;同时,增加一款规定,经营者不得通过组织虚假交易等方式,帮助其他经营者进行虚假或者引人误解的商业宣传。第三,明确了虚假宣传的形式是"作虚假或者引人误解的商业宣传",结果是"欺骗、误导消费者"。

二、虚假宣传行为的特征[2]

一般认为,一切具有或可能具有欺骗、误导消费者的购买倾向或决策能力的

---

[1] 王瑞贺主编:《中华人民共和国反不正当竞争法释义》,法律出版社2018年版,第23—24页。
[2] 同上书,第24—27页。

商业宣传,若导致相当数量的消费者实质性地陷入错误的判断之中,就构成虚假宣传行为。适用关于虚假宣传行为的法律规定时,应注意把握虚假宣传行为的以下特征:

(一)虚假宣传行为是经营者进行的商业宣传活动

第一,要将经营者以营利为目的进行的商业宣传活动与非商业宣传活动相区分,后者如政府部门的普法宣传、社会组织的公益宣传等。第二,商业宣传包括商业广告,但是商业广告已经有专门的《广告法》予以规范。因此,《反不正当竞争法》第20条第2款明确规定:"经营者违反本法第八条规定,属于发布虚假广告的,依照《中华人民共和国广告法》的规定处罚。"商业广告相较其他商业宣传的特殊性在于,广告必须通过一定的媒介和形式进行。例如,通过广播、电视、报纸、期刊、印刷品、电话、互联网、户外广告等媒介和形式进行的宣传,属于商业广告;在营业场所内对商品进行演示、说明,上门推销,召开宣传会、推介会等,属于商业广告之外的商业宣传。

(二)虚假宣传的对象是经营者的商品或者服务的相关信息

根据《反不正当竞争法》第2条的规定,该法所称"商品"包括服务。对商品或者服务的相关信息应当作广义理解,既可以包括关于商品或者服务的自然属性的信息(如商品的性能、功能、产地、用途、质量、成分、有效期限等,服务的标准、质量、时间、地点等),也可以包括商品的生产者、经营者、服务提供者的信息(如资质、资产规模、曾获荣誉以及与知名企业和知名人士的关系等),还可以包括商品的市场信息(如价格、销售状况、用户评价等)。由于列举无法穷尽,因此该法第8条择要列举了商品的性能、功能、质量、销售状况、用户评价、曾获荣誉,同时用"等"字兜底,保证其广泛适用性。

(三)虚假宣传的内容虚假或者引人误解

所谓内容虚假,即宣传的内容与实际情况不符。例如,宣传药品"包治百病",将国内小作坊产品宣传为国外知名企业产品,将提供服务的普通工人宣传为国家高级技师,将"三无"产品宣传为拿过若干国际、国内大奖,等等。内容引人误解,一般是指内容中使用含糊不清、有多重语义的表述,或者表述虽然真实,但是仅陈述了部分事实,让人引发错误联想。例如,宣传"瑞士进口全机械机芯手表",既可以理解成机芯是瑞士进口的,又可以理解成手表是瑞士进口的。又如,宣传产品含有珍贵物质,强调该物质对人体特别有益,而实际上该产品中珍贵物质的含量极低,消费者使用该产品不足以获得所宣称的益处。

(四) 宣传效果造成欺骗、误导消费者或潜在消费者

此处的"消费者",既包括购买了广告商品或者服务的实际消费者,又包括可能购买广告商品或者服务的潜在消费者。在认定是否构成欺骗、误导消费者时,要注意两点:第一,要考虑该虚假宣传是否对购买行为有实质性影响。信息虽不真实,但对购买决策没有实质性影响的,不宜认定为虚假宣传。例如,某商店宣称"十周年店庆,三折特惠",而该店实际上营业仅九年。该信息虽不真实,但不足以影响消费者的购买决策。第二,要与夸张的表达相区分。有的宣传内容虽然虚假,但是正常的消费者能够正确理解其含义,不会真正产生欺骗、误导消费者的后果,就不构成虚假宣传。例如,某化妆品宣传"今年二十,明年十八",虽然这在现实中不可能实现,但是消费者都知道这是夸张的表现手法,不会被欺骗或者误导,不应将此认定为虚假宣传。

第二节 虚假宣传行为的表现形式

随着商业广告形式的发展变化,文字广告、实物展示、名人推荐、现场操作等各类形式层出不穷,在利益驱动下的虚假宣传借助先进的媒体传播手段,对消费者的损害也随之增加。《反不正当竞争法》第 8 条规定:"经营者不得对其商品的性能、功能、质量、销售状况、用户评价、曾获荣誉等作虚假或者引人误解的商业宣传,欺骗、误导消费者。经营者不得通过组织虚假交易等方式,帮助其他经营者进行虚假或者引人误解的商业宣传。"从法律规定来看,虚假宣传行为可以分为以下三种:

一、狭义的虚假宣传行为

狭义的虚假宣传行为,是指在宣传过程中采取完全虚假的信息,欺骗消费者并导致其作出错误的购买决定的行为。这种行为又有两种表现形式:

(一) 针对内容的虚假宣传

这种行为是指宣传所包含的信息是虚假的,具体包括:(1) 对制作成分、制作方法及有效期的虚假表示。这是经营者为了标榜自己产品的质量,对产品的制作成分、原材料、配料以及制作方法进行虚假宣传。例如,将含有化学添加剂的产品宣传成不含添加剂,食品和药品的有效期存在虚假表示,更改已到期的产品有效期等。这些行为都关系到使用人的安全,也影响到权利人对自己权利(维修、调换、索赔等权利)的行使。(2)对产地的虚假表示。产地之所以重要,是因为它影响到商品的品质。消费者也习惯于将某一商品的品质与它的产地联系在一起。例如,北京烤鸭、涪陵榨菜、西湖龙井、景德镇瓷器等,其中的地名代表了一种产品所独具的风格和品质,其背后有几十年甚至上百年的文化积淀,消费者单凭地名就有足够的信心对产品的质量给予信任。一些不法经营者在宣传中就是利用消费者的这种意识在产地上做文章,使一般的消费者难以辨认产品的原产地。因此,各国法律对虚假产地的标示都有严格的规定。如在"美国联邦贸易委员会诉 Algoma 案"中,被告用一种名叫西黄松(Pinus ponderosa)的树木作为原材料,制成木材出售。按照植物学的命名方法,这种树木属于松科,被告却将之冠以"加州白杨"的名称出售。美国联邦最高法院认定被告是"以虚假产地欺骗消费大众"。[1]

(二)宣传形式虚假的宣传行为

这种行为是指广告发布方不采取真实的发布形式,同样达到商业广告效果的宣传行为。这种行为具有相当强的隐蔽性。行为人为使自己的广告既引起公众的注意,又不触发公众的反广告情绪,不是正面合法地进行宣传,而是通过一些启事、声明、担保以及有关权威组织的推荐等手段变相达到宣传广告的目的。见证、验证类的虚假表示也是一种变相广告。为了争取消费者对自己产品的青睐,一些经营者采用名人见证使用功效或让人实地操作的验证性广告,以此刺激消费者的购买欲望。从效果来看,广告确实有利于促销。但是,这些广告经过虚伪不实的"创作",消费者事实上很难获得如此显著的消费体验,如治疗疑难病的药物、减肥用品、杀虫特效剂等。特别是通过具有权威性的机构进行见证宣传,会对消费者的购买决策产生不当引导。

此外,借用领导讲话、新闻报道、社会团体或协会推荐等"软性广告"进行宣传也是变相广告的表现形式。在这些变相广告中加入虚假的内容,其危害较之广告主自己所做的广告更为严重,消费者有理由充分相信这些权威人物和机构的推荐。因此,发布虚假广告的行为构成并造成他人损害的,作不实推荐和担保的人应当承担连带责任。

二、信息不完全的宣传行为

在市场竞争中,大量存在利用不完全的信息进行宣传的行为。在这样的情

---

[1] 范建得、庄春发:《不实广告》,汉兴书局有限公司1994年版,第153页。

况下,行为人发布的广告信息往往不完全虚假,而是包含一部分真实的信息,只不过有的避重就轻,有的报喜不报忧,更有甚者,通过语言的歧义或故意的省略误导消费者。无论广告信息中是否含有真实的信息,只要发布者的主观目的是欺骗消费者,并且有意设计了虚实结合的宣传手段,就应当认定为虚假宣传行为。从司法和执法的实践来看,这类行为常常表现为以下两种形式:

(一)对产品信息的模糊表示

这是指行为人采取模棱两可的语言进行宣传,或者故意在一些概念上含糊其词,使得消费者对产品的功能、质量产生误解。具体而言,包括:(1)对产品功能的模糊表示。例如,经营者含糊其词地把具有保健功能的商品宣传成具有治疗功能的药品,故意不加正当的警示标志或者说明,或者将单一用途的商品说成是多功能、多用途的,使消费者的消费期望落空、经济上受到损失等。(2)对产品价格的模糊表示。例如,经营者通过"变更原价加打折价"的方式诱骗消费者或者其他经营者与其进行交易。

(二)引诱性宣传行为

这是指故意以模糊的词语和表示引起消费者的误解,从而影响消费者购买决策的广告行为。发布广告者使用了某种技巧,如明示或暗示、故意混淆含义、省略词语或模糊语义,使消费者在接受信息时产生误解,也就构成了对广告的错误理解。与以虚假信息欺骗消费者不同的是,引诱性广告采用具有一定真实性的信息,但是通过模糊表述以达到让消费者误解乃至上当的效果,其性质与虚假广告是一样的。所以,对这类行为的界定最主要的是明确其"误导性"。引诱性广告是引人误解的广告行为的典型形式,在美国也被称为"转换销售手法的广告"。这种广告以极有诱惑力的低价或交易条件为诱饵,将消费者引诱进商店,而销售者实际上并不想出售,或者根本就不存在广告上所说的产品,或者不以广告上所称的交易条件进行交易。这种广告无论对消费者还是同业竞争者来说都是不公平的。

三、通过虚假交易进行的虚假宣传行为[①]

目前,在电子商务领域,利用虚假交易进行虚假宣传的情况较为普遍。有的网店通过虚假交易给自己虚构成交量、交易额、用户好评,以吸引消费者点击、购

[①] 王瑞贺主编:《中华人民共和国反不正当竞争法释义》,法律出版社2018年版,第27页。

买,从而不当谋取交易机会或者竞争优势,此即"刷单炒信"行为。为满足这一需求,有的经营者专门组织大量人员为网店提供刷单炒信服务,帮助网店进行虚假宣传,以谋取不正当利益,甚至形成黑色产业链。《反不正当竞争法》第8条针对上述情况作了专门规定:第一,在第1款中特别强调经营者不得对其商品的"销售状况""用户评价"等作虚假或者引人误解的商业宣传,欺骗、误导消费者。这一规定主要针对互联网领域的刷单炒信问题,同时也可以适用于其他领域。例如,经营者雇用他人假扮消费者在店门口排队购物,传播"好口碑",伪造其商品热销假象,欺骗、误导消费者购买的,也可以适用这一规定。第二,第2款明确规定,经营者不得通过组织虚假交易等方式,帮助其他经营者进行虚假或者引人误解的商业宣传。需要强调的是,该款是关于禁止帮助他人进行虚假宣传的规定,既明确禁止经营者通过组织虚假交易等方式帮助其他经营者进行虚假宣传,又用"等"字兜底,为规范今后可能出现的其他帮助情形留出空间。在经营者通过组织虚假交易等方式帮助其他经营者进行虚假宣传这一情形之下,规制的是帮助行为的组织者,不包括虚假交易的普通参与者。

X地区查处Y空包网百万"刷单"案[1]

2017年2月16日,X地区市场监管局对某网络技术有限公司进行检查时,发现该公司运营名为"Y"的网站系空包网。执法人员现场提取了其网站页面截图、网站后台数据库数据信息以及客服人员聊天记录等重要证据。

经查,当事人在其网络平台Y空包网上利用空包物流的方式进行虚假交易,为商家提升商业信誉,分别以1.95元/单、2.7元/单、1.7元/单的价格购买天天快递、圆通快递、全峰快递空包物流单号,又分别以2.1元/单、3.05元/单、2.05元/单的代理价售卖空包物流单号。自2016年3月至2017年2月,当事人运营的Y空包网上的注册商家有2286家,注册刷手有1947个,发布空包物流任务106万单,涉及空包物流金额229万元,"刷流量"涉及金额343万元,其中涉及京东平台刷流量133万元,涉及淘宝平台刷流量210万元。

---

[1] 申思婕:《2017浙江"红盾网剑"专项执法行动十大典型案例》,http://www.zjrx.org/plus/view-109047-1.html,2019年7月14日访问。

> 当事人刷单超百万单,虚构交易为他人提升商业信誉的行为,违反了《网络交易管理办法》的有关规定。2017年4月5日,某区市场监管局依据《反不正当竞争法》,对当事人作出罚款10.8万元的处罚。
>
> **微评**:网络经营者通过虚构交易、删除不利评价等形式提升商业信誉,使网络诚信受到严重冲击,更欺骗和误导了消费者,影响了消费者对商家信誉的判断。网络诚信是网络交易的基石,治理网络不诚信行为不仅是监管部门的责任,也需要快递、物流等相关行业"洁身自好"。2019年起,各地大力开展打击"刷单炒信"违法行为,在消除网络虚假宣传方面取得了良好效应。

第三节 虚假宣传行为的法律规制

一、虚假宣传行为的认定

(一)引诱性广告的认定

引诱性广告实际上是一种转移销售的广告,对消费者的欺骗性很强,但十分隐蔽,往往不易识别。因此,对引诱性广告的认定,有些国家规定了特别条件。例如,美国联邦贸易委员会向销售者提出了几项商业准则,作为对这种特殊的虚伪不实广告的限制:(1)通过广告发出的销售信息必须真实;(2)广告不得对产品的等级、性能、产地等先作虚假宣传,在顾客进门以后再说明真实情况;(3)不得通过各种手段使顾客转向购买其他产品,如拒不出示样品、交货数量不足、向顾客陈列次品、贬低广告中的产品等;(4)在销售以后再转换所出售的产品等。在我国目前的商业竞争中,引诱性广告已屡见不鲜,只要把消费者引进店门,一些经营者便不惜使用一切手段。但是,有关广告和竞争的现行法律、法规尚未对此类行为进行规范,只对有奖销售的引诱性广告有所规定,应当引起足够的重视。

(二)比较性宣传行为的认定

尽管各国对比较性广告的态度有所不同,但是对于利用比较性广告对竞争对手进行诋毁的做法,各国法律是一致反对和禁止的。因为通过比较贬低他人的广告,是一种典型的不正当竞争行为。单纯的自我吹嘘即使虚假失实,损害的只是消费者的权益,而虚假的比较性广告不仅损害消费者的权益,对同类产品的经营者也造成了损害,妨碍了公平竞争。我国法律对贬低他人产品的比较性广告作了较为严格的禁止。例如,《广告法》第13条规定:"广告不得贬低其他生产经营者的商品或者服务。"《反不正当竞争法》第11条规定:"经营者不得编造、传播虚假信息或者误导性信息,损害竞争对手的商业信誉、商品声誉。"在规范比较性广告的行政法规中,《国家工商行政管理局广告审查标准》第32条规定:"广告中的比较性内容,不得涉及具体的产品或服务,或采用其他直接的比较方式。对一般性同类产品或服务进行间接比较的广告,必须有科学的依据和证明。"同时,根据《广告法》第9条的规定,广告不得使用"国家级""最高级""最佳"等用语。这表明,我国法律禁止在不特定的产品中进行比较性广告,主要规范"顶级"广告,这类广告宣称自己的产品是同类产品中"最高级"的。显然,我国对比较性广告的规制包括针对特定的竞争对手和针对不特定的比较对象两类,这与各国的做法有些不同。欧美国家大都规范对特定产品的比较性广告。

R 平台与 G 平台互诉虚假宣传案①

2017年11月1日,北京市海淀区人民法院发布公告称,R平台以虚假宣传及不正当竞争为由将G平台诉至法院,并索赔1亿元人民币。R平台诉称,R平台和G平台均是二手车交易平台,G平台在其官网、微信、手机APP及其他各大网络平台广告中,宣传其服务"遥遥领先""全国领先""每天超过百万人浏览"等,使得不明真相的交易者认为G平台位居市场第一,其他平台远远不如G平台。G平台的上述虚假宣传内容严重损害了R平台的竞争优势,给R平台造成了巨大经济损失。此外,G平台还在优酷网、爱奇艺、腾讯视频等知名网络媒体大量投放包括上述虚假宣传内容的广告,利用名人的影响力和号召力,进一步扩大影响,损害了R平台的利益。

之后,法院认为宣传G平台"遥遥领先"的相关广告目前尚无充分事实依据,涉嫌构成引人误解的虚假宣传的不正当竞争行为,作出要求G平台停止虚假广告的诉前禁令裁定,责令G平台立即停止使用"遥遥领先""全国领先"等虚假宣传用语。

---

① 飞雪:《因不满广告语宣称"遥遥领先"人人车诉瓜子网索赔1亿》,http://bigy.chinacourt.gov.cn/article/detail/2017/11/id/3036541.shtml,2019年7月26日访问。

2017年12月8日,法院又发布公告称,因认为R平台使用"买车0首付,三天包卖"等不实的宣传语,以片面性、歧义性语言进行宣传,造成相关公众误解,构成不正当竞争中的虚假宣传,G平台直卖网的经营主体G公司将R平台的经营主体R公司、B公司诉至法院。G平台认为,R平台的上述行为使其在二手车市场上获得不正当竞争优势,扰乱了正常的市场竞争秩序,损害了其他同行业经营者与G平台的合法权益。

微评:"最好""最佳""全国第一"等词汇在过去的广告语中似乎司空见惯。然而,根据2018年修正的《广告法》,广告应当真实、合法,以健康的表现形式表达广告内容;广告不得含有虚假或者引人误解的内容,不得欺骗、误导消费者。同时,该法明确规定,不得在广告中使用"国家级""最高级""最佳"等用语。本案中,"遥遥领先""全国领先"等词汇的使用亦应谨慎。

二、虚假宣传行为的法律责任

各国主要通过竞争法、广告法和消费者权益保护法规定虚假宣传行为的法律责任,具体形式包括停止虚假宣传行为、行政罚款、民事赔偿等,对危害严重的虚假宣传的经营者还要追究刑事责任。

（一）虚假宣传行为的民事责任

《反不正当竞争法》第17条和《广告法》第69条作了原则性规定,即经营者利用广告或者其他方法,对其商品作引人误解的虚假宣传的,以及广告经营者代理发布虚假广告的,应当依法承担民事责任。《广告法》第56条规定:"违反本法规定,发布虚假广告,欺骗、误导消费者,使购买商品或者接受服务的消费者的合法权益受到损害的,由广告主依法承担民事责任。广告经营者、广告发布者不能提供广告主的真实名称、地址和有效联系方式的,消费者可以要求广告经营者、广告发布者先行赔偿。关系消费者生命健康的商品或者服务的虚假广告,造成消费者损害的,其广告经营者、广告发布者、广告代言人应当与广告主承担连带责任。前款规定以外的商品或者服务的虚假广告,造成消费者损害的,其广告经营者、广告发布者、广告代言人,明知或者应知广告虚假仍设计、制作、代理、发布或者作推荐、证明的,应当与广告主承担连带责任。"

《消费者权益保护法》第55条规定:"经营者提供商品或者服务有欺诈行为的,应当按照消费者的要求增加赔偿其受到的损失,增加赔偿的金额为消费者购买商品的价款或者接受服务的费用的三倍;增加赔偿的金额不足五百元的,为五百元。法律另有规定的,依照其规定。经营者明知商品或者服务存在缺陷,仍然向消费者提供,造成消费者或者其他受害人死亡或者健康严重损害的,受害人有权要求经营者依照本法第四十九条、第五十一条等法律规定赔偿损失,并有权要求所受损失二倍以下的惩罚性赔偿。"消费者因虚假广告受到欺诈,有权要求惩罚性赔偿。

在因虚假宣传行为而提起的损害赔偿诉讼中,由于虚假宣传对其他经营者造成的损害通常并不明显,因此计算具体的赔偿额是一个较难解决的问题。当然,原告可以选择针对下列项目确定损害赔偿的数额:被告通过从事虚假宣传而多获得的利润;原告因被告从事虚假宣传行为而遭受的损失,即因此减少的市场份额;消除虚假广告影响所需要的费用,如广告费①。但是,原告往往难以证明被告从事虚假宣传行为给自己造成的确切的实际损失,被告也不能计算自己因虚假宣传行为而获得的确切利润。所以,上述方法在实践中较难实施。立法需要在法院的自由裁量权和维护经营者利益之间作出平衡。

(二) 虚假宣传行为的行政责任

《广告法》第55条:"违反本法规定,发布虚假广告的,由市场监督管理部门责令停止发布广告,责令广告主在相应范围内消除影响,处广告费用三倍以上五倍以下的罚款,广告费用无法计算或者明显偏低的,处二十万元以上一百万元以下的罚款;两年内有三次以上违法行为或者有其他严重情节的,处广告费用五倍以上十倍以下的罚款,广告费用无法计算或者明显偏低的,处一百万元以上二百万元以下的罚款,可以吊销营业执照,并由广告审查机关撤销广告审查批准文件、一年内不受理其广告审查申请。医疗机构有前款规定违法行为,情节严重的,除由市场监督管理部门依照本法处罚外,卫生行政部门可以吊销诊疗科目或者吊销医疗机构执业许可证。广告经营者、广告发布者明知或者应知广告虚假仍设计、制作、代理、发布的,由市场监督管理部门没收广告费用,并处广告费用三倍以上五倍以下的罚款,广告费用无法计算或者明显偏低的,处二十万元以上

---

① 孔祥俊:《反不正当竞争法新论》,人民法院出版社2001年版,第595页。

一百万元以下的罚款；两年内有三次以上违法行为或者有其他严重情节的，处广告费用五倍以上十倍以下的罚款，广告费用无法计算或者明显偏低的，处一百万元以上二百万元以下的罚款，并可以由有关部门暂停广告发布业务、吊销营业执照、吊销广告发布登记证件。"根据《医疗广告管理办法》第22条的规定，工商行政管理机关对违反该办法规定的广告主、广告经营者、广告发布者依据《广告法》《反不正当竞争法》予以处罚，对情节严重，造成严重后果的，可以并处一至六个月暂停发布医疗广告，直至取消广告经营者、广告发布者的医疗广告经营和发布资格的处罚。法律、法规没有规定的，工商行政管理机关应当对负有责任的广告主、广告经营者、广告发布者给予警告或者处以一万元以上三万元以下的罚款；医疗广告内容涉嫌虚假的，工商行政管理机关可根据需要会同卫生行政部门、中医药管理部门作出认定。

《广告法》第38条第3款规定："对在虚假广告中作推荐、证明受到行政处罚未满三年的自然人、法人或者其他组织，不得利用其作为广告代言人。"根据该法第62条的规定，广告代言人明知或者应知广告虚假仍在广告中对商品、服务作推荐、证明的，由市场监督管理部门没收违法所得，并处违法所得一倍以上二倍以下的罚款。第70条规定："因发布虚假广告，或者有其他本法规定的违法行为，被吊销营业执照的公司、企业的法定代表人，对违法行为负有个人责任的，自该公司、企业被吊销营业执照之日起三年内不得担任公司、企业的董事、监事、高级管理人员。"

(三) 虚假宣传行为的刑事责任

根据《广告法》第55条的规定，广告主发布虚假广告，广告经营者、广告发布者明知或者应知广告虚假仍设计、制作、代理、发布，构成犯罪的，依法追究刑事责任。《刑法》第222条规定了虚假广告罪，即广告主、广告经营者、广告发布者违反国家规定，利用广告对商品或者服务作虚假宣传，情节严重的，处二年以下有期徒刑或者拘役，并处或者单处罚金。

> 思考题

1. 试述虚假宣传行为的特征。
2. 变相广告与引诱性宣传行为存在哪些区别？
3. 简述通过组织虚假交易进行的虚假宣传行为。
4. 如何认定比较性宣传行为？

第十六章　侵犯商业秘密行为及其法律规制

【学习要点】
1. 掌握商业秘密的含义和特征
2. 掌握侵犯商业秘密行为的表现形式
3. 掌握侵犯商业秘密行为的法律规制

第一节　商业秘密的含义和特征

一、商业秘密的含义

关于商业秘密，国际上尚未形成统一的定义。但是，作为一种社会财富或个人财产，各国法律都把商业秘密界定为某种处于秘密状态下的技术诀窍、技能、经验或信息。根据《布莱克法学词典》的解释，商业秘密是指"用于商业上的配方、模型、设计或信息的汇集，使拥有人相对于其他不知或不使用的竞争者有更多获得利益的机会"。美国《统一商业秘密法》作了进一步解释：商业秘密是指一种信息，它包括公式、模型、汇编、程序设计、方法、技术或工序。第一，这种信息将独立导致产生实际或潜在的经济价值。对他人而言，商业秘密并非一般所知，也不容易以适当方法获得，但是可以从这种信息的揭示或使用中获得经济价值。第二，持有人尽了合理的努力去维持这种信息的秘密性。1990年，日本通过修改后的《不正当竞争防止法》，正式确立了商业秘密法律制度。该法对商业秘密的定义是：不为公众所知悉、能为权利人带来经济利益、具有实用性并经权利人采取保密措施的技术信息和经营信息。日本理论界认为，商业秘密的保护并不单纯局限在对财产和个人利益的保护上。从更广泛的意义上讲，它包含维护竞争秩序的共同原理[①]。在国际上，世界知识产权组织在其拟定的《发展中国家保护发明示范法》中规定，商业秘密为"有关使用和适用工业技术的制造工艺和知

---

① 刘金波、朴勇植：《日、美商业秘密保护法律制度比较研究》，载《中国法学》1994年第3期。

识"。1994年4月15日关贸总协定乌拉圭回合谈判通过的最后文件 TRIPS 协定将商业秘密称为"未公开信息"而纳入保护的范围,同时规定这些信息"应当具有保密性和商业价值"。由此可见,商业秘密的概念可以分为广义和狭义两种:狭义的商业秘密一般只包括工业适用的技术,如设计图纸、工艺流程、配方、数据等技术信息;广义的商业秘密则泛指工业、商业以及其他经济事业的秘密信息。依据各国的规定,商业秘密主要有以下三类:

(一) 技术信息

技术信息,是指人们从经验中或技艺中得来的,能在实践中,特别是在工业中应用的技术信息、技术数据或技术知识。技术信息一般不能自成一体,而只能依附于某项专利或公开的技术,作为实施主要技术时必备的经验性技巧而存在。

(二) 经营信息

经营信息,是指具有秘密性质的经营管理方法以及与经营管理方法密切相关的信息和资料。经营信息包括推销计划、客户名单、产品价格、销售网络、招投标的标底等。此处所讲的"客户名单",一般是指客户的名称、地址、联系方式以及交易的习惯、意向、内容等构成的区别于相关公知信息的特殊客户信息,包括汇集众多客户的客户名册,以及保持长期稳定交易关系的特定客户。客户基于对员工个人的信赖而与员工所在单位进行市场交易,只要该员工离职后能够证明客户自愿选择与自己或者其新单位进行市场交易,就不应当认定该员工采用了不正当手段,除非该员工与原单位另有约定。这样,就能够平衡企业商业秘密保护与员工择业、创业自由的关系。

(三) 管理信息

管理信息,是指组织生产和经营管理的秘密信息,特别是合理有效地管理各部门、各行业之间相互协作,使生产与经营有效运行的经验性信息,如管理模式、公关技巧等。管理信息在有些国家也被纳入技术信息或经营信息之中,并不单独分类。

在我国,"商业秘密"作为法律术语最早出现在1991年4月颁布的《民事诉讼法》中。1992年发布的《最高人民法院关于适用〈中华人民共和国民事诉讼法〉若干问题的意见》对商业秘密作了界定,即"主要是指技术秘密、商业情报及信息等,如生产工艺、配方、贸易联系、购销渠道等当事人不愿公开的商业秘密"。1993年颁布的《反不正当竞争法》正式对商业秘密作出定义,即"是指不为公众所知悉,能为权利人带来经济利益、具有实用性并经权利人采取保密措施的技术信息和经营信息"。可见,我国像大多数国家一样对商业秘密采用了广义的说法,并直接把它界定为一种"信息"加以保护。

二、商业秘密的特征

(一)非公知性

非公知性也称"秘密性",是商业秘密最核心的特征。商业秘密的秘密性,是指这种信息不为公众所知悉,处于保密状态,一般人不易通过正当途径获得或探明。正如有的学者所说:"法律对商业秘密唯一的、最重要的要求,是该商业秘密在事实上应是保密的,除却这一先决条件,其他条件也就毫无意义了。"① 这使得商业秘密区别于其他知识产权法保护的客体。专利或版权是通过技术公开、牺牲其保密性换取法律的直接保护,以在有限的时间内维持其价值的存续;而商业秘密则需要通过权利人采取适当的保密措施,并辅之以法律进行保护。

对商业秘密的非公知性的要求是认定商业秘密的关键。但是,一般认为,这种非公知性只能是相对的,各国法律并不都要求商业秘密处于绝对的、完全的保密状态下。因为一项商业秘密在使用和管理中是无法避免在一定范围内或一定程度上向外界公开的。企业内部雇员、合作对象、政府审批机构的工作人员都有可能接触到商业秘密的内容。但是,只要权利人采取一定的保密措施,就可以将所涉信息认定为处于秘密状态下的信息。

(二)管理性

正因为商业秘密的秘密性是相对的,所以它要求权利人采取合理的保密管理措施进行自我保护。这就涉及一个十分关键的问题,即如何确定保密措施的合理性。在保密措施上,大陆法系国家比较重视保密合同的作用,包括签订保密合同、限制进入或靠近工厂和设备以及与商业秘密有关的现场、对秘密文件进行特殊保护、禁止秘密材料的散发等。只要企业采取这些措施,就可以认为形成了商业秘密。英美法系国家则不仅倚重保密合同的作用,而且重视现实中相关信息是否真正处于保密状态。保密性有主观保密和客观保密两个方面,只有同时具备两个方面的保密性,才构成受到法律保护的商业秘密。主观保密性,是指商业秘密的持有人必须具有保密的主观愿望。这表现为商业秘密的持有人采取合理的保密措施。客观保密性,是指商业秘密在客观上没有为公众所了解或没有

---

① 徐士英:《竞争法论》,世界图书出版公司 2007 年版,第 178 页。

进入公共领域。如果在市场上出售含有商业秘密的产品,就有可能导致商业秘密失去其客观保密性。美国司法实践中所认可的合理保密措施一般包括:把接近商业秘密的人员限制到极少数人;利用物质障碍做到非经授权不能获得任何关于商业秘密的知识;在可行的情况下,限定雇员只接触商业秘密的一部分;对所有涉及商业秘密的文件都用表示秘密的符号一一标出;要求商业秘密的保密人员采取妥善的保护措施;要求有必要得知商业秘密的第二人签订适当的保密合同;对接触过商业秘密又即将被解雇的雇员退出检查等[1]。随着科学技术的不断发展,各种窃取商业秘密的手段也变得愈来愈高明,商业秘密的保密措施很难保证万无一失。因此,法律要求的保密措施只能是相对合理程度上的保密。"保密措施犹如对善意过路者的一道栅栏,足以使善意的过路人不能在一眼看去或稍加理解就可搞清商业秘密的同时,警告其不可进一步把脚踏入被禁止入内的领地;如果法律要求企业为其商业秘密营造一座滴水不漏、可防范任何不可预测和不可察觉的间谍行为的堡垒,是不现实的。"[2]

(三) 经济性

经济性也称"价值性"。商业秘密的经济性,是指商业秘密的使用可以为权利人带来经济上的利益,使权利人拥有比不知晓或不使用该商业秘密的同行业竞争者更有利的地位和竞争优势,从而能在竞争中领先。商业秘密的经济性包括现实的经济利益和潜在的经济利益。这种经济性并不一定表现为侵权给权利人带来的经济利益的损失,也可能表现为侵权人在将来通过使用该商业秘密而给自己带来某种竞争优势,强化其在市场竞争中的地位,导致商业秘密权利人在竞争中优势地位的丧失。商业秘密的经济性正体现了保护商业秘密的内在原因。值得指出的是,商业秘密的价值性与权利人取得该商业秘密所花费的成本之间并无必然的联系,即商业秘密权利人的竞争优势地位并不能用其获取商业秘密时所花费的成本来计算。由此可见,衡量商业秘密价值性的标准只能是其本身所具有的、可能为权利人带来的竞争优势。

综上所述,非公知性、管理性和经济性作为商业秘密的构成要件已经为世界各国法律所接受。商业秘密的特征就是构成商业秘密的基本要件,同时也是司法中认定商业秘密的客观依据。但是,上述特征只是对商业秘密的一种抽象的概括,在适用于个案时,还存在解释态度问题。制约商业秘密保护范围的最根本

---

[1] 刘金波、朴勇植:《日、美商业秘密保护法律制度比较研究》,载《中国法学》1994年第3期。
[2] 商业秘密法制丛书编辑委员会编:《商业秘密法制现状分析及案例》,中国法制出版社1995年版。

的要素是受到社会物质生活条件限制的社会道德观念的发展程度。在我国市场经济发展之初,不少学者、专家曾经主张对侵犯商业秘密行为采用较为严格解释的方法①。比如,对"经济性"的认定,不是以商业秘密权利人主观上认为有经济价值为标准,而应该从客观上认定经济性。对于保密性,也应该采用主观标准和客观标准并重的做法,即除了有保密的愿望之外,实际上也采取了适当的保密措施且不为外人知晓,而不是权利人认为采取了保密措施。事实上,对待侵犯商业秘密的行为,很难单纯地给出一种严格或宽松的立法态度。因为商业秘密是一种特殊的知识产权,法律既要维系其极端的隐蔽性以鼓励更多的人去研发,又要避免对其进行过度的专有保护以促进一定程度的知识流动和共享。没有前者,会导致一些秘密信息得不到妥善的保护,不利于鼓励创新;而缺乏后者,则又极可能导致整个社会兴起"滥用知识秘密"之风,使得一些本应成为全社会技术提升基础的信息遭到禁锢。因此,我国在目前的立法和司法实践中,在关于"经济性"的认定上,较之以前更加关注有关信息具有现实的甚至是潜在的商业价值,能为权利人带来竞争优势。

三、商业秘密的法律属性

关于商业秘密的法律属性,各国的理论尚不一致。但是,基于对商业秘密本质属性的分析以及各国的有关立法,商业秘密的法律属性可以概括为一种特殊的知识产权。

(一)商业秘密总体上属于知识产权

各国对商业秘密的法律属性已经基本形成共识,认为商业秘密具有知识产权的属性,这是因为:第一,商业秘密是权利人创造性的智力劳动成果,并且对其保密性要耗费大量的人力和物力。第二,商业秘密能给权利人带来经济效益,能通过转让实现其价值。商业秘密可作为财产进行转让,或者独立转让,或者随有形财产及其他知识产权一起转让。因此,许多国家都规定商业秘密权利人具有使用、转让并在一定条件下阻止他人非法使用或披露商业秘密的权利。有些国家的公司法也规定,公司成立时,商业秘密权利人可以商业秘密入股或投资。这些都表明商业秘密具有财产属性。

(二)商业秘密是一种不完全的知识产权

商业秘密的特征决定了它并不是一种完全意义上的知识产权,权利人并不

---

① 郑成思主编:《知识产权研究(第二卷)》,中国方正出版社1996年版,第114页。

享有绝对排他的权利。在有些情况下，权利人虽然采取了保密措施，但是并不享有对抗他人的权利。比如，权利人通过独立研究掌握一项商业秘密，只要权利人和他人都以为自己是商业秘密的唯一拥有者，仍应视为未被公众知悉的商业秘密。又如，他人根据投入市场的产品，通过"反向工程"重新研究出一项商业秘密，也不能认为原商业秘密失去了秘密性。正因为商业秘密不具有专利、商标等独占、垄断的权利，所以它是一种不完全的知识产权。

（三）商业秘密是一种特殊的知识产权

虽然商业秘密不具有知识产权的专有性、地域性和时间性等特征，但是知识产权制度保护人类智力劳动成果不受侵犯的基本宗旨同样适用于商业秘密。所以，早在20世纪60年代，国际商会就把商业秘密视为工业产权，允许对其进行有偿转让；TRIPS协定专门规定了对"未公开信息"的保护。

基于以上原因，商业秘密是一种非权利性质的法益这一观点有其合理性。根据侵权法理论，对法定权利的侵害，无论侵权人主观上是故意还是过失，都被认为是过错而应承担损害赔偿责任。但是，对于法定权利之外的法益侵害，侵权人仅在故意时才承担赔偿责任，而过失则可以免责。德国、日本、美国等国对商业秘密的保护性规定都是针对故意侵害行为作出的，对过失泄露行为只能按违反合同义务处理。商业秘密并不具有对抗任何人的绝对效力，其秘密性可能因其他合法持有人的合法公开而丧失。因此，对于经营者来说，商业秘密既不能作为财产状态受到重视和保护，又不能以"产权化"的一般方式简单地对待，对其保护存在复杂性。这也是商业秘密保护呼声不断，效果却差强人意的原因之一[①]。

总之，商业秘密的法律属性目前还在研讨和发展中，理论界和司法界仍在争论[②]。但是，它已经显示出来的和已被各国法律确认的财产性质，足以让人们明白，对他人商业秘密的侵犯应该构成不正当竞争行为，并要承担相应的法律责任。

第二节 侵犯商业秘密行为的表现形式

商业秘密作为一种信息，具有无形资产的特征，极易为他人所侵犯，其权利人不像物的所有权人那样对物容易控制和占有。因此，对商业秘密的侵犯行为

---

① 谢晓尧：《商业秘密保护机制缘何失灵》，载《深圳特区报》2014年5月27日第B11版。
② 郑成思：《知识产权法》，法律出版社1997年版，第483页。

与对物权的侵犯行为有所不同。美国《统一商业秘密法》对此作了比较明确的界定:"侵犯商业秘密系指:(1)某人明知他人所持的商业秘密为不当取得仍予以接受;(2)下述人员未经明示或默示同意泄露或使用他人商业秘密:① 使用不当方法获取商业秘密的人;② 某人在泄露或使用商业秘密时,知道或应当知道该秘密源自或经他人使用不当方法取得,或对该商业秘密应当予以保密或限制使用,或该商业秘密源自或经他人取得,其他人对商业秘密持有人负有保密或限制使用的请求救济的责任;③ 某人在职位实质改变前,知道或应当知道其偶然或过失获知的知识是一项商业秘密。"

我国在立法中吸收了世界各国的经验,对侵犯商业秘密的行为以列举的方式作了具体的规定。

一、以不正当手段获取他人商业秘密

这是指出于竞争目的,以各种不正当手段获取他人商业秘密的行为。禁止以不正当手段获取他人商业秘密,实际上是规定了"获取"行为本身的违法性,而不必等到公开使用时才算违法。我国的这一规定在国际上关于商业秘密保护的立法中是较为领先的。传统理论认为,商业秘密保护仅仅是相对特定人之间因合同(明示合同或默示合同)的保密关系而产生的权利义务关系,因而商业秘密权仅针对特定的义务承担者。但是,在实践中,如果合同义务以外的人员以不正当手段获取了商业秘密,要追究其责任十分困难。因此,法律逐渐由此转向保护商业秘密的财产权,处罚"获取"商业秘密的不正当手段。

所谓不正当手段,是指一切违反诚实信用、公平竞争原则,直接从权利人处获取商业秘密的行为。我国《反不正当竞争法》将"不正当手段"具体规定为"盗窃、贿赂、欺诈、胁迫、电子侵入或者其他不正当手段"。美国《统一商业秘密法》规定的"不正当手段"包括"窃取、贿买、不真实表示、违反或诱使违反保密义务或者通过电子方法或其他方法窥探"。事实上,不正当手段是不可能列举穷尽的。因此,在具体的案件审理中,还需对个案进行分析,只要侵权人不是以正当手段获取商业秘密,如从独立发明、"反向工程"或公开的出版物中得知此商业秘密,并有足够的证据证明其获取手段的合法性,就可以认定为"以不正当手段获取"[1]。认定以不正当手段获取商业秘密的法律规定的意义在于,有效保护权利

---

[1] 唐昭红:《商业秘密研究》,载梁慧星主编:《民商法论丛(第6卷)》,法律出版社1999年版,第750页。

人的商业秘密。尤其在我国竞争秩序尚未完善的情况下，这更显得意义重大。

> **杜邦公司诉克里斯托弗商业秘密侵权案**[①]
>
> 杜邦公司（DuPont de Nemours & Co.）在美国得克萨斯州的比尔蒙特开设了一家工厂，计划研制生产一种新型甲醇。由于工厂还在建设之中，厂房尚未加顶。1969年3月19日，受身份不明的第三方雇用，比尔蒙特的摄影师加里·克里斯托弗驾驶飞机，在空中对杜邦公司的新建厂房进行了拍摄，并将照片交给了受雇的第三方。杜邦公司因此对克里斯托弗提起了侵害商业秘密的诉讼。被告律师辩称，飞机航行的区域是公共领域，任何私人不被禁止飞行；摄影是美国联邦宪法规定的包括旅行在内的个人行动自由的内容之一；杜邦公司并未用实际行动表明其工地不允许他人参观，即在厂房上盖起大棚或安装雷达等装置。法院认为，在一个未建成的建筑物上建屋顶并不合理，亦不能过分要求权利人采取商业秘密保护措施。最终，法院判决克里斯托弗以不正当手段窃取信息，属于侵犯杜邦公司的商业秘密；同时，按杜邦公司的要求披露该雇佣方。
>
> **微评：** 根据《最高人民法院关于审理不正当竞争民事案件应用法律若干问题的解释》第11条，保密措施是指权利人为防止信息泄露所采取的与其商业价值等具体情况相适应的合理保护措施。人民法院应当根据所涉信息载体的特性、权利人保密的意愿、保密措施的可识别程度、他人通过正当方式获得的难易程度等因素，认定权利人是否采取了保密措施。

二、恶意披露、使用或者允许他人使用以不正当手段获取的商业秘密

这是行为人获取商业秘密后的行为。非法获取他人的商业秘密的行为人将其所获取的商业秘密转告第三人，或利用各种方式将商业和秘密公布于众，自己使用或允许他人使用该商业秘密，都会使权利人受到的损害进一步扩大，后果将更加严重。我国《反不正当竞争法》第9条对此明确规定，"披露、使用或者允许

[①] E. I. DuPont de Nemours & Co. v. Christopher，431 F. 2d 1012 (5th Cir. 1970)，cert. denied，400 U. S. 1024(1971)。

他人使用以前项手段获取的权利人的商业秘密"是侵犯商业秘密的行为。一般而言,既然是恶意取得他人的商业秘密,其目的就是要利用或扩散该商业秘密,以获取利益。商业秘密也只有掌握在一定的使用者手中并加以实施才有效益。因此,商业秘密的获取者必然是自己使用或允许他人使用该商业秘密。法律对于这种行为的规制是极为必要的,与前一种行为存在逻辑联系。

三、违反保密义务或者违反权利人的要求侵害他人商业秘密的行为

这是侵犯他人商业秘密最常见的行为,也是早期对商业秘密的保护规定。尽管侵权人以正当手段获取一项商业秘密,但是由于对权利人有明示或默示的义务,因而不得披露、使用或者允许他人使用该商业秘密,否则同样被认为是侵权行为。我国《反不正当竞争法》对此也作了规定,禁止"违反保密义务或者违反权利人的有关保守商业秘密的要求,披露、使用或者允许他人使用其所掌握的商业秘密"。

由于商业秘密具有实用性,因此因正常业务或相互信任等关系而获得商业秘密的情况是存在的,如因业务需要而在本单位员工中进行交流,因市场经营需要而为产品的销售者、原材料的供应者、设备的修理者所知晓,因技术开发、转让、咨询、服务业务而为技术合同的对方所了解等。但是,由于这些合同的特殊性,商业秘密的获得者对权利人负有明示或默示的保密义务。美国《统一商业秘密法》明确规定,因信用或保密关系获得商业秘密者未经许可泄露或使用商业秘密视为侵权。这里所说的"未经许可",既包括未经明示的许可,也包括未经默示的许可。前者是指权利人与商业秘密的获得者之间订立了有关保密合同,后者是指基于法律、习惯及事实等原因推定而承担的保密义务。虽然我国法律对此并无明确规定或解释,但是《反不正当竞争法》所规定的违反"保密义务"和"权利人的有关保守商业秘密的要求"应该包括明示和默示两种情况。这里强调的是对商业秘密持有人意志的违背,而无论明示的还是默示的许可都是持有人的真实意志,只要缺乏这种许可,披露、使用或者允许他人使用其所掌握的商业秘密都应认定为侵害他人商业秘密的行为。

四、第三人侵犯商业秘密的行为

这是指第三人明知或应知转让人是以不正当手段获取商业秘密的,或是未经授权取得后披露、使用或者允许他人使用的,仍予以受让或泄露的行为。显

然,这里的第三人有侵权的主观恶意。我国《反不正当竞争法》第 10 条第 3 款规定:"第三人明知或者应知商业秘密权利人的员工、前员工或者其他单位、个人实施本条第一款所列违法行为,仍获取、披露、使用或者允许他人使用该商业秘密的,视为侵犯商业秘密。"美国《统一商业秘密法》也规定,"明知或者有理由知道该商业秘密是通过不正当手段获取的,未经明示或默示的同意,公开或使用他人的商业秘密,为不正当使用"。将第三人的恶意行为作为侵权行为进行制裁,追究第三人的责任,具有重要的理论价值和实践意义。虽然第三人并非直接以不正当手段获取他人的商业秘密,但是这种类似于"销赃"的行为对商业秘密权的侵害以及对公平竞争秩序的危害与上述三种行为是相同的,正因为有了转让的市场,才促使侵权人实施上述行为。因此,将这种行为列入侵权行为,有利于制止违法行为。此外,这对人才流动中商业秘密的流失也起到了一定的预防作用,让雇主尽到合理注意义务,雇主不能以"挖墙脚"的方式获取其他雇主的商业秘密。

第三节 侵犯商业秘密行为的法律规制

一、侵犯商业秘密行为法律规制方式的变迁

由于商业秘密的性质以及侵犯商业秘密行为复杂的法律关系(既有侵权的性质,又有违约的性质,还有不正当竞争的性质),因而世界各国保护商业秘密的法律有不同类型。商业秘密保护法律的理论也经历了一个发展变迁的过程,由最初的以合同法保护发展到以侵权法保护,到现今专门立法保护。

(一)商业秘密的合同法保护

对商业秘密的保护始于保密约定的合同法规则。若当事人违反保密义务或与权利人的约定,则应承担违约责任。但是,多数国家规定了这种行为的侵权责任。对商业秘密的民事法律规制最早是通过合同法进行的,早期的商业秘密保护法律大多以契约理论为基础。大陆法系国家比较强调明示合同的作用,其司法实践也表明书面合同在案件审理中起着关键的作用。英美法系国家后来扩大了合同的范围,发展了法律上默示合同的概念。如果不存在明示合同,则依据实际情况,认定双方当事人之间存在着默示合同,即以证明双方当事人默示同意的法律事实,推定当事人之间存在着限制使用商业秘密的合同。

(二) 商业秘密的侵权法保护

自美国 1939 年制定《侵权法》后，对商业秘密的保护逐步向侵权法保护发展，并得到广泛应用。商业秘密的侵权理论并不过分强调当事人之间的合同义务，而是强调所有权关系中的权利和义务，当事人之间只要存在一定的关系，一方当事人就要尊重另一方当事人的权利，如劳动聘用关系中雇员的忠实义务等。美国普通法中关于保护商业秘密的法律也规定，原告发现有人盗用其商业秘密，可以请求法院发布禁止令，这是典型的侵权法保护方式①。

英国法律规定，如果不存在行为人事实上的承诺，行为人对他人亦未作相反表示，则从双方关系的性质或行为人与他人的关系可以推定这种承诺。因为只要第三人从他人那里获取商业秘密时意识到或者应该意识到此原始获取者有保密义务，那么第三人对该商业秘密也应负有保密义务。这种规定使商业秘密的一系列获取者之间形成一根默示的义务链条，对有效保护商业秘密较为有利。

(三) 商业秘密的专门立法保护

鉴于商业秘密在国民经济发展中的重要性，以及侵权法对商业秘密的保护不够全面，不少国家和地区开始制定保护商业秘密的专项立法，如美国的《统一商业秘密法》、英国的《保护秘密权利法》、我国台湾地区的"营业秘密法"等。通过专项立法，对商业秘密的保护范围、保护措施、处罚手段以及诉讼程序等都可以进行完整的规定。我国《反不正当竞争法》将侵犯商业秘密的行为列为不正当竞争行为，对商业秘密提供了一定的法律保护，标志着我国商业秘密法律保护制度初步建立。但是，《反不正当竞争法》对如何有效地制止侵犯商业秘密行为尚缺乏详细具体的规定。因此，对于我国制定专门的《商业秘密保护法》，对企业的管理人员、技术人员、职员、工人以及国家公务员和新闻媒介等承担不侵犯企业商业秘密的义务作出详尽的规定显得十分必要。2017 年修订的《反不正当竞争法》通过增加新的内容，对企业管理人员、技术人员及员工的竞业禁止作了规定。

二、我国对侵犯商业秘密行为的规制

侵犯商业秘密是一种侵犯他人正当权益的行为，理应受到法律的规范和制裁。自改革开放以来，随着社会主义市场经济的发展，我国通过《民法典》《反不正当竞争法》《刑法》等法律，对侵犯商业秘密行为作出明确的规定。

---

① 王兰石：《商业秘密法律保护现状及其完善》，载《商业研究》2002 年第 16 期。

(一) 民事法律保护

对商业秘密的民事法律保护分为合同法律的保护和侵权法律的保护两种，这是商业秘密保护最为普遍和有效的手段。我国对商业秘密的合同法保护最早是在《技术合同法》中规定的。技术合同的条款中一般都包括技术情报和资料的保密，非专利技术转让合同的转让方和受让方应承担合同的保密义务，如果违反这些义务，必须承担违约责任和赔偿责任①。合同理论虽然是保护商业秘密的有效手段，但是也有一定的局限性。它对合同关系的当事人有约束力，却不能约束合同以外的其他人。因此，把商业秘密作为一种财产进行保护的侵权理论应运而生，我国《民法典》第 123 条规定的"民事主体依法享有知识产权"中，专门规定了"知识产权是权利人依法就下列客体享有的专有的权利：……（五）商业秘密"，将"商业秘密"纳入知识产权客体予以保护。这是我国民事实体法律对于商业秘密权的立法肯定，确定了这种行为的侵权性质。

侵犯商业秘密行为应承担的民事责任包括以下三种形式：

第一，停止侵害。这是被广泛运用的一种民事救济方法。《反不正当竞争法》规定，侵犯他人商业秘密的，"由监督检查部门责令停止违法行为"。停止侵害的民事责任在商业秘密保护方面还有一种特殊的做法，即由法院判决被告在相关领域，在一段时间内停止使用原告的商业秘密。这被称为"扣除领先时间原则"，即被告因以不正当手段获取他人的商业秘密，相对其他竞争者会取得一段领先时间，如果判令被告在一段时间内不能使用该商业秘密，就等于扣除了其领先时间，在商业信息方面与其他竞争对手处于相同的起点。因此，《最高人民法院关于审理不正当竞争民事案件应用法律若干问题的解释》第 16 条规定："人民法院对于侵犯商业秘密行为判决停止侵害的民事责任时，停止侵害的时间一般持续到该项商业秘密已为公众知悉时为止。依据前款规定判决停止侵害的时间如果明显不合理的，可以在依法保护权利人该项商业秘密竞争优势的情况下，判决侵权人在一定期限或者范围内停止使用该项商业秘密。"

第二，返还财产。当非法获取、泄露他人商业秘密的侵权行为已实施完毕，而商业秘密尚未被公开，其秘密价值尚存时，被侵权人可向法院请求责令侵权人返还商业秘密，包括追回已经转移的物品，或者销毁体现商业秘密的载体（如文件、实物复制品等）。

---

① 《技术合同法》的内容已被 1999 年 3 月 15 日九届全国人大二次会议通过的《合同法》吸收，并作了更为详细的规定。

第三,赔偿损失。商业秘密作为无形财产,被侵害后势必会给权利人造成经济损失。因此,权利人有权要求侵权人赔偿损失。一般来说,因侵权行为导致商业秘密已为公众所知悉的,应当根据该项商业秘密的商业价值确定损害赔偿额。商业秘密的商业价值,根据其研究开发成本、实施该项商业秘密的收益、可得利益、可保持竞争优势的时间等因素确定;请求赔偿需要原告举证,但是当原告提不出损失证明,法院认为必须对原告进行补偿时,可以不当得利为依据给予补偿(如美国法院就是如此处理的)[①]。

(二) 竞争法律保护

把侵犯商业秘密的行为列入不正当竞争行为,运用行政手段保护,是当代竞争法的重要特征和发展趋势。商业秘密一旦受到侵犯,其后果是无法弥补的,即使运用民事赔偿的方法也难以消除。因此,运用行政法律,及时、果断、强制性地制止和制裁这种行为,必然成为各国立法的选择。我国《反不正当竞争法》的实施,从维护市场竞争的角度,把合同责任和侵权责任进行了竞合。这样规定的目的是,使权利人在诉讼时能够以更方便、更及时有效的途径保护自己的商业秘密[②]。采用综合性的方法对日益复杂的社会经济关系进行调整,保护商业秘密法律的这一显著特点体现了现代经济法的特征,也是整个现代法律发展的趋势。

对商业秘密的行政法律保护主要体现在竞争法实施机构的规定中。现代市场经济国家大多设立了公平竞争法的主要执行机构,如美国的联邦贸易委员会、日本的公平交易委员会、德国的商会调解机构等。这些机构对侵犯商业秘密行为具有独立的调查和发布行政命令的权力,如命令停止侵权行为、责令改正、处以罚款等。我国《反不正当竞争法》第21条规定了侵犯商业秘密的行政责任:"经营者……违反本法第九条规定侵犯商业秘密的,由监督检查部门责令停止违法行为,处十万元以上一百万元以下的罚款;情节严重的,处五十万元以上五百万元以下的罚款。"

(三) 刑事责任

对于侵犯商业秘密行为,法律只规定民事责任和行政责任是不够的。有些侵犯商业秘密行为会严重损害国家和公众的利益,扰乱社会经济秩序。因此,有

[①] 在损害赔偿上,对于恶意欺诈和盗用商业秘密的行为,有些国家还规定了惩罚性的赔偿条款,赔偿金额的大小由司法部门视情节轻重而定。

[②] 唐昭红:《商业秘密研究》,载梁慧星主编:《民商法论丛(第6卷)》,法律出版社1997年版,第750页。

的国家和地区对这些行为人或有关责任人员规定了刑事责任,即设立"泄露企业秘密罪"或"泄密罪"。例如,日本、墨西哥、哥伦比亚均有这类规定。法国《刑法典》规定,公司职员泄露秘密的,处以 2—5 年徒刑,并科以一定罚金。我国以往的刑法只规定了泄露国家机密罪,而侵犯商业秘密行为并未被列入罪名。由于现实中盗窃技术秘密、牟取非法利益的情况特别严重,危害极大,因而修改后的《刑法》中增设了新罪名进行制裁。根据《刑法》第 219 条的规定,有侵犯商业秘密行为,给商业秘密的权利人造成重大损失的,处三年以下有期徒刑或者拘役,并处或者单处罚金;造成特别严重后果的,处三年以上七年以下有期徒刑,并处罚金。这表明了我国商业秘密保护制度的发展。不仅如此,我国对法人犯罪有适用双罚制的规定。例如,《刑法》第 220 条规定,单位侵犯他人商业秘密的,对单位判处罚金,并对其直接负责的主管人员和其他直接责任人员,依照相关规定处罚。

刘某侵犯商业秘密案[①]

刘某曾担任 H 公司研发部技术主管工程师,参与设计 H 公司的"婴儿训练裤自动化生产线"。2013 年 8 月,刘某利用职务便利以及 H 公司加密软件升级漏洞,私自用 U 盘从 H 公司管理员电脑中将该公司"婴儿训练裤自动化生产线"中多份技术图纸拷贝并带出公司。2014 年 4 月,刘某离职后,被 S 公司高薪聘请担任技术工程师(后任技术总工程师)。2014 年 5 月开始,刘某在 S 公司工作并使用化名"孙某",将其从 H 公司拷贝出的变横导杆和变横空心座技术图纸应用到 S 公司制造的"婴儿拉拉裤生产线"中。2015 年 8 月,S 公司以 1029119 美元的价格,将内部编码 YL014 的"婴儿拉拉裤生产线"销售至印度。X 司法鉴定所经鉴定确认:H 公司设计、制造的"婴儿训练裤自动化生产线"转横缩距总成和产品换向总成相关技术中含有"不为公众所知悉"的技术信息;涉案图纸图名变横导杆、变横空心座、旋转盘记载的有关技术尺寸与 H 公司"婴儿训练裤自动化生产线"转横缩距总成和产品换向总成中相关"不为公众所知悉"的技术信息相同。经 Y 公司评估,H 公司因刘某的行为所造成的损失在评估基准日为人民币 636550 元。

---

① 安庆市中级人民法院(2017)皖 08 刑终 218 号刑事裁定书。

一审法院认为，刘某违反商业秘密权利人 H 公司有关保守商业秘密的要求，采用不正当手段获取并非法使用 H 公司的商业秘密，给 H 公司造成重大损失，其行为已构成侵犯商业秘密罪。一审法院判决被告人刘某犯侵犯商业秘密罪，判处有期徒刑一年二个月，并处罚金人民币 10 万元。2017 年 11 月 7 日，二审法院维持原判。

微评：刘某侵犯商业秘密的行为不仅侵犯了权利人 H 公司的权利，给权利人带来经济损失，也扰乱了正常的经济秩序，使正当经营者本来拥有的竞争工具——商业秘密丧失秘密性而失去价值。在判定是否具有秘密性，即是否符合"不为公众所知悉"的特征时，应当注意，依据《最高人民法院关于审理不正当竞争民事案件应用法律若干问题的解释》第 9 条的规定，"具有下列情形之一的，可以认定有关信息不构成不为公众所知悉：……（二）该信息仅涉及产品的尺寸、结构、材料、部件的简单组合等内容，进入市场后相关公众通过观察产品即可直接获得"。本案中，H 公司所有的转横缩距总成和产品换向总成相关图纸所记载的技术信息不是一种简单的技术组合，无法通过对公开的产品即"婴儿训练裤自动化生产线"进行直观或简单的测绘、拆卸、仿制等手段直接轻易获得，相反，必须经过该领域技术人员进行长期研究、反复试验方能获得相关技术信息。因此，该技术符合"不为公众所知悉"的特征。

本案中，刘某利用职务上的便利，违反与 H 公司的保密协定，客观上存在以不正当手段非法获取并使用 H 公司商业秘密的行为，构成侵犯商业秘密罪，定罪标准为给权利人造成 50 万元人民币以上的重大损失。鉴定机构对已经发生的损失事实的评估属于追溯性评估。鉴定机构综合侵权行为发生时间、委托日期、市场状况等因素，并经相关当事方协商一致，确定 2016 年 5 月 31 日为评估基准日，最终经过评估确定给权利人造成的损失在该基准日为 636550 元，对于评估基准日的选择具有一定借鉴意义。

思考题

1. 简述商业秘密的含义和特征。
2. 简述商业秘密的法律属性。
3. 简述第三人侵犯商业秘密的行为。
4. 简述侵犯商业秘密行为法律规制方法的变迁。

第十七章　不正当有奖销售行为及其法律规制

【学习要点】
1. 掌握不正当有奖销售行为的含义和特征
2. 掌握不正当有奖销售行为的表现形式
3. 掌握不正当有奖销售行为的法律规制

第一节　不正当有奖销售行为的含义和特征

一、不正当有奖销售行为的含义

有奖销售的实质是一种赠与,与市场竞争的公平性密切相关,因此要受到竞争法的规制。这种行为作为一种促销手段,在引发消费欲望、促进销售增长、刺激经济发展方面有一定的作用。然而,随着有奖销售的日益普遍,其严重违反公平竞争原则的消极作用也越来越明显。有奖销售行为在各个国家都存在,只是表现形式、表现程度有所不同。

由于我国《反不正当竞争法》没有直接给有奖销售下定义,因此只能从国家工商行政管理总局颁布的《关于禁止有奖销售活动中不正当竞争行为的若干规定》第2条的规定中查找。立法者所希望规制的有奖销售行为,是指经营者销售商品或者提供服务,附带性地向购买者提供物品、金钱或者其他经济上的利益的行为,包括:奖励所有购买者的附赠式有奖销售和奖励部分购买者的抽奖式有奖销售。凡以抽签、摇号等带有偶然性的方法决定购买者是否中奖的,均属于抽奖方式。

实践中,有些行为往往可以规避这类禁止性规定的规制。各地执法部门都受理过类似的投诉,如某些企业借开业、周年庆、假日庆典等理由在消费者中进行抽奖或者普遍赠送,实际上达到了吸引消费者的目的,却也影响了中小企业的正常经营。这种现象反映了现有概念的不周延性。实际上,有奖销售是一种市场营销手段,可以考虑在《反不正当竞争法》中引入其上位概念——不正当营业推广。在市场营销学中,营业推广是"为了刺激需求而采取的能够迅速激励购买行为的促销方式。一般来说,人员推广、公共关系、广告等促销方式都带有持续性和常规性,而营业推广则常常是上述推广方式的一种辅助手段,用于特定时期、特定商品的销售。其表现形式如赠送样品、赠送优惠券、有奖销售、附赠礼品、现场示范、交易折扣和津贴等"[①]。从其概念和表现形式可以看出,不正当营业推广除了包括不正当有奖销售行为外,还包括不以销售行为为依托的单纯促销行为,以此为基础产生的法学概念应当能够对应市场中的不正当营业推广行为。考虑到我国目前的立法仍然采用的是"不正当有奖销售"这一概念,因此在本节的阐述中依然沿用"不正当有奖销售"。

在不正当有奖销售行为发生时,经营者在形式上是通过奖品将一部分利益让渡给了消费者,但是这种让渡实际上带有虚伪性。其一,从整体上看,抽奖的中奖范围有限,并且这个范围是可以人为控制的。在正当的抽奖销售中,组织者会将返还的利益控制在销售纯获利的较小比例之内。因此,无论消费者抽到多大的奖,利益仍然是从消费者流向销售者的。正当的抽奖尚且如此,在不正当的抽奖中,一旦行为人暗中让自己人中奖或者根本无奖,各种利益流动就更加不言而喻了。其二,从个体上看,只要稍加分析三种不正当有奖销售的表现形式,即可发现不是推销的产品质价不符,就是奖项有"内幕",再就是用一个虚高的奖金额刺激出在正常情况下绝不可能出现的巨大需求。这些形式背后的目的很明确,那就是从消费者身上攫取使用正常促销手段所无法获得的暴利,最终受损的必然是消费者。

二、不正当有奖销售的类型

从各国的竞争立法来看,受到限制和禁止的有奖销售大致可以划分为抽奖式有奖销售和附赠式有奖销售两种。

第一,抽奖式有奖销售。

抽奖式有奖销售,也称"悬赏销售",是销售方以抽奖等带有偶然性的方法决定购买方是否中奖并提供奖品或奖金的销售方式。抽奖式有奖销售利用购买者的博彩心理推销商品,甚至利用有奖销售推销劣质产品。因此,很多国家对抽奖式有奖销售有相应的规制措施和具体的规定。例如,德国《附赠法令》禁止以抽

[①] 吴健安主编:《市场营销学(修订版)》,安徽人民出版社1998年版,第396页。

奖方式推销商品或服务,或者为招徕顾客集体乘坐旅游车而在每辆车中提供免费座位等;加拿大禁止推销性有奖销售,除非经过一定的合法程序;日本《不当赠品及不当表示防止法》按照交易额大小、企业是否单独(或联合)进行有奖销售等情况,对最高奖额和奖金总额作了非常详细的规定。

第二,附赠式有奖销售。

附赠式有奖销售,也称"普遍有奖的销售",是指销售方(包括厂家或批发商)向所有购买方(包括零售商或消费者)赠送奖品或奖金,或者赠送有价凭证(如消费满一定金额退还多少礼券等)的销售行为。这种行为之所以有失公平,一方面是因为对消费者具有搭售的效果,使消费者因商品或服务的价格结构不明显而产生误解,误认为高价变为低价,购买了不需要的商品;另一方面,对于竞争者或者赠品的供应商市场可能造成妨碍竞争的影响[1]。因此,大多数国家对附赠式有奖销售进行了规制,规定有奖销售的赠品只能被限制在一定限度内。

法国基本上禁止在销售商品时采取免费或即时、定期付款的形式向消费者赠送商品,包括向对方提供物品、利益或服务。但是,这种禁止不等于杜绝一切赠品,在竞争法规定的限额和条件下,允许赠送价值不大的广告用品,而且赠品的最高额(包括所得税额)不得超过一定金额。同时,产品的广告性说明必须明确标在赠品上;如果是样品,必须标明"免费样品,不得出售"。赠品的说明必须清晰,擦洗不掉。另外,如有奖销售的赠品与销售物属于同一类型,则该赠品的赠送即属于不正当行为。德国《附赠法令》规定,商业往来中凡带有"馈赠""奖励""免费"等词语的广告,均在禁止之列。德国法律也允许在销售中附带赠送一些价值低廉的物品,如小气球、小旗子等,但是这些物品只能用来做广告,上面要有永久性广告标志,而且所赠物品的金额不得超过主商品价值的3%。日本公平交易委员会将普通有奖销售分为两部分:其一,对于商店向所有消费者提供奖品和奖金的销售行为,交易额在50万日元以下的,奖品和奖金的价值不得超过交易额的10%;交易额在50万日元以上的,奖品和奖金的价值不得超过5万日元。其二,对于厂家和批发商为吸收经销单位而向零售商提供奖品或奖金的行为,厂家和批发商每年之内向每个零售商提供的奖品和奖金的价值总额不得超过10万日元。日本允许某些符合商业惯例的行为,如赠送附件、送货上门、位于交通不便地方的旅馆为旅客提供接送车辆等,但是不得以"无偿""免费"等词语

---

[1] 黄茂荣:《公平交易法理论与实务》,台湾植根法学丛书编辑室1993年版,第330页。

为此做广告。

我国《反不正当竞争法》第 10 条规定了有奖销售的三种禁止形式：(1) 所设奖的种类、兑奖条件、奖金金额或者奖品等有奖销售信息不明确，影响兑奖；(2) 采用谎称有奖或者故意让内定人员中奖的欺骗方式进行有奖销售；(3) 抽奖式的有奖销售，最高奖的金额超过 5 万元。可见，我国法律所禁止的"有奖销售"并不能完全等同于前述理论上的定义。此外，《关于禁止商业贿赂行为的暂行规定》第 8 条规定："经营者在商品交易中不得向对方单位或者其个人附赠现金或者物品。但按照商品惯例赠送小额广告礼品的除外。违反前款规定的，视为商业贿赂行为。"由此可见，《反不正当竞争法》所称的"有奖销售"，实际上指的是经营者以抽奖等带有偶然性的方法决定购买方是否中奖并提供奖品或奖金的销售方式。

第二节　不正当有奖销售行为的表现形式

有奖销售作为一种促销手段，被越来越多的经营者频繁使用，一些消费者也被高额赠品和奖品吸引而超需求购物。根据我国《反不正当竞争法》第 10 条和《关于禁止有奖销售活动中不正当竞争行为的若干规定》，不正当有奖销售主要有以下二种：

一、有奖销售信息不明确、影响兑奖

《反不正当竞争法》第 10 条第 1 项规定，所设奖的种类、兑奖条件、奖金金额或者奖品等有奖销售信息不明确，影响兑奖。实践中，有的经营者既想通过有奖销售吸引消费者，又不想支付太高的促销费用，往往故意对所设奖的种类、兑奖条件、奖金金额或者奖品等有奖销售信息不作明确清晰的表述，在消费者兑奖时制造困难，使消费者无法实际获得可以合理期待的奖励。例如，经营者宣称"买一赠一"，实际上买一双鞋送一双鞋垫；宣称"来店有礼"，实际上数量有限，或者消费满一定金额才能获得；宣称买汽车保险赠送汽车养护，实际上限定由特别偏远的门店、仅在特定时段提供服务；宣称所设奖品总价值百万元，实际上虚标奖品价格；宣称赠送时尚电子产品，实际上赠送老旧滞销款型；等等[①]。

[①] 王瑞贺主编：《中华人民共和国反不正当竞争法释义》，法律出版社 2018 年版，第 35—36 页。

关于J公司不正当有奖销售案[①]

J公司受Z公司委托,于2015年4月1日至6月30日举办了名为"'艾'游美国——艾禾美春季大回馈"的抽奖式有奖销售活动。凡是在活动期间,在线下实体店购买艾禾美任意产品(包括艾禾美小苏打、艾禾美牙膏等),即可参加抽奖。该抽奖活动一等奖的奖品为价值4999元/人的旅行代金券。但是,为了吸引消费者,当事人在商品销售场所的广告纸中将该奖品表示为"一等奖:美国豪华游10名"。在Z公司网站的"艾游活动抽奖细则"公告中,将该奖品表示为"一等奖为美国豪华旅游,我公司承担美国旅游相关机票、酒店等行程费用,不包括自费项目和签证费用(具体以行程表为准)"。此外,当事人在上述广告纸及"艾游活动抽奖细则"中均注明"本活动最终解释权归Z公司所有"。

对此行为,上海市松江区市场监督管理局认为,当事人将该抽奖活动一等奖的奖品描述成"美国豪华游"等的行为违反了《关于禁止有奖销售活动中不正当竞争行为的若干规定》第3条第1款第1项的规定,构成了对所设奖项的奖品作虚假表示的违规行为。

2015年7月16日,上海市松江区市场监督管理局对当事人送达行政处罚告知书。由于当事人已经改正了对所设奖项的奖品质量作虚假不实的表述的行为,而且无其他从轻或从重处罚的情节,故对当事人的前一行为,根据《关于禁止有奖销售活动中不正当竞争行为的若干规定》第7条第1款以及《反不正当竞争法》第26条的规定,决定责令当事人停止违法行为,并决定处罚如下:处以人民币2万元的罚款。

微评:随着市场经济的逐步发展,经营者之间的竞争越来越激烈,经营者为了提高自己的竞争力及市场吸引力,举办有奖销售活动是一种成本低、见效快并能经常采用的销售策略。然而,像本案中的经营者这样欺骗消费者、谎报奖品的行为就落入《反不正当竞争法》的调整范围。该经营者的行为破坏了公平竞争环境,损害了消费者利益,违反了公认的商业道德,故上海市松江区市场监督管理局依法予以处罚。

[①] 上海市松江区市场监督管理局松市监案处字〔2015〕第270201510286号行政处罚决定书。

二、欺骗性有奖销售行为

欺骗性有奖销售行为是指经营者采取虚假的或欺诈的方式进行有奖销售,引诱消费者与其进行交易。《反不正当竞争法》第 10 条规定的"采用谎称有奖或者故意让内定人员中奖的欺骗方式进行有奖销售",即属于欺骗性有奖销售行为。国家工商行政管理局 1996 年公布的《欺诈消费者行为处罚办法》(已失效)第 3 条也规定,经营者在向消费者提供商品中,以虚假的"有奖销售""还本销售"等方式销售商品的,属于欺诈消费者行为。《关于禁止有奖销售活动中不正当竞争行为的若干规定》第 3 条将欺骗性有奖销售行为细化为下列四种类型:(1)谎称有奖销售或者对所设奖的种类、中奖概率、最高奖金额、总金额、奖品种类、数量、质量、提供方法等作虚假不实的表示。(2)采取不正当的手段故意让内定人员中奖。(3)故意将设有中奖标志的商品、奖券不投放市场或者不与商品、奖券同时投放市场;故意将带有不同奖金金额或者奖品标志的商品、奖券按不同时间投放市场。(4)其他欺骗性有奖销售行为。其中,最后一种行为"由省级以上工商行政管理机关认定。省级工商行政管理机关作出的认定,应当报国家工商行政管理局备案"。该规定第 6 条要求:"经营者举办有奖销售,应当向购买者明示其所设奖的种类、中奖概率、奖金金额或者奖品种类、兑奖时间、方式等事项。属于非现场即时开奖的抽奖式有奖销售,告知事项还应当包括开奖的时间、地点、方式和通知中奖者的时间、方式。经营者对已经向公众明示的前款事项不得变更。在销售现场即时开奖的有奖销售活动,对超过五百元以上奖的兑奖情况,经营者应当随时向购买者明示。"该规定第 7 条第 2 款明确规定:"违反本规定第六条,隐瞒事实真相的,视为欺骗性有奖销售,比照前款规定处理。"

欺骗性有奖销售以虚假的或者不存在的经济利益作为诱因,诱使交易相对人优先选择购买其商品或者服务,使交易相对人为"超额利益"的表象所迷惑,作出不适当的购买决策。例如,2006 年 6 月 28 日,新疆吐鲁番市工商行政管理局城区工商所 12315 举报站接到一起举报案件,称在辖区新拓商城外有人从事有奖销售经营活动,并且已有不少人上当受骗。经查,当事人展某为了促销自己的商品,在有奖销售经营活动中设置了一至七等奖,根据抽取的不同中奖号,可奖励不同价值的商品。中奖号 888 为一等奖,奖品为价值 1800 元的电视机;中奖号 718 为二等奖,奖品为价值 980 元的手机;中奖号 618 为三等奖,奖品为价值 300 元的 VCD 机;中奖号 418 为四等奖,奖品为价值 260 元的录音机;中奖号

318 为五等奖,奖品为价值 120 元的照相机;中奖号 218 为六等奖,奖品为价值 90 元的手表;中奖号 118 为七等奖,奖品为价值 5 元的香皂。抽奖者凡抽到以上中奖号都能得到相应奖品。同时,凡抽到 518 号的消费者必须购买价值 45 元的指定商品。经现场对所设奖票进行查看,调取受害者旁证材料及当事人陈述,为抽奖人员所准备的奖票箱中根本没有一、二等奖的中奖号,抽到三至七等奖中奖券的均为内定人员,上当受骗者大部分为维权意识较弱的农民群众。截至被查获时,当事人获非法所得 5040 元。在这个案件中,经营者展某为谋取暴利,设立了七个奖项,却又故意不投放奖值最高的一等奖和二等奖的中奖券,并且采取不正当的手段故意让内定人员中奖,欺骗消费者有奖品存在,其所设奖项已成虚设,其行为已存在欺诈消费者的故意,构成欺诈消费者行为。

尽管都是欺诈行为,但是欺骗性有奖销售与《反不正当竞争法》第 6 条第 1 项的混淆行为、第 8 条的虚假宣传行为有所不同。欺骗性有奖销售是对附赠式有奖销售的赠品或抽奖式有奖销售的奖品、中奖概率等的虚假宣传,而虚假表示和虚假广告宣传是对商品的质量、制作成分、性能、用途、生产者、有效期限、产地等的虚假宣传,针对的是商品或服务,而不是其赠品。当然,经营者的某些行为可能同时构成欺骗性有奖销售、虚假表示和虚假广告宣传。例如,郑女士在福州一家书店购书时,书店派发了几张位于左海公园内的冰雕展抽奖券,奖券上共设五个等级奖,并注明 100% 中奖。主办方提供的奖品十分诱人,如特等奖共 10 名,奖品为笔记本电脑。冲着诱人的奖品,郑女士带着家人和朋友前往该冰雕展游玩。但是,购买门票后,郑女士拿着抽奖券去抽奖,先是被告知负责抽奖的工作人员不在,接着又被告知抽奖券是假的。随后,冰雕展的承办方又称抽奖活动正在向工商部门报批。冰雕展的承办方在营销时打出"抽奖销售"的广告,而游客购买门票后却被告知"活动还未经审批",该行为已涉嫌虚假宣传,同时属于欺骗性有奖销售。

三、抽奖式有奖销售最高奖的金额超过 5 万元

抽奖式有奖销售的奖金金额过高,会不适当地干扰消费者的购买决定,传递错误的市场信息,扭曲公平竞争关系。《反不正当竞争法》规定经营者不得从事奖励金额超过 5 万元的抽奖式有奖销售,其根本目的是禁止经营者利用消费者的投机心理来诱导消费者的市场选择,以鼓励和促进经营者开展质量、价格和服务等方面的公平竞争,维护市场竞争秩序。1999 年《国家工商行政管理局关于

有奖促销中不正当竞争行为认定问题的答复》明确指出:"请示中反映的一些经营者在促销活动中,以轿车的使用权、聘为消费顾问并给予高薪等方式作为奖励推销商品,或者利用社会福利彩票、体育彩票设置的高额奖励来销售商品,这些行为都极易诱发消费者的投机心理,影响和干扰消费者正常选择商品,妨碍质量、价格和服务等方面的公平竞争,不利于市场竞争机制的建立,不正当竞争的恶性明显。尽管这些行为的名目和表现形式复杂多样,但都属于典型的企图规避法律的做法,其本质上仍属于《反不正当竞争法》第十三条第(三)项规范的不正当竞争行为。"根据原国家工商行政管理局关于抽奖式有奖销售认定问题的一些答复性文件,可以得知:凡以抽签、摇号等带有偶然性的方法决定购买者是否中奖的,均属于抽奖方式。偶然性的方式是指具有不确定性的方式,即是否中奖只是一种可能性,既可能中奖,也可能不中奖,是否中奖不能由参与人完全控制。在证券经营者实施的以投资收益率或者利润率等高低确定部分投资者是否中奖的各种奖赛、比赛等活动中,各个投资者获取的投资收益率或者利润率等以及由此决定的能否中奖,取决于多种主客观因素,均不能完全以投资者的主观愿望、努力和能力为转移,投资者能否中奖具有偶然性和不确定性。因此,此类奖赛活动属于抽奖式有奖销售。

对抽奖式有奖销售最高奖的金额限制适用于所有商品和服务。例如,在2014年年底,浙江象山某房产公司为提高自己开发的楼盘销售量,推出了一项"购房赢大奖"活动——买房就有机会把豪车开回家。其中,一等奖和二等奖分别是价值15万元左右的本田雅阁轿车和价值9万元左右的本田锋范轿车。尽管该房产公司还没有购买用作奖品的轿车,但是违法事实已经发生。象山丹东市场监管所对该房产公司进行了立案查处,责令其停止违法行为,并处以1万元的罚款。又如,2015年1月底,浙江丹城某美容养生会所在象山国际大酒店举办年度感恩答谢会,举行了充值抽奖活动。答谢会上,顾客充值消费1万元以上的,参与抽奖,特等奖为价值5980元的iPhone 6手机一部;充值消费3万元以上的,特等奖为价值1万元的奢侈品牌包一只;充值消费20万元以上的,抽奖奖品更为诱人——特等奖为宝马X1轿车,价值26.8万元。由于该会所推出的奖品价值金额远远超过当时法定有奖销售标准5000元,因此这次充值抽奖活动也被象山丹东市场监管所立案查处。再如,2015年5月1日,福建龙岩国贸地产有限公司通过微信、报纸、户外广告等方式宣传其举办的有奖销售活动。根据抽奖规则,开盘当日认购的客户可参与宝马X1轿车(使用权)抽奖,最高奖奖品为一辆时尚型宝马轿车。活动当日,该公司从 10 名交纳意向金的客户中随机抽出中奖者。经查,涉案最高奖奖品即宝马轿车的裸车价格约为 20 万元,该公司对此价格无异议。在这个案件中,当事人开展"买房抽汽车"有奖销售活动,违反了 1993 年《反不正当竞争法》第 13 条第 3 项的规定。

D 公司不正当有奖销售案①

D 公司经营的打车软件因举行的抽奖式有奖销售活动所提供奖品超过 5000 元,涉嫌不正当竞争,被工商部门立案调查。D 公司涉嫌的不正当竞争行为有两个:(1) 当使用 D 公司打车软件叫车成功,完成叫车服务付费后,该软件会自动弹出一个转盘摇奖的界面。奖品中有奥迪轿车以及多款奢侈品,奖品金额明显已超过当时我国有奖式销售最高不应超过 5000 元的规定。(2) 2013 年 12 月 27 日至 2014 年 1 月 9 日,在另一次抽奖活动中,奖品有双人豪华邮轮游、iPhone 5S 等,奖品金额明显也已超过当时我国有奖式销售最高不应超过 5000 元的规定。

上述两个行政部门处罚的案例涉及《反不正当竞争法》中关于有奖销售的规定,属传统的不正当竞争行为,但是因其主体的特殊性,以及行政主管部门不断加大对电商领域的监管,加强对电商主体的处罚,今后也必将对电商业务有进一步的监管,故也对各级工商行政管理部门、电信主管部门提出了进一步的要求。具体而言,这些部门要加强配合适应信息技术、信息网络快速发展的趋势,不断提高网络管理、信息处理等技术能力,增强有效监管电子商务活动的能力。

微评: 由于本案发生在 2017 年《反不正当竞争法》实施之前,因此工商部门对于 D 公司的不正当低价有奖销售中"低价"的界定标准仅为 5000 元;而在 2017 年《反不正当竞争法》实施后,"低价"的标准被提高到了 5 万元。不难发现,立法部门在修法时,紧跟市场行情的变化,适当提高低价有奖销售的认定标准,有助于市场活力的进一步激发。

有奖销售中的代缴税金属于奖品。2010 年 5 月 8 日,安徽某县工商局执法

---

① 张鑫:《北京工商局称滴滴打车抽奖涉不当竞争已立案》,http://news.sina.com.cn/c/2014-05-22/130530198777.shtml,2019 年 7 月 20 日访问。

人员在市场巡查中发现,该县某珠宝商行散发的有奖销售宣传单称,2010年5月1日至31日,凡在该商行购买珠宝首饰金额满600元以上者,均可凭购物发票参与抽奖,所设置的奖项有三种:一等奖1名,奖品为现金5000元;二等奖2名,奖品为现金1000元;三等奖10名,奖品为现金500元。同时,中奖者应缴个人所得税不在奖金中扣除,由商行代为支付。案发时,该商行已依约兑付了一等奖。为此,执法人员对该商行的有奖销售活动的合法性展开了讨论,争议焦点在于该商行代中奖者缴纳的个人所得税是否应被纳入奖品价值的计算范围。从表面上看,这个案件中最高奖项的中奖者在有奖销售活动中只领取了5000元,此金额未突破1993年《反不正当竞争法》第13条第3项规定的最高限额,属正当的有奖销售活动。但是,事实并非如此。依据《中华人民共和国个人所得税法》(以下简称《个人所得税法》)第2条第1款第9项、第3条第3项、第6条第1款第6项、第9条的规定,最高奖项的中奖者应以5000元为应纳税所得额,按20%的税率缴纳个人所得税1000元。但是,涉案商行在兑奖时并未依法履行扣缴义务,而是将5000元奖金全部支付给了中奖者,另外为中奖者代缴了个人所得税1000元。据此,该商行在此次有奖销售活动中设置的最高奖项的实际支出金额为6000元,超过了1993年《反不正当竞争法》第13条第3项规定的最高限额,构成违法有奖销售行为。

第三节 不正当有奖销售行为的法律规制

以赠品促销商品和服务作为市场营销的一种手段,其本身并不具备当然的违法性。有奖销售是否违法,主要取决于所赠的商品是否影响竞争和交易秩序,是否在公平竞争法规定的禁止范围之内。有些赠送行为对市场交易无足轻重,对交易相对人并不构成不正常的利益诱惑,就不能被认为违法。但是,各国和地区原则上是严格规制有奖销售的。

不当有奖销售行为模糊了商品或服务的价格,不正当地影响了交易相对人的购买决策。这种行为不但会助长经营者之间的攀比心理,阻碍中小企业的发展,而且将市场竞争演变为不合理的提供赠品的竞争,扰乱了正常的市场竞争秩序。不过,我国法律仅反对可能造成不良后果、破坏竞争规则的有奖销售行为,并非禁止所有的有奖销售行为。经营者违反《反不正当竞争法》第10条和《关于禁止有奖销售活动中不正当竞争行为的若干规定》,从事不当有奖销售行为的,应依法承担相应的法律责任,包括行政责任和民事责任。

一、行政责任

《反不正当竞争法》第 22 条规定:"经营者违反本法第十条规定进行有奖销售的,由监督检查部门责令停止违法行为,处五万元以上五十万元以下的罚款。"责令停止,即责令从事违法有奖销售的经营者立即停止这种行为,并采取相应的、适当的措施。经营者谎称有奖销售而实际上无奖,或者对所设奖的种类、中奖概率、最高奖金额、总金额、奖品的种类、数量、质量、提供方法等作虚假不实的表示,采取不正当的手段故意让内定人员中奖,故意将设有中奖标志的商品、奖券不投放市场或者不与商品、奖券同时投放市场,故意将带有不同奖金金额或者奖品标志的商品、奖券按不同时间投放市场,以及有其他欺骗性有奖销售行为,监督检查部门应责令立即停止。经营者利用有奖销售的手段推销质次价高的商品的,应停止销售,并恢复按质论价。抽奖式有奖销售最高奖的金额超过 5 万元的,应当责令停止进行,并将最高金额降低到 5 万元以下。

根据《欺诈消费者行为处罚办法》第 5 条,以虚假的"有奖销售""还本销售"等方式销售商品的,法律、行政法规对处罚机关和处罚方式有规定的,从其规定;法律、行政法规未作规定的,由工商行政管理机关依照《消费者权益保护法》第 56 条的规定处罚。依照该条款,经营者有上述情形之一的,除承担相应的民事责任外,由工商行政管理部门或者其他有关行政部门责令改正,可以根据情节单处或者并处警告、没收违法所得、处以违法所得 1 倍以上 10 倍以下的罚款,没有违法所得,处以 50 万元以下的罚款;情节严重的,责令停业整顿、吊销营业执照。经营者除依照法律、法规规定予以处罚外,处罚机关应当记入信用档案,向社会公布。

二、民事责任

根据《反不正当竞争法》第 17 条,经营者违反该法规定,给他人造成损害的,应当依法承担民事责任。经营者的合法权益受到不正当竞争行为损害的,可以向人民法院提起诉讼。因不正当竞争行为受到损害的经营者的赔偿数额,按照其因被侵权所受到的实际损失确定;实际损失难以计算的,按照侵权人因侵权所获得的利益确定。赔偿数额还应当包括经营者为制止侵权行为所支付的合理开支。由于本来可以获得的交易机会被剥夺,因此受损害的其他经营者有权主张民事权利。德国相关法律规定,除了经营同类产品或者服务的企业外,行业协会以及其他的推动工商业活动的团体也有权提起停止侵害之诉以及损害赔偿之诉。

《关于禁止有奖销售活动中不正当竞争行为的若干规定》第 8 条规定,有关当事人因有奖销售活动中的不正当竞争行为而受到侵害的,可以根据 1993 年《反不正当竞争法》第 20 条的规定,向人民法院起诉,请求赔偿。由于法律上没有将"有关当事人"仅限定为"经营者",因此也应当包括与违法经营者存在竞争关系的其他经营者以外的相关人,即消费者也有权利请求损害赔偿。

除了追究行政责任和民事责任外,有些国家还要求不当有奖销售的经营者承担刑事责任。例如,法国对违反有奖销售法律的行为可以处以 2 个月至 2 年监禁,并处以一定的罚金。

思考题

1. 简述不正当有奖销售行为的特征。
2. 不正当有奖销售行为与促销行为存在哪些区别?
3. 简述欺骗性有奖销售行为。

第十八章　商业贿赂行为及其法律规制

【学习要点】
1. 掌握商业贿赂行为的含义与特征
2. 掌握商业贿赂行为的表现形式
3. 掌握商业贿赂行为的法律规制

第一节　商业贿赂行为的含义和特征

商业贿赂越来越成为市场竞争中常见的现象。经营者通过收买竞争对手或交易相对人的代表,以获取交易机会和竞争优势。在19世纪末期,欧洲大陆一些国家就针对大量出现的利用商业贿赂进行不正当竞争的行为加以规制,并通过立法禁止这种行为。我国针对市场经济发展过程中越来越多的商业贿赂现象,在反不正当竞争法中进行了规定,并且在刑法中对严重的商业贿赂行为规定了刑事责任。

一、商业贿赂行为的含义

"贿赂"一词在《辞海》中的解释为:"私赠财物而行请托。"[1]自古以来,"贿赂"专指官员私受金钱而枉法的犯罪行为。在西方普通法系国家,对"bribe"(贿赂)一词的理解要联系到"trust"(信托)这一制度的历史。最初,英文中所说的"bribe"就是指这种受托人收受利益而违背信托责任的行为。"社会契约"理论产生后,政府权力的行使也被视为一种特殊的信托。因此,"bribe"的概念是建立在"trust"这一制度基础上的。

各国法律并没有关于商业贿赂的一致界定。1896年通过的德国《反不正当竞争法》规定,在商品交易中,行为人以竞争为目的,为工业企业的职员或受让人提供、许诺或授予一种利益,以此作为在取得商品或工业给付时以不正当的方式

---

[1] 辞海编辑委员会编纂:《辞海(1999年版缩印本)》,上海辞书出版社2000年版,第4081页。

给自己或第三人换取优惠的相应给付的,应对行为人科以最高一年的徒刑或罚款。同时,该法对商业企业的职员索贿、受贿的行为也规定了同样的处罚①。美国《克莱顿法》规定,"商人在其从事商业过程中,支付、准许、收取、接受佣金、回扣或其他补偿是非法的"②。根据我国《反不正当竞争法》第 7 条对商业贿赂规制的具体规定,商业贿赂是指经营者以谋取交易机会或者竞争优势为目的,采用财物或者其他手段贿赂影响和控制交易的单位或者个人的行为。正因为其目的是交易机会或者竞争优势,因而商业贿赂被纳入不正当竞争行为之列。

中外法律对于贿赂的界定表明,贿赂必须有特殊主体参与才能构成。这一特殊主体即受贿者具有共同的特点:肩负某种对外的责任或义务。在现代市场经济活动中,这一特点被赋予更具时代性的含义。在现代市场经济体制下,生产力水平的不断提高使市场交易的形式从初始的"买方卖方"模型发育成为更加复杂化的"买方、中间体③、卖方"模型。尤其是"企业经营代理人"的普遍出现,使商业贿赂这一现象有了更加容易泛滥的土壤。

随着企业内部分工的细化和职业经理人阶层的诞生,市场主体结构性变化使得其人格的完整性从内部被分化,以企业股权持有人为代表的所有性人格和以职业经理人为代表的执行性人格被共同包含在一个市场主体之中。与这种人格的分化相伴随的必然是利益要求的分化,企业所有者要求经营执行者完全尽忠于企业管理事务,如实向其反映市场信息,作为交换,后者将得到前者支付的丰厚薪金。实践经验告诉经营执行者,企业所有者不可能对其是否完全反映市场信息的行为进行有效的监督,而如果这些市场信息被错误地传递,还有可能使经营执行者获取来自外部的利益——贿赂。于是,一旦来自外部的利益具有足够诱惑力,企业经营执行者就成了商业贿赂行为中的受贿方,企业所有者便成了商业贿赂行为中的利益受损方,而外部利益的提供人自然就是商业贿赂行为中

---

① 德国《反不正当竞争法》第 12 条。
② 美国《克莱顿法》第 5 条。
③ 在此简要介绍一下"中间体"的含义。我们认为,在现实的市场交易模式中,交易信息的传递几乎都是借助于某个中间体进行的(公司的经营管理都由经营者或代理人进行,国家机关的行为也都通过公务人员执行)。由于中间体并不总是完全忠实于交易方,信息的传递就出现了减损的可能。这种信息的减损(或信息的控制)正是由于中间体拥有的职责,而那个有能力截留信息的环节便催生出一个既独立于受损者本身,又对受损者的利益有一定掌控能力的个体,即商业贿赂中的受贿者(即施利者)。于是,我们把"中间体"这个词抽象出来专门用作表示市场交易中的这一类主体,并且认为正是中间体的存在及其独立于雇主的利益使得商业贿赂有了存在的可能。基于中间体的不同性质,我们将其分为三种类型:代理型、居间型和关联型。代理型是最普遍存在也最容易识别的一类,因此下文进行的比较也都基于这类中间体。其他类型中间体的情况可以依此类推。

的行贿方。

若进一步考察在商业贿赂行为中各主体的主观意识,就更加能够看出商业贿赂行为中各方主体所扮演的不同利益角色。在存在商业贿赂的情况下,企业作出的与相对方进行交易的意思表示,往往不利于企业自身(所有者)的利益,却有利于职业经理人(企业代理人)的利益。这个矛盾就是企业人格内部分化的外在表现。此时,企业所作出的不利于自身利益的交易意思表示并不是出自企业真正的所有者,而是由其经营执行者"代劳"的。或者说,企业经营者向企业所有者传达了一个不真实的背景信息,导致企业所有者作出了错误的决策。但是,无论如何,在商业贿赂行为中,利益受损方——企业所有者作出的交易意思表示是自愿的,并且在其作出表示的瞬间自认为是正确的。当然,在现实生活中,除了职业经理人,商业贿赂的中间体还有居间人中间体和关联交易中间体等。我国《反不正当竞争法》第 7 条第 1 款规定:"经营者不得采用财物或者其他手段贿赂下列单位或者个人,以谋取交易机会或者竞争优势:(一)交易相对方的工作人员;(二)受交易相对方委托办理相关事务的单位或者个人;(三)利用职权或者影响力影响交易的单位或者个人。"由此可见,不管是交易相对方的工作人员,还是交易相对方的委托单位或者个人,又或是对交易具有影响力的单位或者个人,其实就是指出商业贿赂都是通过中间体的参与,才最终完成这一行为的。明确这一点对正确有效规制商业贿赂行为十分重要。

二、商业贿赂行为的特征

商业贿赂行为具有以下四个方面的基本特征,它们实际上也是构成商业贿赂行为的要件:

(一)进行商业贿赂的主体是经营者

进行商业贿赂的主体是经营者,包括从事商品生产、经营或者提供服务的自然人、法人和非法人组织。需要特别强调的是,不但经营者本人直接进行的商业贿赂行为应当适用商业贿赂的规定,而且经营者通过其工作人员进行的商业贿赂行为也应当认定为经营者的行为。在 2017 年《反不正当竞争法》修订过程中,有的经营者提出,有时工作人员为完成销售指标、获取业务提成、实现职务升迁等个人目的,也可能进行商业贿赂,不应当将工作人员的商业贿赂行为一律认定为经营者的行为;只要经营者制定了严格的反商业贿赂规章制度,对工作人员进行了必要的管理培训,即应免除其责任。但是,多数意见认为,经营者对其工作人员负有管理义务;在绝大多数情形下,经营者的工作人员进行商业贿赂,都直接或者间接地为经营者谋取了交易机会或者竞争优势。因此,原则上,经营者都应当为工作人员的商业贿赂行为承担责任。实践中,有的经营者形式上制定了反商业贿赂规章制度,进行了管理培训,但是在营销方式、薪酬制度、升迁规则设计上放任工作人员进行商业贿赂,事后又以属于工作人员个人行为为由逃避责任,对此应当重点规范。综合上述两方面意见,《反不正当竞争法》第7条第3款一方面明确规定,经营者的工作人员进行贿赂的,应当认定为经营者的行为;另一方面又为经营者提供了反证机会,即经营者有证据证明该工作人员的行为与为经营者谋取交易机会或者竞争优势无关的,如为他人谋取交易机会或者竞争优势的行为,不应当认定为经营者的行为。

(二)商业贿赂的对象分为三类主体

根据《反不正当竞争法》第7条第1款的规定,商业贿赂的对象包括三类主体:第一类是交易相对方的工作人员,一般是因其在交易相对方中担任的职务(如公司高级管理人员),或者因其受交易相对方指派办理相关事务(如公司采购人员、超市货架陈列人员),而能够帮助行贿人谋取交易机会或者竞争优势。第二类是受交易相对方委托办理相关事务的单位或者个人,如交易相对方的代理人、受托人等,因其所受的委托而能够帮助行贿人谋取交易机会或者竞争优势。第三类是利用职权或者影响力影响交易的单位或者个人。这类主体一般独立于交易双方,而且与需办理的相关事务不存在直接关系,只是因其职权或者影响力而能够影响交易相对方的经营决策,或者影响交易相对方的工作人员、受托人的行为,从而能够帮助行贿人谋取交易机会或者竞争优势。这种职权或者影响力之中最典型的来自国家机关、国有企业及其工作人员。例如,国家机关及其工作人员既可能利用自己的职权影响交易,也可能利用自己对其他国家机关工作人员的影响力影响交易;国有企业及其工作人员可能利用其对下属公司、企业的人事任免权、业绩考核权而影响交易。

(三)进行商业贿赂的目的是谋取交易机会或者竞争优势

只有以谋取交易机会或者竞争优势为目的进行的贿赂行为,才可能构成商业贿赂行为,这是商业贿赂区别于一般贿赂的本质特征。谋取交易机会,是指经营者通过商业贿赂,取得或者增加与交易相对方达成交易的可能性。这种可能性既包括完成交易事项的可能性,也包括达成交易意向的可能性。谋取竞争优势,是指经营者通过商业贿赂,取得相对于其竞争者(包括直接竞争者和潜在竞争者)的优势地位。竞争优势的表现形式既可以是促成行贿人的特定交易,也可以是阻碍其竞争者的特定交易,还可以是在特定领域形成行贿人的排他权、优先权、市场优势地位等。需要强调的是,不论经营者谋取的是不正当的交易机会或者竞争优势(如经营者的竞争力弱于其竞争者,按照正常的市场规律必然无法取得交易机会),还是正当的交易机会或者竞争优势(如经营者的竞争力强于其竞争者,按照正常的市场规律本应取得交易机会),都可能构成商业贿赂。

(四) 商业贿赂的手段既包括财物贿赂,也包括其他手段

不论是财物贿赂还是其他手段,只要对受贿人有价值,都可能被用于进行商业贿赂。实践中,"其他手段"不可胜数,如免费或者以不合理低价向受贿人提供旅游接待、房屋装修服务、汽车使用权,为受贿人亲属安排出国学习、提供工作机会,性贿赂等。商业贿赂的具体行贿方式也是花样繁多,既有实际给予,也有许诺给予;既有事前给予,也有事后给予;既有为实现特定目的而相应给予,也有为谋求长期勾结、远期利益而多次、反复给予;既有行贿人亲自给予,也有通过第三人给予;等等。

第二节 商业贿赂行为的表现形式

一、商业回扣

在经济生活中,商业贿赂的主要表现形式是商业回扣,即在商品交易过程中,一方交易人为争取有利的交易机会和交易条件,在暗中从账外向交易相对人或者有影响力、有决定权的经办人员秘密支付钱财及其他报酬的行为。我国《反不正当竞争法》也把商业回扣作为重要的商业贿赂行为进行规范,第7条第2款规定:"经营者在交易活动中,可以以明示方式向交易相对方支付折扣,或者向中间人支付佣金。经营者向交易相对方支付折扣、向中间人支付佣金的,应当如实入账。接受折扣、佣金的经营者也应当如实入账。"此款的言外之意就是,经营者在交易活动中暗中在账外向交易相对方支付折扣、佣金属于商业贿赂行为。

关于"回扣"的定义,《关于禁止商业贿赂行为的暂行规定》第5条第2款有较为明确的规定。具体而言,回扣"是指经营者销售商品时在账外暗中以现金、实物或者其他方式退给对方单位或者个人的一定比例的商品价款"。这一定义说明,回扣的构成必须具备一些条件:第一,回扣发生在市场交易的双方之间,是

一方当事人向另一方当事人及其有关人员提供金钱、有价证券或其他财物等。第二,回扣是交易双方或有关人员故意进行的行为。给予回扣和收取回扣都采取在账外暗中进行的手段。给予回扣不记账,收取回扣不入账,是违反财务法律、法规的行为。第三,经营者给予回扣是为了凭借与对方的不正当利益关系,达到排挤竞争对手、获取交易机会的目的。这是交易双方恶意串通,客观上损害其他经营者的合法利益,扰乱公平竞争秩序的不正当竞争行为。

在这里,有必要区分价格折扣和回扣这两种既相似又有质的区别的行为。价格折扣也称"让利",是指在商品购销活动中,卖方在所成交的价款或数量上以明示的方式给买方一定比例的减让或返还,以促成交易的一种促销手段。《关于禁止商业贿赂行为的暂行规定》第6条第2款规定,"商品购销中的让利,是指经营者在销售商品时,以明示并如实入账的方式给予对方的价格优惠,包括支付价款时对价款总额按一定比例即时予以扣除和支付价款总额后再按一定比例予以退还两种形式"。

二、佣金

佣金,是指企业付给为其经营活动提供服务的中间人(包括经纪人、介绍人)的劳务报酬,发生在企业与中间人之间,并非交易双方当事人之间的一种经济关系。《关于禁止商业贿赂行为的暂行规定》第7条第2款明确界定了佣金的概念,即"经营者在市场交易中给予为其提供服务的具有合法经营资格中间人的劳务报酬"。这就区分了商业贿赂与合法的佣金。区别之一是:根据《反不正当竞争法》的规定,经营者销售或购买商品,可以以明示方式给对方折扣,可以给中间人佣金。经营者给对方折扣、给中间人佣金的,应当如实入账。接受折扣、佣金的经营者也应当如实入账。区别之二是:收取佣金的中间人必须是有合法经营资格的中介机构。中间人处于交易双方当事人之间,既可以从买方处接受佣金,也可以从卖方处收受佣金,还可以接受双方给予的佣金。可见,合法的佣金和价格折扣都不是商业贿赂的形式,而是法律允许的属于商业惯例的交易手段。

三、合理区分商业贿赂与合法的折扣、佣金

《反不正当竞争法》第7条第2款规定,经营者在交易活动中,可以以明示方式向交易相对方支付折扣,或者向中间人支付佣金。所谓折扣,即商品购销中的

让利,是指经营者在销售商品时,以明示并如实入账的方式给予对方的价格优惠。折扣既可以是支付价款时对价款总额按一定比例即时予以扣除(如对购买满一定金额、数量的,当场给予打折),也可以是支付价款总额后再按一定比例予以退还(如对完成年度销售指标的,年末给予返点)。所谓佣金,是指中间人在商业活动中,因代买、代卖或者介绍买卖而收取的劳务报酬。在认定佣金时,要重点考察中间人是否为经营者提供了符合商业惯例的劳务,经营者所支付的佣金是否严重偏离其所提供的劳务等,以便与介绍贿赂人、实际受贿人的代理人相区分。

为防止以折扣、佣金为名,行商业贿赂之实,《反不正当竞争法》第 7 条第 2 款对合法的折扣、佣金设置了两个条件:第一,要以明示方式进行;第二,要如实入账,不但经营者向交易相对方支付折扣、向中间人支付佣金应当如实入账,而且接受折扣、佣金的经营者也应当如实入账。如果经营者在账外暗中给予交易相对方、中间人财物或者其他利益,就不属于合法的折扣、佣金;如果交易相对方、中间人收到折扣、佣金后没有入账,或者虽入账,但没有按照会计制度的规定记入相应的收入科目,而是记入其他收入科目,也不属于合法的折扣、佣金。

R 公司与某市工商行政管理局处罚案[①]

R 公司在 X 品牌汽车的销售过程中,掌握了一部分潜在的车辆保险客户资源,成为各家财产保险公司的业务渠道和车险业务来源,它与太平洋公司、平安公司、人保公司、中华联合等四家保险公司先后签署合作协议。自 2013 年年底至 2015 年 6 月,上述四家保险公司在 R 公司店内实现了车险产品销售,并如约实施了通过相关经纪向 R 公司间接支付手续费的行为。截至 2015 年 6 月,R 公司收受上述四家保险公司通过两经纪以服务费名义给付的费用税后共计 117660.61 元。2016 年 6 月,某市工商行政管理局决定对 R 公司收受商业贿赂的行为作出没收违法所得 117660.61 元,罚款 180000 元,上缴国库的处罚决定。R 公司提起行政诉讼。

---

① 湖南省长沙市中级人民法院(2017)湘 01 行终 248 号行政判决书。

一审法院认为,R公司未取得保险兼业代理的经营许可,它收取各相关保险公司给付的服务费,违反了《关于禁止商业贿赂行为的暂行规定》第7条的规定。R公司向其客户推荐四家保险公司的车险产品,促成车险销售。四家保险公司通过经纪公司间接向R公司支付服务费用,属于为不正当利益争取交易,而且影响了其他保险业竞争者开展质量、价格、服务等方面的公平竞争。给予方和收受方均违反了《反不正当竞争法》的规定,构成商业贿赂行为,应当依法予以查处。

R公司对一审判决不服,提出上诉。二审法院认为,基于上诉人与相关客户的特殊业务关系,它对客户具有特别的影响力,为相关客户推介相关保险公司,客观上为相关保险公司创造了更多交易机会,谋取了实际利益,被上诉人认定其行为构成收受商业贿赂具有事实根据,并无不当。

微评:本案中,R公司不是保险合同的当事人,但是由于客户在其店内购置车辆,因此对于不熟悉车辆保险行业的客户来说,它向客户推介的保险往往能够影响客户的最终选择,该推介行为具有"利用影响力影响交易"的属性。保险公司给予R公司不正当利益输送,能够在其保险销售中获得优势地位,从而影响了其他保险业竞争者开展质量、价格、服务等方面的公平竞争,构成《反不正当竞争法》禁止的商业贿赂行为。

第三节 商业贿赂行为的法律规制

一、商业贿赂的认定

(一)商业贿赂的动因分析

要形成一种完整的商业贿赂关系,至少应当有四方主体的存在,即行贿者、受贿者(施利者)、受利者和受损者。这四方主体简单存在如下利益关系:行贿者将一部分利益让渡给受贿者(施利者),受贿者(施利者)将给予行贿者一项利益作为回报,相应地,受损者将丧失一项利益。考虑到市场主体对利润的追求,行贿者所得到的利益肯定大于其让渡给受贿者的利益。在大多数情况下,行贿者和受利者是同一方主体,而施利者必然肩负着某种对外的责任或义务(这一点在下文将详细阐述)。可见,推动整个商业贿赂行为的完成是以受贿者(施利者)的存在为核心的。受贿者(施利者)握有利益分配之权,能够使行贿者用小的好处换取大的利益,从而吸引了行贿者向受贿者(施利者)让渡一部分利益,从受损者处取得回报。关于这种受贿者(施利者)有什么基本特征可以为我们所把握,以下拟通过两个模型加以说明。

1. 受贿者(施利者)的基本特征——交易模式分析

(1) 理想的交易模式

理想的交易模式是交易信息在交易双方之间充分交换的模式。达到这种模式有两种可能的情况:一种是交易各方直接交换交易信息;另一种是交易各方不直接交换交易信息,而是借助一类信息传递媒介——中间体——获得信息。当中间体完全忠实于交易一方时,可视为第一种情况。在这种理想的交易模式下,交易一方不可能因接受对方所谓的"小的好处"而给予对方一项"大的利益"。按照"经济人"的假设,交易的目的不可能是使自己一方受损。因此,在这种交易模式下,商业贿赂是不可能出现的。换言之,商业贿赂中,受贿者(施利者)必然是独立于受损者存在的,同时对受损者的利益又具有一定的掌控能力。

(2) 现实的交易模式

在现实的交易模式中,交易信息的传递几乎都是借助中间体进行的。例如,公司的经营管理都是由经营者或代理人负责的,国家机关的行为也都通过公务人员执行。由于中间体并不总是完全忠实于交易方,因此信息的传递有减损的可能。这种信息的减损(或控制)正是中间体拥有的职责使然,而那个有能力截留信息的环节便催生了一个既独立于受损者本身又对受损者的利益有一定掌控能力的个体,即商业贿赂中的受贿者(施利者)。

2. 受贿者的产生——中间体分析

(1) 代理型中间体

代理型中间体在交易中接受委托方的授权,与交易相对方接触以及了解竞争者的信息,甚至可能受托为委托方作出交易决策。可以说,代理人完全掌控了委托方的交易信息来源甚至是决策能力,而这种利益主体的错位不难被交易的其他各方察觉。一旦行贿者以一项代理人所认可的好处作为要求得到委托人某项利益的对价,这种交易条件往往会使代理人难以抗拒。

按照代理人的地位是否独立于交易人,可将代理人分为两种类型:一类受雇于一方交易人而成为其职员,比较明显的例子是公司职员收受贿赂而按照行贿者的意思左右公司的决策;另一类接受一方交易人的委托而成为其机构代理人,比较明显的例子是代理机构收受贿赂而改变其代理决策。

(2) 居间型中间体

居间型中间体在促成交易的过程中充当独立的信息媒体,也就是商法上所称的"居间商"。他们不依附于交易的任意一方,而只是充当交易信息的传递者,其所赚取的报酬来自对信息的收集、整理和传递服务。这类中间体充当着交易信息的独立媒介,具有非常强大的信息减损甚至控制能力。当居间商决定将行贿者的信息优先向交易对方传递时,商业贿赂也就随之发生了。

(3) 关联型中间体

关联型中间体在商业交易中扮演的角色比较特殊,他们虽对促成交易有着相当重要的作用,但促成交易本身并不是他们的目的,而仅仅是他们职业活动的一种必然或可能的"附属品"。关联型中间体与关联交易没有任何利益牵扯,而只是独立地提供相关信息,所以交易各方对他们的信任程度更高,他们对交易的促成作用也更大。例如,律师之于鉴定或评估服务、医生之于医疗和药品服务、教师之于教材服务等,都是很典型的关联型中间体。行业协会在某些情况下也可以被视为这种中间体,如当其发布的相关行业的信息能够对该行业的交易对方的决策产生影响时。关联型中间体多处于某种专业领域之中,其本身就是交易信息的重要来源,从而具有强大的信息减损能力。

由此可见,商业贿赂的发生始终是以中间体的存在为必要条件的,无论其为何种形式。

某市教材案[①]

2016年10月31日,某市市场监督局根据市监察局移送的线索对某学校教材供应商进行立案调查。经查,该学校与教材供应商达成2015年秋季教材采购协议。双方口头约定,名义上的教材采购价格为教材原价的83%,并按名义价格向学校开具增值税发票。但是,实际采购价格是教材原价的78%,5%的差价由教材供应商收取后再返还给学校。根据2015年秋季教材采购量,教材供应商向学校返利64616.5元。最终,学校因违反国家法律和

[①] 吴巍、朱嫒嫒、刘艳洁:《如何适用"穿透原则"认定交易相对方和受交易相对方委托的主体?》,https://www.kwm.com/zh/cn/knowledge/insights/how-to-apply-the-principle-of%20-throughf-20180731,2019年8月20日访问。

> 学校财政纪律,受到纪检监察部门的处理。某市市场监督局认定教材供应商构成商业贿赂,罚款1.3万元,没收违法所得77038.14元。
>
> **微评:** 从表面上看,教材采购合同系由学校和供应商签订,但是执法机关可以突破销售合同关系,认定学校是受学生委托的主体,实际的交易双方是学生与供应商。如果供应商向学校输送不正当利益,则可能涉及商业贿赂。这种突破表面合同关系,分析实际交易双方,并基于此认定商业贿赂主体的做法,被称为"穿透原则"。
>
> 适用"穿透原则"认定存在委托关系应该以明确的合同约定或法律规定为前提。即三方主体之间要么有合同确认的委托关系,要么有法律规定的委托关系,如本案中学校与学生或家长之间的代购代缴委托关系。只有在存在委托关系,而且有不正当利益输送的情况下,才可利用"穿透原则"认定相关主体之间可能存在的商业贿赂。

(4) 公务人员"中间体"

商业贿赂的受贿主体又可分为公务人员和一般商业活动主体。在普通法系国家,公务人员并没有被特殊化,他们完全可以被认为是商业贿赂的受贿主体。我国向来将涉及公权力的商业性贿赂视为犯罪加以独立看待。但是,这并不是说公务人员就不能作为商业贿赂的受贿主体。这要区分两种不同的情况:公权力行使和商业交易。政府或事业单位会在公法上被赋予某些特殊的使命,在履行这些行政职责时与行为对象之间形成的是一种公法关系,不存在平等性,也不是商业行为,当然就不存在商业交易中的"中间体"问题。在这种情况下,即使出现公权力寻租,也不能将其归入"商业贿赂",而应视之为一般的贿赂违法犯罪。这在普通法系国家则被视为违背公权力信托责任的行为。当政府或事业单位从事私法性的一般事务时,如政府采购、事业单位的公益建设项目招标等,它们仅仅作为买卖商品或服务的交易一方,而其代理人即公务人员充当"中间体"的角色,他们所具备的信息减损能力以及面临的利益诱惑都符合前文分析的"中间体"的特点。也就是说,公务人员完全可能成为商业贿赂的受贿主体。同样,当公益性或自律性社会中介组织中的工作人员所供职的单位变换行为性质时,他们就可能成为商业贿赂的受贿主体。同时,当这些人成为受贿主体时,他们与一般商业活动中的中间体并没有本质的不同。

(二) 商业贿赂的认定公式

既然中间体及其对信息的减损能力在商业贿赂的构成方面起着核心作用,那么对商业贿赂行为的识别就应当以中间环节及其信息减损能力为核心展开。在此基础上,本书提炼出商业贿赂行为的一个具体特征——利益传递的异常性,以此指导对商业贿赂行为的识别。

1. 代理型中间体的情况①

在正常的交易中(不存在商业贿赂),交易所产生的利益传递是正向的(见图18-1)。但是,一旦交易的利益传递出现了反向的现象,就可以认定为发生了商业贿赂(见图18-2)。

图　18-1

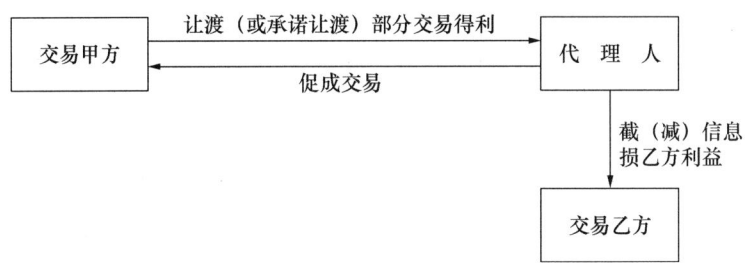

图　18-2

(1) 正常的利益传递模式

如以卖方作为立足点分析商业行为中的正常利益传递,很容易发现,在不存

---

① 以下所谓的"代理人",是指经营者的代理者身份,不能完全等同于合同法意义上的代理合同中的受托人,因为后者还有可能是另一种中间体。对此,我们将在下文详细论述。

在商业贿赂的情况下,即在正常的市场竞争秩序下,交易产生的利益应当从买方流向卖方,即卖方出卖货物盈利,然后根据事先与自己的雇员或者第三方代理人谈好的条件将报酬(利益)支付给他们。反之,这也适用于以买方作为立足点分析的情况。也就是说,正向的利益传递模式是:交易双方各自获利,然后向自己一方的代理人转移利益。需要说明的是,这里的利益流动顺序不是一种与时间先后对应的顺序,而是一种逻辑顺序。交易一方也许会在交易达成之前就预先支付代理费用,不过仅仅是预支,是交易一方预见到自己将会从代理行为中获取一定利益,从而把利益中的一部分提前支付给代理人。

(2) 异常的利益传递模式

一旦利益从交易一方直接流向对方雇员或对方委托的其他代理人,即交易利益出现了异常的传递,则可以认定为发生了商业贿赂。代理型中间体比较典型的例子是采购人员"吃回扣"现象,卖方为了获得订单而贿赂购买方的采购人员(代理人),即让渡一部分利益给采购人员个人。作为回报,采购人员优先购买该卖方的产品。

2. 居间型中间体的情况

(1) 正常利益传递模式

在不存在商业贿赂时,居间人会根据交易信息的优劣选择向交易另一方传递的信息。因此,在正常的利益传递模式下,居间人在交易信息的优劣对比过程中不能受到任何利益的引诱,只有在居间人选定了优势信息并向对方传递后,交易达成时才产生居间人报酬。

(2) 异常利益传递模式

与正常模式相反,如果在居间人判断交易信息优劣过程中融入利益引诱的因素,即产生了利益传递的异常,也就可以认定发生了商业贿赂。居间型中间体比较典型的例子是,房产中介收受租房者(或房东)的贿赂(让渡之利益),优先将其介绍给交易对方,而行贿一方往往是交易条件不那么有竞争力的交易方,这样最后达成的交易也将是不经济的。

3. 关联型中间体的情况

(1) 正常的利益传递模式

在不存在商业贿赂时,中介组织的利益应当来自提供专业服务的一方所支付的报酬,而与关联交易没有任何直接联系。

(2) 异常的利益传递模式

如果来自附属交易的利益流向独立中间环节,那么就可以断定发生了商业贿赂。关联型中间体商业贿赂比较典型的例子可能发生在律师与鉴定、评估机关之间。律师为关联型中间体,鉴定、评估服务为关联交易。律师开展业务是为客户提供法律知识服务,只在需要时才会建议客户进行鉴定、评估。一旦律师收取鉴定、评估从业者的贿赂而建议客户进行不必要的鉴定、评估,也就产生了鉴定、评估行业的利益异常流向律师的情况,即可认定为商业贿赂。

4. 公务人员和事业单位工作人员作为中间体的情况

公务人员并不是一类特殊的中间体,他们在受命于国家机关或事业单位而从事某项业务时也不外乎扮演以上三种角色。例如,在政府采购中,负责采购的公务人员就是一种代理型中间体,他们可能收受供应商的贿赂而优先选择之;公立学校的教师就是一种关联型中间体,他们可能收受教学用具供应商的贿赂而推荐学生购买某种教学用具。至于其他公益性或自律性社会中介组织的工作人员,也可以将他们划归到上述三种类型中,从而利用相关标准识别发生在他们身上的商业贿赂行为。

二、商业贿赂行为的法律规制

商业贿赂的受贿方大多牺牲企业的利益(交易价格、企业声誉、产品质量等)以获取个人利益。这被理解为雇员在业务中背离雇主以获得利益,是对雇主不忠的表现,有可能严重损害雇主的利益。各国法律普遍禁止商业贿赂行为。各国和地区对商业贿赂行为的法律责任或通过专门立法,或在反不正当竞争法中加以规定,大多规定了严厉的法律责任。美国《克莱顿法》从价格歧视的角度出发,把贿赂行为归入不正当竞争行为。其他法律如《邮件诈骗法》《旅游法》《反组织犯罪侵犯合法组织法》《反涉外腐败活动法》等都适用于商业贿赂。美国《联邦贸易委员会法》以及1963年《鲁宾逊-帕特曼法》也对国内的商业贿赂行为作了相应的规定。与此同时,美国联邦贸易委员会通过执法所发布的禁令与法院的判例也构成规范商业贿赂行为的法律渊源。1960年,美国某电台的音乐节目主持人接受了唱片制造商的钱款而在电台中播放其唱片。美国联邦贸易委员会认为,听众会因此误认为电台所播的节目是从流行音乐中精选出来的,因为一张唱片的流行是它被多次播放的结果。由于该节目主持人在播放期间授受了贿赂,因此其行为已直接违反《联邦贸易委员会法》第5条的规定,构成不正当竞争行为,应予以制止。其他国家的反不正当竞争法也有类似的规定。韩国在其竞争法中虽并未对商业贿赂作出明确规定,但把它作为不正当的竞争推销行为或不正当的引诱交易行为等加以规制,并规定相应的行政、民事和刑事责任。

我国过去基本上是将回扣等商业贿赂问题纳入公务员受贿贪污的范畴加以规范。《反不正当竞争法》第一次提出行政主体之外实施贿赂的行为,在吸收国外有关商业贿赂立法的基础上,对商业贿赂行为作了行政处罚和追究刑事责任的规定。不足的是,该法并未就商业活动中的正常馈赠及其范围作出规定,致使在查处商业贿赂案件中缺乏确定的量化标准,一些商业活动中的正常馈赠也可能被作为商业贿赂处理。此外,《反不正当竞争法》仅仅对刑事责任作了原则性规定,没有量刑方面的具体规定,如第 31 条规定:"违反本法规定,构成犯罪的,依法追究刑事责任。"《刑法》对商业贿赂行为作了进一步规定:公司、企业的工作人员利用职务上的便利,索取他人财物或者非法收受他人财物,为他人谋取利益的;上述人员在经济往来中,收受各种名义的回扣、手续费,归个人所有的,根据数额大小,处 5 年以下或者 5 年以上有期徒刑,还可以并处没收财产。

思考题

1. 简述实施商业贿赂行为的主体及对象范围。
2. 商业贿赂行为与合法折扣之间存在哪些区别?
3. 商业贿赂行为与收取合法的佣金之间存在哪些区别?
4. 简述商业贿赂行为的认定。

第十九章　商业诋毁行为及其法律规制

【学习要点】
1. 掌握商业诋毁行为的含义和特征
2. 掌握商业诋毁行为的表现形式
3. 掌握商业诋毁行为的法律规制

第一节　商业诋毁行为的含义和特征

在市场竞争中,经营者通过实施商业诋毁行为,削弱竞争对手的竞争优势,是常见的不正当竞争行为。随着网络购物的增多,诋毁商誉行为有借助网络媒介,以成本低廉、传播迅速、影响范围广为特征而横行网购市场之势。

一、商业诋毁行为的含义

商业诋毁行为,是指在市场交易中,经营者捏造、散布虚伪事实,损害竞争对手商誉,从而削弱其竞争力的行为。商誉是社会公众对特定经营者的经营能力、商品或者服务质量等的整体评价,评价的高低直接关系到经营者的生存与发展。良好的商誉能够给经营者带来市场竞争优势和现实的经济利益,也很容易受到竞争对手或他人的诋毁,由此造成经营者受到经济损失和其他损害。商誉也是经营者在长期的经营活动中获得的肯定评价,是其商品或者服务质量改进以及价格合理化努力的表现。荷兰学者科恩·叶霍拉姆比较系统地论述了商誉,他认为,企业有自己的商誉,这种商誉可能由公司使用的商标、商号的部分或整体予以象征;从竞争对手的商誉中牟取利益,不论是否导致公众混淆,都构成不正当竞争;像版权、专利权和商标权一样,法律也应承认对商誉的主观权利[1]。作为一种竞争条件,商誉是经营者所拥有的一种利益,包括商业信誉和商品声誉。商业信誉又可分为商业信用与商业名誉。商业信用,是指商业行为和经济能力

---

[1] 程合红:《商事人格权论》,中国人民大学出版社2002年版,第80页。

在经济活动中所受到的信赖。商业名誉,是指社会对他人在商业活动中的价值和地位的客观评价。商誉本身没有具体形态,它附属于经营者商品或者服务的商标、商品名称、包装、装潢、企业名称、商品质量、服务质量等商业性标志。一般来说,商誉也包括未登记的商标和商号。诋毁经营者的商誉,不但会危害社会交易安全,而且会损害市场竞争秩序。

二、商业诋毁行为的法律规制

商业诋毁除了依据习惯法被作为侵权行为受到制裁外,还受到竞争法的规制。美国《联邦贸易委员会法》第5条规定,商业中或影响商业的不公平竞争方法,是非法的;商业中或影响商业的不公平或欺骗性行为及惯例,是非法的。《兰哈姆法》第43条第1款规定,"禁止伪称商品原产区以及虚假描述",即任何人伪称商品原产区或者进行任何虚假描述或说明,以及那些明知商品的原产区或说明是虚假的,仍然从事承运、商业经营或转手他人承运或经营者,均应在民事诉讼中承担责任;在被伪称为原产区的地区任何从事商业经营者提起的诉讼,或由任何认为这种虚假描述或说明已经或可能给自己造成损害的人提起的诉讼。美国将诽谤性陈述分为针对经营者的商业诽谤和针对商品或者服务的商业贬抑。商业诽谤必须有特定的受害者,而且这种虚假陈述存在着"实际恶意"。商业贬抑不仅需要证明这种陈述是虚假的,被告存在着"实际恶意",而且需要证明这种陈述给受害人带来了实际损害。相对于商业诽谤由被告证明真实陈述、确信及推定损害,法律对确定商业贬抑的要求较高。从法律后果来看,商业诽谤必须支付受害人惩罚性赔偿金,而商业贬抑在不能证明存在特定损害的情况下不必支付赔偿金。

1896年,德国颁布了世界上第一部《反不正当竞争法》,率先将商业诋毁行为纳入竞争法规范之中。德国《反不正当竞争法》第4条对不正当竞争行为进行了列举,其中包括第7项"贬低或诋毁其他竞争者的标志、商品、服务、活动、个人关系或商业关系",以及第8项"对于其他竞争者的商品、服务或企业或其经营者或企业领导层的成员,声称或散布足以损害企业的经营或企业的信用的事实,但以这些事实无法被证明是真实的为限;如有关事实涉及秘密的通知,而且通知人或受领人对通知具有正当的利益,则只有在违反事实真相,声称或散布这些事实的情况下,才构成不正当竞争"。该条区分公然与私下声称或散布场合,而且对声称或散布事实的真实性有不同程度的要求。"公然"要求未经证实,"私下"要求违反真实。由于把"贬低或诋毁其他竞争者的标志、商品、服务、活动、个人关系或商业关系"作为不正当竞争,因此无关事实真伪的意见或者价值判断也可能成为该法规范的对象。根据该法第8、9条,经营者违反第4条规定的,受害人可以要求排除妨碍、停止侵害,并有权要求损害赔偿。根据旧的《反不正当竞争法》第15条,诽谤其他经营者且足以造成损害的,可处一年以下监禁或者处以罚金。由于德国《刑法》第187条已对诽谤作出规定并能适用于法人,因此2004年《反不正当竞争法》修订时删除了该刑事制裁规定。具体而言,德国《刑法》第187条规定,明知为不真实的事实而故意加以断言或散布,因而使他人受到公众蔑视、贬低或有损其信誉的,处两年以下自由刑或罚金刑;公开或在集会中或以散发文书的方式实施本行为的,处五年以下自由刑或罚金刑。

日本《不正当竞争防止法》第2条第1款将诋毁商誉行为规定为造谣或散布有损竞争者的商业信誉的不真实消息的行为。经营者违反该条款规定,需要承担停止侵害、赔偿损失、恢复名誉等法律责任。第21条第2款第2项规定,利用他人的著名商标等表示的信用或名声获取不正当利益,或者损害该信用或名声实施不正当竞争行为的,处以五年以下徒刑或者500万日元以下罚金,或者二者并科处罚。

韩国《防止不正当竞争及保护营业秘密法》第2条第1款第3项规定,除了本条第1项与第2项所列的混淆行为外,还应包括损害他人标识的显著性与商誉的行为,此行为往往使用与他人的企业名称、商号、商标以及商品包装相同或者相似的标识;或者该商品或商业活动的标识在韩国系驰名的;或者在没有诸如临时非商业使用的总统令等正当理由的情形下,出售、分发、进口或出口有这类标识的产品。第6条规定,一方通过不正当竞争,故意或过失地给他方商业信誉造成损失的,法院可依第5条要求该方采取必要措施恢复受害方的商誉以作为损害赔偿的替代或补充。但是,依据该法第2条第1款,此条仅适用于故意的不正当竞争行为。第12条规定,一方故意或过失地侵犯他方的商业秘密,从而损害商业秘密所有者的商业信誉,商业秘密所有者可依该法第11条,请求法院判令侵害方采取必要措施恢复己方的商誉以作为损害赔偿的替代或补充。

我国台湾地区"公平交易法"第24条规定:"事业不得为竞争之目的,而陈述或散布足以损害他人营业信誉之不实情事。"第37条规定:"违反第二十四条规定者,处行为人二年以下有期徒刑、拘役或科或并科新台币五千万元以下罚金。

法人之代表人、代理人、受雇人或其他从业人员,因执行业务违反第二十四条规定者,除依前项规定处罚其行为人外,对该法人亦科处前项之罚金。前二项之罪,须告诉乃论。"

《保护工业产权巴黎公约》第10条之二第3款第2项规定,禁止在经营商业中,具有损害竞争者的营业所、商品或工商业活动的信用性质的虚伪陈述。世界知识产权组织《反不正当竞争示范法》第5条禁止损害其他企业或者其活动的信誉。作为一般原则,在工商业活动中,任何虚假的或者不合理的陈述,损害或者可能损害其他企业或者其活动的信誉,特别是损害此类企业提供的商品或者服务的信誉的,构成不正当竞争行为。损害信誉可能产生于广告或者促销活动中,特别发生在下列情形下:(1)产品的制造过程;(2)产品或者服务对特定目的的适合性;(3)产品或者服务的质量、数量或其他特性;(4)对产品或者服务所承诺或提供的条件;(5)产品或者服务的价格或者价格的计算方法。

我国《民法典》第990条规定:"人格权是民事主体享有的生命权、身体权、健康权、姓名权、名称权、肖像权、名誉权、荣誉权、隐私权等权利。除前款规定的人格权外,自然人享有基于人身自由、人格尊严产生的其他人格权益。"第1013条规定:"法人、非法人组织享有名称权,有权依法决定、使用、变更、转让或者许可他人使用自己的名称。"《反不正当竞争法》第11条规定:"经营者不得编造、传播虚假信息或者误导性信息,损害竞争对手的商业信誉、商品声誉。"《消费者权益保护法》第20条规定:"经营者向消费者提供有关商品或者服务的质量、性能、用途、有效期限等信息,应当真实、全面,不得作虚假或者引人误解的宣传。经营者对消费者就其提供的商品或者服务的质量和使用方法等问题提出的询问,应当作出真实、明确的答复。经营者提供商品或者服务应当明码标价。"《广告法》第13条规定:"广告不得贬低其他生产经营者的商品或者服务。"第31条规定:"广告主、广告经营者、广告发布者不得在广告活动中进行任何形式的不正当竞争。"

三、商业诋毁行为的特征[①]

(一)商业诋毁行为的主体是经营者

实施商业诋毁行为的经营者包括从事商品生产、经营或者提供服务的自然人、法人和非法人组织。这里,要注意将经营者的商业诋毁行为与其他主体侵犯

[①] 王瑞贺主编:《中华人民共和国反不正当竞争法释义》,法律出版社2018年版,第39—41页。

名誉权的行为相区分。在司法实践中,一般认为,消费者对经营者的产品质量或者服务质量进行批评、评论,借机诽谤、诋毁、损害其名誉的,应当认定为侵害名誉权;新闻单位对经营者的产品质量或者服务质量进行批评、评论,主要内容失实,损害其名誉的,应当认定为侵害名誉权。

(二) 商业诋毁行为的对象是竞争对手

传统上,一般仅将生产、销售相同或者相似商品或者服务的经营者认定为竞争对手,对此类竞争对手进行商业诋毁较为典型,也较为多发。随着实践的发展,有必要根据个案情况,对竞争对手作更加广义的理解。第一,经营者生产、销售的商品或者服务虽然不相同、不相似,但是具备相似功能、可以相互替代的,也可能成为竞争对手。例如,录音机、MP4播放器生产者和音乐手机生产者可能成为音乐播放工具的竞争对手。第二,经营者之间存在争夺消费者注意力、购买力等商业利益冲突的,也可能成为竞争对手。例如,网络游戏提供者、社交软件提供者、视频网站可能因争夺消费者的上网流量、广告机会而成为竞争对手;房地产企业和金融企业可能因争夺社会资金流向而成为竞争对手。

(三) 商业诋毁行为的表现是编造、传播虚假信息或者误导性信息

虚假信息,是指内容不真实,与实际情况不符的信息。关于编造虚假信息,例如:无中生有地宣称竞争对手遭遇经营困难,被有关主管部门查处;毫无根据地宣称竞争对手的产品存在质量问题,服务人员不具备相应资质。误导性信息,一般是指虽然真实,但是仅陈述了部分事实,容易引发错误联想的信息。关于编造误导性信息,例如:宣称竞争对手提供的产品含有有毒有害物质,呼吁消费者不要购买,而该产品中有毒有害物质的含量实际上极少,对人体没有危害,是符合国家安全标准的;恶意对竞争对手提起诉讼,在法院终审判决前传播竞争对手遭遇重大诉讼的信息,暗示与其交易存在风险,破坏竞争对手的交易机会。

实践中,信息传播的方式有很多,有通过广播、电影、电视、报纸、杂志、网络等大众传播媒介传播的,有在产品订货会、发布会等交易场所传播的,有通过律师函、公开信、公开启事等方式传播的,有专门向竞争者的合作伙伴发函、发电子邮件传播的,有通过向相关部门、行业组织、消费者组织投诉举报传播的,等等。需要说明的是,经营者既编造又传播虚假信息或者误导性信息的,可能构成商业诋毁;经营者传播别人编造的虚假信息的,也可能构成商业诋毁;经营者仅编造虚假信息而未传播的,一般不会对市场竞争秩序造成影响,不构成商业诋毁。

(四) 商业诋毁行为的后果是损害竞争对手的商业信誉、商品声誉

商业信誉、商品声誉反映的是人们对经营者本身及其提供的商品或者服务的社会评价。其中,商品声誉主要是建立在某种商品或者服务质量基础上的信誉。商业信誉的含义则更为广泛,不但包含商品声誉,而且包含与商业活动有关的其他因素,如社会关系、公益形象、企业文化等。

这里的"损害",既包括损害个体经营者的商业信誉、个别商品或者服务的声誉,也可能包括损害某种类型、某个行业经营者的商业信誉(如家禽养殖企业滥用抗生素)、某个类别商品的声誉(如红心鸡蛋含苏丹红);既包括造成实际损害,也包括造成损害的可能性;既包括造成直接利益损失,也包括造成潜在利益损失(如丧失交易机会、降低议价能力等)。

第二节 商业诋毁行为的表现形式

商业诋毁行为的主要表现方式是行为人捏造、散布虚伪事实。所谓捏造,是指虚构、编造不符合真相或并不存在的事实。所谓散布,是指用语言、文字、图画或大众传播媒体的方式扩散捏造的内容,使第三人或不特定人知道。随着通信设备和互联网等行业的快速发展,通过光盘、移动硬盘、移动手机、互联网、微博、微信等方式传播各种电子信息,也能达到相同效果,也属于散布的行为。"捏造、散布"主要有三种行为方式:一是"捏造并散布",即捏造损害他人名誉的事实并散布,或者组织、指使他人散布。二是"篡改并散布",即将涉及他人的原始信息内容篡改为损害他人名誉的事实并散布,或者组织、指使人员散布。三是"明知虚假事实而散布",即明知是捏造的损害他人名誉的事实并散布。捏造人和散布人并不要求必须是同一人,只要经营者实施了捏造、散布行为,即可构成商业诋毁行为。不过,由于商业诋毁行为本质上是一种欺骗性的信息传播行为,这种不正当竞争行为的目的是丑化和扭曲受害人的商誉,使消费者对其产生不良评价,因此仅仅捏造虚伪事实而没有散布并不构成商业诋毁行为。所谓虚伪事实,是指关于客观事实的不实主张或声明,不包括完全无涉事实的价值判断或意见表达。事实和价值判断的区别在于,前者有真伪可言;后者较难判断,不易举证。虚伪事实不限于过去或现在的事实,也不要求必须指明特定的经营者,只要诋毁的程度已经达到第三人知道其所针对的经营者,即虽未指明,但可推知其人,商业诋毁就可成立。至于"虚伪"与否的判断标准,应采用客观标准,即应根据客观上的事

实认定其是否属实,而不是通过行为人单方面主观上的认识判定。捏造、散布的虚伪事实必须足以损害他人的商业信誉、商品声誉,足以降低社会对受害人的评价。

除了捏造、散布虚伪事实外,经营者可能以警告侵权或威胁诉讼等方式损害其他经营者的商业信誉、商品声誉。例如,商标、专利或著作权的权利人将竞争对手的侵权行为或者涉嫌侵权行为公之于众。在没有法院判决或有权机关鉴定报告的情况下,经营者不得随意发送警告函、律师函、公开信、公开启事等。经营者任意向顾客发函,声称竞争对手的商品涉嫌侵犯其知识产权,或者警告顾客与其终止交易,不论是否属实,因此而损害竞争对手的商业信誉、商品声誉的,应构成商业诋毁。公开审判结果未确定的诉讼和可能上诉的判决应受公开的方式和范围的限制。采用不正当方式或者超出适当范围公开的,商业诋毁可能成立。对于已经确定的判决,也只允许在适度范围内公开。

世界知识产权组织在《反不正当竞争示范法》中解释,对竞争者的活动或者其产品或服务的虚假陈述,是典型的传布不真实的事实。此类陈述可以发生在对比性广告中,尤其是经营者自己的产品的促销中。它可以是声称竞争者的产品不"安全",不具有此类产品所要求的性能,或者是因为没有遵守某种技术要求,或者是因为与其他产品不一致,又或者其价格高于实际价格。虚假陈述也可以涉及其他企业的事实,如其资产、信用、客户信贷分类等。正如误导性宣传行为损害商业信誉主要发生在广告或者促销活动中,商业诋毁行为也可以发生在工商业活动中,如与分包人或者供应商的关系中。

现实生活中,商业诋毁行为的表现是形形色色、多种多样的,归纳起来主要有以下几种:

(1) 利用散发公开信、召开新闻发布会、刊登比较性广告或声明性广告等形式,制造、散布贬损竞争对手商业信誉、商品声誉的虚假事实。例如,在早些年的"郑州商战"中,某国有大型商场不断向郑州及外地新闻单位和名优产品厂家写信,声称郑州某商业单位如何不讲商业道德,希望这些单位或厂家不要再与该商业单位发生业务往来。这种捏造事实、中伤他人的行为,构成商业诽谤行为。又如,某日用化学品厂在电视台发布一则广告,用对比的手法宣称:用其他各种洗衣粉或洗涤剂 30 分钟也洗不掉的污斑,用了该厂生产的洗洁剂,仅 5 分钟就洗干净了。然而,事实并非如此。这属于片面夸大并歪曲事实的比较性广告,其行为已构成对他人的洗涤产品商誉的侵害。

(2) 在对外经营过程中,向业务客户及消费者散布虚假事实,以贬低竞争对手的商业信誉,诋毁其商品或服务的质量声誉。例如,在房地产经营业务中,购房者在购房时大都到各处询价比较。一个购买者到甲房地产建设开发公司(以下简称"甲公司")探知房子的售价后,又来到乙房地产建设开发公司(以下简称"乙公司")探询。乙公司的售房员得知此情况后,竟对该顾客谎称甲公司的房子质量差,而且信誉不好,如果购买甲公司的房子,肯定会有风险。类似这种出于竞争目的,编造、散布损害竞争对手商业信誉的事情在现实生活中并不鲜见。

(3) 利用产品说明书,吹嘘本产品质量上乘,贬低同业竞争对手生产销售的同类产品。例如,某洗涤剂厂在其所出售的洗衣粉产品包装说明上写道:"普通洗衣粉、肥皂均含磷、含铝,会诱发人体患老年痴呆症、组织学骨软化、非缺铁性贫血和助长肺病的发生等多种疾病。"告诫人们以后不要再去买普通洗衣粉、洗洁精、洗发水、肥皂等洗涤用品,还声称其生产的无磷、无毒洗衣粉没有上述缺点,可放心使用。

(4) 唆使他人在公众中造谣竞争对手的产品有质量问题,并传播、散布谣言,使公众对该产品失去信赖,以便自己的同类产品取而代之。

(5) 组织人员,以顾客或消费者的名义,向有关经济监督管理部门作关于竞争对手产品质量低劣、服务质量差、侵害消费者权益等情况的虚假投诉,从而达到贬损其商业信誉的目的。

T 公司与 C 公司商业诋毁不正当竞争纠纷上诉案①

T 公司运营的 T 旅游网与 C 公司运营的 C 旅游网均是在线旅游服务提供商。C 公司在其微信公众号、手机 APP 及公司网站分别推出"屠牛行动,每日一图,牛魔王滚出西游记""屠牛行动,每日一图,冤大头才花冤枉钱",配以揪牛耳、拳击牛魔王等系列图案,同时赋词如:"妖言惑众牛魔王,花样百出爱浮夸!联合众神齐撒网,束手就擒莫挣扎。""空话牛话一箩筐,优惠分毫都不让。"其微信公众号还发布"有啥好牛""别牛"主题系列图片,配以"To 某牛,没有同样低价,至少比你再低 100!""爆牛放血"等广告宣传语。这些宣传行为直接或间接地指向 T 公司,严重破坏了 T 公司的形象,损害了公众对

---

① 江苏省南京市中级人民法院(2015)宁知民初字第 13 号民事判决书、江苏省高级人民法院(2016)苏民终 675 号民事判决书。

T公司旅游服务的信赖,并通过贬损T公司旅游服务的方式抬高了C公司自身的旅游服务,属于针对T公司的商业诋毁以及不正当竞争行为。C公司的上述行为违背了基本的商业道德和诚信原则,严重侵害了T公司的商业信誉、商品声誉,并给T公司造成了重大经济损失。T公司遂诉至法院,请求判令C公司停止其不正当竞争行为。

一审法院判决C公司立即停止侵犯T公司权益的不正当竞争行为。C公司不服,提起上诉。二审法院审理后驳回上诉,维持原判。

微评:第一,关于宣传内容的具体指向性。法院认为,其一,C公司与T公司均属知名度较高的在线旅游服务提供商,C公司在宣传中大量使用"牛"的图案、"屠牛行动"等用语,结合T公司的行业地位、字号的知名度以及与C公司的竞争关系,很容易使相关公众联想到该宣传具体指向T公司。其二,C公司在微信公众号中宣称"九大保障?有啥好牛!""服务中心50家?有啥好牛!""0元Wi-Fi?有啥好牛!""旅游金融?有啥好牛!"等,而"九大保障""服务中心50家""0元Wi-Fi""旅游金融"等均系T公司的主要产品和特色服务。其三,T公司与C公司客服人员的电话录音也在一定程度上印证了C公司的行为直接指向T公司。综上,C公司的上述行为很容易使相关公众联想到T公司,具有明确的指向。第二,关于是否捏造事实与构成商业诋毁。法院认为,判定是否构成商业诋毁,其根本要件在于相关经营者的行为是否以误导方式对竞争对手的商业信誉或者商品声誉造成了损害。本案中,C公司的行为足以导致相关公众对T公司的产品和服务产生错误认识,亦必将对T公司的商誉产生负面影响。

第三节 商业诋毁行为的法律责任

经营者以竞争为目的,捏造、散布虚伪事实,损害竞争对手的商业信誉、商品声誉,扰乱市场竞争秩序的,应当承担法律责任。不过,我国《反不正当竞争法》对商业诋毁行为只设定了禁止性条款,没有规定具体的罚则。

一、商业诋毁行为的民事责任

《反不正当竞争法》第 17 条第 2 款规定:"经营者的合法权益受到不正当竞争行为损害的,可以向人民法院提起诉讼。"第 23 条规定:"经营者违反本法第十一条规定损害竞争对手商业信誉、商品声誉的,由监督检查部门责令停止违法行为、消除影响,处十万元以上五十万元以下的罚款;情节严重的,处五十万元以上三百万元以下的罚款。"根据《最高人民法院关于审理不正当竞争民事案件应用法律若干问题的解释》第 17 条的规定,确定《反不正当竞争法》第 14 条(2019 修正后的第 11 条)规定的商业诋毁行为的损害赔偿额,可以参照确定侵犯注册商标专用权的损害赔偿额的方法进行。

《商标法》第 63 条规定:"侵犯商标专用权的赔偿数额,按照权利人因被侵权所受到的实际损失确定;实际损失难以确定的,可以按照侵权人因侵权所获得的利益确定;权利人的损失或者侵权人获得的利益难以确定的,参照该商标许可使用费的倍数合理确定。对恶意侵犯商标专用权,情节严重的,可以在按照上述方法确定数额的一倍以上五倍以下确定赔偿数额。赔偿数额应当包括权利人为制止侵权行为所支付的合理开支。人民法院为确定赔偿数额,在权利人已经尽力举证,而与侵权行为相关的账簿、资料主要由侵权人掌握的情况下,可以责令侵权人提供与侵权行为相关的账簿、资料;侵权人不提供或者提供虚假的账簿、资料的,人民法院可以参考权利人的主张和提供的证据判定赔偿数额。权利人因被侵权所受到的实际损失、侵权人因侵权所获得的利益、注册商标许可使用费难以确定的,由人民法院根据侵权行为的情节判决给予五百万元以下的赔偿。……"

《民法典》第 1024 条规定:"民事主体享有名誉权。任何组织或者个人不得以侮辱、诽谤等方式侵害他人的名誉权。名誉是对民事主体的品德、声望、才能、信用等的社会评价。"第 995 条规定:"人格权受到侵害的,受害人有权依照本法和其他法律的规定请求行为人承担民事责任。受害人的停止侵害、排除妨碍、消除危险、消除影响、恢复名誉、赔礼道歉请求权,不适用诉讼时效的规定。"

由于商业诋毁的实际损失往往不易确定,因此惩罚性赔偿也可以作为一种制度选择。这种制度要求实施商业诋毁行为的经营者必须弥补被侵害经营者的损失,具有损害赔偿性质。例如,我国台湾地区"公平交易法"第 31 条规定:"法院因前条被害人之请求,如为事业之故意行为,得依侵害情节,酌定损害额以上之赔偿。但不得超过已证明损害额之三倍。侵害人如因侵害行为受有利益者,被害人得请求专依该项利益计算损害额。"《食品安全法》第148条规定:"消费者因不符合食品安全标准的食品受到损害的,可以向经营者要求赔偿损失,也可以向生产者要求赔偿损失。接到消费者赔偿要求的生产经营者,应当实行首负责任制,先行赔付,不得推诿;属于生产者责任的,经营者赔偿后有权向生产者追偿;属于经营者责任的,生产者赔偿后有权向经营者追偿。生产不符合食品安全标准的食品或者经营明知是不符合食品安全标准的食品,消费者除要求赔偿损失外,还可以向生产者或者经营者要求支付价款十倍或者损失三倍的赔偿金;增加赔偿的金额不足一千元的,为一千元。但是,食品的标签、说明书存在不影响食品安全且不会对消费者造成误导的瑕疵的除外。"《民法典》第1207条规定:"明知产品存在缺陷仍然生产、销售,或者没有依据前条规定采取有效补救措施,造成他人死亡或者健康严重损害的,被侵权人有权请求相应的惩罚性赔偿。"《消费者权益保护法》第55条规定:"经营者提供商品或者服务有欺诈行为的,应当按照消费者的要求增加赔偿其受到的损失,增加赔偿的金额为消费者购买商品的价款或者接受服务的费用的三倍;增加赔偿的金额不足五百元的,为五百元。法律另有规定的,依照其规定。经营者明知商品或者服务存在缺陷,仍然向消费者提供,造成消费者或者其他受害人死亡或者健康严重损害的,受害人有权要求经营者依照本法第四十九条、第五十一条等法律规定赔偿损失,并有权要求所受损失二倍以下的惩罚性赔偿。"

二、商业诋毁行为的行政责任

与对其他多数不正当竞争行为的规定不同,我国《反不正当竞争法》没有专门规定商业诋毁行为的行政责任。不过,经营者的商业诋毁行为与虚假宣传行为发生竞合的,可以适用关于虚假宣传行为的行政责任的规定。

《广告法》第55条第1—3款规定:"违反本法规定,发布虚假广告的,由市场监督管理部门责令停止发布广告,责令广告主在相应范围内消除影响,处广告费用三倍以上五倍以下的罚款,广告费用无法计算或者明显偏低的,处二十万元以上一百万元以下的罚款;两年内有三次以上违法行为或者有其他严重情节的,处广告费用五倍以上十倍以下的罚款,广告费用无法计算或者明显偏低的,处一百万元以上二百万元以下的罚款,可以吊销营业执照,并由广告审查机关撤销广告审查批准文件、一年内不受理其广告审查申请。医疗机构有前款规定违法行为,情节严重的,除由市场监督管理部门依照本法处罚外,卫生行政部门可以吊销诊疗科目或者吊销医疗机构执业许可证。广告经营者、广告发布者明知或者应知广告虚假仍设计、制作、代理、发布的,由市场监督管理部门没收广告费用,并处广告费用三倍以上五倍以下的罚款,广告费用无法计算或者明显偏低的,处二十万元以上一百万元以下的罚款;两年内有三次以上违法行为或者有其他严重情节的,处广告费用五倍以上十倍以下的罚款,广告费用无法计算或者明显偏低的,处一百万元以上二百万元以下的罚款,并可以由有关部门暂停广告发布业务、吊销营业执照、吊销广告发布登记证件。"

商标是评价经营者商誉好坏的重要依据之一,侵犯商标权也会使商标权人的商誉受到损害。《商标法》第60条第1款规定:"有本法第五十七条所列侵犯注册商标专用权行为之一,引起纠纷的,由当事人协商解决;不愿协商或者协商不成,商标注册人或者利害关系人可以向人民法院起诉,也可以请求工商行政管理部门处理。工商行政管理部门处理时,认定侵权行为成立的,责令立即停止侵权行为,没收、销毁侵权商品和主要用于制造侵权商品、伪造注册商标标识的工具,违法经营额五万元以上的,可以处违法经营额五倍以下的罚款,没有违法经营额或者违法经营额不足五万元的,可以处二十五万元以下的罚款。对五年内实施两次以上商标侵权行为或者有其他严重情节的,应当从重处罚。销售不知道是侵犯注册商标专用权的商品,能证明该商品是自己合法取得并说明提供者的,由工商行政管理部门责令停止销售。"

我国台湾地区"公平交易法"第42条规定:"主管机关对于违反第二十一条、第二十三条至第二十五条规定之事业,得限期令停止、改正其行为或采取必要更正措施,并得处新台币五万元以上二千五百万元以下罚款;届期仍不停止、改正其行为或未采取必要更正措施者,得继续限期令停止、改正其行为或采取必要更正措施,并按次处新台币十万元以上五千万元以下罚款,至停止、改正其行为或采取必要更正措施为止。"

三、商业诋毁行为的刑事责任

商业诋毁行为是严重违反商业道德的行为,《刑法》第221条对此规定了损害商业信誉、商品声誉罪:"捏造并散布虚伪事实,损害他人的商业信誉、商品声誉,给他人造成重大损失或者有其他严重情节的,处二年以下有期徒刑或者拘役,并处或者单处罚金。"根据《刑法》第231条的规定,单位犯损害商业信誉、商品声誉罪的,对单位判处罚金,并对其直接负责的主管人员和其他直接责任人员,处二年以下有期徒刑或者拘役,并处或者单处罚金。

《刑法》第四章规定了侵犯公民人身权利、民主权利罪。其中,第246条规定了侮辱罪:"以暴力或者其他方法公然侮辱他人或者捏造事实诽谤他人,情节严重的,处三年以下有期徒刑、拘役、管制或者剥夺政治权利。前款罪,告诉的才处理,但是严重危害社会秩序和国家利益的除外。通过信息网络实施第一款规定的行为,被害人向人民法院告诉,但提供证据确有困难的,人民法院可以要求公安机关提供协助。"《最高人民法院 最高人民检察院关于办理利用信息网络实施诽谤等刑事案件适用法律若干问题的解释》第1条规定:"具有下列情形之一的,应当认定为刑法第二百四十六条第一款规定的'捏造事实诽谤他人':(一)捏造损害他人名誉的事实,在信息网络上散布,或者组织、指使人员在信息网络上散布的;(二)将信息网络上涉及他人的原始信息内容篡改为损害他人名誉的事实,在信息网络上散布,或者组织、指使人员在信息网络上散布的;明知是捏造的损害他人名誉的事实,在信息网络上散布,情节恶劣的,以'捏造事实诽谤他人'论。"第2条规定:"利用信息网络诽谤他人,具有下列情形之一的,应当认定为刑法第二百四十六条第一款规定的'情节严重':(一)同一诽谤信息实际被点击、浏览次数达到五千次以上,或者被转发次数达到五百次以上的;(二)造成被害人或者其近亲属精神失常、自残、自杀等严重后果的;(三)二年内曾因诽谤受过行政处罚,又诽谤他人的;(四)其他情节严重的情形。"

《民法典》将个体工商户和农村承包经营户置入"自然人"一章中,对其进行诋毁的犯罪如何定罪量刑值得研究。一般来说,行为人出于损毁、贬低个体工商户、农村承包经营户个人人格、名誉的目的而捏造并散布虚伪事实的,尽管可能损害了他人的商业信誉或商品声誉,给他人造成了经济损失,也只能定为诽谤罪,而不能以两罪、数罪并罚或从一重罪处罚;如果行为人出于损害他人商业信誉、商品声誉的目的而捏造并发布虚伪事实,诽谤个体工商户、农村承包经营户个人人格、名誉,两罪之间具有手段与目的的牵连关系,则应依照牵连犯的处罚原则,以损害商业信誉、商品声誉罪处罚。对于行为人出于何种犯罪目的,应从行为人捏造的虚假事实内容、散布的范围、行为人与被害人之间的社会关系等方面进行综合考察。

认定损害商业信誉、商品声誉罪,应注意区分罪与非罪的界限。首先,消费者及新闻单位对经营者的产品质量、服务质量进行合理批评、评论的,不得认定为本罪。其次,只是捏造或者只是散布虚伪事实的,不得认定为本罪。但是,应注意的是,在共同犯罪中,一部分人捏造事实,另一部分人散布虚伪事实的,应认定为本罪。再次,对于没有商业诽谤的故意,听信他人传谣而散布虚伪事实,乃至对虚伪事实进行某种程度的加工的行为,也不宜认定为本罪。最后,虽然捏造并散布虚伪事实,但是没有造成重大损失,也没有其他严重情节的,不能认定为本罪。认定损害商业信誉、商品声誉罪,也应注意区分本罪与假冒注册商标罪的界限。有的行为人为了损害竞争对手的商业信誉、商品声誉,在自己生产的劣质产品上假冒他人优质产品的注册商标,从而使他人受到重大损失。对此,应以假冒注册商标罪论处,不宜认定为损害商业信誉、商品声誉罪。

思考题

1. 如何认定商业诋毁?
2. 简述商业诋毁行为的表现形式。
3. 简述商业诋毁行为的法律责任。
4. 在美国,商业诽谤与商业贬抑之间存在哪些区别?

第二十章　互联网不正当竞争行为及其法律规制

【学习要点】
1. 掌握互联网不正当竞争行为的含义和特征
2. 掌握互联网不正当竞争行为的表现形式
3. 掌握互联网不正当竞争行为的法律责任

第一节　互联网不正当竞争行为及其特征

互联网产业是在充分竞争的基础上形成和发展起来的,与传统经济相比,竞争对于互联网产业更具激励意义。地域开放性和透明性方面的要求,使互联网产业只有不断更新技术、提高服务,才能维持在行业中的生存和竞争能力。从近年来发生的一些案件看,互联网行业纠纷的重点已经从早期的版权纠纷转为不正当竞争。为了获取竞争优势,互联网产业的不正当竞争行为也不断出现,不仅对这一新兴产业的发展带来重大影响,还扭曲了以创新为导向的价值观。然而,市场秩序是在长期的利益博弈中,通过不断试错、日益积累而艰难取得的[①]。商业精神包含追求创新、挑战风险。互联网行业靠简单的抄袭的时代已经不再继续,更多的是注重技术的运用和技术性规避,由此也导致案件的性质发生变化。因此,如何正确界定互联网行业不正当竞争行为,划分和厘清保护创新和规制不正当竞争的边界,在互联网不正当竞争行为规制中成为迫在眉睫的重要任务。我国 2017 年修订《反不正当竞争法》时,根据网络市场的客观情况,专门增加了针对互联网领域不正当竞争行为的规定。

一、互联网不正当竞争行为的分类

互联网领域的不正当竞争行为大体可分为两类:一类属于传统不正当竞争行为在网络领域的延伸。例如,利用网络实施混淆仿冒、虚假宣传、商业诋毁等

---

① 谢晓尧:《竞争秩序为何更多原则而非规则》,载《深圳特区报》2015 年 3 月 24 日第 B11 版。

不正当竞争行为。这类网络不正当竞争行为,与传统经济领域内的不正当竞争行为相比,只是因网络领域的特点而有不同的表现形式,并不存在实质上的区别,可以依据《反不正当竞争法》第二章的相应条款的具体规定进行规制。另一类属于网络领域特有的不正当竞争行为,大多利用技术和网络作为行为实施的手段,如强行插入链接、强迫用户卸载其他经营者提供的网络产品等行为。这类行为完全不同于传统不正当竞争行为,属于随着网络技术的发展而出现的新情况。对这类行为,以往是根据《反不正当竞争法》的一般条款,以相关行为违反诚信原则或者商业道德等为由,将其认定为不正当竞争行为并进行规制。

二、互联网领域不正当竞争行为的法律适用

2017年修订后的《反不正当竞争法》对网络领域不正当竞争行为的法律适用作出新的规定。该法第12条第1款规定:"经营者利用网络从事生产经营活动,应当遵守本法的各项规定。"这一规定表明,网络不是法外之地,经营者利用网络从事生产经营活动,参与市场竞争,同样要受到《反不正当竞争法》的调整和规范,应当适用"本法的各项规定"。这里的"本法的各项规定"包括三个方面:

第一,《反不正当竞争法》第6—11条关于传统类型的不正当竞争行为规制的规定。经营者利用网络实施混淆仿冒、虚假宣传、违法有奖销售、商业诋毁等行为的,属于传统不正当竞争行为在网络领域的延伸,对此可直接依据《反不正当竞争法》第二章的相关规定进行处理。

第二,《反不正当竞争法》第12条第2款的规定。经营者违反该款规定,利用技术手段,通过影响用户选择或者其他方式,实施妨碍、破坏其他经营者合法提供的网络产品或者服务正常运行的不正当竞争行为的,应当依照《反不正当竞争法》承担相应责任。

第三,《反不正当竞争法》第2条关于不正当竞争行为定义的规定。当前,互联网技术以及新经济、新业态发展迅速。经营者在生产经营活动中,利用网络实施了《反不正当竞争法》第二章规定之外的其他行为,而且该行为违反了诚信原则或者商业道德,扰乱了市场竞争秩序,损害了其他经营者或者消费者的合法权益,依法构成不正当竞争行为的,可依据《反不正当竞争法》第2条关于不正当竞争行为定义的规定予以认定并进行处理。

3Q 不正当竞争纠纷[①]

腾讯公司是提供互联网综合服务的互联网公司,腾讯QQ即时通信软件和腾讯QQ即时通信系统是腾讯公司的核心产品和服务。2010年10月29日,腾讯公司发现奇虎公司通过其运营的www.360.cn网站向用户提供"360扣扣保镖"(以下简称"扣扣保镖")软件下载,并通过各种途径进行推广宣传。该软件直接针对腾讯QQ软件,自称具有"给QQ体检""帮QQ加速""清QQ垃圾""去QQ广告""杀QQ木马""保QQ安全"和"隐私保护"等功能模块,实质上是打着保护用户利益的旗号,污蔑、破坏和篡改腾讯QQ软件的功能;同时,通过虚假宣传,鼓励和诱导用户删除腾讯QQ软件中的增值业务插件,屏蔽腾讯公司的客户广告,并将其产品和服务嵌入腾讯公司的QQ软件界面,借机宣传和推广自己的产品。奇虎公司的上述行为不仅破坏了腾讯公司合法的经营模式,导致其产品和服务的完整性和安全性遭到严重破坏,而且违反了公认的商业道德,构成不正当竞争,减少了腾讯公司的增值业务交易机会和广告收入,造成了无法估量的损失,亦导致用户不能再享受优质、安全、有效的即时通信服务,最终损害了用户的利益。奇虎公司系扣扣保镖的开发者和著作权人同时也是www.360.cn域名的注册人和实际运营人。腾讯公司诉请奇虎公司停止不正当竞争行为,并要求奇虎公司赔偿经济损失1.25亿元。

法院认为,奇虎公司专门针对QQ软件开发、经营扣扣保镖,以帮助、诱导等方式破坏QQ软件及其服务的安全性、完整性,减少了腾讯公司的经济收益和增值服务交易机会,干扰了腾讯公司的正当经营活动,损害了其合法权益,违反了诚实信用原则和公认的商业道德,判决认定奇虎公司构成不正当竞争行为。

微评: 互联网产品或者服务应当和平共处、自由竞争。是否使用某种互联网产品或者服务,应当取决于网络用户的自愿选择。互联网产品或者服务之间原则上不得相互干扰。确实出于保护网络用户等公众利益的需要,网络服务经营者在特定情况下,不经网络用户知情并主动选择以及其他互联网产

[①] 最高人民法院(2013)民三终字第5号民事判决书。

> 品或者服务提供者同意，也可干扰他人互联网产品或者服务的运行。但是，应当确保并证明干扰手段的必要性和合理性；否则，应当认定其违反了自愿、平等、公平、诚实信用原则，违反了互联网产品或者服务竞争应当遵守的基本商业道德，应当判定其承担相应侵权责任或不正当竞争责任。前述规则可以简称为互联网产品或服务竞争的"非公益必要不干扰原则"。

第二节　互联网不正当竞争行为的表现形式

《反不正当竞争法》第12条第2款对网络领域特有的、经营者利用技术手段实施的不正当竞争行为进行了规制。经营者利用网络领域的专业技术手段，妨碍其他经营者合法提供的网络产品或者服务正常、平稳、顺利地运行，或者进行破坏，使其不能运行，均违反了诚信原则和商业道德，属于不正当竞争行为。这里的"运行"，应作宽泛的理解，既包括网络产品或者服务的安装、使用，也包括下载。同时，经营者合法提供的网络产品或者服务应当平等地接受用户的自主选择。经营者实施的对他人网络产品或者服务的妨碍、破坏行为，即使是通过误导、欺骗等手段取得了用户同意，或者是通过强迫手段由用户作出决定，由于影响了用户的自主选择，因此仍属于不正当竞争行为。

《反不正当竞争法》第12条第2款还对"妨碍、破坏其他经营者合法提供的网络产品或者服务正常运行"的具体情形进行了列举：

第一，未经其他经营者同意，在其合法提供的网络产品或者服务中，插入链接、强制进行目标跳转。实践中，曾出现过这方面的案例。例如，用户在使用某款搜索引擎进行关键词搜索时，其他经营者在搜索结果页面出现前插入广告页面并持续数秒。其间，用户点击该广告页面即跳转至广告宣传网站新窗口，不点击则在数秒后自动展现搜索结果页面。这种情况就属于未经同意插入链接的不正当竞争行为。

网站设链案[①]

T公司系T网的所有者及实际运营者,该网站为第三方网络零售购物平台。Z公司系X网的经营者。"Y"购物助手系Z公司委托T公司开发,网络用户可通过X网及其他第三方平台下载该购物助手。用户电脑安装、运行该购物助手后登录T网时,该购物助手会在页面中插入X网的标识、商品推荐图片、搜索框、收藏按钮、价格走势图以及减价按钮等内容,其中减价按钮在T网原网页的购买按钮附近。用户点击减价按钮后,会跳转至Z公司经营的X网完成购买及支付行为,款项直接支付至Z公司,Z公司员工下单后,货物由相应商家向用户发货。T公司以上述行为违反诚实信用原则和公认的商业道德,构成不正当竞争为由,向法院起诉,请求判决Z公司停止侵权、赔偿损失、消除影响。Z公司辩称,双方之间不存在竞争关系,"Y"购物助手使用中立的技术手段,保障了用户的知情权和选择权,不会造成混淆,而且最终仍在T网购物,不会给T公司造成用户流量的损失。

一审法院经审理认为,竞争的本质是对客户即交易对象的争夺,在互联网行业,将网络用户吸引到自己的网站是经营者开展经营活动的基础,培养用户黏性是获得竞争优势的关键。虽然双方的经营模式存在不同,但是有相同的用户群体,而且存在损害与被损害的关系,故存在竞争关系。

T公司付出巨额成本,经过多年经营,形成"免费平台+收费推广"的商业模式,该商业模式能为其带来经济利益和竞争优势,具有商业价值,属于应受反不正当竞争法保护的合法权益。"Y"购物助手在T网插入标识并以减价标识引导用户至X网购物的行为,会降低T网的用户黏性,给T公司造成损失。该行为违反了诚信原则和网络领域公认的商业道德,具有不正当性。最终,一审法院判决两被告共同赔偿T公司经济损失100万元及合理费用10万元并消除影响。判决后,两被告提起上诉,二审维持原判。

微评: 第一,本案是全国首例涉电子商务平台不正当竞争诉前行为保全案件。法院基于民事诉讼法及知识产权法的相关规定,严格把握不正当竞争纠纷诉前行为保全的审查要件:一是申请人具有胜诉可能性;二是不采取保

[①] 上海市浦东新区人民法院(2015)浦禁字第1号民事裁定书、上海市浦东新区人民法院(2015)浦民三(知)初字第1962号民事判决书、上海知识产权法院(2017)沪73民终197号民事判决书。

> 全措施会对申请人造成难以弥补的损害;三是采取保全措施不会损害社会公共利益。根据上述要件,经审查,法院依法作出诉前行为保全裁定,体现了知识产权司法救济的及时性和有效性,充分体现了法院对知识产权的严格保护。
>
> 第二,关于互联网环境下的软件干扰行为是否构成不正当竞争,需要综合考虑被控行为是否对他人的正常经营活动造成妨碍、被控行为是否具有正面的市场效应以及被控行为对市场竞争秩序所产生的影响。

第二,误导、欺骗、强迫用户修改、关闭、卸载其他经营者合法提供的网络产品或者服务。实践中,曾出现过这方面的案例。例如,用户安装某款安全软件后,该软件自动对某款社交软件进行"体检",以红色字体警示用户该软件存在严重的"健康"问题(实际上并不存在),并以绿色字体提供"一键修复"帮助。用户点击"一键修复"后,该安全软件即禁用了该社交软件的部分插件,并将该社交软件的安全沟通界面替换成自己的相应界面。这种情况就属于误导、欺骗用户修改他人提供的网络产品或者服务的不正当竞争行为。

> **S 公司与 T 公司互诉不正当竞争案**[①]
>
> 2009 年 6 月,S 公司和 G 公司控告 T 公司的 A 输入法存在不正当竞争,将 T 公司、X 公司以及提供 A 输入法下载服务的 O 公司告上法庭。两公司请求法院判令 T 公司立即停止不正当竞争行为,并赔偿经济损失以及 S 公司因本案所支出的合理费用共计 2051 万余元。
>
> S 公司指出,T 公司在用户使用 A 输入法时,利用破坏性技术手段阻止用户同时使用 B 输入法。另外,T 公司还对用户的输入法排序进行人为干预,使 B 输入法的排序始终处于 A 输入法之后。
>
> 2009 年 11 月 13 日,T 公司作出反击,向法院提起诉讼,要求判令对 B 输入法停止虚假宣传、停止恶意干扰用户选择 A 输入法等行为,并向 T 公司支付 2000 万元赔偿。

---

① 北京市第二中级人民法院(2009)二中民初字第 12482 号民事判决书。

T公司诉称,B输入法中设置了特定进程,如果用户安装了 A 输入法,这个名为"B输入法管理器——输入法修复"的进程会自动启动,提示用户其输入法需要进行"修复",导致输入法列表中的 A 输入法被删去。

法院对 S 公司诉 T 公司不正当竞争一案作出宣判,判决 T 公司败诉,T 公司须停止提供涉案 A 输入法软件的下载服务和虚假宣传的不正当竞争行为。同时,法院判决 T 公司累计赔偿 33.15 万元,并在相关网页显著位置连续 72 小时刊登声明以消除影响。

在 S 公司发布胜诉消息的时候,另一法院也宣布了审判结果,认定 S 公司的行为亦构成不正当竞争,判决 S 公司赔偿 T 公司经济损失共计 24 万元。

微评:互联网经营者竞争有四项基本原则:第一,公平竞争原则。为了维护互联网公平竞争秩序,确保互联网产品或者服务的自由竞争,原则上,所有互联网产品或者服务的地位应当是平等的,任何互联网产品或者服务都不能通过获取不正当竞争优势改变公平竞争的地位。第二,和平共处原则。网络服务提供者未经其他互联网产品或者服务提供者的许可,不得擅自干扰其他互联网产品或者服务的正常运行,不得干扰互联网产品或者服务在网络用户终端的共存。第三,自愿选择原则。网络用户有自愿选择是否使用互联网产品或者服务的自由,有自愿选择使用哪一种互联网产品或者服务的自由。网络服务提供者不得强制网络用户使用其提供的或放弃使用其他网络服务提供者提供的互联网产品或者服务。第四,诚实信用原则。互联网经营者应当真实地、全面地告知它与使用其互联网产品或者服务的网络用户之间的权利义务,并且不得通过隐瞒或捏造其他互联网经营者的相关信息损害他人合法权益[①]。

第三,恶意对其他经营者合法提供的网络产品或者服务实施不兼容。互联网以互联互通为基础,强调共享、共治、开放、包容。经营者恶意对他人的网络产品或者服务实施不兼容,不仅违反互联网开放、包容的精神,也构成对他人网络产品或者服务的妨碍、破坏,使其不能正常运行,属于不正当竞争行为。在对经

[①] 石必胜:《互联网竞争的非公益必要不干扰原则——兼评百度诉 360 插标和修改搜索提示词不正当竞争纠纷案》,载《电子知识产权》2014 年第 4 期。

营者是否存在恶意的判断上,可从该经营者实施的不兼容行为是否符合诚信原则和商业道德等要求角度进行综合考量。

Z公司与T公司纠纷①

2018年6月1日,因认为T公司利用技术手段屏蔽和拦截用户访问"今日头条"网站,Z公司以不正当竞争纠纷为由将T公司诉至法院,要求T公司停止不正当竞争行为,赔礼道歉,并赔偿经济损失4000万元。

Z公司诉称,自己与T公司均是互联网企业,提供互联网产品或者服务,具有直接竞争关系。A和B是T公司提供的产品和服务。T公司作为知名互联网企业,在行业内具有极大影响力和控制力。Z公司发现,当互联网用户通过T公司经营的B分享、发布Z公司经营的网站X的链接时,T公司利用技术手段,对用户访问"今日头条"网站进行拦截、屏蔽,妨碍用户正常访问"今日头条"网站。

Z公司认为,T公司作为在行业内具有极大影响力和控制力的知名互联网企业,应通过正当手段与同行业企业公平竞争,不应凭借自身的行业优势资源和地位,排挤Z公司经营的网站X,妨碍用户正常访问该网站。T公司虚假提示的行为更是严重贬损和降低了Z公司网站的商业信誉和产品声誉,给网站X造成了极其不良的社会影响和重大经济损失。同日,Y网(系Z公司旗下网站)亦因相同理由,要求T公司立即停止拦截、屏蔽和妨碍用户访问的不正当竞争行为,赔礼道歉,并赔偿经济损失4000万元。

巧合的是,就在同一天,因认为Z公司经营的平台D和网站X恶意诋毁自己的商誉,T公司亦以不正当竞争纠纷为由,将Z公司诉至法院,要求其立即停止侵权,赔礼道歉,消除影响,并赔偿经济损失1元。

T公司诉称,自己所提供的软件W自发布以来,获得广大用户的信赖。近期,为配合国家相关部门对短视频的监管整治工作,T公司制定了短视频

---

① 北京市海淀区人民法院:《称对方屏蔽和拦截用户访问,"今日头条"起诉腾讯公司索赔4000万》,http://bjhdfy.chinacourt.gov.cn/article/detail/2018/06/id/4016649.shtml,2019年7月21日访问;北京市海淀区人民法院:《称对方屏蔽和拦截用户访问,运城阳光公司、"今日头条"起诉腾讯公司索赔4000万》,http://bjhdfy.chinacourt.gov.cn/article/detail/2018/06/id/4016650.shtml,2019年7月21日访问;北京市海淀区人民法院:《被指故意封杀"抖音"搞垄断,腾讯公司起诉"抖音""今日头条"不正当竞争》,http://bjhdfy.chinacourt.gov.cn/article/detail/2018/06/id/4016648.shtml,2019年7月21日访问。

在软件W内的展示规范。但是,网站X和平台D以打击报复、实施不正当竞争为目的,相互配合,陆续通过各种方式和渠道贬损、诋毁T公司商誉。内容包括但不限于:平台D和网站X创始人在其"朋友圈"公开指控T公司封杀平台D;通过官方头条号及微信公众号发布文章《平台D的朋友们,对不起》;平台D的CEO公开指控T公司搞垄断、搞小动作;平台D在用户提示消息中以误导方式称"T公司屏蔽了您要分享的平台D链接";网站X在其微信公众号上多次诋毁T公司封杀其旗下平台D等产品;网站X法定代表人以粗俗的语言公开诋毁T公司等。

T公司认为,网站X及其旗下的平台D都是与T公司具有竞争关系的互联网服务主体。两家公司相互配合,对T公司的正常营业活动进行诋毁,已严重侵害了T公司的商业信誉和商品声誉,给T公司造成极大的负面影响和经济损失,构成不正当竞争。

微评:在数字经济时代"流量为王"的网络竞争形势下,争到流量才能挣到利润,但是争夺利润应当通过合法的行为实现。在本案中,T公司旗下的软件W是普通用户广泛使用的即时通信工具,它是否有权屏蔽或组织包括平台D和网站X在内的其他用户在此平台上分享、转发?目前,存在两种观点:第一种观点认为,软件W的权利归属于T公司,如何使用、是否可以转发的选择权亦归于T公司;第二种观点则认为,软件W对用户来说不可或缺,已构成互联网领域的"基础设施",根据基础设施理论,它必须对其他平台产品开放,否则就可能产生限制竞争的问题。本案法院的判决对互联网竞争有深远的影响。

此外,《反不正当竞争法》第12条第2款还规定了一项兜底条款,即"其他妨碍、破坏其他经营者合法提供的网络产品或者服务正常运行的行为"。

hiQ Labs 诉领英案[①]

hiQ Labs(以下简称"hiQ")是一家数据分析公司,主要利用领英(LinkedIn)平台上的公开数据,通过数据科学和机器学习方法为企业人力资源部

---

① Case 3:17-cv-03301-EMC, hiQ Labs, Inc. v. Linkedin Corporation.

门提供员工行为评测服务。领英作为一个领先的职业社交平台,为注册用户维护他们在商业交往中认识并信任的联系人。

hiQ的商业模式主要依赖于领英的公开数据,过去一直获取并使用领英平台上的公开数据,领英并未反对。2017年5月,领英却向hiQ发函,要求其停止抓取数据,同时以技术手段阻止hiQ继续获取数据。

2017年6月,hiQ向美国加利福尼亚州北部地区法院提起诉讼,指控领英违法,包括违反了《加利福尼亚州不公平竞争法》。第一,领英不正当地将其在职业社交网络服务市场的市场力量"传导"到数据分析市场。领英滥用其在职业社交网络服务市场的支配地位,获得在其他市场上不正当的竞争优势。第二,领英的行为违反了"必要设施原则",该原则禁止具有垄断地位或试图垄断的企业拒绝将其控制的必要设施向其竞争对手开放。

法院认为,hiQ还需要就其主张进一步提供证据。不过,对于临时禁令而言,hiQ已经提出了足够严重的问题。综合考虑公共利益,法院发出临时禁令,要求领英不得阻止hiQ获取、复制或使用其网站上的用户公开信息,而且不得阻碍或设置能够阻碍hiQ获取相关公开信息的机制(不论是法律还是技术机制),如果存在这些机制,应在禁令颁布后24小时内消除。

微评:平台对数据是否拥有所有权是全球互联网平台共同面临的问题。本案尚未就平台公开数据的权属问题进行认定。欧盟"Schrems案"[1]表明,平台利用自己的算法收集的数据并不理所当然地成为收集者自己的财产。但是,没有所有权并不意味着没有使用权。平台通过合法途径获得数据后,在保护用户合法权益的情况下,应有权使用这些数据,因为数据只有使用和流通才能发挥其价值。

第三节 互联网不正当竞争行为的法律责任

在网络时代,越来越多的经营者利用网络从事生产经营活动,不正当竞争行为呈现出一些新形态。有些经营者利用技术手段从事不正当竞争行为,妨碍、破

---

[1] Case C-362/14, Maximillian Schrems v. Data Protection Commissioner, E.C.R. 1-1(2015).

坏其他经营者合法提供的网络产品或者服务正常运行,使竞争对手处于不平等竞争地位。根据互联网领域反不正当竞争的客观需要,我国在 2017 年修订《反不正当竞争法》时增加了针对互联网领域不正当竞争行为的专门条款。该法第 12 条规定:"经营者利用网络从事生产经营活动,应当遵守本法的各项规定。经营者不得利用技术手段,通过影响用户选择或者其他方式,实施下列妨碍、破坏其他经营者合法提供的网络产品或者服务正常运行的行为:(一)未经其他经营者同意,在其合法提供的网络产品或者服务中,插入链接、强制进行目标跳转;(二)误导、欺骗、强迫用户修改、关闭、卸载其他经营者合法提供的网络产品或者服务;(三)恶意对其他经营者合法提供的网络产品或者服务实施不兼容;(四)其他妨碍、破坏其他经营者合法提供的网络产品或者服务正常运行的行为。"

经营者违反上述规定,利用技术手段,通过影响用户选择或者其他方式,妨碍、破坏其他经营者合法提供的网络产品或者服务正常运行的,由监督检查部门给予下列行政处罚:

第一,责令停止违法行为。即责令违法的经营者立即停止妨碍、破坏其他经营者合法提供的网络产品或者服务正常运行的行为,以防止损害后果继续扩大。

第二,罚款。根据违法行为的情节,处 10 万元以上 50 万元以下的罚款;情节严重的,处 50 万元以上 300 万元以下的罚款。这里的"情节严重"主要根据违法的经营者对其他经营者合法提供的网络产品或者服务正常运行的妨碍、破坏程度,以及被侵害经营者的损失大小作出判断。

思考题

1. 简述网络领域不正当竞争行为的特征。
2. 简述网络领域不正当竞争行为的表现形式。
3. 试论述我国《反不正当竞争法》增加规定互联网领域不正当竞争行为的原因。